图书在版编目(CIP)数据

北京地税年鉴. 2013/北京市地方税务局编.
--北京:中国税务出版社,2015.12
ISBN 978-7-5678-0339-8

Ⅰ.①北… Ⅱ.①北… Ⅲ.①地方税收-北京市-2013-年鉴
Ⅳ.①F812.710.42-54

中国版本图书馆 CIP 数据核字(2015)第 280279 号

书　　名:北京地税年鉴(2013)
作　　者:北京市地方税务局　编
责任编辑:陈金艳　王　玥
责任校对:于　玲
技术设计:刘冬珂
出版发行:中国税务出版社
北京市丰台区广安路9号国投财富广场1号楼11层
邮政编码:100055
http://www.taxation.cn
E-mail:swcb@taxation.cn
发行中心电话:(010)83362083/86/89
传真:(010)83362046/47/48/49
经　　销:各地新华书店
印　　刷:北京联兴盛业印刷股份有限公司
规　　格:889毫米×1194毫米　1/16
印　　张:20.25　　彩插:1.75
字　　数:432000字
版　　次:2015年12月第1版　2015年12月第1次印刷
书　　号:ISBN 978-7-5678-0339-8
定　　价:200.00元

《北京地税年鉴（2013）》编辑委员会

《北京地税年鉴（2013）》通讯员名单

（按姓氏笔画排序）

王　凡	王元锋	王国军	牛泽厚	文德生	邓前英
刘　嘉	刘海琳	孙方芳	孙丽莉	安　娣	朱立彤
闫宝艺	吴　澄	吴翠萍	张　红	张　玲	张　鹏
张　慧	张　麟	张卫彬	张冬梅	李　伟	李　阳
李　杨	李运玲	李兴宇	李京宇	李佳星	李春霞
李钰瑾	杨　超	杨　頔	陈　阳	周非平	房　洁
林丽丽	郑薇薇	侯燕玲	姜　喆	战香名	禹珊瑚
赵振波	唐　雯	唐乃清	夏　冰	徐　翀	晋春辉
海　岩	秦　一	高　阳	崔　犇	黄　斐	黄建达
葛　玮	韩　旭	韩晓君	窦秀芳	翟　敏	潘国强
穆德谊	戴　征				

《北京地税年鉴（2013）》编辑部

2012年3月6日，北京市委常委、常务副市长吉林出席2012年北京市地方税务工作会。

2012年4月1日，中纪委驻国家税务总局纪检组组长冯慧敏（右三）慰问北京市西城区地方税务局金融街税务所。

2012年4月18日，北京市西城区地方税务局组织召开服务中央在京金融机构座谈会，中国工商银行股份有限公司、中央国债登记结算有限责任公司、中国银河证券股份有限公司等10家中央在京金融机构代表，市政府外联服务办有关处室负责人参会。

2012年4月20日，北京市地方税务局纳税服务处组织召开北京市地方税务局纳税服务科长会议。

2012年7月27日，北京市怀柔区地方税务局举办纳税服务礼仪培训班。

2012年3月28日，北京市地方税务局召开全市地税系统税收宣传月工作部署电视电话会议。

2012年4月1日，北京市国家税务局、地方税务局联合举办税收与文化创意产业座谈会。

2012年4月13日，北京市平谷区地方税务局开展“幸福桥”税法宣传培训项目启动仪式暨“与税同行 传递幸福”税法宣传活动。

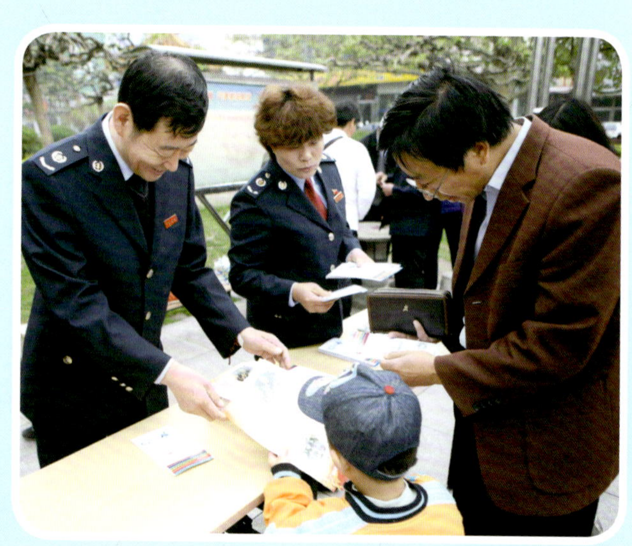

2012年4月21日，北京市怀柔区地方税务局联合北京市怀柔区国家税务局、公安局开展以打击发票违法犯罪为主题的税法宣传活动。

2012年4月21日，北京市大兴区地方税务局联合北京市大兴区国家税务局、公安局开展打击发票违法犯罪宣传活动。

2012年4月26日，北京市密云县地方税务局在溪翁庄镇文化活动广场举行“践行雷锋精神 做协税助税先锋”村官助税志愿者受聘暨协税助税服务中心揭牌仪式。

2012年6月27日，北京市地方税务局机关党委组织召开庆祝建党91周年暨创先争优活动表彰大会。

2012年7月10日，北京市地方税务局组织干部观看了以北京市纪检监察系统英模人物、北京市优秀共产党员金超杰同志为原型的话剧《金超杰》。

2012年7月19日，北京市地方税务局机关党委组织市局机关优秀共产党员到北京航天城开展“学习载人航天精神　促进地税科学发展”主题党日活动。

编 辑 说 明

《北京地税年鉴》是记述北京市地方税收工作的资料性工具书。1996 年创办，按年编纂，逐年反映上一年度的情况。分篇目、分目、条目三个层次，条目为基本单元和表现形式，反映基本的工作信息。

《北京地税年鉴（2013）》记述北京市地方税务 2012 年的工作情况和税收数据，设综合、领导讲话、税收政策、征收管理、税收法治、纳税服务、纳税评估、税务稽查、信息化建设、队伍建设、行政管理、后勤工作、基层工作、社会团体、统计资料、机构人员和大事记 17 个篇目，篇目下设分目，分别反映各个方面的工作。

本年鉴稿件由北京市地方税务局各处室、直属单位，各区县地方税务局、各地方税务分局提供。编纂工作得到了各方面的大力支持，在此表示衷心感谢！

《北京地税年鉴》编辑部

目 录

社会团体

统计资料

机构人员

大事记

综　合

2012 年北京市地方税收工作要点

2012 年是实施“十二五”规划承上启下的重要一年，也是首都贯彻落实科学发展观，加快转变经济发展方式的关键一年。全市地税工作的总体要求是：以邓小平理论和“三个代表”重要思想为指导，深入贯彻落实科学发展观，全面落实中央全会和市委全会精神，把握好“稳中求进”的工作总基调，牢记为国聚财、为民收税的神圣使命，大力弘扬“北京精神”，全面推进依法行政，落实结构性减税政策，优化纳税服务，创新税收征管，加强党的建设，狠抓反腐倡廉，规范行政管理，服务基层，为民服务，优化环境，促进和谐，加快建成五型机关，努力实现让上级机关满意、让纳税人满意、让税务工作者满意，为首都科学发展作出新贡献。

主要工作任务如下：

一、深入学习贯彻中央和北京市重要会议精神

（一）抓好会议精神的学习贯彻。认真学习，深刻领会，贯彻落实党的十七届六中全会、中央经济工作会议、市委十届十次全会、全国税务工作会议和全国税务系统依法行政工作会议精神，牢牢把握“稳中求进”的工作总基调，扎实做好各项工作，推动全市地税工作科学发展。

二、坚持依法征税，促进税收增长与经济发展相协调

（二）依法大力组织收入，强化工作机制。坚持依法组织收入的原则，加强对组织收入工作的领导，完善收入规划动态调整机制，努力实现税收收入与首都经济增长、产业结构优化、区域协调发展的统一。综合考虑首都税源结构、税制改革和政策调整对地方税收的影响，2012 年全系统地方公共财政预算收入计划完成 2292 亿元，同比增加 208.1 亿元，增长 10%。国家税务总局口径收入计划完成 2796 亿元，同比增加 242.9 亿元，增长 9.5%。

坚持“一把手”负总责的三级收入任务目标责任制，实现任务到人、责任到岗。继续发挥组织收入工作长效机制作用，及时发现问题，沟通情况，制定措施，加强绩效考核，强化部门协同，实行上下联动，真正做到组织收入措施横向到边、纵向到底，增强组织收入工作合力。

（三）加强税收分析预测。密切关注首都经济运行态势，全面了解掌握影响税收发展的各项因素，完善分析方法，深化分析内容，提高分析预测的准确率。着力加强重点地区、重点行业、重点税源的分析和监控，增强对收入趋势的把握能力，进一步提高组织收入工作的主动性、前瞻性。研究开展税收收入质量评价工作，推动组织收入工作由计划管理向质量管理转变。

三、有效发挥税收职能作用，服务首都科学发展和社会和谐稳定

（四）积极参与税制改革。继续做好修改后个人所得税法、车船税法、资源税条例和营业税起征点提高等法规和政策的贯彻落实工作，开展实施效应分析评价。全力做好部分行业营业税改征增值税试点准备，消除重复征税，优化产业结构。落实契税、耕地占用税和环境保护税立法，房地产税制改革，城市维护建设税和印花税联动改革的要求，开展前期调研，做好数据测算，研提政策建议。

（五）努力发挥调节作用。认真落实结构性减税政策，执行好现行高新技术、文化创意、节能环保等税收政策，研提完善中关村示范区试点和促进文化产业发展的税收政策，推进首都加快形成科技创新与文化创新“双轮驱动”的发展模式。强化劳动所得的源泉扣缴，拓宽资本所得信息渠道，加强高收入者个人所得税征管。落实国家对房地产业的调控政策，推进存量房评估试点工作，加强土地增值税差别化预征和清算管理，开展土地增值税清算项目督导检查，深化房地产税收一体化管理，促进首都房地产市场健康发展。贯彻落实支持小型微利企业、保障性住房、“三农”、非营利组织、促进就业等税收政策，加强残保金代征，稳步推进全市工会经费税务代收工作，研究社保费征收工作。

（六）大力加强税种管理。全面实施《税收政策贯彻落实工作规程》，重点开展政策效果分析评价，构建税收政策贯彻落实体系。以税基管理为核心，强化企业所得税后续管理，开展企业所得税税源户清理工作。完善源泉扣缴和自行申报纳税机制，做好年所得 12 万元以上个人申报纳税和限售股转让所得纳税清算工作。做好娱乐业、购物网站营业税政策调研。做好货物运输业营业税管理和不动产、建筑业营业税项目管理后续工作。加强第三方信息采集和运用，加强房产税、城镇土地使用税、城市维护建设税、教育费附加等税种的数据对比、核实、分析和利用，强化地方税税基管理，做好车船税、地方教育附加征收工作。

四、全面推进依法行政，建设法治型地税机关

（七）全面启动政务流程梳理。从市局机关到区县局机关、基层税务所都要全面启动优化政务流程完善管理制度工作，持续开展优化业务流程精简涉税资料工作，把优化流程作为依法行政工作中至关重要的制度性建设加以推进。按照标准化、程序化的要求查找机关运行中存在的问题和不足，逐一理顺改进，并通过制度完善和流程优化加以规范。在优化流程中完善制度，在完善制度中优化流程，明确岗责体系，规范工作程序，做到业务制度与政务制度、业务流程与政务流程之间相互衔接、相互支持，构建科学规范、运转顺畅、便捷高效的“两权”运行工作机制，真正做到用好的制度管权、管事、管人。

（八）严格规范执法行为。认真履行行政执法职责，把规范执法摆到更加突出的位置抓紧抓好，抓实抓细。一线执法人员严格按制度和规程处理涉税事项，态度要热情，服务要周到，方法要得当，底线要坚持，既要注意防范和化解执法风险，也不能因为涉及风险而推诿、回避，处理好合法行政与合理行政、刚性税法和柔性执法、国家利益与纳税人利益的关系，实现保护合法、服务守法与制裁违法的协调统一。抓紧印发《税务行政处罚管理办法》，完善行政处罚操作模块，制定北京市税务行政处罚裁量基准，落实重大税务案件审理制度，注意《行政强制法》与《税收征管法》的衔接适用。深入开展税收执法督察，加大执法责任考核与过错责任追究力度。

（九）切实加强权益保护。整合权益保护资源，完善纳税人权益告知制度，落实纳税人陈述申辩权，拓宽涉税争议救济渠道，健全税务行政调解工作机制，统筹涉税救济案件信息，建立纳税人诉求快速反应机制，提升信访、投诉、举报的处理能力。继续做好调解、复议、应诉工作，妥善化解涉税矛盾纠纷，实现定纷止争、案结事了的社会效果和法律价值。

（十）继续完善工作机制。建立健全依法行政领导体制和工作机制，充分发挥依法行政领导小组的职能作用，制定规划和要点，分解任务和责任，及时解决依法行政工作遇到的困难和问题。法制部门加强组织协调，相关部门各尽其责，形成推进依法行政的工作合力。加强法制机构建设，充实法制部门工作力量。整合依法行政考核指标，建立和完善依法行政考核评价体系，争创全国依法行政示范单位。

五、持续优化纳税服务，构建和谐征纳关系

（十一）不断改进办税服务。进一步拓展全功能、标准化办税服务厅事项，强化办税服务功能，积极推行全职能窗口。实施标准化服务细分策略，以服务央企为重点，建立专业化服务模式；以服务非公企业和弱势群体为切入点，探索个性化办税方式，加强纳税人自助办税服务，完善个人纳税信息网上查询工作。拓展区域通办事项，进一步规范完税证明全城通开工作，增加国税、地税联办事项。

（十二）增强纳税服务实效。继续做好北京地税网站更新和维护工作，逐步丰富网上办税内容，开通实时在线服务，试点网上办税公开，推广应用预约服务。试点内部监控平台，健全内部监督。继续做好满意度调查，完善第三方评价机制，强化外部监督。

（十三）加强宣传咨询辅导。开展第21个全国税收宣传月活动，加强税收基本知识、法律法规、热点问题的宣传，发挥新闻媒体、地税网站、《税务公告》等宣传阵地的作用，创新宣传模式，增强税收宣传的生动性和针对性。做好12366纳税服务热线工作，加强税收业务知识库建设，规范窗口咨询口径，深入开展纳税辅导，提高咨询准确率和答复效率。

六、积极探索征管创新，提升征管工作水平

（十四）积极推进税源专业化管理。根据国家税务总局税源专业化管理的总体思路和工作要求，市局成立试点工作领导小组，抓紧制订工作方案，有力推进试点工作。实施税源分类分级管理，合理界定各层级税源管理部门职责，在税务登记、受理申报、税款入库级次不改变和管理机构暂不调整的前提下，集中在服务窗口办理纳税人发起的涉税事项、集中审批核查、集中评估稽查高风险税源。深化信息管税，研究市、区两级数据处理机构设置，加强内外部信息采集分析挖掘，为税源专业化管理提供重要支撑。开展风险管理，突出纳税评估，完善风险指标体系，规范风险管理流程，开展有针对性风险管理和个性化纳税服务。把大企业税收管理作为税源专业化管理的重要内容和突破口，先行先试。理顺国际税收管理机构，整合分散的管理资源，全面加强国际税收管理工作，重点做好跨境税源管理。研究完善稽查管理体制，提高稽查专业化水平和电子查账能力，依法查处税收违法案件，加快稽查积案清理，促进税法遵从。

（十五）做好征管基础工作。修订退税、欠税、委托代征管理办法，健全税收征管制度。持

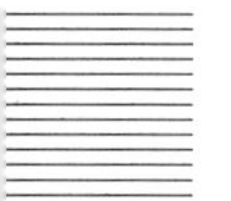

续优化业务流程，深入推进业务流程应用，全面落实“两个减负”。进一步加强税务登记、纳税申报、税款征收、欠税管理、缓缴税款审批、注销户纳税清算、档案管理等日常征管工作。做好发票换版工作，依法加强税控管理。

（十六）提高信息系统支撑水平。做好金税三期工程各项前期准备工作，完善信息化建设标准与规范体系，加快数据资源整合。落实智慧北京和信息管税要求，完善外部信息采集机制和共享机制，深化数据管理与应用，加大回放数据的分析利用，提高对税收中心工作支撑力度。巩固信息化清理成果，夯实信息化工作基础。加强信息系统运行维护和安全管理，完善容灾系统功能，消除隐患，防范风险。

七、大力弘扬“北京精神”，切实加强干部队伍建设

（十七）提高党建工作科学化水平。推进学习型党组织建设，加强党组中心组学习，建立党员教育培训长效机制。深入开展社会主义核心价值体系的学习教育，提高思想认识，坚定理想信念。加强党的各级组织建设，优化组织设置，推进党务公开，深化党内民主。深入开展以“三评三创”和“三比三亮”为主要内容的“为民服务创先争优”活动，充分发挥各级党组织的战斗堡垒作用和广大共产党员的先锋模范作用。加强思想政治工作，构建统一规范高效的思想政治工作领导体制和工作机制，加强对干部职工的心理疏导和人文关怀，切实帮助困难干部职工解决突出问题。尊重干部，理解干部，激励干部，充分调动干部的积极性、主动性、创造性，为干部成长成才创造和谐环境。

（十八）增强各级领导班子领导能力。继续按照干部“四化”方针和“德才兼备、以德为先”用人标准，坚持民主、公开、竞争、择优的原则，采取不同方式继续加强干部选拔任用和交流调整工作，不断优化领导班子年龄、知识、能力结构。重点做好科所长的选拔任用工作，通过选拔任用优秀的科所长带动基层工作水平的提高，为地税事业发展进行梯级领导干部储备。以强化领导班子成员教育培训、调查研究、实践锻炼为主要途径，提高处、科级班子领导能力。落实好领导干部个人有关事项报告、民主生活会、诫勉谈话、述职述廉等制度，加强领导班子自身建设，促进各级领导干部做到“爱岗敬业、忠于职守、依法行政、以德服人”。

（十九）大力提高干部的履职能力。建立健全职责明确、分级负责、上下联动的干部经常性管理机制，持续激发干部队伍活力。探索干部分类管理机制，推进税务系统行政执法类改革试点工作，为干部分途发展奠定基础。继续做好公务员招录工作，有针对性地为基层配备专业人才。加大复合型人才、专业型人才选拔、培养力度，建立税收专业系列人才库。落实好“十二五”时期税务干部教育培训改革发展规划，继续开展分级分类培训，提升培训的针对性和实效性。通过加强培训、完善制度、创新管理，引导全体干部做到“爱岗敬业、忠于职守、廉洁奉公、顾全大局”。

（二十）健全党风廉政建设长效机制。全面落实党风廉政建设责任制，强化一岗双责。加强廉政宣传教育，开展形式多样的廉政教育活动，增强教育的实效性。严格执行党内监督条例，强化对领导班子和领导干部的监督管理。深入开展经济责任审计和专项审计，强化“科技控权”，推进廉政风险防控管理。坚持执法与服务并重，制约与监督并举，公开与评议并行，推进地税系统政风行风建设。

（二十一）推进工作重心向基层倾斜。把服务基层作为全市地税工作的重中之重，不断增强两级机关服务基层的意识和能力。健全服务基层工作机制，提高两级机关下达任务、安排工作的科学性、预见性、协调性，切实减轻基层工作负担。要进一步优化资源配置，把更多的人力、财力、物力、精力用于基层。加大对基层先进典型的宣传力度，发挥示范引领作用。各级领导干部要经常深入基层，沉下身调查情况，沉下心研究工作，沉下力解决问题，提高服务基层的针对性和实效性。

（二十二）推进“平安北京和谐地税”建设。完善涉税舆情及突发事件的新闻应急预案，适时推进市局官方微博上线，提高涉税舆情应对能力。加强安全维稳和后勤保障工作，确保全市地税工作平稳有序运行，促进地税和谐，服务“平安北京”。认真贯彻“安全第一、预防为主”的方针，全面落实首都综治工作任务。认真排查、有效化解各种矛盾纠纷和安全隐患，妥善做好信访工作，将问题化解在萌芽状态，防止问题积累、矛盾激化，最大限度地消除不和谐因素。

（二十三）抓好北京地税文化建设。深入学习贯彻党的十七届六中全会精神，把中国特色社会主义核心价值体系，“爱国、创新、包容、厚德”的北京精神，“为国聚财、为民收税”的神圣使命内化为地税干部人格素养和思想品格，外化为干部的实际行动，提高文化自觉，增强文化自信，实现文化自强，建设符合社会主义先进文化前进方向、具有鲜明时代特征和浓郁地税特色的北京地税文化。办好《北京地税》杂志，丰富内网栏目和内容。两个学会要围绕中心加强研究工作。充分发挥党组织的领导推动作用和工青妇等组织的桥梁纽带作用，深入开展精神文明创建活动，大力开展税务干部喜闻乐见的群众性文化活动，营造积极向上的工作氛围。

全系统要认真贯彻市委、市政府和国家税务总局重大决策部署，敢于担当，敢于碰硬，敢于创新，开拓进取，扎实工作，圆满完成全年各项税收工作任务，为首都科学发展作出新的更大的贡献，以更加优异的成绩迎接党的十八大胜利召开。

2012年北京市地方税收工作完成情况及2013年工作思路

一、2012年工作完成情况

2012年，在北京市委、市政府和国家税务总局正确领导下，全市地税系统深入贯彻落实科学发展观，紧紧围绕科学发展主题和加快转变经济发展方式主线，牢牢把握稳中求进，全面推进依法行政，服务基层，为民服务，优化环境，促进和谐，为首都经济社会发展作出了新贡献。

（一）全力以赴抓组收，地税收入实现稳定增长

2012年，全市上下坚决贯彻中央决策部署，把稳增长放在更加突出的位置，面对年初国内外经济下行压力加大、经济增速放缓等因素导致的地税收入出现明显负增长的严峻形势，两级党组高度重视，从年初就抓紧，月月紧抓，市局全年召开的10次局务会7次专题研究布置组织收入工作，全面落实组织收入责任制。各级领导深入一线抓收入，走访重点税源户，统筹协调解决组织收入工作中出现的新情况、新问题。各职能处、科室加强横向配合和纵向督导，强化税源监控，推动政策落实。广大干部立足岗位，扎实工作，依法征管，优化服务，逐步实现了地税收入形势与首都经济形势同步改善，逐季向好：二季度末累计增幅实现由负转正，全年累计完成各项税费收入2865.2亿元，完成地方公共财政预算收入2217.9亿元，还原“营改增”试点改革影响后，各项税费收入增长10.9%，地方公共财政预算收入增长10.4%，圆满完成全年收入任务。

（二）统筹推进依法行政，法治型机关建设取得新进展

围绕加快建成法治型地税机关的目标，充分总结近几年依法行政工作取得的明显成绩，经过广泛深入的调查研究，拟定“十二五”时期推进依法行政工作规划，对当前和今后一个时期依法行政工作进行系统安排。完善市局党组会、局务会、局长办公会、局长专题会制度，分类研究决定各类事项，凡属于“三重一大”事项都严格按规定程序集体研究决定。加强对业务流程执行情况的督导检查，确保全系统日常执法行为标准一致、程序统一。全面开展优化政务流程完善管理制度工作，市局已基本完成制度修订和流程优化，各区县局的制度建设工作也取得重大进展，初步构建了系统规范、横向衔接、上下对接的制度体系。联合市国税局出台税务行政处罚裁量权实施办法，明确第一批12项税收违法行为的具体处罚标准，在全国税务系统率先实现同一地区国地税行政处罚标准的统一。推进行政审批制度改革，精简部分行政许可事项申请材料，优化许可程序。审理行政复议案件18起，应诉行政诉讼案件29起，妥善化解涉税矛盾纠纷。妥善解决信息化和基本建设历史遗留问题，完善预算管理、经费支出、资产管理等方面制度，严格依法依规开展新增项目的立项和政府采购工作。

制定内部财务审计管理等内审制度，加强税收执法督察和专项检查。做好政府信息主动公开工作，通过网站、税务公告等向社会公开信息千余条、法规文件近百个，依法妥善处理依申请信息公开，提高了税收工作透明度。

（三）全面落实结构性减税政策，促进首都经济转型升级

在组织收入形势较为严峻的情况下，我们一手抓收入，一手抓促进经济发展，围绕大局，服务中心，始终坚持不折不扣地落实结构性减税政策，着力稳增长、调结构、惠民生。积极推动“营改增”试点改革，与市财政局、市国税局有力配合，认真制订交接方案，及时确认并提供税源户信息，试点一个季度减收 100.9 亿元。有效落实税收优惠政策，据不完全统计，落实税收政策共减税 238 亿元。其中，贯彻落实新修改的个人所得税法，减收 155 亿元，约 680 万中低收入者受益；支持高新技术、文化创意、节能环保等战略新兴产业和小型微利企业发展，减税 30 亿元。注重发挥税政统筹推进工作机制的作用，及时协调解决征管工作中发现的问题，认真开展税收政策执行情况反馈报告和政策建议研究工作，争取促进中关村示范区发展的税收政策取得实质性进展，促进文化创意产业、农村经济合作组织发展等政策建议得到良好回应。

（四）稳步提升服务水平，全面优化税收环境

继续注重发挥地税网站、咨询电话和地税公告等渠道作用，开通官方微博，加强纳税咨询辅导工作，进一步推动了政策公开透明。2012 年，地税网站首页访问量达 1552 万人次，咨询电话受理话务 80.8 万件。完善办税服务厅功能，拓宽办税受理范围，设置综合办税窗口。推广网上预约服务，开展网上实时咨询，推动网上发票授权，方便纳税人自助办税。完善网上救济专区，加强涉税投诉管理，优化央企服务工作，保护纳税人权益，提升纳税人满意度。

（五）坚持依法征管，税收征管质效得到提高

加强登记、申报、缓缴、清欠、代征等方面的基础管理，截至 2012 年年底，全市共有地方税源户 112.9 万户，比年初增长 10.4 万户，年均登记率达 99.87%，申报率达 99.67%，入库率达 99.8%，欠税余额进一步降低。各项非税收入共征收 162.1 亿元，占全部税费收入 5.7%。稳步推进部门协同，围绕组织收入、纳税评估、税务稽查等重点工作，各处室、各科室之间加强了内部协同，增强了合力；完善与市国税局、市住建委、市质监局等部门数据定期交换机制，联合市工商局研究出台加强企业股权转让环节税收征管的意见，加强了外部协同。不断强化源泉控管，重点税源监控户数和收入占比实现“双提高”，有 2239 户企业纳入国家税务总局监控范围，户数增长 22.6%，缴纳税费 1283.7 亿元，占整体收入比重提高至45%。开展企业所得税税源户清理，查出漏管户 2.1 万户，管户达 23.3 万户。推进房地产税收一体化管理，规范土地增值税差别化预征和清算管理，会同有关部门对存量房交易计税价格评估值进行首次动态调整，有效堵塞了税收漏洞。加强发票管理，简化票种，免征小微企业发票工本费。开展信息系统安全评测和问题整改，确保了信息系统稳定运行。推广应用 2.1 版税收管理员平台，加大数据采集和应用力度，重点开展附加税费与主税比对，发现疑点，堵塞漏洞。2012 年，全市网上申报户比例达 69%，通过财税库银横向联网缴纳的税款已占全部入库税款的 85%。有效发挥评估和稽查作用，对保险、建筑、广告、房地产等行业开展专

项评估，评估7.4万户，入库税款12.5亿元；围绕影响税收秩序的突出问题进行专项稽查，查补税款18亿元。整合国际税收管理力量，加强反避税、情报交换和非居民税收管理。制订大企业税收服务和管理方案，督导12户大企业进行自查，开展个性化服务。

（六）加强党建和思想政治工作，组织保障作用明显增强

在年中全系统领导干部会议上把加强党建和思想政治工作作为一项重要工作进行全面总结和布置，构建了统一规范的思想政治工作领导体制和工作机制。举办党组中心组扩大学习15次，深入学习党的十八大和市党代会精神，加强保持党的先进性纯洁性教育。组织处级干部党建和依法行政培训班，提高履职能力。围绕“五个好”“五带头”，深入开展为民服务创先争优活动，广泛开展“三评三创”和“三比三亮”，引导各级党组织围绕中心创先进、广大党员立足本职争优秀。加强对干部的心理疏导和人文关怀，在政策许可范围内研究解决干部职工的实际困难，举办书画摄影展、系列运动会等丰富多彩的文体活动，为广大干部送文化、送健康、送温暖。

认真开展对处级领导班子和处级领导干部的考核测评及干部选拔任用工作“一报告两评议”，及时反馈考核测评和评议情况。推进处级干部选拔任用交流调整工作，提任处级干部42人，交流调整12人；各区县局选拔任用科级领导干部91人。严格按规定程序公开、公正地招录公务员96名，接收安置军转干部67名，严把干部入口关。加强干部教育培训，制定加强和改进基层干部教育培训工作的意见，举办各类培训321次，2.7万人次参训，提升了干部队伍综合素质。市局党组制定加强基层建设的指导意见，全面推进基层建设。统筹对基层的工作安排，优化工作流程和考核指标设置，减轻了基层负担。市局局领导多次带队深入基层听取意见，市局各处室、各区县局领导班子和科室与基层税务所联系制度得到加强，一些基层意见建议得到及时反馈和有效解决。此外，全系统狠抓安全维稳，强化监督检查，为党的十八大召开和税收工作开展营造了平安的环境和气氛。

（七）注重源头预防，反腐倡廉取得新成效

全面落实从源头上预防腐败的措施和要求，推进反腐倡廉教育、制度、监督、改革、纠风、惩治各项工作。市局党组制发《关于进一步加强廉政风险防控管理工作的意见》，将优化流程完善制度与廉政风险防控管理紧密结合，共梳理涉权事项168项，全面编制权力运行流程图并标注风险点，落实相应的防控措施。制定集体决策事项目录，强化对重大项目资金使用的监督，优化税务所内部权力配置，推进权力运行公开透明。制定党风廉政建设责任制实施办法，明确责任主体和责任内容，加强对责任落实的监督检查，促进领导班子、领导干部切实履行“一岗双责”。认真开展民主评议基层科所工作，加强政风行风建设。组织开展道德领域突出问题专项教育和治理活动，切实纠正损害纳税人利益的不正之风。开展公务用车核编工作，规范公务用车管理。加强反腐倡廉教育，认真学习宣传《税收违法违纪行为处分规定》，各级领导干部带头讲廉政党课，组织参观各种廉政教育展览，促进干部队伍思想纯洁、作风纯洁、清正廉洁。

二、2013年工作安排

2013年是全面贯彻落实党的十八大精神的开局之年，也是实施“十二五”规划承前启后的关键一年，做好地方税收工作意义重大。根据中央精神和市委、市政府、国家税务总局要求，

结合地税实际，2013 年全市地税工作的总体要求是：深入学习贯彻党的十八大和市委全会精神，以邓小平理论、“三个代表”重要思想、科学发展观为指导，紧紧围绕主题主线，牢牢把握稳中求进的工作总基调，以组织收入为中心，深入推进依法行政，严格依法征管，持续优化服务，加强税政管理，狠抓作风建设，密切联系群众，推动地税事业科学发展，为首都经济持续健康发展和社会和谐稳定作出新贡献。

（一）依法组织税收收入，切实提高收入质量

组织税收收入是税务机关的基本职责。一要充分认识首都经济和税收形势。市委统筹考虑全市经济社会各方面实际，确定今年地区生产总值增长 8% 左右，地方公共财政预算收入增长 9%。既要坚定信心，也要充分认识 2013 年组织收入工作面临的困难和挑战。首都转方式、调结构不断取得新成效，居民收入保持稳定增长，必将有力推动税基扩大、税源质量提高，但落实结构性减税政策、“营改增”试点改革也将对地方税收产生重要影响。要加强税收分析预测，准确把握影响短期收入变化的因素，科学预判中长期收入发展趋势，增强工作主动性和前瞻性。二要不断强化组收工作机制。坚持各级领导班子集体领导、“一把手”负总责、各部门各司其责，增强组织收入工作合力。多向区县党委、政府汇报，争取关心和支持；多与有关部门沟通协调，争取理解和配合。三要加强收入质量管理。坚持依法征税、应收尽收，坚决不收过头税，强化重点税源监控，努力完成收入任务目标，实现尊重经济决定税收规律的、实实在在的、没有水分的增长，争取收入增长与首都经济发展相协调、与主体功能区建设相协调、与市区两级公共财政需求相协调。

（二）深入推进依法行政，进一步提高税收法治水平

按照加快建设法治政府的要求，在新的历史起点上推动全系统依法行政工作向纵深发展。一要加大工作统筹力度。认真落实“十二五”时期依法行政工作规划，对依法行政工作进行再宣传、再动员。以开展考核试点和示范单位创建为重点，以点带面、点面结合，统筹推进全系统依法行政工作。二要严格坚持依法科学民主决策。严格落实政府采购管理办法、合同管理办法等内部管理制度，重要事项严格按规定程序集体讨论决定，“一把手”不直接分管人事、财务。建立健全决策执行情况反馈机制，加强对决策执行情况的督办和评估。三要强化制度执行。加强对新梳理完成的政务流程和制度的宣传培训，做到人人了解制度、人人掌握流程、人人执行规定。认真总结行政处罚裁量权试点工作经验，并适时推广。四要加强督察内审。认真开展税收执法督察，加强整改情况检查和督察结果分析，探索完善执法责任考核方式，落实问责制度。强化对基层执法的指导和服务，引导干部增强风险防范意识，有效降低执法风险。做好税务行政复议和应诉工作，化解税收争议。开展内部财务审计，尝试开展绩效审计，提高财政资金使用效率。

（三）持续优化纳税服务，不断提高税法遵从度

注重发挥纳税服务对依法行政、征收管理、税政管理等各项税收工作的先导和带动作用。一要加强宣传辅导。充分发挥地税网站、咨询电话和地税公告等渠道作用，围绕纳税人关注的问题及时开展税法宣传。重视税收政策解读工作，做到文件和解读同步起草、同步报批、同步发布。二要改进办税服务。提升办税服务厅功能，拓展网上办税范围，推广发票明细数据采集和网上报

数授权，完善自助办税功能。三要强化权益保护。加强纳税人投诉管理，及时回应纳税人诉求。探索建立纳税人需求分析机制，进一步提高服务的针对性和实效性。四要创新纳税服务。在大企业税收管理中，尝试使用事先裁定等方法，帮助纳税人准确理解和适用税法，解决税政确定性问题。

（四）依法征收管理，深化征管改革

深入贯彻全国税务系统深化征管改革会议精神，围绕“两提高、两降低”目标，结合实际，进一步修改完善征管改革方案，稳步实施，不断提高税收征管质效。一要继续夯实征管基础。完善国税、地税联合登记管理，进一步加强减免税、退税、欠税、委托代征、税务档案管理，加强个体工商户、自然人税收源泉控管，落实取消普通发票工本费政策，做好非税收入征收管理。二要稳步推进分类分级管理。根据税源结构和风险特点进行分类，将不同类型税源的管理职责在不同层级、不同岗位进行合理划分，适当提升复杂重要事项的管理层级，规范基层税务所设置。不断完善相关的征管配套制度。三要强化风险管理。坚持风险管理为导向，建立风险分析监控平台，完善风险处置体系，对低风险纳税人进行提醒和辅导，对中风险纳税人开展纳税评估，对高风险纳税人进行税务稽查。把纳税评估作为税源专业化管理的核心手段，积极构建分行业风险预警指标体系，对建筑、住宿、物业管理等行业开展专项评估。组织开展重点税源企业检查和资本交易等项目专项检查，严厉查处重大税收违法案件，继续开展打击发票违法犯罪活动。四要全面启动大企业专业化管理。将大企业管理作为深化征管改革的重要突破口，明晰职责分工，加强管理力量。按照国家税务总局拟定的大企业标准，选择20～30户大型集团企业开展专业化管理，实施个性化服务，逐步构建大企业税收管理工作体系。五要加强国际税收管理。以税收协定执行、非居民取得收入、反避税、情报交换与利用为重点，不断提高国际税源监控能力，维护国家税收权益。六要深化信息管税。规范数据管理职责，进一步完善外部信息采集机制，丰富信息内容，加强信息比对。关注金税三期工程建设试点情况，做好试点推广准备工作。切实做好现行信息系统的运行维护，确保系统安全稳定运行。

（五）加强税政管理，充分发挥政策导向作用

要把推动税制结构优化、服务首都“双轮驱动”作为税政管理的主要着力点。一要落实结构性减税政策。做好中关村创新创业税收新政实施工作，加强文化产业、节能环保等战略性新兴产业税收政策落实，促进首都经济发展方式转变；落实好保障性住房、“三农”、小微企业、就业、非营利组织等方面的税收政策，促进社会和谐。二要积极参与税制改革。做好“营改增”扩大试点行业的准备，继续深化改革试点工作。深入开展科技、文化新政执行效果分析，研究完善政策建议。配合做好房地产税制改革、城市维护建设税和印花税联动改革等立法准备工作，推进地方税体系建设。三要大力加强税种管理。要适应深化征管改革需要，创新税政管理方式方法。加强季度预缴、汇算清缴和后续管理，确保企业所得税管理的真实性、完整性。加强股权转让、限售股转让等非工薪所得的管理，发挥个人所得税调节分配作用。加强土地增值税差别化预征和清算管理，深化存量房评估工作，强化房地产税收一体化管理和车船税等零散税源社会化管理，提高地方税总体管理水平。

2012 年北京市地方税收完成情况

2012 年，在北京市委、市政府和国家税务总局的正确领导下，全市地税系统深入贯彻落实科学发展观，紧紧围绕主题主线，牢牢把握稳中求进，全面推进依法行政，全力以赴抓组织收入，确保收入稳定增长。现将主要情况报告如下：

一、圆满完成全年收入任务

全市地税系统全年累计完成各项税费收入 2865.2 亿元，还原“营改增”试点改革对地税收入的影响后增长 10.9%。其中，完成中央级收入 571.6 亿元，占比为 19.9%；完成市级收入 1275.1 亿元，占比为 44.5%；完成区县级收入 1018.5 亿元，占比为 35.6%。

全年累计完成地方公共财政预算收入 2217.9 亿元，还原“营改增”试点改革对地税收入的影响后增长 10.4%。

（一）地方公共财政预算收入实现稳定增长

面对一季度地方公共财政预算收入下降 5% 的严峻形势，全市地税系统从年初就抓紧，月月紧抓，全面加强组织收入工作，依法征管，优化服务，收入形势逐季向好：二季度末累计收入实现 1.6% 的正增长，三季度末累计增幅升至 6.5%，四季度末累计增幅达到 10.4%。

（二）地方公共财政预算收入结构不断优化

全年，第二产业完成地方公共财政预算收入 239.2 亿元，增长 5.4%，占整体地方公共财政预算收入的比重为 10.8%。其中，建筑业完成 121.6 亿元，增长 5.9%；制造业完成 97.2 亿元，增长 5.2%。第三产业完成地方公共财政预算收入 1975.9 亿元，增长 6.6%，占整体地方公共财政预算收入的比重为 89.1%。其中，金融业继续保持较快增长，完成 359 亿元，增长 25.5%；房地产业完成 406.6 亿元，收入规模与 2011 年基本持平；信息服务、商务服务和科学技术服务业分别完成 91.9 亿元、217.2 亿元和 148.2 亿元，分别增长 3%、6.6% 和 1.7%，增幅受第四季度“营改增”试点改革的影响有所回落。

（三）各区域地方公共财政预算收入普遍平稳增长

全年，首都功能核心区完成地方公共财政预算收入 636.4 亿元，增长 4.7%；城市功能拓展区收入规模最大，完成地方公共财政预算收入 1027.6 亿元，增长 5.8%；城市发展新区增幅最高，完成地方公共财政预算收入 419.2 亿元，增长 10.9%；生态涵养区完成地方公共财政预算收入 112.4 亿元，增长 6.8%，初步实现了收入增长与主体功能区建设相协调。

二、全面服务首都经济社会科学发展

2012 年，在组织收入形势较为严峻的情况

下，全市地税系统坚持一手抓组织收入，一手抓促进经济发展，统筹推进依法行政，落实结构性减税政策，优化税收环境，努力实现收入增长与首都经济发展相协调。

（一）坚持依法组织收入，多措并举确保收入稳定增长

坚持以依法征税为核心内容的组织收入原则，做到依法征税、应收尽收，坚决不收过头税。加强登记、申报等方面的基础管理，截至2012年底，全市地税系统共有地方税源户112.9万户，比年初增长10.4万户，年均登记率达99.87%，申报率达99.67%，入库率达99.8%。充分发挥组织收入工作机制作用，稳步推进部门协同，加强横向配合和纵向督导，强化重点税源监控，2012年纳税百万元以上企业有2.2万户，缴纳各项收入2382亿元，占整体收入比重为83.2%。加大稽查评估力度，强化税政管理，加强大企业税收和国际税收管理，不断提高征管质效。

（二）全面落实结构性减税政策，促进首都经济转型升级

围绕大局，服务中心，始终坚持不折不扣地落实结构性减税政策，着力稳增长、调结构、惠民生。积极推动“营改增”试点改革，第四季度减收100.9亿元，其中地方公共财政预算收入90.4亿元。有效落实税收优惠政策，初步统计，全年共减轻纳税负担238亿元，其中地方公共财政预算收入137.8亿元。特别是贯彻落实新修改的个人所得税法，减税155亿元，其中地方公共财政预算收入62亿元，约680万中低收入者受益；支持高新技术、文化创意、节能环保等战略新兴产业和小型微利企业发展，减税30亿元，其中地方公共财政预算收入22.8亿元。全年营业税完成1152.7亿元，增长7.6%，还原“营改增”试点改革影响后增长15.7%；个人所得税完成703.5亿元，增长3.3%；企业所得税完成221亿元，增长5%。

（三）不断改善纳税服务，持续优化税收环境

注重发挥地税网站、咨询电话和地税公告等渠道作用，开通政务微博，加强纳税咨询辅导工作，进一步推动政策公开透明。全年，北京地税网站首页访问量达1552万人次，咨询电话受理话务80.8万件；网上申报户比例达69%，通过财税库银横向联网缴纳的税款已占全部入库税款的85%。优化纳税人自助办税，推广网上预约服务，开展网上实时咨询，推动网上发票授权，进一步提升了纳税人满意度和税法遵从度。

2013年，全市地税系统将在市委、市政府和国家税务总局的坚强领导下，深入贯彻党的十八大、中央经济工作会议、市委十一届二次全会精神，稳中求进，求真务实，真抓实干，扎实开局，为首都经济社会科学发展作出新的贡献！

领导讲话

在 2012 年北京市地方税务工作会议上的讲话（摘要）

北京市委常委、常务副市长 吉 林

（2012 年 1 月 12 日）

同志们：

今天上午，北京市十三届人大五次会议在北京会议中心隆重开幕，郭金龙市长代表市政府向大会作了报告，全面总结了我市 2011 年工作，对 2012 年如何更好地结合北京市实际，进一步转变方式、调整结构、保障和改善民生、促进社会和谐稳定作了部署。今天我们召开的 2012 年北京市地方税务工作会议，非常有意义，会议的主要目的是进一步统一思想、认清形势、坚定信心、振奋精神，确保完成今年地方税收收入目标任务。下面，我先讲两点意见。

一、充分肯定 2011 年我市地税工作取得的成绩

2011 年是中国共产党成立 90 周年，是“十二五”开局之年，也是我国转变经济发展方式、调整产业结构、推动科学发展的关键一年。“十二五”开局之年的工作如何，受到各方的高度关注。2011 年，北京市在转变经济发展方式、调整产业结构等方面，推出了重大举措，迈出了重大步伐，主要表现为三项工作：一是实行了最为严厉的房地产市场调控措施，率先作出新建普通住房价格“稳中有降”的承诺，大力建设保障性住房。二是主动实施汽车摇号限购，汽车销量大幅降低。三是对首钢涉钢企业实行全面停产，对两万多名职工进行分流安置。房地产、汽车涉及首都经济社会发展全局，我们相当一部分地区生产总值的增长、固定资产投入的增长、社会消费品零售额的增长都来自于房地产和汽车销售两个方面。对北京来讲，对房地产市场和汽车销售市场进行调控，是转方式、调结构的重大举措。这三项调控对北京市地区生产总值增速的影响约为 2.1 个百分点。从目前来看，全年地区生产总值将实现 8% 左右的增长，在全国是最低的。但是从转变发展方式和调整产业结构来看，调控极大地促进了首都经济向物价趋稳、结构优化、效益提升、民生改善的方向发展。

过去的一年，我市财税工作也取得了非常突出的成绩。全年实现全口径税收收入 7500 亿元，实现地方一般预算收入 3006 亿元，同比增长 27.7%，这对北京是一个突破，大家为首都经济社会发展作出了积极的贡献。

回顾一年来的地方税收工作，我认为有以下几个亮点：

（一）勇挑组织收入重担。按照去年年初市人代会审议通过的增长 9% 的收入计划，分配给

地税的任务是1795亿元，在全市地税系统广大干部职工的共同努力下，我们提前65天完成了这一目标。去年11月，市委、市政府综合考虑首都经济发展的总体情况和保发展、惠民生等重要财政支出需求后，重新调整了地方公共财政预算收入目标，争取完成3000亿元，地税、国税都要加任务，地税加得最多，从年初人代会审议通过的1795亿元调整为2083亿元。在重大考验面前，市地税系统的全体税务干部发扬敢于担当、敢于碰硬、敢于创新的“三敢”精神，讲大局、讲奉献，努力工作，最后实现了2083.9亿元，增长了27.1%，出色地完成了市委、市政府交给的新任务，为首都经济社会发展作出了新贡献。

（二）持续提升服务水平。政府的工作就是为经济社会发展搞好服务，地税系统也不例外。税收工作具有很强的政策性、业务性和技术性，这就要求我们提供更加精细、更加精确的服务。一年来，市地税局在纳税服务方面做了很多卓有成效的工作。一方面，严格落实各项税收政策，充分发挥税收调控经济、调节分配的职能作用，服务首都科学发展和加快转变经济发展方式。落实中央“四个服务”要求，逐步提高服务中央在京单位、服务国际交往、服务国家科教文卫事业发展、服务市民工作与生活的水平。另一方面，想方设法为纳税人创造便利。改进服务大厅、12366纳税服务热线的服务水平，提升服务效率，降低办税成本，维护纳税人合法权益，推进了服务型地税机关建设，进一步促进了纳税遵从，优化了首都的地方税收环境。在昨天市委、市政府召开的中央在京单位座谈会上，市地税局的工作得到了许多单位的表扬。

（三）不断夯实基础工作。这几年，市地税局之所以能够从低谷中走出来，广大干部之所以能摆脱错误的惯性思维，关键在于我们打牢了思想、组织、管理等各个方面的基础。昨天上午，市政府召开专题会，专门听取了市政府各个单位绩效考核评价情况，地税局得分比较高。去年，地税局受王纪平违法犯罪影响，得分是比较低的，今年能从低到高，大家都感到很欣慰。作为分管副市长，看到地税排名的进步，我也感到特别欣慰。在过去几年里，大家确实不容易，能够取得今天这样的进步，是地税局党组班子坚强有力、团结战斗的结果，也是我们这支队伍发扬“三敢”精神、奉献拼搏的结果。事实证明，市地税局的领导班子和这支队伍是经得住考验的，是能打硬仗的。

会前，刘淇书记、郭金龙市长委托我向市地税局的领导班子、向广大税务干部过去一年来，为实现首都科学发展、促进社会和谐稳定作出的贡献表示衷心的感谢和崇高的敬意！

二、真抓实干，全面完成2012年各项工作任务

2012年是党和国家政治生活中具有重要意义的一年，是实施“十二五”规划承上启下的重要一年。“十二五”实现了良好开局，但开局之后怎么样，特别是我们在开局之年转方式、调结构推出的重大举措，在第二年会产生什么样的后续效果，需要我们保持清醒的头脑，认真加以分析。

今天上午，郭市长已经将我市今年经济社会发展的主要指标向人代会进行了报告。2012年，全市地区生产总值预计增长8%左右，地方财政收入增长10%，固定资产投资增长9%左右，社会消费品增长12%左右，城乡居民收入实际增长7%左右，居民消费价格涨幅控制在4%左右，单位地区生产总值能耗、水耗和二氧化碳排放量分

别下降2.5%、3%和3%。

总之，在新的一年里，保持经济平稳较快增长的任务非常艰巨。做好今年的工作，要按照中央要求，突出把握好稳中求进的工作总基调。具体来说，所谓的稳，就是要保持宏观经济政策基本稳定，保持经济平稳较快发展，保持物价总水平基本稳定，保持社会大局稳定。所谓的进，就是要继续抓住和用好我国发展的重要战略机遇期，在转变经济发展方式上取得新进展，在深化改革开放上取得新突破，在改善民生上取得新成效。北京也是一样，要把握好稳中求进的工作总基调，该稳的稳，该进的进，特别是要在突出主题主线，积极转方式、调结构上求进，在文化创新、科技创新这个双轮驱动上求进。

对于北京来说，今年任务较重，要想保持平稳较快增长，必须要进，不进则退。税务部门是政府重要的经济管理部门，我们要跳出税务看税务，就是想让大家站在更高的高度、更宽的视野去审视地税工作，不能只是把税收工作局限于收税，要摆脱传统的税收工作观念，围绕大局来谋划和推进税收工作，为实现首都科学发展、社会和谐稳定作出应有的贡献。

一是要发挥税收职能作用，着力服务首都科学发展。保增长、调结构、转方式、控物价、惠民生、促和谐，每方面工作都需要资金的保障，否则一切都无从谈起。2011年全市财政收入突破了3000亿元，值得庆贺。但是在这个基础上再有新的发展，难度很大。社会在发展，事业也在发展，需要的资金也多。要保证经济社会平稳发展，我们就一定要全力以赴地组织收入。地税、国税和非税收入3000多亿元，地税收入占70%，地税部门在其中的分量很重。要坚决完成市委、市政府交给的收入任务。要充分发挥税收职能作用，用准、用足、用好各项税收优惠政策，全力服务首都经济社会发展大局。要运用税收政策促进文化创意产业的发展，要全面贯彻落实国家推进文化改革发展的各项政策措施，从税收层面为文化建设提供支持，促进构建公共文化服务体系，扶持文化产业发展。此外，在保障和改善民生方面，税务部门要找准税收惠民生的着力点，充分发挥税收在调节收入分配、扩大就业、支持教育、卫生、社会保障等基本公共服务体系建设中的重要作用。

二是要提升服务水平，着力促进社会和谐稳定。提高服务水平是政府改革的重要内容之一。中央对北京工作要求很高，要求北京要搞好“四个服务”，要求我们各项工作都走在全国的前列。地税部门是窗口单位，纳税人要通过这个窗口来看我们的政府，所以，我们对自己的工作更应该严格要求。税收涉及千百万纳税人切身利益，涉及经济社会发展的方方面面，社会对税务服务的需求是多元化的，如果我们能真正地深入分析，在税收领域多为纳税人做点事情，往往会产生很好的社会效果。

三是要坚持依法行政，着力化解矛盾、解决问题。政府行政最根本的依据是法律，依法行政是构建和谐、化解矛盾的底线，我们做任何事情，都要严格按照法律法规来办，坚决守住依法行政这条底线。当前，我国进入改革发展的关键时期，各种矛盾凸显。税务部门是国家重要的经济管理部门和行政执法部门，在税务部门深入推进依法行政，关系人民群众切身利益，关系政府的执行力和公信力。核心是要保护公民的权利。在当前社会矛盾比较多的情况下，更要注意这一点。地税部门是执法单位，要特别关注一线的执法，一定要教育我们一线的干部和同志把好关，坚守依法行政的底线。前不久，市委专门就廉政风险防范工作做出了安排，市地税局这几年也在

总结以往教训的基础上，结合自身特点，在业务流程梳理再造等方面做了许多工作，这实际上和廉政风险防范工作是紧紧联系在一起的，我们还要继续抓深抓实。在刚刚召开的十七届中央纪委七次全会上，胡锦涛总书记作了重要讲话，就廉政风险防范工作提出了具体的要求，我们要认真学习领会，坚决贯彻落实。

四是要坚持以人为本，着力加强干部队伍建设。干部队伍建设是做好地税工作的基础和保障，地税部门直接面对社会公众，在提供公共服务和加强社会管理中肩负重任。全市地税系统一定要强化全心全意为人民服务的宗旨观念，践行“北京精神”，将“北京精神”内化为人格素养，外化为自觉行动，强化“窗口”意识，切实加强干部队伍建设和作风建设。要加强领导班子建设，坚持用中国特色社会主义理论体系武装思想，自觉用科学发展观的立场、观点和方法研究解决影响制约北京地税事业发展的突出问题，切实提高领导税收事业科学发展的能力。要继续狠抓反腐倡廉，加强经常性教育，将三年来注重制度、机制、规则、流程建设的好的做法坚持下去，真正实现用好的制度管权、管事、管人，不断规范权力运行，真正建设一个规范、高效、廉洁的地税机关。

以上就是我讲的两个方面的意见，供大家参考。我希望今天这个会议能够开成一个充分总结和肯定过去一年取得的成绩的会议，一个冷静分析当前形势的会议，一个为完成今年更加艰巨的任务振奋精神的会议。最后，我再一次代表市委、市政府向全市地税系统的广大干部职工在过去一年中为全市经济社会发展所作的努力和贡献表示感谢。

全面推进依法行政 服务基层 为民服务 优化环境 促进和谐 为首都科学发展作出新贡献

——在2012年北京市地方税务工作会议上的讲话

北京市地方税务局局长 王晓明

（2012年1月12日）

同志们：

今天召开2012年北京市地方税务工作会议。这次会议的主要任务是：贯彻落实党的十七届六中全会、中央经济工作会议、市委十届十次全会、全国税务工作会议和全国税务系统依法行政工作会议精神，总结2011年工作，部署2012年任务。刚才，吉林常务副市长代表市委、市政府作了重要讲话，充分肯定了2011年地税工作所取得的成绩，深入分析了经济形势，明确提出了做好今年地税工作的要求，我们一定要认真贯彻落实。下面，我代表市局党组讲三个问题。

一、2011年工作回顾

2011年，在北京市委、市政府和国家税务总局的正确领导下，全市地税系统深入贯彻落实科学发展观，围绕主题主线，沉着应对形势，解放思想，加快转变，夯实基础，依法行政，在综合治理、重在治本上取得重大进展，圆满地完成了全年各项工作任务，受到刘淇书记、郭金龙市长、吉林常务副市长等市领导的充分肯定。北京地税经过三年的正本清源、拨乱反正、清理整顿，已经走出了低谷，步入良性发展的轨道。

（一）坚持依法行政，税收法治水平明显提高

全系统深入贯彻全国和全市依法行政工作会议精神，将依法行政基本准则贯穿于地税工作各领域、各环节、全过程。坚持依法征税、应收尽收，坚决不收过头税，坚决防止和制止越权减免税，坚决落实税收优惠政策，加强组织收入工作的统筹协调和工作机制建设，加强税收收入分析预测，进一步提高组织收入的科学性和精准度，把握了工作主动权。我们自觉服务首都主动转方式、调结构，克服了经济增速放缓对组织收入工作的不利影响，挖掘税源潜力，加强税收征管，优化纳税服务，实现了地方税收收入持续平稳较快增长，提前65天完成年初市人代会批准的预算收入计划，全年累计完成各项税费收入2666.6亿元，同比增加561.7亿元，增长26.7%；完成地方公共财政预算收入2083.9亿元，同比增加444.8亿元，增长27.1%，对全市财政收入贡献

率达到69.3%，为突破3000亿元大关作出突出贡献。

强化法治理念教育和法律知识学习，制定实施《北京市地方税务局“六五”法制宣传教育规划》，强化领导干部依法行政意识，以市局党组中心组扩大学习等形式深入开展刑法、行政强制法知识学习，举办基层依法行政座谈会7次、专题讲座30场。坚持“三重一大”制度，凡重大事项都由党组会或局长办公会集体决策，严格按照程序办理，彻底纠正了王纪平等人过去一个时期决策不科学、不民主、不规范的做法。在强调依法科学民主决策的同时，注重决策执行，提高执行力，做到令行禁止。积极参与车船税、地方教育附加的地方立法工作。深入开展税收规范性文件集中清理，首次以公告形式向社会公布现行有效税收规范性文件1040件，废止失效文件325件，修改17件。联合市国税局研究推进规范行政处罚裁量基准工作。积极开展税收执法督察，检查各类执法文书及案卷10万份，发现问题3933项次，全部进行了整改。认真落实税收执法责任制，对19名干部和1个税务所进行了责任追究。审理行政复议案件11起，应诉行政诉讼案件25起，妥善化解了涉税争议。扎实推进政务公开，公开政府信息1036条。

（二）认真落实税收政策，地方税收职能作用充分发挥

2011年，新出台税制改革措施和税收政策多，政策性强，涉及面广，事关纳税人的切身利益。我们高度重视，加强领导，深入调研，整合资源，及时制定实施《税收政策贯彻落实工作规程》，增强税政工作合力，确保了各项措施顺利实施，受到各方好评。严格落实国家和北京市调控措施，加强土地增值税差别化预征和清算管理，调整存量房计税价格，协助有关部门审核商品房购房资格和小客车指标申请人资格，为全市实现房价“稳中有降”和控制机动车过快增长作出了积极贡献。贯彻实施中关村国家自主创新示范区“1+6”税收优惠政策。动员全系统的力量，全面贯彻落实修改后个人所得税法，惠及首都470万纳税人。落实促进中小企业发展、“三农”、就业、事业单位改制、非营利组织发展等方面的税收优惠政策。代征残保金20.4亿元，促进了残疾人事业发展。代收工会经费5亿元，推动了全市工会建会工作。

（三）改进纳税服务，纳税人税法遵从度不断提升

结合深入开展“为民服务创先争优”活动，进一步深化服务理念，改进服务方式，提升服务质量。贯彻北京市“四个服务”方针，提高服务中央在京单位工作水平。扩大区域通办业务范围，开辟快捷服务渠道，拓宽办税服务厅受理范围，推进全功能、标准化服务厅建设。确保北京地税网站稳定运行，做好12366纳税服务热线工作。办好第20个税收宣传月活动，开展各类宣传活动85项，编发《文化创意产业税收优惠政策汇编》等各类税收宣传手册16.5万份，发表新闻宣传稿件158篇。及时维护业务知识库，规范政策解答口径，创新辅导模式，丰富辅导内容，提高咨询服务水平。以完善投诉管理制度为支撑，建立跨层级、跨部门的工作机制，及时响应纳税人诉求，维护纳税人合法权益。

（四）加强征收管理，征管质量和效率切实提高

积极探索税源专业化管理，开展征管状况监控分析和重点税源监控，做好总局定点联系大企业的税收管理与服务工作。国际税收工作在非居民管理、协定执行、反避税等方面取得较大进展。加强个体工商户和个人房屋出租的税收管

理。与市财政局等部门建立税源户跨区县迁移的重大利益协调机制。做好新修订的《发票管理办法》的宣传培训辅导工作。依法妥善清理信息化项目历史遗留问题，更新硬件设备，确保核心征管系统安全运行。及时完善升级有关信息系统，为落实新出台的各项改革措施提供技术支撑。加强纳税评估，共评估6.9万户次，入库税款11.5亿元。深入开展税务稽查和打击制售假发票活动，立案检查3736户，清理积案1978件，查处各类发票违法案件2833起，共查补税款19.3亿元。

（五）大力加强党的建设、领导班子建设、干部队伍建设，广大干部干事创业活力有效激发

全面加强党的建设。加大两级党组指导党建工作力度，市局成立党建工作指导小组，落实党建工作责任制，初步形成一级抓一级、一级带一级的工作格局。以纪念建党90周年为契机，开展“五个一”“党在我心中”巡回演讲、先进党组织和优秀党员评选等系列活动，坚定了理想信念，激发了爱党热情。以党组中心组理论学习为龙头，以学习胡锦涛总书记七一重要讲话和党的十七届六中全会精神为重点，加强党的基本理论、基本路线、党史知识学习教育，深入开展“为民服务创先争优”活动，进一步增强了广大党员的党性修养和政治觉悟。加强党对工青妇工作的指导，开展“送温暖、送文化、送健康”工程和丰富多彩的文体活动。关心关怀老干部，做好离退休干部工作。

大力加强领导班子建设。按照市局党组确定的处级班子建设“三步走”工作部署，在2009年和2010年两次大规模处级干部选拔任用工作基础上，集中进行了第三次区县局处级干部选拔任用工作。在这次选拔中坚持的标准、原则、方法与前两次一致，保持了工作的连续性。一批政治过硬、群众公认、业绩突出的优秀干部得到重用，特别是那些长期扎根基层、奉献基层的老所长、老科长得到提拔，凝聚了人心，激发了活力。全年共选拔114名处级干部，其中，正处级干部10人，副处级干部104人，进一步优化了全系统各单位处级领导班子结构，为事业发展提供了坚强的组织保证。

全面推进干部队伍建设。落实市委关于加强全市基层公务员队伍建设的工作部署，用好有关政策，最大限度调动基层干部工作的积极性。加大市局机关、区县局干部之间的交流力度。严把干部入口关，做好军转干部接收安置和公务员招录工作。继续开展分级分类培训，组织3期市局机关科级干部培训、2期基层税务所长培训、2期初任培训和“十二五”时期经济和社会发展热点问题讲座，安排94人次参加外单位组织的培训班，不断增强培训的针对性和实效性。

狠抓反腐倡廉建设。完成“做国家利益的忠诚卫士”反腐倡廉专题教育活动整改落实和总结验收阶段工作，实现了人人都参与、人人受教育、人人有提高。认真落实党风廉政建设责任制，推进廉政风险防范管理工作向局、处两级领导班子和区县局、分局重点岗位延伸。健全督察内审制度，开展基建项目结算审计和政府采购审计，规范行政管理权。继续开展“小金库”和公务用车专项治理，严格清理庆典、研讨会、论坛等活动。积极配合相关部门严肃查处违纪违法案件，注重加强对近年来发生案件的剖析，用发生在身边的事教育和警示干部，做到关口前移，注重预防，建立健全教育、制度、监督、改革、纠风、惩治并重的党风廉政建设惩防体系。

（六）深化制度机制建设，基础工作不断夯实

着眼于解决过去一个时期制度机制不健全、

制度落实不到位、基础工作不扎实等问题，按照“职责清、情况明、数据准、要求严”的标准，从加强制度、完善机制、规范流程入手，不断夯实各项基础工作，两权运行逐步规范，行政效能明显提高。制定局务会、局长办公会、局长专题会制度，完善市局会议制度体系，规范会议程序，充分发挥制度机制的作用，促进依法、科学、民主、高效决策，有效组织推动工作落到实处。印发绩效管理考核制度，试行对市局机关各处室的绩效考核。持续推进优化业务流程工作，新增、修改税收业务流程55个。成立市局服务基层、服务纳税人工作领导小组，建立工作调度会议机制，统筹安排涉及基层的工作事项，修订管理考核办法，落实“两个减负”。继续全面清理王纪平等人造成的信息化建设、基本建设与修缮等方面历史遗留问题，市局机关从优化财务流程入手，启动优化政务流程完善管理制度工作。加大督查督办工作力度，加强公文审核和保密管理，进一步规范外事管理。深入开展调查研究，有效服务科学决策。国际税收研究会和地方税务学会也围绕中心工作推出了有价值的研究成果。推进“平安地税”建设，狠抓安全维稳，强化责任落实，构建人防、物防、技防相结合的安全防控体系。加强后勤管理，提高服务保障能力。

回顾过去一年的工作，我们取得了来之不易的成绩，实现了“十二五”时期地税工作的良好开局。经过2009年治标，2010年标本兼治，2011年着力推进综合治理、重在治本，端正了工作指导思想，夯实了工作基础，广大干部的思想作风、精神面貌发生了根本性的转变，各项税收工作稳步推进。这是市委、市政府和国家税务总局正确领导的结果，是社会各界和广大纳税人大力支持的结果，是全系统干部职工辛勤工作、依法履职的结果。在此，我代表市局党组向大家表示衷心的感谢！

三年来，我们埋头苦干，真抓实干，心往一处想，劲往一处使，解放思想，实事求是，主要体会有五个方面：

一是确立了符合地税实际的工作指导思想。三年来，新一届市局党组以科学发展观为指导，从实际出发，立足市委、市政府和国家税务总局对地税工作的基本要求，旗帜鲜明地拨乱反正、正本清源，从源头上纠正了过去一个时期王纪平等人在思想、组织、作风上的“假、大、空”，改变了不良思维方式和错误习惯，提出了符合地税实际的工作指导思想：深入贯彻落实科学发展观，坚持解放思想、实事求是、与时俱进，牢固树立大局意识、责任意识、忧患意识、服务意识和发展创新意识，坚持依法行政，以组织收入为中心，以建设学习型、服务型、效能型、法治型和廉洁型地税机关为载体，优化纳税服务，加强税收征管，充分发挥税收职能作用，服务首都经济社会发展大局，努力做到让上级机关满意、让纳税人满意、让税务工作者满意。

二是坚持把依法行政作为税收工作的基本准则。三年来，新一届市局党组坚持将依法行政的要求具体落实到征管评查、减免缓退、纳税服务、票证管理等税收执法权行使的全过程，以及办文、办会、办事和财务、人事、后勤等行政管理权运行的各环节。全系统干部的法治意识逐步增强，依法行政的能力逐步提高，上级决策和要求在地税系统得到全面有效的贯彻落实。

三是注重用制度管权、管事、管人。三年来，新一届市局党组坚持抓源头、抓根本、抓基础，不断加大制度建设力度，完善工作机制，优化工作流程，增强制度的执行力和约束力，注重按制度办事、按程序办事，从根本上扭转了过去一个时期不规范局面，各项工作走向规范有序。

四是发挥“三项建设”在地税事业科学发展中的保障作用。三年来，新一届市局党组全面推进以思想政治建设、领导班子建设和干部队伍建设为重点的党的建设，切实发挥基层党组织的战斗堡垒作用和党员的先锋模范作用，以优良党风促政风、带行风。坚持“德才兼备、以德为先”的标准，在实践中识别、培养、考察、锻炼、提拔干部，最大限度激发干部的积极性、创造性，增强队伍的凝聚力和战斗力，努力打造一支政治过硬、业务熟练、作风优良的干部队伍。

五是深入推进党风廉政建设和反腐败工作。三年来，新一届市局党组针对违纪违法案件高发态势，勇于面对，深刻剖析。一方面积极配合纪检监察部门查办案件，深入开展“做国家利益的忠诚卫士”反腐倡廉专题教育活动，最大限度地保护干部，稳定队伍，对干部严格要求、严格教育、严格管理、严格监督，刹歪风、治邪气；另一方面全面落实党风廉政建设责任制，推进惩防体系建设，规范权力运行，注重发挥先进典型的示范引领作用，树新风、扬正气。

在肯定成绩的同时，必须清醒地认识到，全市地税工作还存在一些亟待解决的问题。一是基层和基础工作还需要进一步加强。一些工作职责还不够清晰，运转还不够规范，制度有待进一步完善，流程有待进一步优化；机关干部心系基层、服务基层的意识有待提高，措施有待强化。二是对当前推进税源专业化管理的认识还不够深入，准备还不够充分，特别是从事专业化管理的人才还比较匮乏。三是为纳税人服务的意识还不够强，满足纳税人需求的能力有待进一步提高，“吃、拿、卡、要、报”等损害纳税人利益的问题仍然存在。四是税收执法行为需要进一步规范。有法不依、执法不严、违法不究的现象以及乱作为、不作为的现象仍有发生；执法理念需要进一步转变，执法方式需要进一步改进。五是反腐倡廉长效机制建设尚需进一步健全。少数干部廉洁从税的意识不强，对关键环节、重点岗位的监督还缺乏更为行之有效的措施。这些问题的存在，迫切需要我们进一步统一思想认识，以更大的决心和力度继续推进综合治理、重在治本。

二、形势与任务

中央和北京市召开的一系列重要会议，为我们做好2012年工作指明了方向，我们要认真学习，深入领会，全面贯彻，狠抓落实。

党的十七届六中全会指出，要发展面向现代化、面向世界、面向未来的，民族的科学的大众的社会主义文化，培养高度的文化自觉和文化自信，提高全民族文明素质，增强国家文化软实力，弘扬中华文化，努力建设社会主义文化强国。

中央经济工作会议强调，要突出把握好稳中求进的工作总基调，实施积极的财政政策和稳健的货币政策，加快推进经济发展方式转变和经济结构调整，着力扩大国内需求，着力加强自主创新和节能减排，着力深化改革开放，着力保障和改善民生，实现稳增长、控物价、调结构、惠民生、抓改革、促和谐的有机结合。

市委十届十次全会要求，要大力践行“北京精神”，牢牢把握稳中求进的工作总基调，加快转变经济发展方式，全力推进科技创新和文化创新“双轮驱动”，稳增长、调结构、控物价，切实保障和改善民生，以首都科学发展、社会和谐稳定的优异成绩迎接党的十八大胜利召开。

全国税务工作会议提出，要围绕服务科学发展、共建和谐税收的工作主题，坚持依法行政，完善税收政策，深化税制改革，优化纳税服务，创新税收征管，加强队伍建设，推进反腐倡廉，

充分发挥税收在促进发展、调整结构、改善民生方面的积极作用。

全国税务系统依法行政工作会议明确，依法行政是税收工作的生命线，要把依法行政作为税收工作的基本准则贯穿始终，把为民收税作为税务部门依法行政的根本出发点和落脚点，把税务部门带头遵从税法作为提高税法遵从度的有效途径，把营造公平竞争的税收法治环境作为税务部门依法行政工作的重要目标。要进一步坚定法治理念，规范税收行政行为，强化权力监督制约，完善考核评价体系，提高行政管理效能，推动依法行政工作深入开展，促进税收事业科学发展。

全系统深入学习领会上述重要会议精神，结合实际进行了一个多月广泛深入的务虚，统一了思想，理清了思路，确定了2012年全市地税工作的总体要求：以邓小平理论和“三个代表”重要思想为指导，深入贯彻落实科学发展观，全面落实中央全会和市委全会精神，把握好稳中求进的工作总基调，牢记为国聚财、为民收税的神圣使命，大力弘扬“北京精神”，全面推进依法行政，落实结构性减税政策，优化纳税服务，创新税收征管，加强党的建设，狠抓反腐倡廉，规范行政管理，服务基层，为民服务，优化环境，促进和谐，加快建成五型机关，努力实现让上级机关满意、让纳税人满意、让税务工作者满意，为首都科学发展作出新贡献。

贯彻上述总体要求，关键是坚决贯彻落实稳中求进的工作总基调。结合我们的工作实际，稳，就是确保落实好税收改革措施和优惠政策，实现全市地方税收平稳增长；就是确保全市地税工作平稳有序运行，实现征纳关系的和谐稳定。进，就是全面推进依法行政，深化综合治理、重在治本；就是积极推进税源专业化管理，提高服务基层、为民服务的水平；就是完善制度，规范流程，优化环境，促进和谐。稳中求进，科学发展，要着重把握以下几个方面。

第一，要清醒认识经济社会形势的深刻变化。2012年，全市地税工作迎来新的发展机遇，同时也面临新的挑战。从有利的方面看，一是经过多年努力，首都转变发展方式、调整经济结构取得明显成效、具有良好基础，创新驱动、高端引领的内生动力进一步增强；二是首都资源优势丰富，以中关村“1+6”系列政策为代表的政策优势明显；三是加强与中央单位战略合作，发挥首都作为全国文化中心的示范作用，深化服务业综合改革试点等，更多的资源要素将聚集北京，进一步促进首都产业结构升级。这些有利条件必将促进北京地税税源规模进一步扩大，税源质量进一步提升。在此基础上，全面推进依法行政，持续优化纳税服务，继续加强税收征管，必将实现地税收入的持续稳定增长。从不利的方面看，一是世界经济形势仍将十分严峻复杂，经济复苏的不稳定性不确定性上升，首都经济增速放缓，发展中不平衡、不协调、不可持续的矛盾和问题仍很突出，组织收入工作面临新的压力；二是税制改革和税收政策调整带来利益格局调整，结构性减税力度加大，特别是随着营业税改征增值税试点的推进，地税收入会面临减收压力；三是传统征管模式已经难以适应经济社会发展新形势的需要。我们要把握机遇，迎接挑战，下好先手棋，打好主动仗。

第二，要高度重视依法行政这一税收工作的生命线。全面推进依法行政是贯彻中央建设法治政府和服务型政府要求的具体体现，是税收工作促进首都科学发展和社会和谐稳定的必然要求，是服务基层、为民服务、优化环境、促进和谐的有效途径。要依法配置权力，协同开展征管评查，实现权力制约和权益保护相结合；要依法履行税收职能，依法规范政务管理，推进税收执法规范、高效和行政管理合法、有序，实现行政执法与行政管理相结合；要完善决策程序，强化决策执行，加强过程监督，推进政务公开，实现决策、执行、监督相结合；要规范行政裁量权，转变执法方式，促进税法遵从，实现合法行政与合理行政相结合；要整合权益保护资源，统筹行政调解管理，提高快速反应能力，实现法律效果与社会效果相结合。

第三，要把推进税源专业化管理作为提高征管质效的重要举措。随着首都世界城市建设步伐的加快，纳税人数量不断增多，流动性不断增强，跨行业、跨区域、跨国家经营的大企业大量增加，企业核算和税务处理日益复杂化、专业化，税收风险明显加大，而现行属地征管模式已经难以适应。推进税源专业化管理是适应新形势的要求，借鉴发达国家税收管理的成功经验，创新社会管理的有效途径，是按照科学化、精细化要求，落实信息化、专业化管理的具体体现，必须高度重视，积极行动，稳步推进。税源专业化管理的整体思路是：以促进税法遵从为目标，以风险管理为导向，以纳税评估为重点，以分类分级管理为基础，以信息管税为依托，以完善制度、机制为保障，努力构建税源专业化管理新体系。

第四，要充分认识服务基层的重要意义。服务基层是地税系统贯彻中央关于加强和创新社会管理、加强和改进党的基层组织建设要求的重要举措，是我们从自身做起，维护首都和谐稳定的必然要求。相比较普通的基层站所而言，地税系统的217个税务所、3298名税务所干部要直接服务首都百万地方税源户和千万个人所得税纳税人，既是地税部门的窗口和名片，也是地税全部工作和战斗力的基础。税务所工作好不好，直接决定了税收法律法规能否落实到位，直接关系着广大纳税人的切身利益，直接检验全系统为民服务的能力和水平。市局、区县局两级机关要采取有效措施服务基层，建立服务基层的基本保障机制和快速反应机制，为基层推进依法行政、落实税收政策、服务纳税人创造更为有利的条件。

第五，要深刻领会为民服务这一基本职责。地税部门为纳税人做好服务是践行为人民服务宗旨的具体体现。要按照为民服务创先争优要求，坚持以人为本、执政为民，尊重纳税人，切实维护纳税人合法权益，不做损害纳税人权益的事，把为纳税人服务进而为全体人民服务作为全市地税工作的根本要求，把纳税人满意不满意作为指引、评价、检验各项工作的基本标准。要深化服务理念，提升服务能力，创新服务手段，改进服务效果，使税收取之于民，用之于民，造福于民。

第六，要认真作好优化环境这篇大文章。刘淇书记在市委十届六次全会上提出，要着力优化发展环境，加快转变政府职能，加快审批制度改革，提高工作效率，在帮助企业解决生产经营困难的过程中营造良好的“宜商环境”。吉林常务副市长在去年全市地方税务工作会议上指出，税务环境是一个地区最重要的环境之一。我们要脚踏实地做好本职工作，服务好各类纳税人，帮助纳税人用足税收优惠政策，规范、简便办税程序，着力营造良好的地税环境，充分调动他们创造财富的积极性和主动性。同时要积极构建廉洁高效、团结奋进、风清气正的内部环境，提升服务基层、为民服务的效能，增强地税干部的责任感、使命感、荣誉感，促进干部坚定理想信念，改进工作作风，自觉钻研业务，提升综合素质，为优化首都发展环境贡献力量。

第七，要努力实现促进和谐这一发展目标。

和谐稳定是发展的基础和保障，也是广大纳税人和地税干部的共同心愿。我们要围绕首都社会和谐稳定，坚持依法征税，强化征管，优化服务，构建和谐征纳关系，努力实现税收增长与经济社会发展相互协调，纳税人税法遵从度和满意度共同提高，在首都加强和创新社会管理中发挥应有的重要作用。要共同建设民主法治、公平正义、诚信友爱、充满活力的和谐地税，让每一位干部在和谐向上的环境中积极主动地学习，兢兢业业地工作，健康快乐地生活，展现智慧，体现价值，实现自我，促进和谐。

只要我们坚定不移地按照市委、市政府和国家税务总局的要求，全面推进依法行政，服务基层，为民服务，优化环境，促进和谐，就一定能够完成综合治理、重在治本的任务，就一定能够做到“三个满意”，就一定能够实现北京地税事业的科学发展。

三、2012年重点工作

2012年是实施“十二五”规划承上启下的重要一年，也是首都贯彻落实科学发展观，加快转变经济发展方式的关键一年。全系统要牢牢把握稳中求进的工作总基调，扎实做好各项工作。

（一）坚持依法征税，促进税收增长与经济发展相协调

依法大力组织收入。坚持依法组织收入的原则，加强对组织收入工作的领导，完善收入规划动态调整机制，努力实现税收收入与首都经济增长、产业结构优化、区域协调发展的统一。综合考虑首都税源结构、税制改革和政策调整对地方税收的影响，2012年全系统地方公共财政预算收入计划完成2292亿元，同比增加208.1亿元，增长10%。国家税务总局口径收入计划完成2796亿元，同比增加242.9亿元，增长9.5%。

强化组织收入工作机制。坚持“一把手”负总责的三级收入任务目标责任制，实现任务到人、责任到岗。继续发挥组织收入工作长效机制作用，及时发现问题，沟通情况，制定措施，加强绩效考核，强化部门协同，实行上下联动，真正做到组织收入措施横向到边、纵向到底，增强组织收入工作合力。

加强税收分析预测。密切关注首都经济运行态势，全面了解掌握影响税收发展的各项因素，完善分析方法，深化分析内容，提高分析预测的准确率。要着力加强重点地区、重点行业、重点税源的分析，增强对收入趋势的把握能力，进一步提高组织收入工作的主动性、前瞻性。研究开展税收收入质量评价工作，推动组织收入工作由计划管理向质量管理转变。

（二）有效发挥税收职能作用，服务首都科学发展和社会和谐稳定

积极参与税制改革。继续做好修改后个人所得税法、车船税法、资源税条例和营业税起征点提高等法规和政策的贯彻落实工作，开展实施效应分析评价。全力做好部分行业营业税改征增值税试点准备，消除重复征税，优化产业结构。落实契税、耕地占用税和环境保护税立法，房地产税制改革，城市维护建设税和印花税联动改革的要求，开展前期调研，做好数据测算，当好参谋助手。

努力发挥调节作用。认真落实结构性减税政策，执行好现行高新技术、文化创意、节能环保等税收政策，研究完善中关村示范区试点和促进文化产业发展的税收政策，促进首都加快形成科技创新与文化创新“双轮驱动”的发展模式。强化劳动所得的源泉扣缴，拓宽资本所得信息渠道，加强高收入者个人所得税征管。落实国家对房地产业的调控政策，推进存量房评估试点工

作，加强土地增值税差别化预征和清算管理，深化房地产税收一体化管理，促进首都房地产市场健康发展。贯彻落实支持小型微利企业、保障性住房、“三农”、非营利组织、促进就业等税收政策，加强残保金代征和工会经费代收工作，研究社保费征收工作。

大力加强税种管理。以税基管理为核心，强化企业所得税后续管理，开展企业所得税税源户清理工作。完善源泉扣缴和自行申报纳税机制，做好年所得12万元以上个人申报和限售股转让所得纳税清算工作。做好货物运输业营业税管理和不动产、建筑业营业税项目管理后续工作。强化地方税税基管理，做好车船税、地方教育附加征收工作。

（三）全面推进依法行政，建设法治型地税机关

全面启动政务流程梳理。今年，从市局机关到区县局机关、基层税务所都要全面启动优化政务流程完善管理制度工作，持续开展优化业务流程精简涉税资料工作，把优化流程作为依法行政工作中至关重要的制度建设加以推进。按照标准化、程序化的要求查找机关运行中存在的问题和不足，逐一理顺改进，并通过制度完善和流程优化加以规范。要在优化流程中完善制度，在完善制度中优化流程，明确岗责体系，规范工作程序，做到业务制度与政务制度、业务流程与政务流程之间相互衔接、相互支持，构建科学规范、运转顺畅、便捷高效的“两权”运行工作机制，真正做到用好的制度管权、管事、管人。

严格规范执法行为。地税系统作为重要的行政执法部门，在全面推进依法行政中，要把规范执法摆到更加突出的位置抓紧抓好、抓实抓细。一线执法人员要严格按制度和规程处理涉税事项，态度要热情，服务要周到，方法要得当，底线要坚持，既要注意防范和化解执法风险，也不能因为涉及风险而推诿、回避，处理好合法行政与合理行政、刚性税法与柔性执法、国家利益与纳税人利益之间的关系，实现保护合法、服务守法与制裁违法的协调统一。抓紧印发《税务行政处罚管理办法》，完善行政处罚操作模块，制定北京市税务行政处罚裁量基准，落实重大税务案件审理制度，注意《行政强制法》与《税收征管法》的衔接适用。深入开展税收执法督查，加大执法责任考核与过错责任追究力度。

切实加强权益保护。整合权益保护资源，完善纳税人权益告知制度，落实纳税人陈述申辩权，拓宽涉税争议救济渠道，健全税务行政调解工作机制，统筹涉税救济案件信息，建立纳税人诉求快速反应机制，提升信访、投诉、举报的处理能力。继续做好调解、复议、应诉工作，妥善化解涉税矛盾纠纷，实现定纷止争、案结事了的社会效果和法律价值。

继续完善工作机制。建立健全依法行政领导体制和工作机制，充分发挥依法行政领导小组的职能作用，制定规划和要点，分解任务和责任，及时解决依法行政工作遇到的困难和问题。法制部门加强组织协调，相关部门各尽其责，形成推进依法行政的工作合力。加强法制机构建设，充实法制部门工作力量。整合依法行政考核指标，建立和完善依法行政考核评价体系，争创全国依法行政示范单位。

（四）持续优化纳税服务，构建和谐征纳关系

不断改进办税服务。进一步拓展全功能、标准化办税服务厅事项，强化办税服务功能，积极推行全职能窗口。实施标准化服务细分策略，以服务央企为重点，建立专业化服务模式；以服务非公企业和弱势群体为切入点，探索个性化办税

方式，加强纳税人自助办税服务，完善个人纳税信息网上查询工作。拓展区域通办事项，进一步规范完税证明全城通开工作，增加国税、地税联办事项。

增强纳税服务实效。继续做好北京地税网站更新和维护工作，逐步丰富网上办税，开通实时在线服务，试点网上办税公开，推广应用预约服务。试点内部监控平台，健全内部监督。继续做好满意度调查，完善第三方评价机制，强化外部监督。

加强宣传咨询辅导。开展第21个全国税收宣传月活动，加强税收基本知识、法律法规、热点问题的宣传解释，发挥新闻媒体、地税网站、《税务公告》等宣传阵地的作用，创新宣传模式，增强税收宣传的生动性和针对性。做好12366纳税服务热线工作，加强税收业务知识库建设，规范窗口咨询口径，深入开展纳税辅导，提高咨询准确率和答复效率。

（五）积极探索征管创新，提升征管工作水平

积极推进税源专业化管理。根据国家税务总局税源专业化管理的总体思路和工作要求，市局成立试点工作领导小组，抓紧制订工作方案，有力推进试点工作。实施税源分类分级管理，合理界定各层级税源管理部门职责，在税务登记、受理申报、税款入库级次不改变和管理机构暂不调整的前提下，集中在服务窗口办理纳税人发起的涉税事项，集中审批核查，集中评估稽查高风险税源。深化信息管税，研究市、区两级数据处理机构设置，加强内外部信息采集分析挖掘，为税源专业化管理提供重要支撑。开展风险管理，突出纳税评估，完善风险指标体系，规范风险管理流程，开展有针对性风险管理和个性化纳税服务。把大企业税收管理作为税源专业化管理的重要内容和突破口，先行先试。理顺国际税收管理机构，整合分散的管理资源，全面加强国际税收管理工作，重点做好跨境税源管理。研究完善稽查管理体制，提高稽查专业化水平和电子查账能力，依法查处税收违法案件，加快稽查积案清理，促进税法遵从。

做好征管基础工作。修订退税、欠税、委托代征管理办法，健全税收征管制度。持续优化业务流程，深入推进业务流程应用，全面落实“两个减负”。进一步加强税务登记、纳税申报、税款征收、欠税管理、缓缴税款审批、注销户纳税清算、档案管理等日常征管工作。做好发票换版工作，依法加强税控管理。

提高信息系统支撑水平。做好金税三期工程各项前期准备工作，完善信息化建设标准与规范体系，加快数据资源整合。落实智慧北京和信息管税要求，完善外部信息采集机制和共享机制，深化数据管理与应用，加大回放数据的分析利用，提高对税收中心工作支撑力度。巩固信息化清理成果，夯实信息化工作基础。加强信息系统运行维护和安全管理，完善容灾系统功能，消除隐患，防范风险。

（六）大力弘扬“北京精神”，切实加强干部队伍建设

提高党建工作科学化水平。推进学习型党组织建设，加强党组中心组学习，建立党员教育培训长效机制，党员领导干部为党员讲党课要经常化、制度化。深入开展社会主义核心价值体系的学习教育，提高思想认识，坚定理想信念。加强党的各级组织建设，优化组织设置，推进党务公开。深入开展以“三评三创”和“三比三亮”为主要内容的“为民服务创先争优”活动，充分发挥各级党组织的战斗堡垒作用和广大党员的先锋模范作用。加强思想政治工作，构建统一规

范高效的思想政治工作领导体制和工作机制，加强对干部职工的心理疏导和人文关怀，切实帮助困难干部职工解决突出问题。要尊重干部，理解干部，激励干部，充分调动干部的积极性、主动性、创造性，为干部成长成才创造和谐环境。

增强各级领导班子领导能力。继续按照干部“四化”方针和“德才兼备、以德为先”用人标准，坚持民主、公开、竞争、择优的原则，采取不同方式继续加强干部选拔任用和交流调整工作，不断优化领导班子年龄、知识、能力结构。要重点做好科所长的选拔任用工作，通过选拔任用优秀的科所长带动基层工作水平的提高，为地税事业发展进行梯级领导干部储备。以强化领导班子成员教育培训、调查研究、实践锻炼为主要途径，提高处、科级班子领导能力。落实好领导干部个人有关事项报告、民主生活会、诫勉谈话、述职述廉等制度，加强领导班子自身建设，促进各级领导干部做到“爱岗敬业、忠于职守、依法行政、以德服人”。

大力提高干部的履职能力。建立健全职责明确、分级负责、上下联动的干部经常性管理机制，持续激发干部队伍活力。探索干部分类管理机制，推进税务系统行政执法类改革试点工作，为干部分途发展奠定基础。继续做好公务员招录工作，有针对性地为基层配备专业人才。加大复合型人才、专业型人才选拔、培养力度，建立税收专业系列人才库。落实好“十二五”时期税务干部教育培训改革发展规划，继续开展分级分类培训，提升培训的针对性和实效性。通过加强培训、完善制度、创新管理，引导全体干部做到“爱岗敬业、忠于职守、廉洁奉公、顾全大局”。

健全党风廉政建设长效机制。全面落实党风廉政建设责任制，强化一岗双责。加强廉政宣传教育，开展形式多样的廉政教育活动，增强教育的实效性。严格执行党内监督条例，强化对领导班子和领导干部的监督管理。深入开展经济责任审计和专项审计，强化“科技控权”，推进廉政风险防控管理。坚持执法与服务并重，制约与监督并举，公开与评议并行，推进地税系统政风行风建设。

推进工作重心向基层倾斜。把服务基层作为全市地税工作的重中之重，不断增强两级机关服务基层的意识和能力。健全服务基层工作机制，提高两级机关下达任务、安排工作的科学性、预见性、协调性，切实减轻基层工作负担。要进一步优化资源配置，把更多的人力、财力、物力、精力用于基层。加大对基层先进典型宣传力度，发挥示范引领作用。各级领导干部要经常深入基层，沉下身调查情况，沉下心研究工作，沉下力解决问题，提高服务基层的针对性和实效性。

推进“平安北京和谐地税”建设。完善涉税舆情及突发事件的新闻应急预案，适时推进市局官方微博上线，提高涉税舆情应对能力。加强安全维稳和后勤保障工作，确保全市地税工作平稳有序运行，促进地税和谐，服务“平安北京”。认真贯彻“安全第一、预防为主”的方针，全面落实首都综治工作任务。认真排查、有效化解各种矛盾纠纷和安全隐患，妥善做好信访工作，将问题化解在萌芽状态，防止问题积累、矛盾激化，最大限度地消除不和谐因素。

抓好北京地税文化建设。深入学习贯彻党的十七届六中全会精神，把中国特色社会主义核心价值体系，“爱国、创新、包容、厚德”的北京精神，“为国聚财、为民收税”的神圣使命内化为地税干部人格素养和思想品格，外化为干部的实际行动，提高文化自觉，增强文化自信，实现文化自强，建设符合社会主义先进文化前进方向、具有鲜明时代特征、浓郁地税特色的北京地

税文化。办好《北京地税》杂志，丰富内网栏目和内容。两个学会要围绕中心加强研究工作。充分发挥党组织的领导推动作用和工青妇等组织的桥梁纽带作用，深入开展精神文明创建活动，大力开展税务干部喜闻乐见的群众性文化活动，营造积极向上的工作氛围。

同志们，让我们在市委、市政府和国家税务总局的正确领导下，深入贯彻落实科学发展观，敢于担当、敢于碰硬、敢于创新，脚踏实地，扎实工作，为首都科学发展作出新的更大的贡献，以更加优异的成绩迎接党的十八大胜利召开！

坚定信心 狠抓落实
全力以赴完成全年各项工作任务

北京市地方税务局局长 王晓明

(2012年8月21日)

同志们:

这次会议的主要任务是:深入学习贯彻胡锦涛总书记在省部级主要领导干部专题研讨班上的重要讲话精神和北京市2012年上半年经济形势分析会、全国税务系统深化税收征管改革工作会议等会议精神,总结前七个月工作,安排后五个月任务,重点研究布置组织收入、营业税改革、征管改革、加强思想政治和基层基础工作,凝心聚力,攻坚克难,全面完成今年各项任务。下面,我代表市局党组,讲三点意见。

一、求真务实,真抓实干,前七个月工作进展顺利

今年以来,面对复杂严峻的国内外经济环境,北京市深入贯彻落实科学发展观,牢牢把握"稳中求进"的工作总基调,稳增长、调结构、转方式,首都经济呈现转中趋稳、稳中有进的发展态势。上半年,全市地区生产总值达到8348.6亿元,比上年同期增长7.2%,固定资产投资增长11%,城镇居民人均可支配收入和农村居民人均现金收入分别增长11.8%和12.6%。1—7月,社会消费品零售总额增长12.4%,进出口总值增长11.1%。在此基础上,全市地税系统坚持全面推进依法行政,全力组织收入,上半年实现了"时间过半、任务过半",7月继续巩固转稳态势,为首都科学发展作出了积极贡献。

(一)组织收入工作取得来之不易的成绩

加强组织领导。受国际金融危机、结构性减税政策、去年为完成全年地方公共财政预算收入3000亿元的任务形成的收入高基数等因素影响,今年1—2月全市地税收入同比出现负增长。面对严峻形势,市局党组高度重视,早计划、早安排、早落实,全系统广大干部团结一致,真抓实干,确保了组织收入工作逐月改善,好于预期。市局先后九次召开局务会、收入分析会、专题会,及时研判形势,科学分析预测,加强统筹协调,强化部门协同,确保任务到人、责任到岗,组织收入措施横向到边、纵向到底。各区县(分)局积极争取区县党委、政府的支持,主动作为,勇于担当,各税务所所长勇挑重担,广大基层干部埋头苦干,逐项清理,逐日分析,抓紧每一刻,奋战每一天。

深化分析预测。加强经济和税收形势分析,完善分析体系方法,深入分析主体行业、主要税种和重点区域税收完成情况,及时把握影响税收增减的各项因素,进一步提高税收预测准确度。

跟踪税源动态变化，对2239户企业进行重点税源监控，监控户数增加22.5%；开展重点税源户走访、座谈，了解经营状况，动态把握重点税源变化，提高对收入趋势的研判能力。

严格税收征管。加强征管状况监控分析，深入查找征管工作中存在的问题，堵塞税收管理漏洞。加强与市工商局等部门的沟通协调，建立健全股权转让所得征管长效机制，强化源头控管。加强税收政策执行情况的检查和减免税审批管理，确保税收政策执行到位。加大清欠力度，清缴欠税4.01亿元，欠税余额进一步降低。加强土地增值税预征和清算管理，组织收入入库100.2亿元，同比增长4.98%。根据首都地方税源特点，深入开展调研，起草了推进税源专业化管理的意见，为开展试点工作进行了积极准备。

强化评估稽查。完善纳税清算、评估协查、评估辅导等方面工作制度，规范评估工作程序。深入开展对广告、房地产、保险和软件开发销售等重点行业、重点事项的纳税评估，入库税款6.98亿元。加强重大案件查处和督办管理，实行检举案件分类管理，推广使用查账软件，不断提高稽查工作质效。继续开展打击发票违法犯罪活动，做好税收专项检查，辅导督促重点税源企业自查，查补收入8.8亿元。

优化纳税服务。加强全功能、标准化办税服务厅建设，改进北京地税网站，提高12366纳税服务热线服务质量。实施标准化服务，以重点税源企业和中央驻京单位为重点，建立专业化服务模式；以服务非公企业和弱势群体为切入点，健全纳税人诉求快速反应机制。组织第21个税收宣传月活动，开展各类活动100项，印发税收宣传材料6.8万余册，收到良好社会效果。开通北京地税官方微博，截至目前，粉丝数量达75万人，已具有一定的社会影响力。

各项强有力的组织收入措施使我们牢牢把握了工作主动权，组织收入的形势逐月改善。1—7月各项税费收入累计增幅达到4.2%，不仅经受住了多重效应叠加和实施主动调控的考验，而且体现了首都经济转中趋稳、稳中有进的发展态势。截至8月15日，全系统累计完成各项税费收入1965.4亿元，同比增收92.3亿元，增长4.9%；完成地方公共财政预算收入1513.2亿元，同比增收72.8亿元，增长5.1%，完成全年收入任务的66%，为完成全年收入任务奠定了坚实基础。

（二）税制改革措施和税收政策得到全面贯彻

积极做好营业税改征增值税试点改革准备工作。“营改增”试点改革工作是推动经济结构调整、促进发展转型的一项重大改革，也是地税工作职责和范围的一次重大调整，开启了地方税收主体税种的自我革命。改革试点工作涉及面广，政策性强，工作环节多，难点多。全系统深刻领会中央推进税制改革的重大意义，从推动首都科学发展大局出发，统一思想，提高认识，加强领导，完善机制，认真梳理现行政策文件，筛选核实税改范围，抽取试点工作调查样本，细化征管衔接任务，研究解决复杂征管问题，协同推进工作进程，使北京成为继今年1月1日在上海启动后第一个“国地税分设”的试点改革省市。

认真落实结构性减税政策。在组织收入的困难时期，我们仍然毫不动摇地坚持落实结构性减税政策，帮助纳税人用准、用足、用好修改后的个人所得税法、扶持中小企业发展、支持和促进就业等各项税收优惠政策，共计减免税130亿元，有效减轻了纳税人负担。在贯彻落实促进中关村示范区创新创业试点“1+6”税收政策的基础上，深入开展重点科技领域和文化产业涉税调查，会同相关部门提出了以“科技与文化”相融合为重点的中关村示范区新一批试点税收政策可行性建议。

不断加强税政管理。开展企业所得税税源户清理，截至2012年3月底，全系统共确认管辖企业所得税税源户23.3万户，查出漏管户2.1万户，摸清了底数。完成年所得12万元以上个人申报纳税工作，共受理自行纳税申报人数达74.5万人。会同有关部门对存量房交易计税价格评估值进行了首次动态更新调整，有效堵塞了房地产交易“阴阳合同”产生的税收漏洞。积极参与首都城市管理，协助开展购房、购车申请人纳税情况审核工作。开展地方税“九税三费”政策文件清理，组织编写地方税文件汇编。加强残保金代征和工会经费代收工作。

（三）依法行政得到全面落实

依法行政工作有效开展。全系统自觉将依法行政贯穿征收、管理、评估、稽查、减税、免税、缓税、退税各领域各环节。为规范税收执法行为，修订完善税务行政许可程序性规定，拟定税务行政处罚裁量基准。大力推行政务公开，自觉接受纳税人和社会各界的监督。认真开展税收执法督察，依托信息系统分析查找疑点，降低执法风险。深入推行税收执法责任制，加强过错责任追究。积极开展行政复议和应诉工作，办理行政复议案件15件，应诉行政诉讼案件25件。特别是对上级交办的案件，稽查部门会同法制等相关处室组织精干力量，周密组织，有力查处，出色地完成了任务，得到了上级领导的肯定。

政务流程梳理取得重大进展。为进一步完善税收执法权和行政管理权运行的制度、规则、程序，在全面开展业务流程梳理的基础上，自上而下启动了市局、区县（分）局、基层税务所三个层面的政务流程梳理工作。截至目前，市局机关层面已经基本完成制度流程的梳理工作，新制定39个制度，修订56个制度，绘制145个流程图，各项制度流程正在陆续印发执行。各区县（分）局共梳理出废止类制度1537个，修订类制度607个，制定类制度985个，保留类制度986个。各税务所也进入全面梳理阶段。

历史遗留问题加快解决。市局党组经过两年多的努力，对王纪平、任依娜等人在任期间因违纪违法行为遗留的107个信息化项目、76个基建项目问题进行了全面清理。上半年，我们依法果断处置各类问题及突发事件，查清了项目的立项审批、项目评审、预算批复、资金拨付、实施进度等情况，在市政府及相关部门支持下，制定了解决方案，历史遗留问题的解决已进入扫尾阶段。在清理解决历史遗留问题的过程中，坚持边清理边规范，着重加强信息化、基本建设等方面制度建设，建章立制。同时，举一反三，严格依法依规开展新增项目的立项和采购工作，坚决杜绝前清后乱。

（四）干部队伍建设扎实推进

加强党的建设。深入开展为民服务创先争优活动和保持党的纯洁性专题教育，贯彻落实“基层组织建设年”各项部署，组织“三比三亮”“三评三创”等形式多样的活动，较好地发挥了党组织的战斗堡垒作用和党员的先锋模范作用。

加强班子建设。认真落实民主集中制，加强领导班子和领导干部考核评价，增强领导班子整体合力。加强学习型领导班子建设，提升各级领导班子的领导能力。充实处级领导班子力量，共选拔任用处级干部28人，交流调整处级干部12人。

加强队伍建设。狠抓作风转变，制定机关公务员平时考核暂行办法，对干部严格要求、严格管理。开展分级分类培训，举办党建和依法行政处级干部培训班，开拓领导干部视野；对96名处级干部进行了任职培训，提高履职能力；开展财务会计知识全员培训，参训人数达6500人，提升干部业务素质。

加强基层建设。按照中央、市委关于加强基层组织建设年的要求，推动工作重心下移。市局局领导多次带队深入区县（分）局、税务所就落实年初工作会和党风廉政工作会精神、政务流程梳理、税源专业化管理等重点任务进行督促检查，听取意见，指导落实；各处室逐条研究去年年底税务所长提出的112条意见建议，对其中84条已经提出具体解决措施；各区县（分）局领导班子把下基层作为转变作风的具体体现，增强抓工作的针对性。

（五）廉政风险防控体系得到加强

在做好党风廉政建设各项工作的同时，着力加强反腐倡廉制度建设，制发了党风廉政建设责任制实施办法。特别是按照市委的要求，在市纪委指导下，深刻汲取王纪平等人严重违纪违法案件教训，深入分析税务系统权力运行特点，几易其稿，制发了市局党组关于进一步加强廉政风险防控管理工作的意见。针对税收执法权和行政管理权运行中存在的廉政风险，明确提出了以推进权力结构科学化配置体系、权力运行规范化监督体系、廉政风险信息化防控体系建设为主线，以依法配置权力、依法行使权力、依法监督权力为切入点，梳理覆盖权力运行各环节的流程图，强化对权力的制约和监督。

同志们，今年前7个月，是地税成立18年来组织收入形势最困难的时期，也是深化改革任务极为繁重的时期。面对严峻复杂局面，全系统在市局党组领导下，顶住压力，克服困难，推进了年初布置的各项工作，取得了来之不易的成绩，得到了市委、市政府的充分肯定。在此，我代表市局党组，向全系统广大干部职工，特别是奋战在一线的基层干部职工表示衷心的感谢！

经过三年多的努力，全市地税系统的思想作风和工作作风发生了根本性转变，但仍然存在一些问题，比如，少数干部特别是个别领导干部的大局意识、责任意识、服务意识还不够强，对依法行政的认识还不够深入；干部队伍的专业素质、执法能力还不适应新的征管形势的要求；工作机制和激励机制还需要不断健全和创新。摆在我们面前的问题，不能绕，不能拖，要着力加以解决。

二、统一思想，形成合力，统筹兼顾，突出重点

北京市第十一次党代会对当前和今后一个时期首都的经济社会发展作出了全面部署，明确提出北京要向着建设中国特色世界城市迈出坚实步伐。北京市上半年经济形势分析会，深入学习贯彻了胡锦涛总书记在省部级主要领导干部专题研讨班上的重要讲话精神、对首都工作的重要指示，对全市工作进行了总结和安排。全国税务系统深化税收征管改革工作会议提出，构建现代化税收征管体系是当前和今后一个时期税务系统的重要战略任务。全系统要深入学习领会这一系列重要会议精神，把思想和行动统一到中央、市委、市政府、国家税务总局的重要指示和决策部署上来，结合实际，统筹兼顾，突出重点，着重把握好以下几点：

（一）坚持用科学发展观统领地税工作

胡锦涛总书记7月23日的重要讲话强调，贯彻落实科学发展观仍然是一项长期艰巨的任务。2008年年底以来，市局党组在市委、市政府正确领导下，面对国际金融危机的严重冲击和王纪平等人累积性违纪违法案件集中发案造成的

破坏性危害，深入贯彻科学发展观，坚持一手抓依法组织收入保增长，一手抓稳定队伍谋发展，端正了工作指导思想，全面完成了组织收入任务，维护了队伍稳定，地税工作走上良性发展的轨道。

当前，我们必须紧紧把握发展这一第一要义，围绕科学发展主题和加快转变经济发展方式主线，推动地税事业不断前进；必须坚持以人为本，把实现干部的全面发展同推动地税事业科学发展紧密结合，充分调动广大干部的积极性、主动性和创造性；必须坚持全面协调可持续，统筹依法行政和优化环境，统筹机关和基层，统筹业务工作和队伍建设。要解放思想、实事求是、与时俱进，坚持依法行政，以组织收入为中心，加强税收征管，优化纳税服务，充分发挥税收职能作用，服务首都经济社会发展大局，努力做到三个满意。

（二）坚持“首善标准”，做好“四个服务”

在建设中国特色世界城市的过程中，我们不仅要按照上级要求做好相关工作，学习兄弟省市的好做法，更要具有世界眼光和国际视野，借鉴发达国家税务管理的成熟做法和先进经验，特别注重向国际大都市的税务同行们学习，以首善标准、一流业绩服务于首都建设中国特色世界城市的目标。

北京地税的工作是首都“四个服务”工作的重要组成部分。我们的服务对象既有中央机关、大型国企和跨国企业，也有普通市民和国际友人。税收工作涉及各行各业，对首都经济、教育、科技和文化等各领域的发展影响明显。我们要牢固树立“始于纳税人需求，基于纳税人满意，终于纳税人遵从”的服务理念，改进服务方式，创新服务手段，依法履行基本服务职能，更好地提供个性化服务，不断提高纳税服务的针对性和有效性，在服务首都科学发展和社会和谐稳定的大局中发挥应有的作用。

（三）正确处理改革发展稳定的关系，稳步推进税制和征管改革

正确处理改革发展稳定的关系是做好当前各项工作的基本经验和要求，在税收工作中显得尤为重要。落后的税制阻碍经济发展，影响社会稳定。如果改革的时机和力度把握得不恰当，既会影响稳定，也会贻误发展。当前我们正处在税制改革和征管改革进一步深化的重要阶段，同时又面临着复杂的国内外经济环境、严峻的组织收入形势和多样化的涉税需求，要在确保稳定这一首要前提下，通过改革促进发展，在推进改革的进程中牢固树立大局意识和责任意识，统筹兼顾，突出重点，提高改革决策的科学性，增强改革措施的协调性，把不利于稳定的因素化解到最低程度，用税收发展的成果改善民生。

随着社会主义市场经济的深入发展，现行税制体系存在一些问题，迫切需要优化重构，最终形成以货物劳务税和所得税为主体、以财产行为税为补充的税制体系。税制改革的过程中会出现许多新情况、新问题，而且首都地税工作社会关注度高、敏感性强。我们要牢固树立首都意识，及时发现和处理各类矛盾纠纷，把问题解决在萌芽状态，解决在基层，努力构建和谐征纳关系，维护首都安全稳定的良好局面。

随着经济社会的深刻变革、信息技术的飞速发展和首都世界城市建设步伐的不断加快，我们所面临的税源状况和征管环境都发生了深刻变化，现行的征管模式已经难以适应形势发展的要求。深化征管体制改革十分紧迫和必要。近年来，北京地税管理的纳税人数量不断增多，流动性不断增强，企业的财务核算、税务处理日益复杂。同时，税源集中度也不断提高，截至7月

底，占税源户总数1.5%的纳税百万元以上企业入库各项税费收入比重达到整体收入的83%，0.02%的纳税亿元以上企业入库收入比重达到25.9%。为此，我们要进一步提高税收征管的集约化水平，实施税源分类分级管理，合理界定各层级各部门职责，优化管理资源配置，加强税收风险分析监控，开展有针对性的风险管理和个性化纳税服务，逐步构建以明晰征纳双方权利和义务为前提，以风险管理为导向，以专业化管理为基础，以重点税源管理为着力点，以信息化为支撑的现代化税收征管体系。

（四）坚持依法行政，加快建设法治型机关

依法行政是税收工作的生命线。全面推进依法行政是贯彻中央建设法治政府和服务型政府要求的具体体现，是税收工作促进首都科学发展和社会和谐稳定的必然要求，是服务基层、为民服务、优化环境、促进和谐的有效途径。三年来，我们坚持依法行政，沉着应对挑战，妥善解决历史遗留问题，实现了正本清源、拨乱反正。

我们要把依法行政作为税收工作的基本准则，贯穿于各项工作始终。加强制度建设，坚持依法科学民主决策，严格依法办事，规范执法行为，推进政务公开，健全监督体系和问责制度，加强依法行政绩效考核，创建依法行政示范单位，全面推动法治型地税机关建设，确保广大税务干部牢固树立法治意识，严格按照法定权限和程序行使权力、履行职责，为地税事业科学发展奠定坚实的法治基础。

（五）以加强思想政治工作为突破口，全面加强党的建设

加强和改进新形势下党的建设，就是要全面加强党的思想建设、组织建设、作风建设、制度建设和反腐倡廉建设。作为全市第二大垂直管理系统，我们队伍规模大，人数多，党员比例高。推动北京地税事业科学发展，关键在各级党组织，在党组织的创造力、凝聚力、战斗力。思想政治工作是党动员、教育、组织广大干部的一项重要的基础性工作。当前，在体制机制还不够完善的情况下，加强思想政治工作更为重要和紧迫。我们要针对地税系统的工作特点和队伍特点，把加强思想政治工作、群众工作摆在更加突出的位置，落在实处，为履行地税职责提供强大的思想保障。

要通过学习型地税机关建设，不断提高干部履职能力。加强领导班子和人才队伍建设，注重官德、政德建设，坚持民主集中制，加强班子团结，不断提高班子整体合力。建立完善干部选拔任用制度，创新人才工作机制，优化人才资源配置，培养造就德才兼备的地税干部队伍。加强政工干部队伍建设，提高政工干部的政治素质和业务水平。着力抓好基层党组织建设，坚持把服务群众、凝聚人心、做群众工作作为基层党组织的核心任务，充分发挥基层党组织的战斗堡垒作用。加强作风建设，坚持群众路线，大兴求真务实之风，弘扬艰苦奋斗的作风，以优良的党风促政风带行风。狠抓反腐倡廉，持续推进惩防体系建设，全面落实党风廉政建设责任制，为保持干部队伍思想纯洁、作风纯洁和清正廉洁提供有力保障。

（六）抓好基层基础工作，夯实税收工作基础

各级税务机关要充分认识新形势下加强基层基础工作的重要性和紧迫性，牢固树立“抓基层，打基础，管长远”的意识，切实把基层基础工作摆到更加突出的位置，抓实抓细，抓紧抓好。

基层单位是税法的实施者和执行者，是直接服务广大纳税人的窗口，是地税部门全部工作和

战斗力的基础。基层的执法质量在很大程度上决定了全系统依法行政工作的质量，其服务水平在很大程度上体现了全系统服务工作的水平。抓好基层工作，要把握好三个重点：一是选好配好基层领导班子，尤其要注意选好税务所长。基层领导干部是做好基层工作的骨干力量，他们的工作态度和工作水平决定着基层工作质量的好坏。基层领导干部既要做好指挥员，也要当好战斗员；既要立足当前，做好手头工作，也要着眼长远，为事业的发展打好基础；既要精通税收业务，也要会做思想政治工作和群众工作。二是加强内部管理。要针对基层基础工作的薄弱环节，进一步采取措施，加强管理，落实责任。既要注重规范执法行为，提高执法水平；又要结合基层工作特点，健全基层管理制度，确保各项工作有章可循。三是建好一支队伍。基层干部长年在本职岗位上任劳任怨、默默奉献，工作任务重，压力大。各级领导对他们既要严格要求，又要真心爱护，尽最大努力帮助他们解决工作生活中的实际困难，使他们能够心无旁骛地投入工作。加强对基层干部的教育培训，提高他们的综合素质和业务能力，形成良好的行为规范和工作作风。

累积性违纪违法案件的教训让我们深刻地认识到，基础不牢，地动山摇。只有从完善制度、健全机制、规范管理入手，不断夯实各项基础工作，才能有效规范两权运行，切实提高征管效率和行政效能。抓好基础工作，关键要抓好制度建设和制度执行。近两年，我们对业务流程进行了全面梳理和优化，建立了长效机制。优化政务流程完善管理制度工作也取得重要进展。要继续坚持抓源头、抓根本、抓基础，不断加大制度建设力度，完善工作机制，优化工作流程，增强制度的执行力和约束力，注重用制度管权、管事、管人。

三、再接再厉，狠抓落实，全面完成全年各项工作任务

下半年还有不到5个月的时间，时间紧、任务重。各单位、各部门要立足当前，着眼长远，按照年初工作会的要求，坚定不移地抓好落实，全力以赴完成全年各项工作任务。

（一）坚持依法征税、应收尽收，确保实现增长10%的收入目标

市委、市政府明确要求，今年全市地方公共财政预算收入必须完成同比增长10%的任务。完成任务既是对我们的考验，也是我们不容推卸的责任。当前，外部经济困局尚未改善，国内经济回稳的基础还不稳固，首都经济社会发展也出现一些新情况、新问题，经济增长点较为单一，新的支柱产业培育需要一个过程。国内外经济下行的影响，会逐步从生产领域传导扩散到服务领域，从分支机构汇集到企业总部，将对我市服务主导型、总部型经济带来较大影响。企业生产经营压力较大，企业利润减少、经营效益较低，加上结构性减税持续推进，这些因素将对地方税收产生不利影响。

面对严峻形势，我们要坚定信心，看到当前首都经济长期向好的趋势没有改变，保持平稳较快发展的积极因素正在不断积累。中央、市委、市政府把稳增长放在更加重要的位置，出台了一系列有针对性的措施，政策效应正逐步显现。首都科技创新、文化创新“双轮驱动”态势明显，经济增长内生动力不断增强。北京对国际资本和国内外企业的吸引力进一步提高。这些因素都将培育新的税收增长点，为地税收入保持平稳增长注入强劲动力。同时，我们这支队伍在应对复杂困难局面中形成的良好工作机制、积累的宝贵经验，也必将为我们完成全年收入任务提供坚强保证。

全系统各单位、各部门要准确把握当前组织收入工作面临的形势，将组织收入工作作为各项工作的重中之重，敢于担当，敢于碰硬，敢于创新，全力以赴完成好市委、市政府交给我们的任务。要严格按照国家税务总局要求，既要努力做到依法征税、应收尽收，也要不折不扣地落实结构性减税政策，不拖延减税进程，绝不收过头税。市局要加强统筹，各位局领导将加强对所联系的区县（分）局组织收入工作的检查指导；各区县（分）局“一把手”要肩负起组织收入的主要责任，班子成员要通力合作、协同配合；税务所长身处一线，要将组织收入工作一抓到底、落实到人，真正形成一级抓一级、层层抓落实的组织收入工作局面。要密切关注首都经济运行态势，及时了解影响税源变化的因素，加强分析预测，提高组织收入工作的主动性和预见性。深化纳税评估，强化数据比对，切实加强对重点行业和企业的监控。强化税务稽查，加大执行力度，加快对涉及“营改增”试点改革的未结案件的清理工作，确保检查补税及时、足额入库。

（二）发挥地方税收职能作用，服务首都经济又好又快发展

认真做好营业税改征增值税实施工作。“营改增”试点改革工作涉及首都十几万纳税人的切身利益。纳税人利益无小事，我们要从促进首都转方式、调结构、维护首都和谐稳定的高度把握此项工作，统筹推进，积极应对可能发生的各类问题，确保试点改革有序进行。要按照“职责清、情况明、数据准、要求严”的标准，加强部门间的协调配合，增强服务意识，加强政策宣传。特别是各税务所和窗口单位的税务干部，要准确掌握试点改革的主要内容，熟知有关事项的办理，切实履行服务承诺。

继续发挥税收调控作用。认真落实结构性减税政策，改进税收政策服务，统一规范政策执行口径，不断提高政策执行能力。研究争取中关村示范区税收试点新政，会同有关单位制定新政落实办法，抓好贯彻落实。做好国家文化税收新政出台的执行准备工作，完善更新《文化创意产业税收优惠政策汇编》。贯彻落实支持小型微利企业、“三农”、非营利组织、促进就业等税收优惠政策。严格执行国家和北京市房地产市场调控政策，推进存量房评估试点工作，加强土地增值税差别化预征和清算管理，深化房地产税收一体化管理，促进首都房地产市场健康发展。加强高收入者个人所得税管理，促进社会公平。加强财产行为税管理，摸清税源底数。

（三）进一步深化征管改革，积极构建现代化税收征管体系

积极稳妥推进征管改革。征管改革是一项长期性、复杂性、艰巨性的工作，涉及面广，工作难度大，我们不能急于求成。要坚持从实际出发，完善实施方案，分步实施。后5个月，各单位、各部门要认真学习国家税务总局征管改革方案，集思广益，结合实际，对我局的征管改革工作提出意见建议。要做好区域性试点和行业性试点工作，通过试点发现问题，探索经验。要抓好大企业管理，研究如何进一步加强大企业风险管理和个性化服务。要加强国际税收管理，做好反避税、情报交换、协定执行等工作，维护国家税收权益。要整合信息系统资源，加强数据管理，提高信息管税水平。

夯实征管工作基础。进一步优化业务流程，规范工作环节，提高工作效率。强化纳税申报，保证税款及时足额入库，努力降低执法风险。修订委托代征税费管理办法，强化零星分散税源控管，降低征管成本。

（四）深入推进依法行政，不断提升税收法

治水平

大力推进法治型机关建设。抓紧印发我局推进依法行政工作“十二五”规划，抓住制度建设、执法、监督三个关键环节，全面推进依法行政工作。修改完善合同管理办法、行政复议委员会工作规则等制度和规程。与市国税局联合制定税务行政处罚裁量基准，并选择部分区县进行试点。整合纳税人权益救济渠道，优化工作流程，完善告知内容，保障纳税人知情权。健全跨层级跨部门异议处理工作机制，有效提高涉税纠纷处理的质量和效率。加强税收执法督察和内部审计工作，让税收执法权和行政管理权在阳光下运行。要继续加强法制宣传教育，引导全体干部学法知法，遵纪守法。

继续开展政务流程梳理。年底前，全系统政务流程梳理工作必须基本完成，市局机关必须率先完成。要将政务流程梳理与优化业务流程、廉政风险防控管理和落实“三定”方案规定相结合，提高工作整体效能。各区县（分）局、税务所要结合各自特点加快梳理完善制度和流程，严把制度质量关，真正做到务实、管用、简便。梳理工作结束后，要将所有制度流程汇编成册，加强宣传和培训，确保每一名干部都能熟知制度内容，自觉执行制度。领导干部要带头学习制度，自觉按制度办事。

（五）服务基层，为民服务，不断提高服务水平

两级机关要为基层服好务。要增强服务基层的责任感和使命感，与基层多交流，多沟通，努力把服务基层的工作做好做实。继续发挥“两个服务”领导小组的作用，统筹安排好基层工作，减轻基层负担。完善基层工作专报制度，畅通市局与基层之间的沟通渠道。加强对基层的人力、物力、财力倾斜，规范办税场所，改善办公环境，有计划、有步骤、有针对性地增强基层一线征管力量。

全系统要为纳税人服好务。做好网上办税服务公开试点，深化办税公开。推广预约服务，建立健全购领发票预约服务工作机制。进一步梳理办税流程，逐步将依申请的业务事项和便于集中管理的依职权事项由税源管理所转向办税服务厅办理，实现“窗口受理、内部流转、限时办结、窗口出件”，推进税务所工作专业化进程。进一步拓展全功能、标准化办税服务厅受理事项，强化办税服务功能，积极推行全职能窗口。提升北京地税网站公开、互动功能，开通实时在线服务。继续做好官方微博运营工作。完善纳税辅导工作制度，丰富网上辅导资料，促进纳税辅导的规范、统一。改进咨询服务，提升窗口、电话和网上咨询服务水平，加快推进税收知识库建设和应用维护工作，为纳税人提供口径一致、权威准确的答复。

（六）加强干部队伍建设，打造一支政治过硬、业务熟练、作风优良的干部队伍

加强领导班子建设。进一步优化处级班子结构，加强履职能力和业务能力建设，充分发挥处级干部在地税工作中的重要作用。稳步推进区县（分）局副处、科级“三个一百”干部梯队建设，继续优化基层干部培养、选拔、任用机制，做到既充分发挥副调研员作用，又实现职数作用最大化。要坚持“德才兼备、以德为先”的用人标准，通过公平、公开、公正的程序选拔使用干部，牢固树立正确的选人用人导向。

加强干部队伍建设。研究制定有利于干部全面发展、分途发展的制度和机制，促进人尽其才，才尽其用。进一步创新干部教育管理方式方法，继续开展分级分类培训，重点抓好市局机关科级干部岗位培训和全系统“践行北京精神、提

高履职能力”公共知识全员培训，提高广大干部的履职能力。按照中央和北京市的要求，结合地税实际，开展道德领域专项治理，加强社会公德、职业道德、家庭美德、个人品德宣传教育，不断增强广大干部崇德向善的道德自觉。

狠抓反腐倡廉建设。加强廉政风险防控管理，按照实施方案稳步推进，全员参与，强化责任，推进试点，确保廉政风险防控各项措施落到实处。进一步梳理权力集中的岗位和存在廉政风险的环节，推进合理分权，努力实现领导班子成员之间、部门之间、市局与区县（分）局之间权力的科学配置，规范权力运行。严格落实党风廉政建设责任制，履行“一岗双责”，增强广大领导干部抓好反腐倡廉建设的责任感和紧迫感。认真贯彻落实新出台的《税收违法违纪行为处分规定》，不仅要严格惩处有税收违法违纪行为的个人，还要追究所在单位负有责任的领导的纪律责任。积极参与政风行风评议和行风热线工作，深入开展纠风专项治理，确保取得实效。

做好安全维稳工作。为确保党的十八大顺利召开，维护首都安全稳定至关重要。当前，因税收问题、税务机关和税务干部问题引发全社会关注的事件时有发生，影响较大。全系统要落实好各项税制改革措施，优化纳税服务，及时发现问题，妥善化解矛盾，绝不能因为我们地税问题影响首都的安全稳定。同时，还要全面加强内部安全管理，细化各项维稳措施，严格落实安全维稳责任，看好自己的门，管好自己的人，干好自己的事。此外，还要加强财务管理和后勤保障，做好工会、共青团、老干部和国际税收研究会、地方税务学会等工作，进一步提升服务地税中心工作的效能。

同志们，做好当前和今后一个时期的地税工作，责任重大，使命光荣，让我们在市委、市政府和国家税务总局领导下，深入贯彻落实科学发展观，坚定信心，扎实工作，全面完成全年各项工作任务，以优异成绩迎接党的十八大胜利召开！

坚持惩防结合 构建长效机制 努力取得党风廉政建设和反腐败工作新成效

——在北京市地税系统党风廉政建设工作会议上的报告

北京市地方税务局党组成员、纪检组长 吴 鼎

（2012 年 3 月 2 日）

同志们：

这次会议的主要任务是：深入贯彻党的十七届六中全会、中纪委十七届七次全会、市纪委十届八次全会、全国税务系统党风廉政建设工作会议精神，总结 2011 年全市地税系统党风廉政建设和反腐败工作，部署 2012 年工作任务。这次会议非常重要，市局党组专门召开党组会研究审议了会议报告。下面，我代表市局党组作党风廉政建设工作报告。

一、2011 年党风廉政建设和反腐败工作回顾

2011 年，我们认真落实中央和市委、市政府、国家税务总局关于党风廉政建设和反腐败工作的部署，围绕中心，服务大局，做到税收中心工作与党风廉政建设和反腐败工作两手抓、两手硬，取得了党风廉政建设和反腐败工作的新成效，为完成好全年各项工作任务提供了坚强的思想、政治、组织保证。

（一）加强监督检查，保证中央和市委、市政府、国家税务总局重大决策部署在全市地税系统的贯彻落实

两级党组和纪检监察部门切实加强对党的路线、方针、政策和党的政治纪律执行情况的监督检查，对税收法律、法规执行情况的监督检查，对落实中央和市委、市政府、国家税务总局各项重大决策部署的监督检查，对两级党组各项工作要求执行情况的监督检查。市局领导班子成员带队深入基层对党风廉政建设责任制、惩防体系建设、廉政风险防控管理、反腐倡廉专题教育活动和创先争优活动等工作情况进行全面检查，加强指导，掌握情况，发现问题，督促整改，与区县局、分局及时沟通交流，确保中央和市委、市政府、国家税务总局重大决策部署在全系统得到坚决贯彻落实。

（二）深入开展“做国家利益的忠诚卫士”反腐倡廉专题教育活动，打造一支风清气正的干部队伍

2010 年 4 月，市局党组根据市委和市纪委要求，针对王纪平、苏文权、任依娜、解煜等人累积性违纪违法案件集中发案的严重问题，结合创先争优和党员作风建设年活动，决定在全系统深

入开展“做国家利益的忠诚卫士”反腐倡廉专题教育活动。专题教育活动分为动员部署、学习教育、整改落实、总结验收四个阶段。为确保专题教育活动取得实效，市局党组认真研究制定活动方案，精心安排各阶段工作内容，强调专题教育活动重点是领导干部，关键是领导班子和领导机关，根本是打造一支爱岗敬业、忠于职守、廉洁奉公、顾全大局的干部队伍，核心是增强党的凝聚力，发挥好基层党组织的战斗堡垒作用和发挥好党员的先锋模范作用，引导教育全系统干部职工学法、知法、懂法、守法，不断增强依法行政意识和能力。市局机关要走在全系统前面，领导干部要走在广大干部前面，党员要走在群众前面。全系统认真贯彻落实市局党组要求，扎实推进各阶段工作。在学习教育阶段，各单位深入开展党风党纪、法律法规、廉政警示和典型示范教育，认真开展读书思廉活动，发放书籍14300册，组织8652人次参加廉政知识考试，举办专题教育讲座144次，组织各类参观活动354次，共4万人次参加，全体干部撰写学习笔记和心得体会11122篇。全系统围绕党的思想、组织、作风、制度、反腐倡廉建设等重大问题深入开展大讨论。全体党员特别是党员领导干部对照《党章》《廉政准则》等要求，立足岗位实际，认真查找在发挥党员先锋模范作用方面存在的差距，切实做到带头学习提高、带头争创佳绩、带头服务群众、带头遵纪守法、带头弘扬正气；认真查找在推动党组织发挥战斗堡垒作用方面存在的不足，促进党组织实现领导班子好、党员队伍好、工作机制好、工作业绩好、群众反映好。广大税务干部对照岗位职责，切实提高依法履职能力。在整改落实阶段，为进一步落实市局党组提出的要求，专门召开市局机关全体干部大会部署相关工作，全系统结合2011年务虚会和工作会，组织召开不同类型、不同层次、不同岗位人员座谈会1010次，集思广益，查找在党的思想、组织、作风、制度、反腐倡廉建设等方面存在的问题628条。在总结验收阶段，各单位通过听取汇报、实地检查、座谈走访等形式，对专题教育活动进行总体验收。

通过深入开展专题教育活动，两级党组着手建立健全反腐倡廉各项制度，加强制度的执行力和约束力，初步形成了行之有效的党风廉政建设工作机制，加强和改进了党的建设、领导班子建设、干部队伍建设，注重制度、规则、程序建设，夯实了基础工作，规范了行政管理，推进了综合治理、重在治本，各级领导干部“爱岗敬业、忠于职守、依法行政、以德服人”的意识得到加强，广大干部“爱岗敬业、忠于职守、廉洁奉公、顾全大局”的意识逐渐形成，地税干部队伍的思想作风、精神面貌发生了根本性的转变，凝聚力和战斗力得到增强，为圆满完成税收工作任务提供了有力保证。

在深入开展专题教育活动的基础上，着力将廉政教育融入日常工作的各个方面，贯穿始终。市、区两级党组将党风廉政建设相关文件列为党组理论中心组学习的重要内容，要求每位领导班子成员及时准确把握文件基本精神、主要内容和具体要求。市局举办的各级各类培训班均设置了党风廉政课程，确保廉政教育深入人心、取得实效。

（三）认真落实党风廉政建设责任制、扎实推进廉政风险防控机制建设

市局党组始终坚持把党风廉政建设和反腐败工作作为关系全局的重要工作来抓。在2011年初北京市地方税务工作会议上，对全系统党风廉政建设和反腐败工作进行了全面部署，有针对性地提出了明确要求，做到了反腐倡廉与中心工作

同部署、同落实、同检查、同考核。制定了《2011年北京市地方税务局党风廉政建设和反腐败工作任务分工方案》，确定了40项任务；从领导班子集体到领导干部个人，从主要领导到班子成员，都明确了党风廉政建设的任务要求、工作目标和职责范围。两级班子主要领导认真履行第一责任人职责，研究解决党风廉政建设方面的重要问题，对规范权力运行、梳理业务流程和政务流程、廉政风险防控、专题教育活动、专项治理、典型案例剖析等重要工作亲自部署、亲自协调、亲自督办，对重要信访举报案件亲自批办、指导查办。其他班子成员认真落实“一岗双责”，切实担负职责范围内的直接领导责任，定期检查主管部门、联系单位党风廉政工作；听取各单位领导班子和领导干部的工作情况、落实责任制任务分工情况以及个人廉洁自律情况汇报；检查有关制度、文件、会议记录和签订的党风廉政建设责任书等相关材料。各单位高度重视党风廉政建设工作，按照市局党组的工作部署，在抓好业务工作的同时，有力地促进了党风廉政建设责任制的贯彻落实。

积极推进廉政风险防控管理向局、处两级领导班子和基层拥有公共权力的岗位和部门延伸。局级领导班子成员结合分管工作，查找廉政风险点，制定防控措施；市局各处室在梳理、优化业务流程工作中，及时排查风险点并予以标示；区县局、分局将本单位查找的廉政风险点分级分类，自上而下逐步实现了廉政风险防控对税收业务工作重点岗位、重点环节的全覆盖。

（四）注重“两权”监督，促进权力规范运行

两级党组认真落实民主集中制。严格执行党组议事规则，凡属重大决策、重要干部任免、重大项目安排和大额度资金使用，都由班子集体讨论决定。全系统切实加强“两权”监督。加强对税收执法权的监督，认真落实税收执法责任制，深入开展执法督察和执法监察，严格执行税收执法过错责任追究制度。加强对行政管理权的监督，特别是对预算管理、经费使用、基建项目、工程招投标、政府采购、人事管理等行政管理重点环节的监督。在干部选拔任用工作中，对114名新提拔处级干部进行廉政会审和任前廉政谈话。认真贯彻落实《廉政准则》，全面开展自查自纠工作。428名局、处级党员干部按照要求填写了遵守《廉政准则》承诺书。各区县局、分局将自查自纠工作延伸到了基层科所，自查面达到100%。市局对8个区县局、分局和12个处室、直属单位贯彻执行《廉政准则》情况开展了专项检查，听取专题汇报，检查了近200份相关文件资料，召开了税务干部座谈会和特约监察员座谈会，征求了区、县纪委的意见，全面、客观、准确地了解了有关情况，促进了《廉政准则》的贯彻落实。

（五）切实改进政风行风，不断提高纳税人满意度

全系统不断优化纳税服务，规范办税服务场所，拓展地税网站和热线电话服务平台功能。2011年，12366纳税服务热线共处理话务87.1万件，网站访问量1.2亿人次。通过办税服务大厅、北京地税网站等载体，向社会公开了政策法规、执法责任制等规定。在民主评议基层科所工作中，组织各单位开展自查，深入各基层单位开展督查，针对市纠风办督导组和特约监察员明查暗访发现的问题，及时组织各基层单位制定整改措施，督促整改落实。各基层单位发挥主观能动性，采取一系列行之有效的方便纳税人的措施，积极改进服务态度，提高服务质量，切实解决纳税人反映强烈的申报期间网络拥堵等问题。在

2011年北京市基层站所政风行风社情民意调查中，我局在19个政府部门中位列第7，比2010年提升3个位次；在北京市市级国家行政机关绩效管理专项考评中得分93.03分，比2010年提高3.25分。

（六）加大信访监督和专项治理工作力度，着力解决突出问题

2011年，市局共受理各类信访举报124件，已办结99件，结案率达到80%，加强对信访举报案件的分析，及时发现苗头性、倾向性问题，有针对性地提出防治对策和建议。根据市纪委要求，全面清理整顿王纪平、任依娜等人违纪违法留下的历史遗留问题。组织对历史遗留信息化项目和建设工程项目的全面清理，清理信息化项目107个，涉及金额1.4亿元，清理涉及16个区县局的71处税务所以及三处局办公楼的建设工程项目，共计15.27万平方米。加强对政府采购招投标项目的监督，深化“小金库”和公务用车专项治理。积极配合市纪委和司法机关查处违纪违法案件，加强案件剖析，分析案发原因，从制度上堵塞漏洞，发挥查办案件的治本功能。

二、对地税系统党风廉政建设和反腐败工作的认识和体会

2011年全系统党风廉政建设和反腐败工作的成果是在过去三年的基础上取得的，成绩来之不易。认真总结三年来党风廉政建设和反腐败工作经验，对于我们进一步加强和改进党风廉政建设和反腐败工作，更好地履行地税职能，在新的起点上推动北京地税事业科学发展，具有非常重要的意义。回顾三年来的工作，我们深刻体会到：

只有从根本上端正地税工作指导思想，才能正确引领党风廉政建设和反腐败工作。三年来，新一届市局党组按照科学发展观要求，提出了符合地税实际的工作指导思想：深入贯彻落实科学发展观，坚持解放思想，实事求是，与时俱进，坚持以人为本，牢固树立“五种意识”，坚持依法行政，以组织收入为中心，以建设五型机关为载体，用好的制度管权、管事、管人，优化纳税服务，加强税收征管，充分发挥税收职能作用，服务首都经济社会发展大局，努力做到职责清、情况明、数据准、要求严，让上级机关满意、让纳税人满意、让税务工作者满意。实践证明，市局党组提出的工作指导思想是符合客观实际的，不仅促进了地税各项工作的完成，也为全面推进全系统党风廉政建设和反腐败工作指明了方向。

只有持续加强反腐倡廉教育，才能真正筑牢拒腐防变的思想道德防线。市局党组始终高度重视反腐倡廉教育，组织全系统以学习《中国共产党章程》《中国共产党党内监督条例》《中国共产党纪律处分条例》等为重点，开展党纪政纪条规教育，促使广大党员干部自觉遵守和维护党的纪律；以学习《税收征管法》《公务员法》《行政许可法》等为重点，开展法律法规教育，促使广大税务干部增强依法行政的意识；以学习《廉政准则》为重点，开展领导干部廉洁从政教育，促使党员领导干部严于律己，勤政廉政；用身边人、身边事加强正面引导和警示教育，深刻剖析累积性违纪违法案件根源。通过开展内容多样的廉政教育，为广大地税干部依法行政、公正执法、廉洁从税，构筑了思想道德防线，为党风廉政建设和反腐败工作深入开展奠定了思想基础。

只有大力加强反腐倡廉制度建设，才能切实提高党风廉政建设和反腐败工作水平。制度建设带有根本性、全局性和长期性。反腐倡廉制度建设是惩治和预防腐败体系建设的重要内容，是加

强反腐倡廉建设的紧迫任务。市局党组始终注重按制度办事、按程序办事，坚持用好的制度管权、管事、管人，按照“职责清、情况明、数据准、要求严”的标准，从加强制度、完善机制、规范流程入手，堵塞制度漏洞，增强制度的执行力和约束力，不断夯实基础工作。制定市局局务会、局长办公会、局长专题会等会议制度，完善市局会议制度体系，规范会议程序，促进依法、科学、民主、高效决策。印发绩效管理考核制度，试行对市局机关各处室的绩效考核。持续推进优化业务流程工作，新增、修改税收业务流程55个。从优化财务流程入手，全面启动优化政务流程、完善管理制度工作。通过建立健全各项制度和工作机制，从根本上扭转了过去一个时期决策不科学、制度不完善、机制不健全、基础不扎实、监督不到位、是非没标准的局面，推进了全市地税工作科学化、制度化、规范化。

只有不断强化监督制约，才能促进税收执法权和行政管理权规范运行。市局党组紧紧抓住税收执法权和行政管理权运行的重要领域和关键环节，以领导干部为重点，以规范和制约权力为核心，不断强化监督制约。一方面充分发挥财务、审计、法制、干部管理、纪检监察等部门的综合监督作用，把重心放在对权力运行的制约、财务经费的监控和干部任用的监督上，落实政务公开，加强审计监督，防止权力滥用和腐败行为的发生；另一方面通过认真落实《廉政准则》《全国税务系统领导班子和领导干部监督管理办法》和《税务系统领导干部廉洁从政“八不准”》，切实加强对领导机关、领导干部的监督，各级领导干部和税务干部主动接受监督的意识进一步提高，“两权”运行进一步规范。

只有抓住廉政风险防控这个重点，才能有效预防腐败问题的发生。地税工作事关国家利益和广大纳税人切身利益，工作性质和特点决定了地税系统廉政风险是长期客观存在的。作为经济管理和行政执法部门，地税机关所面临的廉政风险既涉及税收业务，也涉及行政管理；既涉及领导机关，也涉及基层单位。我们要从源头上预防腐败问题的发生，必须将廉政风险防控管理工作与优化业务流程和政务流程工作相互衔接、相辅相成、相互补充、相互促进，形成有机整体，不断推进廉政风险防控管理向上、向下延伸，提高廉政风险防控管理的有效性，努力确保权力运行不出轨，干部队伍不出事。

只有坚持以人为本、保持队伍稳定，才能不断提高队伍的凝聚力和战斗力。市局党组坚决贯彻市委、市政府要求，积极协助市纪委、司法机关严肃查处王纪平、苏文权、任依娜、解煜等人违纪违法案件，既坚持依法严肃查办，又区别不同问题性质，充分考虑历史因素，从实际出发，最大限度地保护了一批干部，最大限度地稳定了干部队伍。同时，市局党组坚持“四化”方针和“德才兼备、以德为先”用人标准，共提任处级干部277人，交流调整处级干部429人次，优化了领导班子结构，最大限度激发了广大干部的积极性、主动性、创造性。

在充分肯定成绩的同时，我们也必须清醒地认识到，与中央精神和上级要求相比，当前地税系统党风廉政建设工作还存在一定差距。一是党风廉政建设工作和税收业务工作结合还不够紧密，在一定程度上还存在“两张皮”的现象；少数领导干部对党风廉政建设工作重视不够，抓得不细；纪检监察资源整合不够，工作机制需要进一步发挥作用。二是政风行风建设还需要进一步加强，一些损害纳税人利益的问题仍然存在；税收执法行为需要进一步规范，有法不依、执法不严，不作为、乱作为的现象仍有发生。三是党风廉政建设工作缺少创新。党风廉政教育缺乏针对性，未能及时针对当前复杂多变的社会环境而不断创新廉政教育形式、丰富教育内容；廉政风险防控管理停留在一般性的规章制度层面，缺少切实有效的措施，工作有效性还需要进一步提高。对于这些问题，我们必须高度重视，认真加以解决。

三、2012年党风廉政建设和反腐败工作主要任务

2012年是全面实施“十二五”规划的重要一年，各方面工作任务十分繁重，做好反腐倡廉工作意义重大。全系统党风廉政建设和反腐败工作的总体要求是：深入贯彻落实科学发展观，根据中纪委、市纪委和国家税务总局的工作部署，按照全市地方税务工作会议的要求，坚持反腐倡廉战略方针，把握好“稳中求进”的工作总基调，大力践行“北京精神”，严明党的纪律，加强党的纯洁性教育，严格落实党风廉政建设责任制，加强惩治和预防腐败体系建设，强化领导干部教育监督，深化廉政风险防控管理，切实加强政风行风建设，着力解决群众反映强烈的突出问题，围绕中心，服务大局，突出重点，狠抓落实，为北京地税事业科学发展提供坚强的政治和纪律保证，以党风廉政建设和反腐败工作的新成效迎接党的十八大胜利召开。要重点做好以下六方面工作。

（一）加大监督检查力度，确保各项重大决策部署落到实处

各级领导班子、领导干部要以高度的政治责任感、使命感，全面贯彻落实中央和市委、市政府、国家税务总局的重大决策部署，服务首都经济社会发展大局。加大对实行结构性减税政策、推进税制改革、依法加强税收征管落实情况的监督检查力度。加强对组织收入原则落实情况的监督检查，防止越权减免收人情税、寅吃卯粮收过头税等违法违规问题的发生。加强对各单位落实市局党组工作要求情况的监督检查，特别是对落实“全面推进依法行政，服务基层、为民服务、优化环境、促进和谐”的总体要求情况的监督检查。加强对领导班子及领导干部维护党的政治纪律、执行民主集中制和“三重一大”决策制度、落实党风廉政建设责任制、廉政勤政情况、党务公开和政府信息公开情况的监督检查。不断提高监督检查的科学化、制度化、规范化水平，建立纪律保障机制，确保政令畅通，令行禁止。

（二）深化党风廉政建设责任制，进一步提高反腐倡廉工作水平

各单位要把贯彻落实党风廉政建设责任制放在更加突出的位置，坚持党组统一领导，党政齐抓共管，纪检监察组织协调，部门各负其责，依靠群众的参与和支持的领导体制和工作机制。主要负责同志要切实担负起“第一责任人”的政治责任，班子成员要对职责范围内的党风廉政建设负直接领导责任，认真履行“一岗双责”。要认真学习贯彻中央、市委、国家税务总局新修订的党风廉政建设责任制的规定及实施办法，认真落实《北京市地方税务局党风廉政建设责任制实施办法》，并结合实际，进一步细化、完善本单位责任制具体实施办法，制定落实措施和意见。要紧紧围绕责任分解、责任考核、责任追究三个关键环节，细化工作责任，落实责任主体，把反腐倡廉各项工作任务合理分解到每一位领导班子成员和相关职能部门；认真组织责任制考核，将考核结果与领导干部业绩评定、奖励惩处、选拔任用直接挂钩；加大责任追究力度，综合运用纪律处分和组织处理两种手段严肃责任追究，确保党风廉政建设责任制落到实处。

（三）加强党员干部纯洁性教育，进一步夯实拒腐防变的思想基础

胡锦涛总书记在十七届中央纪委七次全会上指出，“我们党作为马克思主义执政党，只有不断保持纯洁性，才能提高在群众中的威信，才能赢得人民信赖和拥护，才能不断巩固执政基础，才能实现党和国家兴旺发达、长治久安。全党都要从党和人民事业发展的高度，从应对新形势下党面临的风险和挑战出发，充分认识保持党的纯洁性的极端重要性和紧迫性，不断增强党的意识、政治意识、危机意识、责任意识，切实做好保持党的纯洁性各项工作。”我们要认真学习、深刻领会胡锦涛总书记重要讲话精神，结合地税实际，以加强政德教育为重点，以保持地税系统党员、干部思想纯洁、队伍纯洁、作风纯洁和清正廉洁为目标，在全系统深入开展保持党的纯洁性教育，着力解决理想信念问题，教育引导广大党员、干部在大是大非问题上认识清楚、态度坚定；着力解决干部作风问题，教育引导广大党员、干部牢记党的宗旨，坚持以人为本、执政为民，大力弘扬“北京精神”，进一步增强事业心和责任感，敢于担当，敢于碰硬，敢于创新，坚决克服各种软、懒、散、乱、庸现象，努力做到爱岗敬业、忠于职守、廉洁奉公、顾全大局；着力解决组织纪律问题，教育引导广大党员、干部坚持党性原则，严守党的纪律，贯彻民主集中制，反对自由主义、好人主义；着力解决廉洁自律方面的问题，教育引导广大党员、干部依法行政，廉洁从税。

进一步建立健全反腐倡廉教育长效机制。继续把反腐倡廉教育纳入干部教育培训总体规划，巩固反腐倡廉专题教育活动成果。完善两级党组理论学习中心组学习制度，定期组织反腐倡廉理论学习。主要负责人和纪检组长要坚持讲廉政党课，扎实开展面向全体税务人员的反腐倡廉教育。针对地税系统特点和税务人员思想状况，在各级各类干部培训班开设廉政教育课程，开展岗位廉政教育和主题教育。继续开展警示教育，以身边人、身边事教育和引导税务人员进一步夯实拒腐防变的思想基础。

（四）深入推进廉政风险防控管理，着力提高风险防范的有效性、针对性、可操作性

深入贯彻中央纪委、监察部《关于加强廉政风险防控的指导意见》和市委、市政府《关于进一步加强廉政风险防控管理的意见》，继续深化廉政风险防控管理工作。认真落实刘淇书记批示精神，按照市纪委要求，做好深化廉政风险防控管理试点工作，围绕权力结构科学化配置、权力运行规范化监督和廉政风险信息化防控三个体系建设，抓住风险预警、监督检查、考核评估等关键环节，不断完善内控机制，逐步建立覆盖各职能部门、各主要税收业务，既相互制约又相互协调的权力结构和运行机制；建立动态的廉政风险防控运行机制，推动廉政风险防控管理向决策环节、执行环节、监督环节延伸；进一步深化对局处级领导班子、领导干部和具有税收执法权、行政管理权的关键岗位的廉政风险防控管理。对试点工作，市局还将作出专门部署，各单位务必高度重视，精心安排，按照“注重实效、首善标准、典型引领”的要求，高质量地完成各项工作任务。全系统要将流程梳理工作与廉政风险防控管理紧密结合，通过排查廉政风险、完善岗责体系、规范工作流程、健全管理制度，将反腐倡廉的要求融入各项工作之中，落实到权力结构和运行机制各个环节，由被动监督向主动防控转变，由事后监督向超前预防转变，形成统一领导、各负其责、主动参与的反腐倡廉工作机制，从源头上预防腐败问题的发生。

（五）强化对领导班子和领导干部的监督管理，促进廉洁从税

加强对领导班子、领导干部的监督。建立健全监督协调机制，充分发挥纪检监察、干部管理、督察内审、法制监督等综合监督作用，加强对领导班子成员的监督。继续加大《廉政准则》的执行力度；认真落实中央《关于领导干部报告个人有关事项的规定》、国家税务总局《税务系统贯彻落实〈廉政准则〉实施意见》等制度。加强对领导班子及其成员权力行使的监督检查，进一步规范领导干部从政行为。认真落实领导干部任前廉政谈话制度，严格执行领导干部述职述廉、诫勉谈话、函询等制度。严禁领导干部以各种名义收受管理和服务对象以及其他与行使职权相关单位和个人的礼金、有价证券、支付凭证。加强内部审计监督。严格按程序和要求开展对领导干部离任审计，加强对审计结果的运用和整改措施落实情况的监督检查。坚持厉行节约、反对铺张浪费，加强对财政专项资金的监管，严格执行财经纪律。

（六）严肃查处违纪违法案件，切实解决群众反映强烈的突出问题

严肃查处在税收执法中徇私舞弊、滥用职权、以税谋私的案件，损害纳税人利益的案件，在基建工程、政府采购中干预招投标、违规操作、内外串通的案件，违反政治纪律和组织人事纪律等案件。按照《北京市纪检监察机关案件检查工作考核办法》的要求，制定我局考核办法和细则。认真受理信访举报，做好信访情况分析，切实解决信访反映的突出问题。

继续深入推进专项治理，着力解决群众反映强烈的突出问题。深化庆典、研讨会、论坛等专项治理，各级领导干部未经批准不得出席此类活动。深化公务用车专项治理，严格执行公务车辆编制管理、购置审批、经费预算管理等制度，规范公车管理。继续开展公款出国（境）旅游、“小金库”等专项治理。

加强政风行风建设，主动接受社会各界的监督，积极开展民主评议基层科所等政风行风评议工作；充分发挥特约监察员的监督作用，继续开展明察暗访。加大落实“两个减负”工作力度，切实减轻纳税人和基层税务部门的负担，不断优化环境，促进和谐。

深入开展党风廉政建设和反腐败工作，使命光荣、责任重大。两级纪检监察部门和广大纪检监察干部要深入贯彻落实中央纪委、监察部《关于进一步加强和改进纪检监察干部队伍建设的若干意见》，认真履行职责，大力践行“北京精神”，强化理论学习，坚定政治立场，增强使命感、责任感，坚决贯彻落实市局党组关于加强党风廉政建设的各项决策部署，努力建设一支忠诚可靠、服务群众、刚正不阿、秉公执纪的纪检监察干部队伍。

同志们，让我们发扬敢于担当、敢于碰硬、敢于创新的“三敢”精神，开拓进取、扎实工作，不断取得党风廉政建设和反腐败斗争新成效，为推动北京地税事业科学发展、迎接党的十八大胜利召开作出新的贡献！

税收政策

收入规划核算

【综述】2012 年，收入规划核算部门紧紧围绕中心，服务大局，全面落实北京市地方税务局党组的各项工作要求，扎实工作，不断创新，有效发挥收入规划核算职能作用。主要完成五个方面的工作：一是着力强化统筹规划协调，健全组织收入工作机制。二是不断深化分析预测和税源监控，有效发挥决策服务作用。三是推动各项基础工作，提升核算监督和数据服务水平。四是精心组织、周密部署，圆满完成各项统计调查工作。五是全面加强干部素质培养，促进收入规划核算工作水平提高。

【组织收入工作】认真做好组织收入工作的统筹规划，加强与各相关部门的协调，充分发挥组织收入机制作用。市局全年召开的 10 次局务会 7 次专题研究布置组织收入工作，组织召开全市范围的分析会 17 次，各区县局、分局层面的分析会近两百次，充分沟通情况，强化协同配合。按照全市最终确定的全年收入任务，结合实际调整各区县局、分局收入任务，逐步实现两级收入任务相协调。全系统团结一致、密切配合，顶住年初国内外经济下行压力加大、经济增速放缓等因素导致的地税收入出现明显负增长的压力，克服了结构性减税影响，有针对性地采取措施，全力以赴做好组织收入工作。2012 年，全系统累计完成各项税费收入 2865. 2 亿元，完成地方公共财政预算收入 2217. 9 亿元，完成税务总局口径税收收入 2703. 1 亿元，还原“营改增”试点改革影响后，各项税费收入增长 10. 9%，地方公共财政预算收入增长 10. 4%，税务总局口径税收收入增长 9. 7%，圆满完成收入任务。

【税收分析】加强日常分析，密切跟踪宏观经济变化，深入分析税收收入形势，认真做好月度、季度和年度分析，准确反映税收运行和组织收入工作动态，发挥为组织收入服务的作用。深化税收专题分析，重点突出地税收入与首都经济发展、房地产业税收等分析，发挥了为决策服务的作用。全面做好税源分析，利用重点税源数据完成税源分析 24 篇，其中上报税务总局 12 篇，利用税收调查数据完成税源分析 20 余篇。税收分析工作得到上级领导的充分肯定：北京市市委书记郭金龙在 3 月的专题会议上对地税的汇报材料提出表扬，北京市代市长王安顺、北京市常务副市长李士祥分别在市局 9 月和 7 月提交的分析报告上作出重要批示，北京市地税局局长王晓明也几次在收入规划核算分析上作出“好”“有新意”的批示，这是全系统收入规划核算部门共同努力的结果。

【收入预测】进一步夯实数据基础，完善预测方法，发挥考核机制的作用，深化与税源管理相结合，不断提高税收预测水平，全系统平均税收预测准确率达到 97. 2%，成为做好组织收入工作的重要抓手。特别是全面做好“营改增”试点改革数据测算，及早准确地掌握“营改增”试点改革对税收趋势的影响，为完成好全年收入任务和安排好2013年税收计划赢得主动权。

【重点税源监控】 认真贯彻《国家税务总局关于下发2012年重点税源监控报表制度的通知》要求，不断完善市、区、所三级重点税源监控体系，稳步扩大监控范围，严格监控标准，优化采集方式，加强监控数据应用。2012年，全系统纳入税务总局重点税源监控范围的企业共计2239户，较上年同期增加412户，增长22.6%；完成并上报税务总局税源分析12篇。改进重点税源监控月报数据导入方式，减轻纳税人和基层税务机关负担，提高数据的准确性和时效性。

【数据报表】 按照税务总局工作要求和市局工作需要，以服务组织收入工作为目标，以完善报表系统和加强数据审核为抓手，保证账务报表的正确反映和税收核算的数据质量。在2011年全国年报会审中，市局税收会计、统计、票证年度报表第12次被评为优秀单位。全年市、区两级共编报各类报表97种8643张，圆满完成了2012年税收会计账、票证账的年终结账对账工作。

【税收会计检查】 组织各区县局、分局采取自查、交叉检查与市局抽查相结合的方式，分两个阶段重点对税收资金核算、税收会计统计制度落实和税收票证管理等情况开展全市范围的税收会计检查，进一步加强税收资金监督管理，充分发挥税收会计的核算和监督作用。通过检查既促进区县间业务沟通，交流日常核算工作中好的经验和做法，也发现各区县局、分局在税款征收、税收资金管理、制度执行等方面存在不同程度的问题和不足，需要在今后的工作中加以研究改进。

【联网缴税】 一是通过加强对中国人民银行TIPS系统的测试验证和财税库银业务的推广，保证财税库银横向联网系统的安全稳定，促进全局税收征管工作质量的进一步提高，全年开展地税财税库银横向联网业务的商业银行上升至35家。二是及时做好核心系统2012年预算科目调整、活期存款利率维护、各区县局、分局的日常数据问题处理，参与车船税、契税、耕地占用税等业务需求、系统建设和相关文件制定工作，对保证税款缴纳和入库、退库，提高账表数据质量等方面工作提供有力保障。

【税收调查】 严格落实《财政部、国家税务总局关于做好2012年全国税收调查工作的通知》要求，与国税系统联合部署，并邀请财政部、税务总局有关领导莅临现场指导工作，从调查范围、时间安排、工作要求等方面进行了细致安排。积极推进网上直报试点工作，加大区县局、分局数据互审力度，积极开展税收调查数据应用。共调查8778户企业数据和90户集团企业数据，顺利通过全国会审并荣获全国税务系统先进单位。

【减免税统计调查】 根据《国家税务总局关于印发2012年减免税统计调查实施方案的通知》和《国家税务总局关于开展减免税统计调查工作的通知》文件要求，2012年5—8月全系统开展减免税统计调查工作。接到国家税务总局开展统计调查工作的通知后，市局高度重视，立即研究制订符合工作实际的实施方案，确定调查工作主要分三个阶段开展，每个阶段任务明确、要求具体、进行有序。在各阶段工作中，收入规划核算、征管、税政、信息等部门统筹协调、积极配合，税务所认真负责、严格落实，圆满完成了2012年减免税统计调查工作。此次调查共收集了65.8万户企业的税收减免数据，全局共有2.3万户企业、3.9万户个体工商户享受减免税优惠，涉及近180个减免税政策，共计减免税款176亿元。

【营业税改征增值税试点改革调查】积极参与北京市营业税改征增值税试点改革工作，配合北京市营业税改征增值税试点改革工作小组办公室作好典型调查，作好试点改革前期数据测算准备，协同征管处、营业税处于2月7日组织召开典型调查工作部署培训会，对典型调查工作进行统一部署。在15个工作日的时间内，各局积极贯彻落实会议精神，制定周密的工作计划，积极开展调查工作，顺利完成5.4万户企业调查数据的收集工作，企业填报率达到97%。9月6—13日，按照税务总局的紧急部署，保质保量地完成营业税改征增值税效应分析抽样企业调查工作，通过统一数据口径，统一查询数据，减轻基层税务机关和纳税人的负担。共抽样2200户企业数据，为测算和分析“营改增”试点改革的影响打牢数据基础。

【素质培养】一是切实加强“三个建设”。继续坚持以班子建设为先导，以支部建设为契机，持续推动干部队伍建设。采取集中学习、支部学习、个人自学、组织参观交流等方式，大力加强思想政治学习和业务工作学习，通过多种形式的学习，进一步提高领导班子和干部的思想认识水平，进一步增强凝聚力和战斗力，为中心工作的开展提供了有力保障。二是积极开展业务培训。紧密结合基层实际工作需要，通过邀请税务总局领导和市局业务管理人员授课、利用税收会计检查以干代训和具体负责人员业务交流等方式，对全系统收入规划核算部门、各税务所相关人员就税收分析、预测、会计、统计、收入质量评价等进行培训，2012年共组织系统培训7次，1000余人次参加了培训。通过培训进一步促进收入规划核算工作水平的整体提高和人员素质的全面提升。三是主动开展调研工作。通过成立专题调研小组的形式，充分挖掘各区县局、分局的智力资源，合作完成《关于开展税收收入质量评价工作的思考》《首都经济优化与税源发展趋势的研究》《关于推进财税库银联网优化缴税结构的研究》三篇重点课题的调研，并陆续在市局《调查与研究》中刊登。

（白晓凤）

营业税　文化事业建设费管理

【营业税综述】2012年全市共组织入库营业税1152.7亿元，完成年度计划1196亿元的96.4%，同比增收81.2亿元，增长7.6%，营业税收入占全系统各项税费收入合计2865亿元的40.2%，占地方公共财政预算收入2218亿元的52%。在营业税征收管理方面主要做了如下工作：统筹安排，营业税改征增值税试点工作顺利开展。北京作为全国首个国税、地税机构分设的营业税改征增值税试点地区，自9月1日起全面实施部分行业营业税改征增值税试点工作，实现了新旧税制的转换。共有18.4万户纳税人纳入营业税改征增值税试点，全市改征增值税累计入库57.6亿元；加强分析，结合区域特色，不断创新分析模式，通过运用综合经济参数和企业申

报数据，关注收入结构变化趋势。在确保税收优惠政策落实到位的同时，加强减免税统计工作，经税务机关审批备案的营业税共减免64.9亿元，同比增加24.9亿元，增长62.3%。其中备案类业务免征营业税26亿元，同比增加5.8亿元，增长28.7%；报批类业务减免营业税38.9亿元，同比增加19.1亿元，增长96.8%；加强征管，落实营业税各项征管措施。按照税务总局关于不动产、建筑业营业税项目管理工作要求，市地税局与市建委沟通，获取第三方信息并通过利用2011年有销售收入的3922个不动产项目，及近两年新开工建筑施工信息，填写《不动产项目管理登记情况表》1782份，与评估处共同建立《房地产开发与经营业纳税评估模型》，共对1020户不动产纳税人实施评估，有问题户数109户，补缴税款及滞纳金1.22亿元，其中营业税2561万元；依法行政，全面优化流程梳理工作。按照市局“三定”方案确定的工作职责，及优化流程梳理要求，在对业务流程梳理过程中，年初修改了中小企业信用担保和代开公路内河货运发票2个流程，新增了员工制家政企业减免税业务流程，废止了涉及交通运输业的9个业务流程；立足征管，大力开展调查研究工作。通过召开系统专题会集中部署调研方案等措施，有针对性地开展了《北京市娱乐业营业税政策执行情况的调查》《对我市金融保险业营业税政策执行情况的调查与研究》《对差额征收营业税相关政策的调查与研究》《我市购物网站营业税适用政策问题的调查》和《北京市营业税改征增值税的实践与思考》，均在市局《调查与研究》上刊登；服务上级机关，为领导决策提供必要保障。参加税务总局关于企业资产重组、股权转让、教育劳务、限售股流通交易等涉税问题的研讨，听取区县分局及纳税人意见，提出切实可行的政策建议，得到税务总局的认可和采纳，国家税务总局以货便函〔2012〕164号文件，对北京市营业税管理工作予以表彰；为基层服务，积极落实处所联系制度。通过采取座谈、研讨、培训等形式，将最新政策及时传达到最基层，并与联系所一起实地考察北京文化新地标、中关村展示中心，了解文化创意产业和国家自主创新示范区新动向；为纳税人服务，不断提高服务水平。丰富网上服务内容，搜集营业税舆情动态，认真办理人民来信、代表提案、基层请示、12366咨询百余件，共受理企业购车审核42054条，审核合格25694条，审核不合格16360条，解决了纳税人在申请过程中存在的疑虑，缓解了基层工作压力；加强支部建设，发挥战斗堡垒作用。认真组织学习党的十八大报告、新修订的《党章》，并组织学习2012年北京市地方税务系统党风廉政建设工作会议精神等一系列文献，编辑14期“党员学习园地”，发挥党组织的战斗堡垒作用，造就高素质营业税干部队伍。

【娱乐业营业税政策执行情况调查】随着社会经济发展和人民群众物质生活水平的不断提高，众多娱乐项目已逐步进入大众化消费领域，成为推动我国文化事业发展、满足广大人民群众精神文化需求的重要组成部分。为进一步落实中央推动社会主义文化大发展大繁荣的重要决定，促进北京市文化娱乐产业发展，我们针对全市娱乐业营业税政策执行情况进行了专题调研，并就娱乐业营业税税率、征收范围等问题提出相关建议：建议适时总体下调北京市娱乐业营业税税率。为落实中央推动社会主义文化大发展大繁荣的重要决定，支持健康向上、有益身心的大众娱乐项目的发展，满足广大人民群众日益增长的精神生活需要，结合北京市娱乐业发展现状，建议适时下调部分娱乐业营业税税率，更好地发挥营业税政策对娱乐性消费的调节作用；建议调整北京市“娱乐业”税目征收对象。北京市在严格执行娱乐业现行政策的同时，确保了2009年新营业税条例、细则的贯彻实施和平稳过渡。现阶段，为促进北京市文化娱乐产业快速发展，建议在严格执行营业税政策的基础上，调整北京市“娱乐业”税目征收对象；建议明确音乐茶座具体范围。北京市为便于征管操作，曾在转发《财政部、国家税务总局关于明确调整营业税税率的娱乐业范围的通知》（财税〔2001〕145号）时补充规定“音乐茶座（包括酒吧），系指无中式正餐或西式大餐供应，且营业时内均有乐手现场演奏的茶、酒、饮料现场供饮经营场所”，但此政策目前已废止，为便于基层操作，规避税务机关执法风险，建议恢复此规定，以明确音乐茶座具体范围；加强娱乐业营业税征收管理。加强娱乐业营业税管理，不仅满足依法征收、应收尽收的税收职责，也是落实国家宏观政策的重要措施，要加大政策宣传、辅导纳税评估、稽查工作力度，解决纳税人未按规定确认娱乐业营业额的问题，依法打击非法避税行为，坚决杜绝少数纳税人扰乱正常税收秩序的现象。此项调研在2012年北京地税《调查与研究》第63期刊发。

【营业税差额征税情况调查】随着市场经济的建立和发展，社会服务专业化分工日益完善，营业税全额征税的基本规定日渐显现出其内在的不合理性和缺陷，亟待积极研究应对。为此我们全面梳理了北京市差额征税政策，调查了目前差额征税管理现状，分析了营业税改征增值税后营业税差额征税政策执行中存在的问题，并提出如下相关建议：规范扣除凭证。对支付给我国境内的单位和个人，且上述单位和个人提供的行为属于营业税或增值税征税范围的，以其取得的发票为合法有效凭证。规范发票种类、规格、样式，在全国范围内实现信息共享，可在系统内查询发票真伪、开票金额、开票单位等信息，实现票表比对管理。规范其他凭证，控制合法凭证的种类，尽量统一样式，增加开具项目。限制各种合法凭证的使用范围，尽可能实现凭证信息共享；规范差额征税纳税人的申报管理。贯彻落实《国家税务总局关于印发〈营业税纳税人申报办法〉的通知》，推行全国统一的纳税申报表。建筑安装业纳税人还应按各建筑项目报送《建筑安装业营业税纳税申报明细表》。实行差额征税的其他行业营业税纳税人，每月纳税申报时，除按规定报送相关纳税申报表外，可要求再按各差额征税项目附报《营业税分项目可扣除项目清单》，列明各差额征税项目的可扣除项目金额，便于税务部门审核；适当扩大扣除范围。如目前征管中反映较多的电信单位和其他单位合作共同提供劳务的问题、代收费业务的范围和抵扣问题等。在完善营业税差额征税政策的同时，研究制定《营业税差额征税管理办法》，尽快填补制度空白，继续强化营业税征管工作。此项调研在2012年北京地税《调查与研究》第96期刊发。

【金融保险业营业税政策执行情况调查】近年来，首都金融产业保持较快增长态势，金融业聚集效应逐步显现，成为全市税收增长的重要推动力量。为建立完善适应现代金融业发展的税收制度体系，有利于优化首都金融发展环境，市局组织开展了对金融保险业营业税政策执行情况的调查，分析了金融保险业营业税政策执行过程中存在的问题，并提出相应对策建议：进一步完善金融业营业税制度。根据实际情况，及时出台、更新配套政策，并对新兴的概念和规定给予明确界定，加快制定金融衍生产品的相关配套政策。一方面，要进一步完善现行税法，明确有关概念，堵塞征管漏洞；另一方面，要加强金融业征

管问题的研究；细化金融业营业税优惠政策。分层次细化金融保险业税收优惠政策。比如，按银行不同的业务来划分，对一些亟待发展的业务规定相对较低的税率，以促进这些新兴业务的发展。又如，对于离岸金融业务取得的收入，应比照《财政部、国家税务总局、商务部关于示范城市离岸服务外包业务免征营业税的通知》（财税〔2010〕64号）规定，免征营业税；加强金融业税收征管。针对金融业税收征管的复杂性，一要加大对税务部门征管人员的培训力度，不仅加强对税务人员的专业知识培训，还要着力提高其信息管税水平。二要不断加强对金融企业的纳税宣传、日常辅导，提高金融企业依法纳税的能力。此项调研在2012年北京地税《调查与研究》第89期刊发。

【购物网站营业税适用政策问题调查】互联网的普及带动了网络购物的蓬勃发展。随着网购规模持续扩大，这种便捷交易模式带来的税收征管问题也日益引起税务机关的高度重视。市局组织对北京市购物网站营业税政策执行情况及营业税改征增值税情况进行了专题调研，对相关问题进行了归纳总结，并提出具体对策建议：建议建立专门的网上购物税收征管体系。明确网上交易的性质、计税依据、征税对象。将网上购物纳税人认定登记、使用网上交易专用发票、申报纳税和监管稽查均纳入专门的征管体系，使得网上购物税收科学化、人性化；实施过渡性的财政扶持政策，帮助试点企业实现平稳过渡。根据上海营业税改征增值税试点过渡性财政扶持政策经验，结合本市实际情况，以确保扶持政策执行准确和简化纳税人报送环节为原则，建议国税机关核实试点改革纳税人应缴已缴增值税后，由财政局安排专门机构负责审核、发放补助资金，地税机关协助提供营业税政策支持；营业税改征增值税后，购物网站取得的平台使用费、按实际交易量收取佣金以及营销服务费均应缴纳增值税。在营业税改征增值税工作前期准备阶段，北京市范围内的各大知名购物网站均已到国税局办理了税务登记、税种核定、一般纳税人认定、税控和增值税发票领购的工作，随着9月1日北京试点工作正式开始，对于购物网站取得的平台使用费、按实际交易量收取佣金以及营销服务费均应缴纳增值税；积极配合国税机关做好营业税改征增值税政策宣传解释工作。坚持共性化服务和个性化服务相结合，按照对外公开承诺规定时限做好纳税人的咨询解答工作，争取纳税人对改革试点工作的理解和支持，消除纳税人各种顾虑。同时为国税机关做好营业税改征增值税试点范围内税源户的交接工作，准确核对购物网站在地税机关的基础信息，及时发现应属于试点范围但未纳入试点范围的购物网站，引导纳税人到国税机关办理营业税改征增值税相关事项。此项调研在2012年北京地税《调查与研究》第98期刊发。

【营业税改征增值税实践与思考的调查】“扩大增值税征收范围，相应调减营业税等税收”是中央十七届五中全会和“十二五”规划确定的加快我国财税体制改革的重要内容，结合首都经济社会发展实际，认真做好营业税改征增值税工作具有十分重要的意义。为更好地贯彻落实中央精神，推动北京市税制改革的进程，从北京市营业税改征增值税的试点成效及存在的问题出发，在对此项工作总结分析的基础上，提出了完善工作的对策建议：进一步明确相关税收政策。目前营业税改征增值税试点的应税服务注释与现行营业税税目注释无法准确对应，在实际征管过程中对征管范围界定不清的同时，也加大了数据统计与分析的难度，不利于为下一步税制改革提供准确信息。财政部、国家税务总局应充分考虑现行营业税税目，细化营业税改征增值税的应税服务范围注释，并明确具有解释权的主体；统筹兼顾，制定合理、统一的财政扶持政策标准。各试点地区自行制定财政扶持政策的受理门槛、算账方法、扶持比例等，不利于体现税收的平等性原则。财政部门应遵循统筹兼顾、合理负担的原则制定相对统一的财政扶持政策。优化纳税服务，强化税法宣传。要充分兼顾改革前后税制和征管变化，积极做好政策宣传和纳税辅导，以提高纳税人对改革的适应程度。同时要进一步加强对试点纳税人的税负情况和税收变化情况分析，了解改革中纳税人的需求，及时帮助纳税人解决遇到的征管和政策难题，要在解决问题的过程中不断积累经验，为进一步的全面改革奠定基础。进一步引发了对税制改革的思考。营业税改征增值税进一步扩围；税率有待进一步优化；构建地方税体系，形成有利于结构优化、社会公平的税收制度；税收是财政收入的主要来源，税制的进一步完善以及与国际税收的接轨，也是体现中国经济稳步发展的重要目标之一。税制的改革也要与时俱进，来源于经济、服务于经济才是税制改革的根本与利益所在，税制改革过程中带来的税收收入的变化是必然的。营业税改征增值税不仅减轻企业负担，增强企业创新发展能力，同时也为产业发展带来新机遇，对推进经济结构调整和提高国家综合实力具有重要意义。此项调研在2012 年北京地税《调查与研究》第 110 期刊发。

【营业税改征增值税试点改革工作】 为顺利开展北京市营业税改征增值税试点改革工作，市局按照“职责清、情况明、数据准、要求严”的工作标准，做好各阶段试点改革工作，确保此项任务落到实处。申请阶段主要工作情况。制定《北京市地方税务局营业税改征增值税试点工作方案》，成立以北京市地税局局长王晓明为组长，副局长吕兴渭、副巡视员刘宝忠为副组长，其他全部局领导为成员的试点改革工作小组。试点改革工作小组办公室设在营业税管理处，成员包括征收管理处等 13 个部门，下设政策推进组、数据测算组、征收管理组、综合宣传组、咨询服务组、技术保障组六个业务组。全面部署试点工作，组织召开 11 次试点改革专题会、听取涉及试点改革工作的 173 个税务所专题汇报、梳理535 份营业税现行有效规范性文件、制定市地税局试点改革工作交接方案、对 5. 6 万户企业开展典型调查、核实确认 2. 5 万户企业为试点改革税源户、研究试点改革过渡期政策、进行试点改革影响测算工作、向市国税局等单位提供 1000 余万行次数据信息；获批阶段主要工作情况。2012年 7 月 31 日，经国务院批准，将交通运输业和部分现代服务业营业税改征增值税试点范围，由上海市分批扩大至北京等 8 个省（直辖市），北京市应于 2012 年 9 月 1 日完成新旧税制转换。获批后北京市地税局召开局长办公会，传达大会精神，研究部署营业税改征增值税试点改革工作。8 月 14 日召开地税系统营业税改征增值税试点改革启动大会，一周后召开领导干部大会强调“营改增”工作要求，落实市试点改革工作小组获批阶段工作方案，成立由市局领导班子成员担任组长的 10 个工作督导组，督导各区县局、分局试点改革各项工作的开展，全面完成核心征管系统调整切换工作，协助市国税局做好“营改增”税源户确认工作，争取上级政策支持。明确试点改革相关政策。开展试点改革对北京市营业税收入影响的调查，不断强化纳税服务，做好税改宣传培训，明确试点改革政策、问题，协助制定财政扶持政策，解决出租汽车专用发票的衔接问题；下一阶段工作任务。积极配合有关部门对税负变化等方面情况进行评估，落实财政资金扶持政策，进一步强化纳税服务工作，加强依法行政，做好个体工商户交接工作和宣传培训工作，完成城市维护建设税、教育费附加征管衔接工作，进行收入测算工作。

【促进残疾人就业税收优惠政策征管有关问题】为加强安置残疾人就业纳税人营业税税收征管，2012年4月9日，北京市国家税务局、北京市地方税务局、北京市民政局和北京市残疾人联合会以《北京市国家税务局关于促进残疾人就业税收优惠政策征管有关问题的公告》（2012年第3号）对享受残疾人就业税收优惠政策进行了明确：申请享受税收优惠政策的纳税人应提交的资料；符合政策规定的纳税人，申请减免营业税时，依照《北京市地方税务局税收减免管理实施办法（试行）》（京地税征〔2006〕287号）执行，使用该文件中的各类文书；对北京市享受《财政部、国家税务总局关于促进残疾人就业税收优惠政策的通知》（财税〔2007〕92号）第一条规定税收优惠政策的纳税人，实际安置的每位残疾人每年可减征的营业税的具体限额确定为每人每年3.5万元；按月减征营业税的纳税人，应于每月终了后15日内向主管地方税务机关报送《安置残疾人就业单位减征营业税申报表》；本公告自2012年3月1日起执行，《北京市国家税务局、北京市地方税务局、北京市民政局、北京市残疾人联合会转发〈国家税务总局、民政部、中国残疾人联合会关于促进残疾人就业税收优惠政策征管办法的通知〉的通知》（京国税发〔2007〕275号）的补充内容同时废止。

【营业税改征增值税试点税收征收管理事项】经国务院批准，自2012年9月1日起，北京市将在交通运输业和部分现代服务业实施营业税改征增值税试点改革。依据《中华人民共和国税收征收管理法》等有关政策规定，2012年8月30日，北京市国家税务局和北京市地方税务局以《北京市国家税务局关于营业税改征增值税试点税收征收管理若干事项的公告》（2012年第7号）对试点纳税人应依法办理税务登记、纳税申报、税款缴纳、税控机具使用以及发票衔接事项进行了明确：关于税务登记。北京市凡符合《财政部、国家税务总局关于在北京等8省市开展交通运输业和部分现代服务业营业税改征增值税试点的通知》（财税〔2012〕71号）规定范围的单位和个人（以下简称试点纳税人），2012年8月31日前，应到北京市国家税务局主管税务机关申报办理税务登记信息核对等相关手续；试点纳税人当期取得兼营营业税应税项目的营业额，应当分别核算的营业税应税项目营业额和增值税应税服务的销售额，对其营业额仍应按照北京市地方税务局规定的申报期限、申报内容，在北京市地方税务局主管税务机关办理营业税及其相关附加税费的纳税申报，并按规定时间缴纳相应税（费）款入库。试点纳税人当期如有北京市地方税务局负责征收的各项税、费、附加等应纳款项，仍应按照北京市地方税务局现行相关规定办理纳税申报和税款缴纳；当期如无北京市地方税务局负责征收的各项税、费、附加等入库款项，仍应按照《北京市地方税务局关于实行〈无应纳税（费）款申报书〉制度的通知》的规定，在法定申报期限内向北京市地方税务局主管税务机关办理无应纳税（费）款申报；试点纳税人应缴未缴营业税，以及因纳税评估、税务稽查等原因需要补缴税款的，应按照现行营业税政策规定，到北京市地方税务局主管税务机关上门申报后，持地税机关打印的税票，到开户银行缴纳营业税及其相关附加税费和滞纳金。试点纳税人应缴已缴营业税后因发生退款减除营业额的，应当依据《中华人民共和国税收征收管理法》及其实施细则和有关退税规定，向北京市地方税务局主管税务机关申请退还多缴的营业税；关于税控机具使用。自2012年9月1日起，试点纳税人可根据自身经营情况，向北京市地方税务局主管税务机关申请办理税控机具的注销手续；关于发票衔接。自2012年9月1日起，试点纳税人提供的增值税应税服务，不能开具《北京市服务业、娱乐业、文化体育业专用发票》《北京市交通运输业、建筑业、销售不动产和转让无形资产专用发票》《北京市定额专用发票》《北京市地方税务局通用机打发票》和《北京市地方税务局通用定额发票》。北京市地方税务局停止发售《公路、内河货物运输业统一发票》等共9种14个版面发票。使用印制有本单位名称发票的试点纳税人应到北京市地方税务局主管税务机关申请办理涉及交通运输业和部分现代服务业的印制有本单位名称发票的行政许可注销手续。试点纳税人应到北京市地方税务局主管税务机关申请办理不再使用的地税发票的缴销手续。

【中小企业信用担保机构免征营业税和取消免征资格名单】为贯彻落实《国务院关于进一步支持小型微型企业健康发展的意见》（国发〔2012〕14号），工业和信息化部和国家税务总局联合印发《关于公布中小企业信用担保机构免征营业税和取消免征资格名单的通知》（工信部联企业〔2012〕386号），明确了中小企业信用担保机构免征营业税有关事项。2012年11月23日，北京市经济和信息化委员会和北京市地方税务局以京经信委发〔2012〕137号联合转发并补充规定：北京市农业担保有限责任公司等4家中小企业信用担保机构获得批准，按照规定标准取得的担保业务收入，自主管税务机关办理免税手续之日起，三年内免征营业税；取消中担投资信用担保公司免税资格，自2012年1月1日起不再享受营业税优惠政策，按规定申报缴纳营业税；北京市农业担保有限责任公司等4家中小企业信用担保机构如企业基础信息发生变化，在办理免税手续时需向主管税务机关提供担保机构监管部门的变更批复文件；在免税期间内，已批准享受免税资格的中小企业信用担保机构，请于12月31日前报送免税期内开展的中小企业担保业务情况及免税情况，并在每年2月底前报送上年度业务开展情况。各区县中小企业主管部门和地方税务局要加强对中小企业信用担保机构免征营业税工作的监督管理，切实发挥政策的导向作用，每年度将中小企业信用担保机构减免税执行情况上报市经济信息化委和市地税局。北京市将重点针对享受免税政策的担保机构开展绩效考核与信用评价工作，对担保机构实施动态监管，适时对担保机构免税政策执行情况进行检查。

【鼓励和引导民间投资进入物流领域实施意见】为鼓励和引导民间投资进入物流领域，进一步加大对民间资本投资物流领域的支持力度，给民营物流企业发展营造良好的环境，国家发展和改革委员会等12部委联合印发《关于鼓励和引导民间投资进入物流领域的实施意见》（发改经贸〔2012〕1619号），对引导民间资本投资第三方物流服务领域的范围等问题进行了明确。2012年10月17日，北京市发展和改革委员会等12部门联合转发了《北京市发展和改革委员会、北京市公安局、北京市国土资源局、北京市交通委员会、北京市商务委员会、北京市地方税务局、北京市工商行政管理局、北京市金融工作局转发国家发展改革委员会等12部门关于鼓励和引导民间投资进入物流领域实施意见的通知》（京发改〔2012〕1786号），并明确规定：各单位要结合落实市政府《关于印发鼓励和引导民间投资健康发展实施意见的通知》（京政发〔2011〕9号）、

《关于落实促进物流业健康发展政策措施实施意见的通知》（京政办发〔2012〕8号）等文件精神，进一步加大对民间资本投资物流领域的支持力度，深入挖掘民间投资潜力，增强首都经济增长内生动力；各单位要加强协调配合，严格落实国家和本市关于促进物流业健康发展的土地、税收、价格、交通、工商注册、融资、产业各项政策，切实采取有效措施，为民营企业发展营造良好环境，鼓励民营企业做强做大；注意跟踪本地区物流领域利用民间投资的情况、效果和存在的问题，将有关情况和意见及时反馈市发展改革委。

【确认内资融资租赁试点企业】为加强内资融资租赁试点监管工作，建立健全监管机制，商务部、国家税务总局联合印发《关于确认北京中车信融汽车租赁有限公司等企业为第九批内资融资租赁试点企业的通知》（商流通函〔2012〕583号），同意北京中车信融汽车租赁有限公司等14家企业作为第九批内资融资租赁业务试点企业，按照试点工作信息统计制度的要求，及时、准确地向商务部、税务总局报送试点情况。2012年8月21日，北京市商务委员会和北京市地方税务局联合转发了《北京市商务委员会、北京市地方税务局转发商务部、国家税务总局关于确认北京中车信融汽车租赁有限公司等企业为第九批内资融资租赁试点企业的通知》（京商务交字〔2012〕138号），并要求朝阳、怀柔、平谷、密云商务委和地税局按照通知要求和《北京市商务委员会、北京市地方税务局关于做好本市内资融资租赁试点和外商投资融资租赁企业管理工作的通知》（京商务交字〔2010〕112号）有关规定，督促试点企业积极稳妥开拓业务，依法纳税，严格按规定上报经营情况，加强试点企业的指导和监管，确保企业的规范运营。

【交通运输业和部分现代服务业营业税改征增值税试点】经国务院批准，将交通运输业和部分现代服务业营业税改征增值税试点范围，由上海市分批扩大至北京等8个省（直辖市）。财政部、国家税务总局《关于在北京等8省市开展交通运输业和部分现代服务业营业税改征增值税试点的通知》（财税〔2012〕71号）明确试点地区为北京市、天津市、江苏省、安徽省、浙江省（含宁波市）、福建省（含厦门市）、湖北省、广东省（含深圳市），确定了以上试点地区完成新旧税制转换的日期，以及适用政策和相关修改内容。为确保北京市营业税改征增值税试点改革在9月1日顺利实施，市政府专门召开了试点改革工作小组会议，要求重点做好下一阶段宣传培训、政策研究、征管衔接和风险防控等工作。2012年8月3日，北京市财政局、北京市国家税务局和北京市地方税务局联合转发了《北京市财政局、北京市国家税务局、北京市地方税务局转发财政部、国家税务总局关于在北京等8省市开展交通运输业和部分现代服务业营业税改征增值税试点的通知》（京财税〔2012〕1641号），要求各级财税部门扎实细致工作，抓好任务落实：各级财税部门要认真贯彻落实市委、市政府决策部署，高度重视试点改革，深入学习领会有关文件精神，加强组织领导和协调配合，开展调研分析，研究配套政策措施，组织宣传培训，认真做好相关准备工作；各区县（地区）国家税务局、市国税局各直属税务分局从8月3日起，要直接面向纳税人开展增值税一般纳税人认定、增值税防伪税控专用设备发行、安装和增值税专用发票发售工作。对小规模纳税人税控设备、普通发票的发售同时展开。要采取切实措施加快营业税改征增值税纳税人确认、增值税税种登记和一般纳税人认定工作；各级财税部门要通过多种方式将试点改革相关政策精神向纳税人进行宣传，做好税收政策的辅导和解释工作。试点改革准备及实施过程中，各区县财税部门如有问题、意见和建议，要及时向市财政局、市国税局、市地税局反映。

【营业税改征增值税试点有关预算管理问题】为做好营业税改征增值税扩大试点工作，加强改征增值税后的预算管理，财政部、中国人民银行、国家税务总局联合下发《关于营业税改征增值税试点有关预算管理问题的通知》（财预〔2012〕367号），对扩大试点地区改征增值税后有关预算管理进行了明确。2012年8月30日，北京市财政局、中国人民银行营业管理部、北京市国家税务总局和北京市地方税务局以京财预〔2012〕2121号对该文件进行了转发，并补充规定：对于实施试点改革致我市财政收入变化，按照现行市与区县分税制财政管理体制、市与北京经济技术开发区财政管理体制相关规定分享或分担；从2012年9月1日起，在《政府收支分类科目》中增设1010104项“改征增值税”科目、其下设01目“改征增值税”、20目“改征增值税税款滞纳金、罚款收入”、29目“改征增值税国内退税”。北京经济技术开发区“改征增值税”相关收入为市级收入，按现行体制执行；有关营业税改征增值税出口退税的负担比例、科目及办理流程另行规定。

【营业税改征增值税试点过渡性财政扶持政策】为了平稳有序推进营业税改征增值税试点改革，根据国家明确的“改革试点行业总体税负不增加或略有下降，基本消除重复征税”的税制改革原则，2012年9月10日，经市政府批准，从2012年9月1日起，对本市试点改革过程中确因新老税制转换增加税负的试点企业，实施过渡性财政扶持政策。北京市财政局、北京市国家税务局和北京市地方税务局联合下发《关于实施营业税改征增值税试点过渡性财政扶持政策的通知》（京财税〔2012〕2149号），对有关工作事宜进行了明确：实施过渡性财政扶持政策的重要意义；实施过渡性财政扶持政策的主要内容。财政扶持的对象是：在营业税改征增值税试点以后，按照试点政策规定缴纳的增值税比按照原营业税政策规定计算的营业税确实有所增加的试点企业。财政扶持资金按照现行市与区县财政管理体制，由市与区县分别负担。财政扶持资金按照“企业据实申请、财税按月监控、财政按季预拨、资金按年清算、重点监督检查”的方式进行管理；实施过渡性财政扶持政策的工作要求。

【营业税改征增值税试点过渡性财政扶持政策资金管理】为落实好营业税改征增值税试点改革（以下简称“试点改革”）财政扶持政策，保障北京地区试点改革工作顺利实施，根据《关于实施营业税改征增值税试点过渡性财政扶持政策的通知》（京财税〔2012〕2149号）要求，2012年9月18日北京市财政局、北京市国家税务局和北京市地方税务局联合下发《关于开展营业税改征增值税试点过渡性财政扶持资金管理工作的通知》（京财税〔2012〕2163号），对试点过渡性财政扶持资金（以下简称“财政扶持资金”）管理事项进行了明确：工作职责。市和区县财政局、国税局、地税局具体负责财政扶持资金的受理申请、审核拨付、年度清算、监督检查工作。各区县地税局主要负责审核试点改革后按照老税制（即原营业税政策）规定计算的营业税。市和区县财政局、国税局、地税局按月监控试点企业的税负变化情况，市和区县财政部门对拨付的财政扶持资金进行监督检查；受理申请。申请财政扶持资金的基本条件是按月填报了《北京市营业税改征增值税试点企业税负变化表》且显示税负升高的试点企业。税负升高是指按照新税制规定缴纳的增值税比按照老税制规定计算的营业税

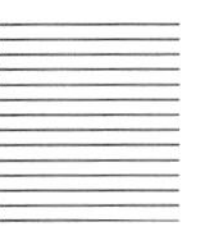

确实有所增加。原则上按季受理试点企业财政扶持资金申请，受理时间为每个季度终了后30日内；审核拨付。各区县财政局受理试点企业申报的财政扶持资金申请后，联合本区县国税局和地税局审核当年内逐月累计的税负增加数据，向市财政局上报财政扶持资金申请文件，市财政局复审后下达正式资金批复文件，区县财政局及时完成资金预拨。对于企业按季申请财政扶持资金金额较小的，财政部门可按年度清算后拨付；年度清算。各区县财政局在全年结束后的3个月内，会同区县国税局和地税局，组织对预拨财政扶持资金试点企业的税负变化逐一进行审核，按照新税制规定缴纳的全年增值税减除按照老税制规定计算的全年营业税，根据计算结果和已拨付财政扶持资金的差额，多退少补。市财政局依据各区县财政局与试点企业的年度清算结果，通过市与区县年终财政体制结算，办理市级财政扶持资金的清算工作；监督检查。市区财税部门组织实施试点企业财税政策执行情况专项检查，核实试点企业申请财政扶持资金的真实性和准确性；工作要求：建立工作责任制度，强化审核管理工作，做好资金对账工作，建立定期上报制度，通知自2012年9月1日起执行。

【营业税改征增值税试点企业税负变化表】 为及时跟踪分析营业税改征增值税试点改革的企业税负变化情况，北京市财税部门研究制定了《北京市营业税改征增值税试点企业税负变化表》，2012年9月10日，北京市财政局、北京市国家税务局和北京市地方税务局联合印发了《北京市营业税改征增值税试点企业税负变化表》（京财税〔2012〕2157号），并就有关工作事项进行了明确：填报范围：纳入北京市试点改革范围的全部企业；填报时间：从2012年10月起，试点企业按月进行增值税纳税申报时，应当同时填报《税负变化表》；填报方式：实行网上电子申报的试点企业应登录网上电子报税系统填报《税负变化表》。未采用网上电子申报的试点企业可向所在地区县财政局和区县国税局领取纸质《税负变化表》。市财政局向各区县财税部门派发纸质《税负变化表》。收集汇总：各区县国税局收到试点企业当月报送的纸质《税负变化表》，应及时组织将《税负变化表》录入“营改增”试点企业税负变化采集系统。市国税局负责将试点企业填报的《税负变化表》的数据及时传输给市财政局。市财政局、国税局和地税局联合对全市试点企业税负变化情况进行研究分析，及时向市政府报送专题报告。此规定自2012年9月1日起执行。

【出租汽车运营业务营业税改征增值税试点过渡政策】 根据《财政部、国家税务总局关于印发〈营业税改征增值税试点方案〉的通知》（财税〔2011〕110号）中“全面协调、平稳过渡。妥善处理试点前后增值税与营业税政策的衔接、试点纳税人与非试点纳税人税制的协调，建立健全适应第三产业发展的增值税管理体系，确保改革试点有序运行”的基本原则，2012年11月14日，经市政府批准，北京市财政局、北京市国家税务局和北京市地方税务局联合印发《关于出租汽车运营业务营业税改征增值税试点过渡政策的通知》（京财税〔2012〕2560号），对出租汽车运营业务营业税改征增值税试点过渡政策进行了明确：对于能够按照国家有关财务会计制度规定，准确记录核算应税服务销售额的纳税人，应依照其实际取得的应税服务销售额计算征收增值税；对于不能够按照国家有关财务会计制度规定准确记录核算应税服务销售额的运营业务纳税人，依照每车每月7000元核定应税服务销售额计算征收增值税；此规定自2012年9月1日起执行。原《关于调整出租汽车运营业务营业额核定标准的通知》（京财税〔1998〕1682号）同时废止。

【文化事业建设费】2012年，全市共组织入库文化事业建设费21.65亿元，比上年同期的24.17亿元同比减收2.52亿元，下降10.45%，完成年度计划26亿元的83.26%。北京市自9月1日推行营业税改征增值税后，根据《财政部关于营业税改征增值税中文化事业建设费征收有关问题的通知》（财综〔2012〕68号）规定，提供广告服务应缴纳文化事业建设费的单位和个人，文化事业建设费由国家税务局在征收增值税时一并征收。1—9月北京市文化事业建设费同比增收3.8亿元，增长21.63%，自9月1日起受上述政策调整影响，10—12月文化事业建设费仅入库0.25亿元，同比减收6.33亿元，同比下降96.12%。本期文化事业建设费中央级收入10.36亿元，比上年同期的10.5亿元减收0.14亿元，下降1.38%，占全市文化事业建设费的47.85%；本期地方级收入11.29亿元，比上年同期的13.67亿元同比减收2.38亿元，下降17.42%，占全市文化事业建设费的52.15%。从全市文化事业建设费增幅情况上看，除丰台、开发区、燕山等6个区县为正增长外，其他区文化事业建设费均大幅减收。北京市文化事业建设费收入主要集中在海淀，本期入库12.71亿元，比上年同期减收1.14亿元，下降8.2%，占全市收入的58.71%。东城、朝阳、西城分列第二至第四位，收入比重分别为13.94%、12.86%、11.04%，以上四个区合计完成19.71亿元，占全市文化事业建设费收入总额的91.04%。

（邢志红）

企业所得税管理

【综述】2012年，全市地税系统共组织企业所得税收入221亿元，同比增长4.9%。其中，国有企业所得税完成13.2亿元，同比下降18%；集体企业所得税完成5.1亿元，与同期持平；股份合作企业完成2.6亿元，与同期持平；股份公司企业所得税完成149.6亿元，同比增长3.5%；私营企业所得税完成43.1亿元，同比增长16.8%；其他企业所得税完成7.4亿元，同比增长37%。

【发挥调控作用】在高新技术政策落实中，通过制定政策落实具体办法、建立制度机制保障、编印优惠政策资料、开展政策宣讲、设立绿色通道、简化办税流程等，为纳税人提供快捷高效的服务，促进政策的有效落实。年内为高新技术企业减免企业所得税20亿元，落实研究开发费用加计扣除政策（按15%折算）减免企业所得税4亿元；通过调查研究、问卷调查、走访调研、数据样本分析等开展中关村示范区税收政策效果评价，提出延长原有四条试点税收政策执行期限以及新一批试点税收政策建议。在文化产业政策落实中，通过梳理文化产业税收政策、会同相关部门确定免税文化转制单位、开展动漫企业认定和年审、及时有效办理减免税手续等，做好现行优惠政策的落实，年内为10户文化转制单位减免企业所得税 8696.9 万元；积极开展关于文化创意产业税收执行情况调研，重点研究文化科技企业融合、非物质文化遗产等涉税政策，提出尽快出台科技文化企业税收政策、延长文化转制单位的税收优惠期限、增加非遗税收优惠、加强对中小文化企业的扶持力度等建议。在中小企业政策落实中，以小型微利企业税收政策落实为抓手，通过政策法规条文库、互联网络、12366 纳税服务平台、编印《中小企业税收优惠政策汇编》等开展政策宣传服务，扩大政策宣传覆盖面，使中小企业用足用好税收政策。年度内共为 15760 户小型微利企业减免企业所得税 3461 万元。

【税基管理】 规范资产损失税前扣除管理。会同市国税局起草企业申报资产损失税前扣除有关问题的公告，明确申报的项目、证据资料、流程和管理要求。2012 年系统共受理 2011 年度专项申报资产损失 292 户，清单申报资产损失 722 户，共计申报扣除损失额 24.3 亿元。开展业务招待费扣除、不征税收入、跨年度弥补亏损等项目的纳税评估，实现重点项目评估常态化。探索加强后续管理新途径。企业所得税管理处与市局审计处密切配合，开展集政策管理与执法督察为一体的集中会审，对 101 户区县局资产损失专项申报资料与 497 户研发费加计扣除备案资料进行交叉集中检查。积极参与国家税务总局组织的企业所得税税前扣除管理公告的制定及对跨地区经营汇总纳税企业所得税征收管理办法修订，提出多条有价值建议，被税务总局采纳。

【税源管理】 全面清理税源户。会同征管部门，对全市 60 万户登记企事业单位进行逐户核实，确认市地方税务局管辖企业所得税税源户 23.3 万户，查出应由市地方税务局管辖而未进行企业所得税纳税申报的税源户 2.1 万户，移交市国税局 1.9 万户企业进一步核实确认其征管权限。制定错误数据更正流程。依托企业所得税申报查询系统，查找、筛查疑点申报数据，逐户核查，要求纳税人对错误数据及年度申报表进行更正。年内共有 6000 余项纳税人申报的错误数据得到了更正。三是开展企业所得税年度申报数据与入库数据比对，对申报未入库、入库未申报、税源标识错误等情况开展逐户核查清理。

【税收政策服务】 在服务纳税人方面，会同市农林科学院对农林企业开展涉农政策培训，深入市属企业对新出台政策进行培训，参加市科技部门组织的政策宣讲团，讲解税收政策，全年共计培训企业财务人员约 3000 人。在服务基层方面，对税务干部开展分阶段、分层次、分类型的业务培训，重点对资产损失政策操作实务、文化产业政策、新出台政策培训。2012 年共举办 4 次集中培训，直接参训的基层科所干部近千人。在服务上级方面，及时提供针对性、综合性强的政策服务，积极就涉税问题研提政策建议，通过跟踪问效机制和纳税服务平台及时解决纳税人反馈的问题，主动沟通协调、办理人大代表和政协委员提案。2012 年共参加市委、市政府及其各委办局会议 120 次，向市委、市政府和有关委办局汇总政策、反馈综合性税政意见 115 件；办理人大、政协提案 11 件；回复区县局反映的问题 110 余件，回复纳税服务平台反馈问题 50 余件。

【企业所得税减免税项目备案管理】 2012 年 2 月 31 日，北京市地方税务局发布了《关于对部分企业所得税减免税项目进行备案管理的公告》（北京市地税局公告 2012 年第 2 号），明确了企业所得税减免税项目、条件、文件依据和报送资料，规范和加强企业所得税减免税管理工作。

【涉税专业服务机构鉴证业务报告规定】 2012年3月2日，北京市国家税务局和北京市地方税务局联合发布了《关于企业所得税纳税人涉税事项附送税务师事务所等涉税专业服务机构鉴证业务报告的公告》（北京市国家税务局、北京市地方税务局公告2012年第2号），对北京市企业所得税纳税人部分涉税事项应报送鉴证报告的范围进行了明确。

【技术先进型服务企业认定管理办法】 2012年3月23日，北京市科学技术委员会、北京市商务委员会、北京市财政局、北京市国家税务局、北京市地方税务局、北京市发展和改革委员会联合发布了《关于印发〈北京市技术先进型服务企业认定管理办法〉（2012年修订）的通知》（京科发〔2010〕166号），对2010年制定的《北京市技术先进型服务企业认定管理办法》进行了修订，进一步做好本市技术先进型服务企业认定管理工作。本通知自4月23日起施行。

【小型微利企业所得税政策】 2012年4月13日，国家税务总局发布了《国家税务总局关于小型微利企业预缴企业所得税有关问题的公告》（国家税务总局公告2012年第14号），明确了小型微利企业预缴企业所得税有关问题。该公告自2012年1月1日起施行。

【企业所得税应纳税所得额若干税务处理问题】 2012年4月24日，国家税务总局发布《关于企业所得税应纳税所得额若干税务处理问题的公告》（国家税务总局公告2012年第15号），对计算企业应纳税所得额涉及的季节工、临时工、企业融资、筹办期业务招待费等费用税前扣除以及以前年度发生应扣未扣支出的扣除和税前扣除规定与企业实际会计处理之间的协调等税务处理问题进行了明确。该公告适用于2011年度及以后各年度企业应纳税所得额的处理。

【广告费和业务宣传费支出税前扣除政策】 2012年5月30日，财政部、国家税务总局联合下发了《关于广告费和业务宣传费支出税前扣除政策的通知》（财税〔2012〕48号），对化妆品制造与销售、医药制造和饮料制造（不含酒类制造）企业发生的广告费和业务宣传费支出税前扣除比例进行了调整，对签订广告费和业务宣传费分摊协议关联企业的税前扣除予以明确，同时规定烟草企业的烟草广告费和业务宣传费支出，一律不得在计算应纳税所得额时扣除，北京市财政局、北京市国家税务局、北京市地方税务局以京财税〔2012〕1258号文件原文转发了该通知。该通知自2011年1月1日起至2015年12月31日止执行。

【软件、集成电路产业企业所得税政策和认定办法】 2012年6月20日，北京市财政局、北京市国家税务局、北京市地方税务局以京财税〔2012〕1133号文件联合转发了《财政部、国家税务总局关于进一步鼓励软件产业和集成电路产业发展企业所得税政策的通知》（财税〔2012〕27号），明确了鼓励软件产业和集成电路产业发展的企业所得税政策，该政策自2011年1月1日起执行。为加强征管，5月30日，国家税务总局发布了《关于软件和集成电路企业认定管理有关问题的公告》（国家税务总局公告2012年第19号），进一步明确了软件和集成电路企业认定管理的有关问题。

【企业政策性搬迁所得税管理办法】 2012年8月10日，《国家税务总局关于发布〈企业政策性搬迁所得税管理办法〉的公告》（国家税务总局公告2012年第40号），明确了企业政策性搬迁的条件和范围，规定了搬迁收入、搬迁支出、搬迁资产、搬迁所得及征收管理的税务处理方法。该公告自2012年10月1日起施行。

（牛泽厚　涂　珍　王素江）

个人所得税管理

【综述】2012年，全市个人所得税工作按照市局工作部署，深入贯彻落实科学发展观，紧紧围绕主题和主线，牢牢把握稳中求进的工作总基调，以组织收入为中心，全面落实新修改的个人所得税法，着力加强高收入者征管，持续优化纳税服务，圆满完成全年各项任务。一是全面贯彻新个税法，惠民政策取得明显成效。二是认真落实组收措施，全力做好组织收入工作。三是积极完善制度机制，高收入者征管得到加强。会同市工商行政管理部门加强股权转让所得源泉控管，完善征管链条。着力做好限售股转让所得和生产经营所得征管工作。组织开展个人所得税与企业所得税工薪所得比对工作。四是严格落实征管制度，两项征管基础进一步夯实。采取有效措施，切实提高全员全额扣缴率和申报数据质量。加强宣传辅导，依法履行对应申报纳税人的告知义务，做好年所得12万元以上个人纳税申报工作。五是立足首都发展大局，发挥个税职能作用。严格执行房地产市场税收调控政策。认真落实支持中关村企业发展税收政策。研究出台支持首都“7·21”灾后重建税收政策。积极参与首都城市管理，协助开展购房、购车申请人纳税情况审核工作。全力配合市委、市政府有关委办局研提政策建议。六是围绕纳税人需求，努力做好纳税服务工作。认真做好年度完税证明发放工作，加强对完税证明全城通开和个人纳税信息网上查询工作的管理。及时研究解决纳税人提出的税收政策问题。七是加强税政管理，认真做好为基层税务机关和纳税人服务工作。

【个人所得税收入】全年累计完成个人所得税收入703.5亿元，同比增收22.2亿元，增幅3.3%。从所得项目看，工薪所得实现税收收入589.6亿元，占总收入的83.8%，同比增收15.3亿元，增幅2.7%。劳务报酬、稿酬、财产转让所得和财产租赁所得税收收入增幅在10%以上。围绕组织收入，市区所三级地税机关主要从四个方面开展了工作：一是分行业、税目和重点纳税人加强对申报纳税情况的统计分析，掌握税源变动情况，加强预测分析，全面了解影响短期收入变化的因素，把握中长期个人所得税收入发展趋势。二是严格把握政策执行标准，坚持依法征收、应收尽收，坚决不收过头税，坚决防止越权减免税。三是积极通过发放完税证明、开展购车购房审核等工作，加强对全员全额扣缴申报工作的管理，促进扣缴单位依法如实履行扣缴义务。四是加强对取得股票期权所得、两处以上工薪所得、股权转让所得、限售股转让所得和生产经营所得等高收入者的征管。

【新个人所得税法】自2011年9月1日新个税法实施以来，市区所三级地税机关讲政治、顾大局，积极行动、周密部署，密切跟踪监测新税法运行情况，扎实做好各项贯彻落实工作，惠民政策取得明显成效。2012年全年为纳税人减税约155亿元，每月惠及680万名中低收入者，工薪收入者纳税面由73%下降到40%。围绕贯彻新税法，市区两级地税机关主要从五个方面推进了工作：一是继续加强新税法宣传辅导，耐心解答纳税人提出的政策和征管问题。二是按照调整后的个体工商户核定征收标准，开展新办个体户个人所得税征收额核定工作。三是组织开展个人独资企业、合伙企业投资者个人所得税汇算清缴工作，依法为纳税人办理汇算清缴。四是综合利用全员全额扣缴明细申报信息和综合服务管理信息系统个体户核定征收信息，对新税法实施情况进行分析评价，确保新税法执行到位。五是认真分析实施新税法对税收收入的影响和不同收入群体税负变化情况。

【股权转让所得源泉控管机制】按照市政府办公厅《关于研究企业股权转让过程中加强信息共享和税收征管工作的意见》要求，联合市局企业所得税处、征收管理处和法制处，会同市工商局等部门，借鉴天津、山东青岛等地经验，在充分听取区县（分）局税政科和税务所意见的基础上，研究出台加强本市企业股权转让环节税收征管工作的意见，强化对股权转让所得的源泉控管。一是建立了综合治税机制。与工商行政管理部门联合下发了《关于加强股权转让所得个人所得税征收管理有关问题的公告》（北京市地方税务局公告2012年第5号），要求负有个人所得税纳税义务的转让方或代扣代缴义务的受让方，在办理工商登记信息变更前，先到地税部门办理申报纳税事宜，填写《个人股东变动情况报告表》。二是进一步完善了股权转让所得纳税申报制度和机制。作为2012年第5号公告的配套措施，及时出台了《关于加强股权转让所得个人所得税征收管理有关问题的公告》（北京市地方税务局公告2012年第6号），对办理申报时应提交的一般性材料、计税依据明显偏低但有正当理由的情形下应提供的材料，以及核定征收程序等事项进行了明确，进一步从制度和机制上细化和完善了征管程序。三是建立健全股权转让所得税收征管链条。下发通知明确由区县（分）局根据纳税人、扣缴义务人报送的资料，登记《股权转让所得个人所得税征管工作电子台账》，并将本次转让过程中纳税人申报所得作为下次转让所得的扣除依据，对股权转让所得实施动态管理，进一步完善了管理链条。四是加强对内对外税收政策培训辅导。配合2012年第5号和第6号公告，编写公告解读，印发《股权转让所得个人所得税宣传手册》和《个人股东变动情况报告表》各15万份，加强对纳税人和税务干部的宣传辅导。制定《股权转让所得申报缴纳个人所得税事项》税收业务流程。陆续组织召开股权转让所得税收政策培训会，及时研究解决征管一线提出的政策问题。五是加强配合协作认真抓好制度落实。市局文件下发后，从市局层面积极加强与市工商局的协调，组织召开座谈会，就政策执行的细节问题进行深入研究，统一执行标准。陆续组织召开区县（分）局税政部门和联系税务所座谈会，全面了解执行中遇到的新情况和问题，及时研究对策。各区县（分）局也积极加强与区属工商局的沟通协调，开展政策宣传辅导，完善工作流程，采取有效措施抓落实，遇到问题及时向市局进行反馈。加强股权转让所得征管措施自2012年10月开始实施以来，全市累计受理纳税申报3015份，缴纳个人所得税5721.5万元，实施效果初步显现。

【房地产市场税收调控政策】积极利用市住建委信息，加强对个人转让自用5年以上家庭唯一生活用房的审核，认真落实差别化税收调控政策。全年累计征收个人所得税11.8亿元，同比增收8.2亿元，增幅248.2%。

【支持中关村企业发展税收政策】全力配合中关村管委会落实鼓励中关村高新技术企业发展个税优惠政策，认真研究适当延长股权奖励优惠政策的试点期限和新的个人所得税先行先试政策建议。推进科研机构、高等院校转化职务科技成果的个税政策落地工作，会同市财政局等部门出台了《关于加强科研机构、高等学校科技成果转化有关个人所得税备案管理工作的公告》，细化了征管程序，完善了工作机制。

【首都“7·21”灾后重建税收政策】为帮助“7·21”特大自然灾害造成重大损失的地区开展生产自救，鼓励社会力量投入灾后重建，经与市财政局多次研究，并报请市政府同意后，下发了《关于北京“7·21”特大自然灾害实施税收优惠政策的通知》，对因“7·21”特大自然灾害造成重大损失的地区，纳税确有困难的个体经营户、个人独资企业、合伙企业下半年收入免征个人所得税。

【政策建议】联合部分区县（分）局积极开展私募股权投资基金投资者和鉴证类中介机构个人所得税政策调研，提出政策建议。围绕落实首都人才战略、促进再就业、扶持中小企业发展、鼓励消费等方面，积极研提个税政策建议。

【完税证明工作】一是认真做好年度完税证明发放工作。年内，按照国家税务总局关于为纳税人集中发放年度完税证明的要求，经征求区县（分）局意见并反复研究后，进一步完善了完税证明发放工作方案，为全市纳税人开具年度完税证明591万份。全年根据纳税人申请开具完税证明48万余份，比上年同期增加了10万份。二是加强对完税证明全城通开和个人纳税信息网上查询工作的管理。在认真做好完税证明全城通开工作的同时，加强对个人纳税信息网上查询功能的宣传辅导，鼓励纳税人开通网上查询。年末，全市开通个人纳税信息网上查询功能的纳税人已达15万人。同时，会同纳税服务管理部门着手研究推行完税证明自助打印工作。

【全员全额扣缴申报】2012年，市区所三级地税机关在进一步扩大全员全额扣缴申报面的同时，积极采取有效措施，督促扣缴单位依法如实履行扣缴义务，提高申报数据准确性。一是及时提醒扣缴单位进行申报。对未进行全员全额扣缴申报或申报信息与缴款信息不一致的纳税人，分别于申报当月月中、月末和次月上旬进行统计，并由区县（分）局进行提醒。二是依法开展行政处罚工作。对未及时进行申报或申报数据不准确的纳税人，依法进行处罚。三是定期通报区县（分）局申报率。按季度向区县（分）局公布全员全额扣缴申报率，帮助辅导申报率相对较低的单位采取有效措施提高申报率。四是着力提高扣缴单位诚信纳税意识。借助发放完税证明和开展购车、购房审核等工作，加强对部分单位全员全额扣缴申报情况和申报数据准确性的审核，督促未申报或申报不准确的扣缴单位及时进行纠正。经过全系统广大税务干部共同努力，全市每月有68万家单位为1000万名纳税个人办理全员全额扣缴申报，单位扣缴申报率每月均在98.8%以上。

【纳税申报】2012年，全市共受理年所得12万元以上个人纳税申报74.5万人，比上年度增加了15.1万人，增幅25.4%。市局主要从两方面推进了此项工作：一是依法做好应申报纳税人提醒工作。二是大力营造自行纳税申报氛围。在做好有针对性提醒的同时，继续采取播放宣传片、发放宣传资料、走访重点纳税人、接听咨询电话等方式，认真做好宣传辅导工作。申报期间累计发放宣传彩页30万册120万页、申报表15万份和宣传海报1万份。

【生产经营所得征管】2012年，市区所三级地税机关以汇算清缴和推行查账征收为抓手，采取有效措施，进一步加强个人独资企业、合伙企业投资者个人所得税征管工作。一是认真做好年度汇算清缴工作。市局年初下发《关于加强个人独资企业、合伙企业投资者个人所得税征管工作的通知》，进一步明确汇算清缴工作要求。二是组织开展年度汇算清缴工作执法督查。按照市局统一部署，统筹利用综合服务管理信息系统中征收方式鉴定信息、纳税申报信息和年度汇算清缴信息，从全市16个区县（分）局挑选出50户个人独资企业、合伙企业，对其汇算清缴情况进行检查，并组织存在问题的纳税人进行纠正，进一步规范汇算清缴工作。三是对纳税人征收方式进行全面梳理。对3.7万户个人独资企业、合伙企业投资者个人所得税征收方式鉴定信息进行核实，摸清核定征收税源户和查账征收税源户基数，为今后汇算清缴和推行查账征收工作奠定基础。四是稳步推进查账征收工作。对新办个人独资企业、合伙企业，全部实行查账征收。对规模较大的个人独资企业、合伙企业，加强税收政策宣传辅导，稳步推进查账征收工作。

【个人所得税与企业所得税工薪所得比对工作】按照《国家税务总局关于加强个人工资薪金所得与企业的工资费用支出比对问题的通知》（国税函〔2009〕259号）要求，在认真分析总结以往工作经验的基础上，认真开展2011年度个人所得税工资薪金所得与企业所得税工资费用支出比对工作，并对存在疑点的4.6万户纳税人信息进行核实。经初步统计，补缴税款430万元。

【购房购车申请人纳税情况审核工作】2012年，累计审核购车申请15.5万人次和购房申请20万人次，较上年同期分别增加了6.5万人次和16.5万人次。其中，受理纳税人上门办理购车申请复核1500人次和购房申请复核900人次，比上年同期分别增加了1000人次和700人次。同时，还配合市住保办做好保障性住房申请人收入状况核实工作，累计提供了5批涉及35万人次的税收信息。

（夏宏伟）

土地增值税、城镇土地使用税、教育费附加、印花税、城市维护建设税、资源税、房产税、车船税、契税、耕地占用税、外商投资企业土地使用费管理

【综述】2012 年，地方税管理处认真落实北京市委、市政府、国家税务总局工作部署和市局党组各项工作要求，依法组织税收收入，贯彻落实税制改革，充分发挥税政职能，着力夯实税源税基，切实强化征管措施，认真落实依法行政，扎实开展素质建设，圆满完成全年各项工作任务。2012 年，累计组织“九税三费”收入 743.7 亿元，同比增收 85.1 亿元，增幅 12.9%，对全局地方公共财政预算收入贡献率达 33.53%，还原“营改增”试点改革影响后，“九税三费”总收入同比增长 13.5%；土地增值税、车船税和资源税提前两个月完成年度计划，为服务首都经济社会发展提供了财力保障。“九税三费”收入完成情况见下表：

北京市 2012 年地方税“九税三费”收入完成情况表　　单位：万元

项　目	年度计划	本期累计收入				
		本期累计	同期累计	占年度计划（%）	比上年同期累计	
					增减额	增减（%）
资源税	4000	8033	3445	200.8	4588	133.2
城市维护建设税	1653000	1621502	1467372	98.09	154130	10.5
房产税	1108000	1107209	994011	99.93	113198	11.39
印花税	451000	447060	396733	99.13	50327	12.69
城镇土地使用税	168000	162568	160693	96.77	1875	1.17
土地增值税	1275000	1320656	1212901	103.58	107755	8.88
车船税	175000	222935	185803	127.39	37132	19.98
耕地占用税	116000	102719	115661	88.55	-12942	-11.19
契税	1420000	1265844	1361716	89.14	-95872	-7.04

续表

项　目	年度计划	本期累计收入				
		本期累计	同期累计	占年度计划（%）	比上年同期累计	
					增减额	增减（%）
教育费附加	761500	747332	675953	98.14	71379	10.56
外商投资企业土地使用费	11500	10417	11396	90.58	-979	-8.59
地方教育附加	450000	420727		93.49	420727	
合　计	7593000	7437002	6585684	97.9	851318	12.9

注："九税三费"：资源税、城市维护建设税、房产税、印花税、城镇土地使用税、土地增值税、车船税、耕地占用税、契税、教育费附加、地方教育附加、外商投资企业土地使用费。

2012年，主要完成以下工作：落实税制改革，加强税政管理；做好车船税法贯彻实施、地方教育附加开征、资源税税率调整的后续征管工作；贯彻落实国家房地产宏观调控税收政策措施；首次动态更新调整存量房交易计税价格；继续实行土地增值税差别化预征率；加强土地增值税预征和清算管理；认真落实契税差别化税收政策；认真落实保障房税收优惠政策；明确供热企业增值税、房产税、城镇土地使用税优惠政策问题；明确企业事业单位改制重组契税政策问题；明确物流企业仓储设施用地城镇土地使用税政策问题；深化房地产税收一体化管理；积极配合"营改增"试点工作；建立耕地占用税申报征收管理模块；明确节约能源、使用新能源车船车船税的减免问题；完善税收收入预测和分析；认真落实依法行政工作要求，继续做好地方税业务流程优化和业务文件清理工作；认真做好城市维护建设税、教育费附加国税局、地税局数据比对工作；进一步加强印花税的征管；明确"营改增"后印花税、城市维护建设税等问题；明确农产品批发市场、农贸市场房产税、城镇土地使用税政策问题；深化第三方数据的共享应用，提升北京市地方税税源税基管理工作水平；优化完善财产行为税税源监控平台功能；加强地方税干部队伍素质建设；编印《地方税政策文件汇编》并配发区县。

【税制改革】2012年1月1日起车船税法实施，地方教育附加开征。2月1日起，铁矿石资源税税率由减按规定税率的60%征收调整为减按规定税率的80%征收。市局加强领导、周密部署，加强内外部门间的协作配合，认真做好政策落实效果跟踪、纳税人政策解答与宣传、信息系统应急处理等多方面工作，确保各项新政贯彻落实到位。

【车船税法】根据《中华人民共和国车船税法》（中华人民共和国主席令第四十三号）、《中华人民共和国车船税法实施条例》（中华人民共和国国务院令第611号）、《北京市人民政府关于印发北京市实施〈中华人民共和国车船税法〉办法的通知》（京政发〔2011〕77号）规定，北京市全面贯彻实施车船税法。根据财政部、国家税务总局、工信部下发的三批节约能源、使用新能源车型目录，市局协调市保险协会调整车船税应急征收系统，明确纳税人退税等相关问题，确保税收优惠政策落实到位。积极与市交管部门、市保监局沟通协调，与市局相关处室协同，统筹推进核心征管系统车船税征收系统的开发、测试、验收工作，确保新系统正式上线运行，并实现与市保险协会车险平台系统数据的平稳对接。

【地方教育附加征收管理】根据《财政部关于统一地方教育附加政策有关问题的通知》（财综〔2010〕98号）、《财政部关于同意北京市开征地方教育附加的复函》（财综函〔2011〕57号）和《北京市人民政府关于印发北京市地方教育附加征收使用管理办法的通知》（京政发〔2011〕72号）规定，北京市自2012年1月1日起开征地方教育附加。根据征管工作需要，市局加强对具体征管问题的解读，进一步明确关于开征时间口径、代开发票操作等问题。将教育费附加和地方教育附加征收率纳入市局征管质量通报考核指标。

【资源税税率调整政策】根据《财政部、国家税务总局关于调整锡矿石等资源税适用税率标准的通知》（财税〔2012〕2号）规定，自2012年2月1日起，铁矿石资源税由减按规定税率的60%征收调整为减按规定税率的80%征收。为实现平稳征收，市局采取多项措施，确保政策落实到位。2012年12月底，铁矿石资源税入库税款6136万元，同比增收3490万元，占资源税总收入的76.4%。

【国家房地产宏观调控税收政策措施】继续贯彻落实国务院房地产宏观调控税收政策措施，组织人员完成存量房交易计税价格动态更新调整，继续落实差别化税收政策，强化土地增值税预征和清算管理。与市住建委、市财政局等部门加强协调配合，确保各项措施要求落实到位。2012年，国务院督查组在对北京市落实房地产市场调控政策措施检查中，对市局积极实行差别化税收调控政策和基层征管工作给予肯定。

【存量房交易计税价格】会同市财政局和市住建委，对2011年12月10日以来推行的存量房评估试点工作实施效果进行评估。经评估，全市存量住房网上签约价格提高到接近市场价格，有效堵塞“阴阳合同”产生的税收漏洞。同时，根据年内全市存量住房市场价格变化情况，对全市存量房交易价格评估值重新测算，并进行两次研究。三部门联合向市政府上报《关于我市存量房交易计税价格首次动态更新调整有关情况的报告》，于6月4日对存量房交易计税价格评估值进行首次动态更新调整，年内共进行两次研究调整。

【土地增值税差别化预征率】继续实行差别化土地增值税预征率，进一步巩固北京市房地产市场调控成果，促进房地产市场健康发展。截至2012年12月底，全市共有304个房地产开发项目上报预计增值率，其中，适用5%、4%、3%、2%预征率的项目数量分别为9个、21个、52个、222个，高价高增值房地产开发项目得到抑制。

【土地增值税清算管理】以迎接国家税务总局土地增值税督导检查为契机，配合市局审计处开展全系统土地增值税管理情况执法检查，制定《2012年土地增值税执法督查工作安排》，明确区县局、分局自查工作要求，加强业务指导与服务。针对检查发现的问题，加强对各区县（分）局的业务指导和督促整改落实，做到边检查、边纠正、边规范。加强土地增值税清算管理，明确清算进度，要求各区县（分）局在2012年3月底前符合清算标准的项目受理率达到100%，6月底前审核率达50%。同时，6月底前完成以前年度已受理房地产项目的全部清算工作。继续将土地增值税清算项目受理率及完成率纳入征管质量通报考核指标。截至12月底，土地增值税清算净入库税款45.58亿元，同比增长64.86%，是土地增值税收入增长的最大贡献点。

【契税差别化税收政策】加强与市住建委的协作配合，利用其房屋交易权属系统查核纳税人家庭唯一住房情况，在满足基层窗口征管工作需要的同时，确保家庭唯一普通住房契税差别化税收优惠政策准确适用。截至12月底，共受理个人购买90平方米（含）以下且家庭唯一普通住房的契税申报10万件，减税4.46亿元。

【供热企业增值税、房产税、城镇土地使用税优惠政策】市财政局、市国税局与市地税局联合转发《财政部、国家税务总局关于继续执行供热企业增值税、房产税、城镇土地使用税优惠政策的通知》（京财税〔2012〕26号），规定自2011年7月1日—2015年12月31日，对向居民供热而收取采暖费的供热企业，为居民供热所使用的厂房及土地继续免征房产税、城镇土地使用税。

【企业事业单位改制重组契税政策】与市财政局联合转发《财政部、国家税务总局关于企业事业单位改制重组契税政策的通知》（京财税〔2012〕136号），对企业公司制改造、股权转让、合并、分立等改制重组中涉及的契税政策予以明确。

【物流企业仓储设施用地城镇土地使用税政策】与市财政局联合转发《财政部、国家税务总局关于物流企业大宗商品仓储设施用地城镇土地使用税政策的通知》（京财税〔2012〕162号），规定自2012年1月1日起至2014年12月31日止，对物流企业自有的（包括自用和出租）大宗商品仓储设施用地，减按所属土地等级适用税额标准的50%计征城镇土地使用税，同时对符合上述减税条件的物流企业加强备案管理。

【房地产税收一体化管理】认真履行牵头处室职责，组织相关部门召开2012年房地产税收一体化管理工作会议，会同相关处室总结2011年工作，安排2012年工作任务，明确21个工作项目并形成工作计划分解表，由各成员单位各负其责，协同落实。切实从满足基层实际需求、减轻基层工作负担出发，研究编写房地产税收台账系统业务需求，化解基层执法风险。

【“营改增”试点工作】配合“营改增”试点改革工作，认真梳理涉及城市维护建设税、教育附加的相关政策变化情况，印发《北京市地方税务局关于营业税改征增值税试点后印花税、城市维护建设税等问题的公告》（北京市地方税务局公告2012年第8号），对“营改增”试点后货运业务缴纳印花税、享受扶持城镇退役士兵自谋职业有关税收优惠政策涉及免征城市维护建设税、教育附加审核等有关问题进行明确，并加强政策宣传、纳税辅导和沟通反馈，编发政策解读，服务基层征管。

【耕地占用税申报征收管理】按照税务总局“各地地税局应将耕地占用税征管纳入全省税收征管信息系统”的要求，结合北京市实际征管情况，配合做好耕地占用税申报征收管理模块的业务需求研提、立项、开发等相关工作，提高耕地占用税征管工作的科学化、信息化水平。

【节约能源使用新能源车船车船税减免】市财政局、市地税局与市经信委联合转发《财政部、国家税务总局、工业和信息化部关于节约能源使用新能源车船车船税政策的通知》（京财税〔2012〕958号），明确自2012年1月1日起，对节约能源的车船减半征收车船税；对使用新能源的车船免征车船税。

【税收收入预测和分析】在按照税务总局、市局要求定期完成收入分析报告的基础上，实行收入分析月通报制度，每月将地方税收入情况分析通报发送各区县（分）局。加强对区县（分）局月报分析的管理，在简化月报表的同时，对区县（分）局收入下降和进度未达要求的，要求上报组织收入措施并加强收入预测工作，更好地应对经济增速放缓对组织收入的不利影响，服务市局、区县局两级加强税收征管的现实需要，确保地方“九税三费”税收收入持续平稳增长。

【依法行政工作】依法按程序履行税政管理职能，有效防范税收执法风险。认真做好业务、政务流程梳理优化工作。变更业务流程8个，配合编制业务流程题库203个；梳理税收业务流程涉权事项62个，重新绘制业务流程图18张；编制房地产税收一体化管理政务流程图，进一步完善工作机制；清理地方税“九税三费”规范性文件486个，行政强制性文件7个。完成文件归档两百余件。深入开展调查研究，认真做好《推进地方税税源专业化管理的探索与思考》《服务“两型”社会建设　发挥资源税调节作用的研究与思考》《关于我市科技企业孵化器、国家大学科技园税收优惠政策落实情况的报告》等六项调研。

【数据比对】与市局评估处联合下发《关于认真做好2011年度城市维护建设税和教育费附加两税比对工作的通知》（地通〔2012〕9号），明确市区两级税政、评估部门的职责分工，引入评估辅导和纳税人自查方式，提高涉税疑点的准确性和比对效率。通过数据清分、筛选，查找重点差异信息，生成疑点户并下发主管税务所逐一核实。全年开展两税比对共7049户次，发现问题2238户，共查补税费618万元。

【印花税征管】为加强对印花税票代售工作的管理，完善制度，下发《关于进一步加强印花税票代售管理工作的通知》；配合市局法制处制发《北京市地方税务局关于修订部分行政许可程序和相关事项规定的公告》，进一步完善印花税票代售许可的审批流程，简化纳税人申请资料，增加科室审批环节；对于各区县分局上报的印花税合同资料，认真研究意见，逐一解答回复；进一步归集、梳理各区县局反映普遍的问题，经研究请示后，编发《印花税有关政策问题的解读》，便于基层征管操作。

【税收政策】市局与市财政局联合转发《财政部、国家税务总局农产品批发市场农贸市场房产税城镇土地使用税政策的通知》（京财税〔2012〕2755号），规定对专门经营农产品的农产品批发市场、农贸市场使用的房产、土地，暂免征收房产税和城镇土地使用税；对同时经营其他产品的农产品批发市场和农贸市场使用的房产、土地，按其他产品与农产品交易场地面积的比例确定征免房产税和城镇土地使用税，同时对享受优惠政策的纳税人加强备案管理。

【首都经济发展转方式调结构】经市政府批示同意，免征北京五棵松文化体育中心有限公司五棵松体育馆、新华出版物流通有限公司、国家体育场有限责任公司房产税和城镇土地使用税共计6432万元，促进首都文化体育事业的发展。严格执行廉租房、经适房、公租房、棚户区改造安置住房等税收优惠政策，减轻保障性住房开发企业税收负担。服务首都科学发展，深入调查研究，与市财政局、市科委联合开展科技企业孵化器等税收优惠政策执行情况调研，为上级部门完善相关税收政策建言献策。

【第三方数据共享应用】与市国土局、市住建委和市国税局加强沟通交流，进一步建立健全北京市土地权属、存量房交易及零散税源委托代征情况等相关涉税信息数据共享传输机制，建立工作制度，形成长效机制，为夯实地方税税源税基打好基础。加强部门协作，学习借鉴外省市“以地控税”先进经验做法，开拓工作思路，为进一步提升北京市税源税基管理工作水平做好思想、知识方面的储备。

【税源监控平台】按照《国家税务总局关于

做好耕地占用税契税收入核算上报工作的通知》（国税函〔2011〕685 号）有关要求，在税源监控管理平台系统中，开发新版的耕地占用税征收台账，完善北京市耕地占用税电子台账管理工作。完成税源监控平台系统八项功能更新。同时，认真做好土地增值税台账数据和土地税源信息清理工作，补充导入 6212 条土地信息。截至 12 月底，全系统共对 54959 户次异常户（税源监控平台）进行核实，有问题率 63.8%，共计补缴税款 10954 万元。

【干部队伍建设】针对“十二五”时期地方税改革发展新形势、新任务，建立和落实地方税干部队伍素质建设的长效机制。加强培训，重点开展车船税、土地增值税、税源监控平台、房地产税收政策等业务知识培训，改进培训方式，强化培训的针对性，提升培训效果。不定期编发工作、学习简报和政策解读，及时反映国内外地方税改革动态、政策法规、征管措施和良好经验等讯息，为干部加强学习和工作交流创造良好条件。加强地方税人才库动态管理，加大四类人才培养力度，为“十二五”时期地方税事业发展提供专业化的人才保障。

【《地方税政策文件汇编》】分税种梳理、审核、校对地方税政策文件，印制《地方税政策文件汇编》并配发各区县局、分局，为基层加强学习培训、政策宣传创造便利条件。《地方税政策文件汇编》共分七册，涵盖地方税“九税三费”，截至 2012 年 6 月 30 日现行文件有效。

（钱剑兰　赵　玮　张　寒　王红艳　张　旺　佟云飞　马　萌　何　跃　张　翼　刘　月　沈　媛　谢　云　李亚菲　姜　华　丁　琳　李　玮　杨　頔）

残疾人就业保障金管理

【综述】2012 年代征残疾人就业保障金（以下简称残保金）22.4 亿元，同比增收 2.07 亿元，增长 10%；有 38.6 万户（次）用人单位缴纳当年或补缴以前年度残保金，缴费单位增加 2 万户（次），增长 5%；入库率 98%。全市审核用人单位 51.5 万户（次），核定金额 22.79 亿元，同比分别增长 2% 和 10%；审核率 75%。实现连续 7 年代征收入、审核户数、入库户数的稳定增长。7 年来，共代征残保金 107.9 亿元，为北京市残疾人事业发展提供了有力的资金保障，产生可观的社会效益，为改善民生、社会稳定作出了应有的贡献。

【代征工作】残保金管理处与市残联相关部门多次召开联席会，共同研究代征启动、宣传辅导、系统改造、基础数据提供等工作。共同起草《2012 年用人单位申报安排残疾人就业情况和征缴残疾人就业保障金通告》；签发《关于做好北京市 2012 年残疾人就业保障金审核征缴工作的通知》。2012 年 6 月中旬，残保金管理处组织召开 2012 年市地税系统残保金代征工作电视电话会议，对 2012 年代征工作进行全面部署。

【代征管理与依法行政】按照市局要求，残保金管理处对业务工作进行认真梳理，编制“用人单位缴纳残疾人就业保障金事项”和“残疾人就业保障金退款申请审批事项”两项业务流程，制作业务流程图。针对部分区县局仍然存有旧版缴款书的问题，组织对旧版缴款书的清理销毁，共清理销毁旧版缴款书55323份；统计、印发新版缴款书65万份。代征工作中，坚持依法行政，及时纠正拟在代征工作中与其他工作“捆绑”“搭车”的想法，杜绝代征工作的不合法、不合规现象。

【系统改造】残保金管理处协调相关处室，配合市残联进行了保障金审核管理系统改造。进行两次接口测试，重新确定《北京市残联与北京市地税局数据交换平台方案》中的14项接口数据，保障市残联的系统改造工作顺利完成，为代征工作顺利开展提供技术保障。

【宣传工作】制发《关于2012年残保金代征宣传工作方案》；在地税网站发布征缴通告；对外网和内网信息交流平台进行更新维护；指导两个区县制作完成了两部残保金代征宣传片，在当地电视台播出，反响良好。

【服务基层和缴费工作】残保金管理处会同市残联多次慰问税务所、教就所，并认真落实市局联系基层的工作要求，积极与基层税务所联系，通过走访、座谈等多种形式与税务所沟通，认真倾听基层的意见建议，不断改进工作。2012年，印制缴费指南48万册，于征期前发放到各税务所。为使填写的票据正确、清晰、完整，符合区县局核销、记账、汇总需要，提高数据质量，残保金管理处制作票据填写说明，以电子版形式发到各区县局。2012年错票量明显减少，截至2012年12月31日，用票量同比增加20002张，错票量减少62张。

（田鸿雁）

工会经费代收管理

【综述】2012年在北京市地税局党组领导下，按照“全面推进依法行政，服务基层，为民服务，优化环境，促进和谐”的指导思想，与工会组织密切配合，圆满完成工会经费税务代收工作。全市累计代收工会经费31.62亿元，是同期（不含局总公司）的4.44倍，新建工会组织1.94万个，增长114.33%．覆盖法人单位2.95万个，增长80.64%，取得显著成效。

【代收管理制度】在代收工作中，将依法行政、规范管理向纵深发展。在听取各层次意见建议的基础上，完成业务流程梳理，研提《缴费单位收缴期内申报及缴纳费款事项》；完善缴费提示式样；编制代收信息系统用户变更申请单，明确区县局级系统管理员变更流程；总结通报工作情况，加强日常管理工作。

【全市代收工作】坚持“两个服务”，从实际出发，调整推广地区首个收缴期的时间安排，确保辅导工作落实到位；联合市总工会召开应急工作会，分析风险，研究处置办法，并安排专人负责答疑和系统运行监控工作；坚持收缴期日报制，解决基层提出的申报等问题53个。在2012年全市上半年代收工作顺利开展的基础上，坚持稳中求进的总基调，与市总工会在7月联合召开全市代收工作推进会，市人大副主任、市总工会主席梁伟充分肯定代收工作，市地税局副局长王京华提出加强领导、依法行政、重视舆情、紧密配合和开拓创新的工作要求。

【沟通与协作】各级地税机关团结一致，及时沟通反馈，研究解决问题；并与各级工会始终保持融洽的协作关系，双方共同做好应急准备工作，联合召开代收工作推进会、申报缴费辅导会；规范费源管理工作，确保收缴期内费源户的稳定性和准确性；并肩值守代收窗口，分工合作为缴费单位答疑解难；在舆情处理工作中，发挥各自优势，及时沟通，迅速处理。2012年，处理舆情相关事项4件。

【代收分析管理】下发《关于报送工会经费（筹备金）税务代收情况统计分析的通知》，定期总结分析各区县（分）局申报缴费情况；按主管局长的要求将收缴期代收完成情况分析呈送各位局领导阅示；在各收缴期结束后，在全市范围内通报区县（分）局代收工作情况，提出下一步工作重点。

【代收信息系统】2012年按照操作人性化、业务系统化、功能全面化的要求完成5大类50小项修改工作，增加固定报表功能，完善催缴进度查询、费源查询、申报缴费记录查询、统计报表等功能；协调市总工会完成了第二条网络专线建设；编写系统操作手册；完成原涉外分局更名为第二直属分局的各项调整工作，为代收提供技术支持。

【业务培训】联合市总工会相关部门，2012年9月组织全系统科、所级小教员培训，重点针对缴费单位网上申报、税务机关代申报、费源情况查询、申报缴费情况查询、统计报表等代收信息系统功能进行辅导，全面提升工作人员的操作水平。

【基层调查研究】在主管局长的带领下多次深入基层、采取座谈会、专题研讨会等方式查找问题，听取意见建议；与市总工会相关部门共同研究解决一些影响代收工作质效的问题，明确市总工会在收缴期内原则上不再增加新的代收费源户；协商市总工会开展费源名单清理工作，截止到2012年年底已清理8544户；完善代收信息系统功能，增加固定报表，细化查询统计，优化系统性能。

（李春霞）

国际税收

【综述】2012年，在北京市地税局党组的正确领导下，市区两级国际税务管理部门深入学习宣传贯彻党的十八大精神，以科学发展观为指导，围绕科学发展主题和加快转变经济发展方式主线，服务首都建设中国特色世界城市的战略，坚持依法行政、服务基层、为民服务、优化环境、促进和谐，圆满完成了各项工作任务。国际税务管理处独立设置并与第二直属分局合署办公，整合国际税收管理力量，加强反避税、情报交换和非居民税收管理，初步明确了北京地税系统国际税务管理工作的总体思路、基本原则、主要目标和工作任务。

【机构职能】为提高北京地税国际税收管理水平，服务和支持北京建设中国特色世界城市，经北京市编办批准，2012 年国际税务管理处独立设置，并与第二直属分局合署办公，对分散在不同管理部门的非居民企业所得税源泉扣缴、反避税和情报交换工作进行整合。国际税务管理处与法制处、企业所得税处和稽查处进行了业务交接，第二直属分局与东城地税局交接涉外税务分局工作，顺利完成人员、业务、资金、固定资产的全面交接工作，人员力量得以充实，管理资源得以优化，机构职责得以明确。

【税收协定】继续梳理完善协定执行措施，指导和带动未发生协定待遇审批备案的区县局、分局在对外付汇等环节加强宣传辅导、深入挖掘。积极参与税务总局国际税收协定培训教材编写工作。全系统全年共开具中国税收居民身份证明 104 份。

【非居民源泉扣缴管理】建立健全非居民税源监控机制，强化事中监管和事后核查，准确掌握非居民税源变动情况。充分利用服务贸易等项目下对外支付税务证明开具工作机制，深入挖掘，准确比对，全系统全年开具对外支付证明 11969 份，征收税款 30.14 亿元，同比份数减少 176 份，税款增加 1.45 亿元，增长 5.1%。扣缴非居民企业所得税 1.06 亿元。

【特别纳税调整工作规程】转发税务总局文件，结合反避税工作由稽查处转至国际税务管理处这一职责变化，提出北京地税开展反避税工作的五项措施，包括确定反避税工作重点、配备反避税专兼职人员、明确市区两级职责分工、建立重大案件会审制以及畅通信息采集渠道等。

【关联申报基础管理】在东城、西城、朝阳、海淀、石景山、顺义六区县的 36 家企业推行关联申报基础管理工作。国际税务管理处与企业所得税处联合举办 2012 年企业关联申报辅导培训会，就企业所得税关联申报、跨境税源服务及管理进行详细讲解，税企 100 余人参加培训。关联申报结束后，组织六区县局对相关情况和问题进行讨论，明确关联申报的审核要点。

【特别纳税调整调查】国际税务管理处（第二直属分局）组织相关处室，进行集体会审并组成专案组，结案 1 起特别纳税调整案，追补税款 1500 余万元。

【双边预约定价执行协议】在税务总局的指导下，海淀国税、地税局与微软（中国）有限公司签订了中美双边预约定价执行协议，协议签订后，海淀地税征缴追溯期特别纳税调整税款 1300 余万元。朝阳国税局、地税局与马士基（中国）航运有限公司进行了中丹双边预约定价执行协议续签工作，该预约定价安排于前一个执行协议期间，在北京实现营业税及附加 2000 万元。

【税收情报交换工作规程】情报交换工作职责由稽查处转至国际税务管理处后，为进一步规范国际税收情报交换工作，明确工作职责，对原《北京市地方税务局税收情报交换工作规程》进行修订。增加种类、范围和保密内容，明确情报的分办原则，重新梳理、细化三类情报的处理程序，增减、归并有关文书表单，进一步明确情报的使用和资料归档，使体例更加完整、更便于基层操作。经过广泛征求意见，新修订的规程正式行文印发，为推动系统情报交换工作开展奠定良好基础。

【情报交换核查】根据税务总局对情报核查

工作的要求和境外来函提出的请求，国际税务管理处加大对专项情报的督查督办，增加对核查案件事中管理和提醒服务，掌握情报核查进度和情况，对于核查不全面、缺少相关证据资料的案件，及时要求承办单位继续补充调查取证，使情报核查质量得到进一步提高。

2012 年共承办外来专项情报核查任务 6 件，涉及个人所得税、银行账户、纳税申报、公司基本情况及财务信息查询和税务约谈建议；自发情报核查任务 4 件；未接到外来自动情报核查任务。年内已查结 7 件，其余 3 件正在调查取证过程中。东城、西城、朝阳、海淀、丰台、顺义等局在情报交换职责调整之初，克服困难，积极摸索，勇于实践，圆满完成分办任务，其中东城局根据情报交换发现的线索，已追缴营业税款及滞纳金 1.2 万余元。

【政府部门协作】积极与税务总局相关处室、北京市政府外事办公室、北京市国税局、外汇管理局北京营业部、北京市公安局出入境管理总队等机构进行沟通，交换信息，探讨建立信息联动反馈机制，为改善征管质效创造积极条件。

（唐敬春　张清松）

征收管理

税收征管

【综述】 2012年，征管部门紧紧围绕北京市地税局党组整体工作部署，在主管局长的具体指导下，按照年初征管工作会议安排，牢牢把握“稳中求进”的工作总基调，以扎实开展“五双工程”、稳步推进税收征管改革为重点，坚持依法行政、创新征管、完善制度、夯实基础，持续推进“两个减负”和优化业务流程，协助优化政务流程，积极参与“营改增”试点，推动税收核心业务工作深入开展，使征管工作不断呈献出新面貌。截至2012年年底，全市税务登记率为99.87%，平均纳税申报率为99.67%，税款入库率为99.8%。全市使用CA数字证书用户为23.2万户，占全市网上申报户的32.41%。

【总结部署全系统征管工作】 2012年2月9—10日，征收管理处、档案处、票证管理中心三部门在昌平培训中心联合召开2012年征管系列工作会。副局长吕兴渭、副巡视员杨文俊出席会议，三部门主要负责人及相关人员，各区县（分）局主管局长和征管科有关人员参加会议。会上，三部门主要负责人分别就2011年工作进行总结，对2012年具体工作提出要求。同时就如何进一步做好2012年征管、票证和档案工作开展分组讨论。副局长吕兴渭作题为“推进依法行政　落实‘两个服务’把握稳中求进　创新税源管理　全面提升税收征管和发票管理工作水平”的报告，副巡视员杨文俊作题为“统一思想　服务大局　稳步推进税务档案管理工作”的工作报告，明确工作要求。

【征收管理制度】 为适应征收管理的发展需要，征收管理处研究制定《北京市地方税务局税收征管业务突发事件应急预案》，保障在突发事件情况下各项日常税收管理工作的顺利进行。结合委托代征工作的开展情况，按照“适当简化流程，严格规范管理”的思路，完成《委托代征税费管理办法》修订初稿。在上述制度制定过程中，相关区县局积极参与、认真研讨，提出合理化意见和建议，为制度的形成打下基础。

【征管基础工作】 2012年年末，市局清缴欠税6.74亿元，欠税累计余额为18.06亿元，较年初净减少1.57亿元。2012年市局发布四期欠税公告，涉及9个区县局的22户纳税人，公告欠税金额合计2.55亿元。对8个区县局上报的22户次延期缴纳税款申请进行审核和报批，申请金额共计8.45亿元。市地税局将部分城市维护建设税、教育费附加和地方教育附加委托市国税局代征，起到强化依法治税，降低征纳成本，优化纳税服务的作用。在地税系统开展个人出租房屋委托代征单位检查工作，对发现的问题及时纠正。

【税收管理员平台】 征收管理处梳理、整合历年来平台2.1版开发、推广的各项资料，在局长办公会上作专题汇报。牵头制定包含业务整合、时间安排、人员培训的平台推广的详细方案，并组织召开全系统推广动员会进行部署。为扎实做好平台的推广应用工作，牵头组织对全市20个区县、分局共计100名“小教员”进行平台操作培训，并协调软件开发商及时完成各局的全员操作培训。在推广过程中，深入相关区县局调研平台上线运行情况，听取各方面的意见建议。目前全市各区县、分局均已全部按照市局推广方案的要求完成系统推广工作。

【个体工商户税收征管工作】征收管理处加强与市国税局相关处室的沟通和联系，共同研究探讨国税、地税共管个体工商户税收征收管理工作，分析并解决当前个体征管工作存在的主要问题。根据国家税务总局工作要求，市局先后在全市范围内开展个体工商户税收征管相关情况调查和检查，全面掌握起征点调整后个体税源变化情况，重点检查依法行政、委托代征、纳税服务等方面内容。会同市局科技处、收入规划处、信息中心等部门与北京农商银行研究解决个体工商户银行扣款工作中存在的问题。

【征管质量监控分析】按照市局征管状况监控分析工作要求，工作小组办公室组织各有关成员单位整理征管状况监控分析材料，定期发布监控分析通报。2012年，全市税源与征管状况持续保持良好态势，整体监控指标状况稳中有升，特别是“季度平均逾期申报率”指标大幅下降，纳税人遵从度指标有较大幅度的提高，反映出税源管理质量和纳税人遵从度稳步提高。从各区县局反映的情况分析，全市地税系统对各期通报的监控指标均能高度重视，改进措施得力，效果显著。

【税收征管改革】按照国家税务总局关于税收征管改革的指导思想，结合北京市地税系统的实际情况，制定出《税源专业化管理工作指导意见》（以下简称《意见》）。《意见》起草过程中，在系统内开展三个轮次的税源专业化管理学习和讨论。各位局领导深入基层听取意见，共召开会议13次，听取26个处室、23个区县（分）局、2个直属单位的意见和建议。参会人员350余人次，涉及市、区、所三个层面。市局局长办公会两次听取工作进展情况汇报，并就《意见》的修改和完善作出指示。经过广泛征求意见，各层面干部提出许多对深化税收征管改革工作有益的意见和建议，加强对税收征管改革的宣传，统一思想、提高认识、达成共识，为改革的逐步推进打下基础。

【征管改革试点】征收管理处认真贯彻落实全国税务系统深化税收征管改革工作会议精神，扎实推进试点工作，在转变区局机关职责定位、基层税源管理职责划分、建立集约办税服务模式、持续优化业务流程、专业化税源分级分类管理、强化纳税评估、实施信息管税、重点税源专业化管理，以及征管改革配套制度体系建设等关键问题上取得卓有成效的进展。组织试点单位赴改革先进省市进行考察，完成《关于赴安徽江苏省地税局学习考察深化征管改革工作情况的报告》。组织房山、通州、顺义三个试点局召开深化税收征管改革工作方案研讨会，目前已在市局统一框架下形成试点工作思路，做好进一步深化试点工作的准备。

【两个服务】2012年2月23日，市局召开服务基层服务纳税人工作领导小组办公室2012年度第一次全体成员单位会议，各处室主管领导及相关干部参加会议，副局长吕兴渭出席会议并讲话。2月29日，市局服务基层服务纳税人工作领导小组办公室组织召开2012年度优化业务流程精简涉税资料的会议，各处室主管领导及相关干部参加会议。会议总结2011年度优化业务流程工作，通报2012年度优化业务流程工作安排。同时强调2012年度要继续做好集中梳理业务流程工作。会议还就《北京市地方税务局关于印发〈北京市地方税务局税收业务流程管理办法（试行）〉的通知》（京地税征〔2011〕153号）进行政策说明。根据“两个服务”的工作要求，市局建立“按月调度、按季通报、半年总结”的工作调度新机制。汇总整合各处室报送的年度向基层部署的工作166项，月度临时部署工作31项，减少向基层多头部署、临时性部署的工作，加强工作的计划性和前瞻性。及时就开展网上发票授权系统、发票领购网上预约、燕山地税内部监控平台、自助服务系统等涉及“两个减负”的具体工作项目进行专题研讨，加强多部门间的协作联动。各区县局结合本局工作实际，积极采取措施统筹安排各项工作，按月汇总发布各科室工作计划，认真落实“两个服务”工作。

【业务流程】征收管理处深入征询优化业务流程意见，协调各业务主管处室研提处理意见并下发各区县局参考。组织召开业务流程审核会2次，新增流程12个，修订流程47个，废止流程3个，截至2012年年底，现有税收业务流程事项272项。组织业务流程考试，区县局参加考试人员达3130人次，市局抽考120人，促进了税务干部对税收业务流程学习和应用。编制完成税收业务流程涉权事项目录表和权力运行图。共梳理143项涉权税收业务流程，查找风险点374个，涉及风险环节246个，重新绘制了权力运行图60份，标注了廉政风险点和防范措施。针对政务流程与业务流程的有效衔接问题，做好政务流程的审查、督导及后续各项工作。

【数据共享】市地税局与市国税局开展个人所得税入库数额、营业税分税目营业额等数据交换。与市工商局开展了股权转让信息交换，为税源管理提供了有效数据支持。共同草拟了《税务工商股权转让信息共享操作管理办法》，明确税务、工商双方股权转让数据业务范围，将此项工作的落实情况按时限向国家税务总局反馈。配合业务处室代市政府草拟了《关于研究企业股权转让过程中加强信息共享和税收征管工作的意见》，制作《股权转让涉税告知单》，由工商部门提前告知股权转让经办人，将纳税前置于股权变更，要求股权转让双方及时到税务机关完税，最大限度地发挥征管职能作用。

【优化税源数据质量】按照市政府要求，市地税局牵头开展市工商、市质监、市地税三部门登记部门数据比对工作。及时召开联席会议，明确工作职责，制定工作方案。确定数据比对的时点、范围及数据口径。针对地税局与工商局个体工商户总量差异较大的情况，各区县局按照市地税局要求认真开展调查、分析、统计工作。通过对三部门544万条数据进行清分、筛查、比对、分析后形成《登记注册数据情况比对分析报告》，如期上报市政府，并得到市领导的好评。

【风险应对】2012年征收管理处成功应对人民银行总行TIPS系统设备故障、全国财税库银税收收入电子缴库横向联网中断、市地税局核心征管系统从联网系统中签退等系列突发事件，积极协调外单位和相关处室，及时指导基层工作，确保财税库行联网的顺畅运行。各区县征管部门面对突发情况，及时向有关部门反映，密切关注事态发展，努力化解矛盾，保证征收工作的平稳有序运行。

【营业税改征增值税】2012年1月11日，市局召开“营业税改征增值税”专题工作会，会议对征管工作提出具体要求：一是做好税源户核实清查工作；二是做好税源户向市国税局转移工作。征收管理处对涉及“营改增”38.5万税源户基本情况进行筛选确认。以初步清理的营业税税源户数据为基础，撰写《北京市营业税改征

增值税涉及税源户的情况分析及工作建议》的调研报告，总结了营业税改征增值税涉及税源户情况的规模、特征以及税改对税源的影响，有针对性地提出了相关建议。牵头编写《北京市地方税务局营业税改征增值税相关工作交接方案》，涵盖征管、票证、稽查、评估、税政等全部事项，保障交接工作的顺利进行。与市国税局联合发布《关于营业税改征增值税试点税收征收管理若干事项的公告》，对税务登记、纳税申报、税款缴纳、税控机具的使用及发票衔接等方面的问题进行明确。同时向各区县局下发《关于个体工商户营业税改征增值税有关征管问题的通知》，对个体工商户的征管衔接问题进行明确。

【信息报送】 按照流动人口服务管理专项行动部署会议工作要求，2012 年 8 月—11 月 14 日市局建立了流动人口管理信息报送制度，同时要求各区县局、各分局定期将开展与流动人口管理有关的工作情况及时反馈市局，由市局汇总后报市流管办。从 8 月起至党的十八大结束，市地税局共收集流动人口信息共计 42 篇，经整理、汇总后，向市流管办报送信息简报、周小结、月总结共计 35 篇，为流动人口服务管理专项行动提供了信息参考。

（高　红）

发 票 管 理

【综述】 2012 年，票证管理中心在北京市地税局党组正确领导下，紧紧围绕税收中心任务，依法行政、服务基层、为民服务，扎实有效开展发票印制供应、发票换版、税控服务等各项工作，全面提升发票工作科学化水平并取得一定成效。

【发票印制】 合理制定印制计划，保障普通发票印制和供应，2012 年共安排印制普通发票 7.97 亿份，其中新版发票 3.39 亿份；共向区县局调拨普通发票 10.92 亿份，销售 10.75 亿份，其中销售新版发票 1.44 亿份。

【税收票证印制】 2012 年共安排印制税务登记证 543 万张，税收票证 1108 万份，各类申报表 1123.8 万份，机关普通印刷品 407 万份。

【个人所得税完税证明印制】 组织完成本市 2011 年度个人所得税完税证明 591 万份套封、个人完税证明打印用纸 100 万份的印制及向区县局（分局）发送工作，为税收征管工作提供有力保障。

【有奖发票兑奖】 缩小有奖发票范围，将有奖发票奖项集中布入卷式机打发票中，提升布奖率和兑奖率。根据有奖发票兑奖周期，重点加大上半年布奖力度，2012 年全年共布入奖金 6500 万元（其中上半年布奖 4000 万元），布奖个数 122.75 万个，综合布奖率为 0.8%；兑付奖金 2932.6 万元，综合兑奖率为 45%。

【发票换版方案】 落实好国家税务总局简并票种统一票样的工作要求，在深入调研和广泛征求意见的基础上，考虑新旧版发票的衔接，确定符合市地税局发票税控管理实际的发票换版方案：合理设置新旧版发票使用过渡期；大幅简并票种，将27种发票92个版面简并为16种发票46个版面；提高发票的通用性，将按行业类别设置的发票简并为通用机打发票；按照补偿成本的原则，新版发票的工本费收费标准比旧版发票降低了30%，减轻纳税人负担。

【发票换版工作】从2012年8月6日起在全市范围实施发票换版工作。指导区县局征管部门积极开展发票换版宣传辅导工作，确保纳税人正确理解发票换版工作，了解新版发票适用范围；监督税控服务部门做好税控升级。2012年共为全市15.4万户纳税人免费升级国标税控收款机17.1万台。

【税控安全服务】切实做好税控安全服务工作，研究确定2012年税控安全服务模式，与北京威佳启良科技有限公司签署2012年1—7月三项税控安全服务合同，并监督其完成。配合开展2012年8月—2014年12月国标、公路内河税控安全服务招投标工作。按照职责分工，协助完成新旧税控安全服务商的工作交接，确保税控安全服务平稳运行。

【发票税控数据】研究解决发票税控数据集中管理造成基层税务机关调取数据手续繁琐的问题，于每季度末对全市国标及非国标税控收款机的小额高频开票纳税户进行查询，并将数据向全市征管部门回放，为征管评查各项工作提供数据支持，加强税源与征管状况监控分析。有效打击税收违法行为，维护良好的纳税环境。

【发票税控交接】把握政策规定，测算分析各项数据，确定取消和影响的发票种类、用量及税控机具的数量。按照便于国税部门接收和对纳税人造成影响最小的原则研究制定发票税控交接方案，实现发票税控平稳交接转换，得到纳税人好评。针对“营改增”试点改革造成纳税人地税税控机具闲置和国税、地税纳税人税控机具优惠政策不同的问题，积极研究解决方案，向上级部门提出合理化建议。

【免征小型微型企业发票工本费】坚决贯彻落实为小型微型企业减负的优惠政策，自2012年1月1日起免征小型微型企业发票工本费；积极与市财政局沟通，研究落实措施和操作流程；指导各区县局采取多种形式做好宣传辅导，免征小型微型企业发票工本费工作有序开展。2012年共备案小型微型企业2.5万户，领购发票2.1亿份，免征发票工本费1734.47万元。

【政府采购】2012年2月，市政府采购中心完成市地税局“2012—2014年度票证印刷定点服务政府采购项目”招标工作。按照规定及时做好票证印刷定点服务政府采购项目招标后续工作，履行法律程序与中标供应商签订《普通发票印制承揽合同》和《税收票证、业务印刷品印刷承揽合同》，依法向中标供应商送达《准予税务行政许可决定书》并核发《发票准印证》；做好新旧供应商的衔接工作，妥善处理未中标供应商库存印刷品的盘库、倒库、监销、缴销及结算等善后事宜。

【行政许可审批】落实国家税务总局规定，精简资料，完善优化审批流程和工作职责，做好“印制有本单位名称的发票”行政许可审批工作。2012年办理申请140个，其中许可决定23个，变更决定117个；办理续印申请158个。

【发票鉴定管理】按照“属地管理、分级负责”的原则划分市区两级普通发票真伪鉴定工作职责，规范全市发票鉴定证明的格式，促进各区县局发票鉴定工作有序开展，方便纳税人依法规范使用发票。

【发票鉴定】配合稽查部门有效地开展打击发票违法犯罪整治活动，2012年共查验各类普通发票11.02万份，发出协查通知105份。根据发票鉴定工作中发现的重要线索，协调区县分局和公安部门破获利用虚假发票套取住房公积金的重大发票违法犯罪案件，为有效遏制假发票的滋生和打击发票违法犯罪活动作出积极贡献。

（吴 澄 安宏志 程艳琳 刘 嘉 姜惠丽 朱 宁 云 鹏 马 洁 丛树茂）

业务档案管理

【综述】2012年档案处进一步夯实税务档案基础，积极开展税务档案综合检查，加强全系统专职档案人员的知识更新培训，协调做好税务档案系统运行维护工作。继续开展税务档案接收入馆和馆藏档案的移库，不断丰富、优化档案馆库藏，完善税务档案借阅流程，开展税务档案利用工作，并积极开展业务调研和档案编研工作。

【税务档案管理综合检查】为掌握各区县局、分局工作情况，及时发现问题，促进各区县局、分局工作顺利有序开展，2012年，档案处把往年年终一次的检查方式调整为在全年内分季度、分重点检查，并组织人员对21个区县局、分局的档案归档工作、系统数据安全、借阅管理和库房情况进行综合检查。每季度，档案处根据各局归档进度，确定检查单位和内容，按计划对各区县局、分局档案工作进行全面检查。对检查中发现的问题，给予指出，并要求改正。从检查结果来看，全系统能做到档案管理制度落实到位，归档质量较高，借阅手续完备，库房管理安全有序，档案管理工作总体情况较好。分季度、分重点检查工作有效督促了各区县局、分局归档工作的开展，全系统税务档案管理工作规范化水平有进一步提升。

【业务培训】档案处积极组织全系统税务档案干部知识更新培训，邀请中国人民大学教授和北京市档案局专家就中国历史档案的载体形态及其文化价值、档案编研工作等知识对全系统70多名专职档案人员进行培训，并对市地税局税务档案日常管理规定及要求进行深入辅导。此次培训更新档案基础理论知识，进一步开阔档案人员视野，提高业务素质。

【系统维护】档案处积极协调相关部门和运维公司对税务档案管理系统进行维护，及时解决区县局、分局使用中出现的问题。同时，与信息部门密切配合推进税务档案扫描系统的后续工作，完成了税务档案扫描系统的优化升级开发需求。

【档案管理】档案处按计划组织各区县局、分局开展2008—2009年度非扫描档案的接收入馆工作。年末，档案处共接收档案入库共4028箱（盒），63003卷，税务档案馆藏量已达到300万卷。与此同时，继续按计划、分步骤开展馆藏档案移库工作，按计划对七号库房的档案进行整理合并、抽真空打包，截至2012年12月底，已调整档案99835盒，抽真空封包税务档案2976包，释放密集架空间644架，为今后档案接收入库提供空间。

【税务档案借阅与利用】档案处进一步规范税务档案借阅流程，制定下发《进一步规范市局税务档案查阅工作的通知》，对市局保管税务档案的借阅流程进行明确，强化档案查阅时的审核管理。在确保档案安全、保密的基础上，开展档案借阅工作，按照相关借阅管理制度，严格履行审批手续，为基层提供借阅服务。全年共接待各局来馆借阅档案 30 批次，借阅 270 卷，复印 3447 页。从借阅目的看，税务档案仍然是以发挥档案的查证作用为主。档案借阅利用工作为税务机关开展征管、稽查工作和公检法司调查取证工作提供重要的凭证和依据，为市地税局征管评查工作提供服务，充分体现档案的价值。

【业务调研】档案处结合系统税务档案工作开展情况和人员队伍建设现状，利用工作会、培训会、调研和专题问卷调查等形式深入开展调查研究，完成《关于加强我局税务档案干部队伍建设的探讨》调研课题，对全系统税务档案人员队伍建设提出了可行性较强的建议。与此同时，完成《对当前税务档案编研工作的几点思考》编研材料，分析、提出完善税务档案编研工作的措施。

（邹红妓）

《公告》编辑发行

【综述】2012 年北京地方税务公告编辑部按照北京市地税局年初税务工作会议的要求，以党的十七大、十八大精神为指引，全面贯彻落实科学发展观，以全面推进依法行政、服务基层、为民服务、优化环境、促进和谐为主题，坚持以宣传、服务纳税人为中心的原则，做好《北京地方税务公告》（以下简称《公告》）编辑赠阅工作。2012 年共出刊 12 期，累计出刊 108 期，共编辑法规性文件 57 件，累计编辑文件 1105 件，完成年度出刊任务。全年累计向纳税人免费赠阅发行《公告》25 万册，印刷《公告》合订本 4000 册，发布电子版《公告》12 期，制作 2011 年《公告》光盘 2 万张，为市级重点税源单位免费投递《公告》2.3 万册。在税法宣传、服务纳税人、服务基层方面发挥重要作用。

【《公告》编辑情况】2012 年《公告》全年出刊 12 期，编辑税收法规性文件 57 件。全年《公告》编辑出刊有以下两个特点：一是从实际出发。近年来市局制发的文件比较少，全年需要对外刊登的公告仅有 10 件，同比减少 12 件。延续 2011 年无固定页码的惯例，根据文件多少确定页码，2012 年有两期合刊，只有一期 32 页，其余 7 期为不固定页码，最少一期 24 页，最多一期 44 页。二是增加新栏目。为了方便纳税人学习阅读、掌握国家税务总局发布的最新政策信息，对市局办公室发来的国家税务总局公告进行筛选编辑，全年共刊登相关公告 12 件。在出刊质量上，坚持按编辑工作规程操作，认真做好筛选、编辑、审核、校对工作，做到保质保量按时出刊。

【《公告》赠阅】 为加强《公告》赠阅管理工作，更好地服务基层，编辑部开展调研工作，落实各区县局、直属分局对免费索取《公告》数量的需求工作。2012 年每期印刷 2.5 万册，全年累计向纳税人免费赠阅发行 25 万册，其中，全年为市级重点税源单位 1895 户免费投递《公告》2.3 万册；发布电子版《公告》12 期；为配合全国法制宣传日活动制作 2011 年度《公告》光盘 2 万张；根据基层的实际需求 2012 年将合订本由去年 5050 本减少到 4000 本。赠阅工作基本满足纳税人和税务干部的需要。

（王　岩）

税收法治

税收法治工作

【综述】2012 年，北京市地税系统以依法行政工作为主线，认真贯彻落实国务院《全面推进依法行政实施纲要》，全面推进依法行政工作，在制度建设、法律支持服务、规范执法行为、整合权益保护资源等方面取得明显成效。

【法律支持】2012 年，法制处共参加市局局党组会议 3 次，局长办公会 9 次，参与研究议题 30 项，完成上级机关和有关部门各类征求意见稿 371 件。利用政策反馈、税政联席会等渠道，主动参与税收政策的“立、改、废、评”各环节，向上级机关反馈房地产权属交易过程中的税收政策异议，主动参与政策的完善。积极利用行政执法协调机制，就房地产权属转移过程中税收征管与司法工作衔接的相关问题与市高级法院和市政府法制办进行主动沟通。就《北京市实施〈中华人民共和国房产税暂行条例〉的细则》与《中华人民共和国房产税暂行条例》不一致的问题，向市政府提出立法建议。就《中华人民共和国行政复议法》《中华人民共和国预算法》等法律法规的修订提出修改意见。为《营业税改征增值税试点方案》提供法律意见。同时，认真完成税收规范性文件合法性审查、日常清理和备案工作，提交备案文件 10 件。

【税务行政处罚裁量权】为了有效规范税务行政处罚裁量权，市地税局与市国税局联合印发“北京市国家税务局北京市地方税务局规范税务行政裁量权实施办法（试行）”和“北京市国家税务局北京市地方税务局规范税务行政处罚裁量权执行标准（一）”，实施办法明确对日常征管中经常发生、纳税人反映比较强烈且案件数量占比较大的 12 项税收违法行为的处罚标准。2012 年 12 月 1 日起，东城、西城、丰台、房山、燕山、延庆等局试点推行税务行政处罚裁量权执行标准，率先在全国税务系统内实现同一地区国税局、地税局行政处罚标准的统一。

【行政许可程序】按照市政府和国家税务总局“清理、减少、调整行政审批事项”的工作要求，在相关处室的大力配合下，市局印发《北京市地方税务局关于修订部分行政许可程序和相关事项规定的公告》，简化“印花税票代售”和“印制有本单位名称的发票”的行政许可程序，精简相关申请材料，同时明确续印有本单位名称的发票不属于行政许可，另行设计较为简单、便于操作的续印流程。

【政务流程审查】在市局政务流程梳理领导小组的指导下，法制处认真组织市局相关处室和部分区县局开展政务流程审查工作，累计完成对总计 23 万余字制度和流程的审查，提出各类审查意见 653 项。联合办公室、征管处、企业所得税处、地方税处等有关部门，积极探索跨部门协调处理机制，制定完善税政联席会议、房地产税收一体化管理、委托第三方调查等 12 项跨部门协调处理机制工作流程。

【网上权益】在纳税服务处的全力支持下，

法制处改版TAX861网站网上复议栏目，增加复议提示和纳税人留言栏目，整合了涉税举报、纳税服务投诉、违规违纪投诉、税控商投诉、局长信箱和网上行政复议申请等网上权益救济模块，搭建网上“权益保护”专区，方便纳税人了解权益救济信息，选择适合自己的权益救济方式。

【化解征纳矛盾】 开展网上涉税救济问卷调查，倾听纳税人对于税收业务和税收管理工作的意见和建议。针对纳税人直接反映的诉求，为基层税务机关提供政策支持服务，帮助纳税人解决税收征管和政策执行过程中遇到的实际困难。通过跨部门协调处理机制，妥善解决中建二局契税争议、华恩房地产公司不服处罚决定、华润曙光房地产公司不服退税申请处理等多起征纳纠纷，将矛盾及时化解在萌芽状态，维护地方税收征管的稳定秩序。

【行政复议和应诉工作】 全系统全年共发生行政复议案件18起，其中，市局发生8起，区县局、分局共发生10起。依法受理的11起案件中，维持6起，申请人撤回申请4起，正在处理1起。全系统全年共发生行政应诉案件29起，其中，市局发生1起，区县局、分局发生28起。已审结的18起案件中，维持原具体行政行为6起，判决被申请人履行法定职责3起，驳回诉讼请求1起，驳回起诉7起，原告主动撤诉的1起。败诉率为16.7%。

【法治学习和培训】 为落实《2012年领导干部学法用法计划》，市局领导班子成员以自学的方式开展宪法和法学基础理论、政府信息公开条例、营业税改征增值税等内容的学习。市局还组织全系统干部参加“制度建设技术性规范”讲座和保密法知识讲座，进一步提高税务干部税收规范性文件的制定水平和依法行政意识。

【法治宣传】 2012年法治宣传注重以点带面，促进法治文化环境的形成。在《北京地税》继续开设依法行政专栏，向广大税务干部宣传依法行政先进工作动态，发布相关调研和典型案例分析。7月19日，总经济师卜祥来带领法制处出席北京电视台北京市政风行风热线“走进直播间”节目，以“依法行政，为民服务”为主题，向广大网民宣传和介绍北京地税依法行政工作理念以及地税征管工作的新动态。各区县局、分区在“税收宣传月”“12·4法制宣传日”中积极开展工作，怀柔、开发区、门头沟、西站等局走进企业、学校、社区，或通过微博、手机短信、电子屏幕等形式，开展富有特色的税法宣传活动。

【法规库维护】 2012年8月，市局启动TAX861网站税收法规库页面改版工作，法制处于年底前完成了设计框架和需求分析报告的协助起草和确认等工作，为程序开发奠定基础。日常坚持认真做好税收法规库新增文件维护和废止文件的标注工作，税收法规库全年新增入库文件96件，标识全文失效废止文件25件、部分失效废止文件21件29项。

【地税系统审计工作会议】 2012年2月15日，市局组织召开北京市地税系统审计工作会议，总经济师卜祥来、各区县局、分局主管局长和市局、区县局审计部门负责人参加会议。会议总结2011年督察内审工作，交流工作经验，部署2012年工作任务。

【税收执法督察】 为进一步加强执法监督，市、区两级地税机关制定税收执法督察工作方案，成立领导小组，将研究开发费用加计扣除事项减免税政策执行、中小企业信用担保机构免征营业税、土地增值税相关政策执行、纳税评估工作情况等12项内容列为年度重点检查项目。在区县局、分局自查的基础上，市局执法督察组依托核心征管系统、发票税控综合管理系统做好查前疑点信息分析和筛选工作，有针对性地抽取案卷进行集中检查；再根据案卷检查结果对部分问题进行实地核查。全市地税系统检查各类案卷10873份，发现问题2650户（次）。市局督察组检查各类案卷1349份，发现问题案卷501份、各类问题847项（次）。对被查单位下发了《税收执法督察处理决定书》，并针对检查中发现的普遍问题、流程问题进行归纳总结，向相关处室提交了《税收执法督察建议书》。

【过错责任追究】2012年，大兴区地方税务局和平谷区地方税务局共对11名干部进行了过错责任追究。通过开展责任追究工作，强化了执法人员的责任意识。

【督察内审工作】着力构建北京地税系统督察内审制度体系，共制定内审制度4项，其中《北京市地方税务局关于印发〈北京市地方税务局内部财务审计办法（试行）〉的通知》（京地税审〔2012〕153号）和《北京市地方税务局关于印发〈北京市地方税务局配合外部审计监督工作规程（试行）〉的通知》（京地税审〔2012〕153号）两项制度已经局长办公会审议通过，正式印发。

（周惠平　高　源　易　明　陈晓维）

纳税服务

概　况

2012 年是全面落实“十二五”时期纳税服务工作规划、夯实工作基础、稳固工作格局的关键一年。市、区两级党组紧紧把握纳税服务工作“稳中求进”的总基调，抓重点、夯基础、求创新，持续推进“双渠道”建设，努力优化办税服务；探索完善“双监督”机制，强化服务管理和权益保护；不断加强信用体系建设，努力营造公平公正税收环境。在做好网站建设、办税服务厅规范化建设、纳税信用评定管理、纳税服务投诉、服务中央驻京企业、开展纳税人满意度调查等日常工作基础上，积极创新纳税辅导，组织开通网上实时在线服务，推动网上发票授权，推广网上发票预约，完善网上权益保护专区，试点自助办税服务，试点内部监控平台，探索绩效评价通报机制，建设和推广税收业务知识库等，均取得显著成效。

（程　鹂）

网站建设情况

【网上发布服务标准】按照北京市经信委制定的统一办事服务规范格式，以方便用户体验为原则，对 199 项由纳税人办理的涉税事项，将办事指南、办事流程、办理地点、表格下载、网上申报等内容整合，同时按照统一技术标准网上发布，实现办税流程全市统一、随业务变化即时更新，率先实现在市政务网站办事服务平台统一管理资源共享。

【网站管理】为进一步明晰全局办网站的工作思路，落实好重新修订的《北京市地方税务局网站更新维护管理办法》，针对纳税人需求、上级部门要求和税务管理工作需要，北京地税将网站建设工作纳入全局目标管理考核项目和征管质量监控分析通报指标，按季度考核通报，网站日常检查工作小组还即时对制度落实情况进行检查和通报，全年共发出日常检查工作单 390 份，推动解决 730 个问题。

【网站考评】2012 年北京地税网站首页访问量 1552.51 万人次，累计访问量超过 1.3 亿人次。在北京市纠正行业不正之风办公室、北京市经济、信息化委员会组织的 2012 年度北京市政府网站考评工作中，北京地税再次被评为优秀政务网站，在国家税务总局组织的 2012 年省级税务机关互联网站评估工作中，北京地税在全国 71

家省级税务机关中综合排名第10，在全国35家省级地税机关中，北京地税排名第4。北京地税网站自2002年以来连续被北京市政府评为优秀政府网站，在国家税务总局组织的全国省级税务机关网站评比中一直名列前茅。2012年《北京地方税务局努力开创网站建设的新局面》一文被工业和信息化部信息化推进司收录在其编写的《全国地方政府网站建设和管理典型经验材料汇编》丛书中。

【网上办税和信息公开】一是按照“网上地税局”的建设思路，将所有条件成熟的行政办事事项通过网上全程办理，并整理发布所有事项的办事指南，提供全部办税表格的网上下载，提供部分办事事项的状态查询和结果公示，并通过“行政办事事项”栏目整合发布。二是按照“通过网站实现全面政务公开”的基本工作目标和“全面、及时、方便使用”的工作原则，在网站工作制度中明确规定凡不涉及密级的各类政策法规、规章制度在文件下发的同时上网公布，并根据纳税人的使用习惯，对政务信息进行分门别类整理发布，设立“政务公开”专区，下设“政府信息公开”“全局动态”“职能公开”“法规政策”等4大专栏33个子栏目供纳税人浏览查看，全年共发布各类信息31258条。

【网上政民互动】北京地税网站设有“局长信箱”“网上咨询”“在线答疑”等栏目即时受理纳税人咨询问题；设有“网上举报”“网上投诉”“税控商投诉”“申请复议”等栏目，受理对偷漏税不法行为和对税务机关工作人员违反纪律的举报投诉；设有“网上调查”栏目，适时了解纳税人需求、收集纳税人意见建议；设有“纳税辅导“栏目，即时发布办税指南、培训视频等内容，同时收集纳税人培训辅导需求。全年共解决纳税人诉求11341个，开展13期在线答疑活动，在线回答问题309个，累计参与24293人次。

【网站安全】北京地税采取多项措施保障网站安全运行：一是加强技术防护手段，健全安全防范体系，提高北京地税网站信息安全防护能力；二是加强用户权限管理，严格按照有关实名操作的工作要求设置网页维护人员，确保登记资料翔实、准确，维护权限设置清晰、分配合理；三是健全完善信息发布工作制度，严格信息审核把关，确保涉密信息不上网；四是加强日常巡检和节假日、重大政治活动、重要敏感时期的应急值守与实时监控；五是完善落实应急工作方案，发现问题及时按规定程序处理。上述措施确保了北京地税网站全年未发生任何安全事故。

【开通网上实时在线咨询服务】2012年8月6日，北京地税在北京市政务网站中率先开通“网上实时在线咨询服务”，将传统的电话咨询服务“搬”到网上，利用呼叫中心已有资源，实现网上人工实时咨询。

【网上预约服务】在广泛调研和部分区县局试点的基础上，北京地税进一步建立健全网上预约服务工作机制、建立畅通了预约服务工作渠道并加强宣传推广，7月起在全市范围内推出网上预约购领发票服务，纳税人均可通过网上预约系统与税务机关约定购领发票的时间、票种、数量，避免了纳税人重复上门，提高纳税服务工作效率，减轻纳税人和基层窗口人员工作压力，全年共受理纳税人申请1093件，领购发票241931本。

（王小虎）

12366 纳税服务热线情况

【概况】 12366 北京地税热线是为纳税人提供税收咨询服务、查询服务，受理涉税举报和违规投诉的综合服务系统。作为服务纳税人的重要平台，12366 北京地税热线坚持以提高“三个服务”水平为宗旨，架起了和谐征纳关系的桥梁，为北京地税的税收现代化建设作出了贡献。

【12366 纳税服务热线】 2012 年，12366 热线中心座席工作人员接听处理 257366 件（含主动回拨话务 22895 件），远程座席工作人员接听处理话务 229849 件。按业务类型划分：纳税咨询 483019 件，涉税举报 3929 件，纳税服务投诉 267 件，所有话务均已按照规定时限、程序处理答复或转交相关部门办理。按咨询问题的内容分，税收政策类问题 29%，申报办税类问题 48%，涉及发票类问题 8%，税收法制类问题 1%，其他类咨询问题 14%；按咨询问题所涉及的税种分，各税种所占比例是：个人所得税 38%，车船税 9%，营业税及其附加 24%，企业所得税 10%，契税 4%，房产税 3%，城镇土地使用税 1%，印花税 6%，土地增值税 1%，其他 4%。

【热线系统自动处理情况】 12366 地税热线自开通以来始终信守提供全天候不间断纳税服务的承诺，除工作日 9：30—17：30 期间由工作人员接听外，还可以提供发票查询、电话报税、个人所得税明细申报查询等 24 小时系统自动受理服务。2012 年系统自动处理话务 320383 件，其中包括：语音留言 586 个，接收传真 462 件，纳税人收听语音咨询 46456 次，发送传真 1701 件，电话报税 7643 件。系统全年共受理发票查询 67006 次，个人所得税明细申报查询 2672 次。

（李思峰）

其他纳税服务工作

【纳税辅导】 为进一步创新工作思路，提高纳税辅导质量，和谐征纳关系，5—6 月在全市范围内组织开展“主题突出、内容丰富、特色鲜明”的纳税辅导工作，有 15 个区县（分）局参与，共计 29 场专题辅导会，6981 名纳税人直接受益。这是纳税服务处首次在全市范围内统一组织和开展的规模最大的一次纳税辅导工作。

【服务央企工作机制】 2012 年 4 月 18 日，

组织召开服务中央在京金融机构座谈会，听取中央在京企业对北京地税服务工作的意见和建议。2012年，共搜集来自中国工商银行股份有限公司、中央国债登记结算有限责任公司、中国银河证券股份有限公司、中国期货保证金监控中心有限责任公司、中国人寿保险（集团）公司等10个中央在京金融机构意见和建议20条，具体办理中央国债登记有限责任公司、工商银行等2个单位的服务诉求，对全国工商联等单位采取多部门联合上门服务等方式进行走访和回访，开通网上实时在线服务，设置8小时专人值守，搭建与企业沟通的快捷渠道，进一步健全服务央企工作机制。

【自助办税服务试点】开发使用24小时自助办税服务系统是落实北京地税“十二五”规划，满足纳税人需求，实现两个“减负”的重要体现。北京地税在调研了解江苏南京、浙江杭州、河北沧州等外省市自助办税服务系统的开发使用情况基础上，选取房山区地方税务局第一税务所（房山区综合行政服务中心办税服务大厅）作为首个试点单位，认真开展纳税人自助办税服务工作试点，并取得积极成效。目前，纳税人通过试点单位的自助办税服务终端，可以自行查询和打印个人所得税完税凭证。

【纳税信用A级企业联合评定】2012年10月10日，北京地税与市国税局联合制发《北京市国家税务局、北京市地方税务局关于联合开展北京市2013—2014年度纳税信用A级企业评定工作的通知》（京国税发〔2012〕253号），标志着北京市2013—2014年度纳税信用A级企业评定工作正式启动。与往期相比，本期评定发文特别就纳税信用A级企业评定程序、后续动态管理、文书报表使用等进行了具体明确和强调。纳税信用A级企业评定须经纳税人申请、主管税务所初审、区县局评审委员会审核、各区县国税局、地税局税交互审核、市国税局、地税局名单核对、市国税局、地税局联合公示和公告、证牌制作和发放等多项程序。

【行政处罚数据】按照北京市信用体系建设工作整体部署，北京地税作为首批确定的信用信息重点归集单位，克服了系统内部相关数据口径多样、分布分散、共享公开支持不足以及数据量较大等困难，在确保依法合规的情况下，向北京市企业信用体系建设工作牵头单位北京市工商局提供2011年度北京地税系统针对企业和个体工商户的行政处罚数据。共涉及30316户、32635笔，处罚金额合计71053028.17元。

【纳税人满意度调查】为广泛征求纳税人意见和建议，有针对性地改进纳税服务工作，北京地税继续委托第三方调查公司，对全市地税系统所辖百万纳税人中的近3万纳税人随机开展“2011年纳税人满意度暨征询纳税人意见工作”。调查结果显示，2011年度纳税人综合满意度达到91.46分，比2010年的89.22分提高了2.51%。本期满意度主要围绕办税服务质量与效率、信息与税法宣传服务、政务公开、勤政廉政、行业比较、咨询服务、办税环境、便民措施、税容风纪和首问责任制等方面进行。除满意度评价外，同时针对纳税人需求进行调查，注重收集纳税人对税务机关的意见和建议，发现工作中的问题和差距，为解决和提高纳税服务质效提供真实的参考依据。

【税收业务知识库】2012年6月18日，北京地税在系统内全面启用国家税务总局12366纳税服务热线税收业务知识库，率先实现税务总局层面税收业务知识在省、直辖市一级税务系统的推广应用，使各个渠道的咨询人员和税政管理人员在学习掌握业务知识的同时依托税收业务知识库向纳税人提供口径一致、权威准确的咨询服务。按照北京地税《“十二五”时期纳税服务工作规划》的要求和工作部署，同步启动地方税收业务知识库建设，对北京地方税收业务知识涉及的15种税费及征管、发票等地方性税收法规和办税流程3000余个文件进行分类梳理和分批采集，积极搭建为全市地税干部服务的地方税收业务知识库平台。

【纳税服务绩效管理评价体系】北京地税围绕年度重点工作事项，积极探索完善纳税服务绩效评价指标体系，研究建立了集网站建设情况、咨询服务情况、纳税辅导情况、服务投诉情况、工作信息反馈情况等五方面7项纳税服务绩效通报指标，并按季度通报工作情况，持续推动了纳税服务绩效管理深入开展。

【办税服务厅规范化建设】2012年，对全市办税服务厅（场所）工作职责、岗位设置、人员配备、办税事项开展摸底调查，结合执法督查，对办税服务厅办税公开制度建设，维护、更新和执行情况进行了检查，继续推动办税服务厅（场所）专业化进程，进一步拓宽办税服务厅税收业务的受理范围。截至年底，全市办税服务厅平均增加受理事项25项。

（王　强　周　聪　薛　青　王小虎　程　鹂）

纳税评估

纳税评估工作

【综述】 2012 年，全市纳税评估部门在北京市地税局党组的正确领导下，以“依法行政、夯实基础，牢牢把握稳中求进的工作总基调，努力实践纳税评估在税源专业化管理中的责任”为指导，全面推进依法行政、服务基层、为民服务、优化环境、促进和谐，积极开展纳税评估工作，圆满地完成了全年各项工作任务。全市共对 7.4 万户次纳税人实施了纳税评估，评估户数同比增长 7%，占全局税务登记户 112.9 万户的 6.6%；发现有问题户 3.3 万户，有问题率 44.4%，同比提高 4.8%；入库税款（含滞纳金和罚款，下同）12.5 亿元，同比增长 9%，占全局各项税费收入 2865.2 亿元的 4.4‰。

【纳税评估制度】 制定下发《关于加强纳税评估反馈工作的通知》，进一步加强纳税评估结果的有效应用，强化部门间信息的沟通和共享；制定下发《关于开展纳税评估协查工作的通知》，有效解决评估核实工作中相关涉税事项跨区县核实的问题；修订《北京市地方税务局评估辅导操作规程（试行）》和《纳税评估补缴税款滞纳金明细计算表》，使之更便于基层操作；制定下发《关于纳税评估软件使用问题的通知》《关于做好停止使用日常评估软件准备工作的通知》，明确工作要求，确保工作实现有效衔接；制定下发《关于统一纳税评估报告样式的通知》，统一工作流程，规范相关工作。

【工作监督检查】 对全市 2011 年度专项评估案卷进行抽检，共检查案卷 290 卷，发现有问题卷 79 卷，有问题率 27%，同比下降 41%；配合审计部门开展执法督察，共检查评估案卷 190 卷，发现有问题卷 39 卷，有问题率 25%；针对市审计局审计报告中涉及纳税评估工作的问题，逐项进行了整改落实，入库税款 96.5 万元。

【纳税评估工作方法】 从税种关联比对、税票比对、税源比对、申报表与账务报表比对、申报表表间比对等方面，初步设立 21 个行业通用风险预警指标；编写住宿业、餐饮业、物业管理业、房地产中介业（住宅交易部分）4 个行业的纳税评估模型。

【日常评估工作】 全市共计完成日常评估 2.6 万户次，占整体评估户次的 34.7%，有问题率 69.2%，入库税款 6.1 亿元，占整体评估入库的 49.2%。

【专项评估工作】 全市共计完成专项评估 1875 户次，占整体评估户次的 2.5%，有问题率 43%，入库税款 4 亿元，占整体评估入库的 32.3%。

【评估辅导工作】 全市共计完成评估辅导 4.6 万户次，占整体评估户次的 62.7%，有问题率 30.8%，入库税款 2.3 亿元，占整体评估入库的 18.5%。

【行业评估工作】 在全市开展保险业、广告业、房地产业和建筑业行业专项评估工作。对全市的 188 户保险企业、1110 户广告企业、1020

户房地产企业和117户建筑企业进行了评估核实，共计入库税款3.27亿元。在工作中，创新地采取团队式评估、跨区发票抵扣情况协查和风险等级测算排序等多项措施，进一步提高工作效能，并首次发布行业评估报告，为行业税收风险应对提供参考。

【重要事项评估工作】 针对商品储备企业税收政策调整和增值税即征即退软件企业的城市维护建设税、教育费附加申报情况，组织对55户商品储备企业和97户软件企业开展评估核实，共计入库税款659.3万元。

【税种评估工作】 与企业所得税处联合开展2011年度企业所得税汇算清缴中涉及不征税收入、业务招待费扣除和跨年度弥补亏损等项目纳税评估工作，全市共对1630户纳税人进行了分类评估，发现有问题企业389户，有问题率24%，调增应纳税所得额4072万元，入库税款263万元；配合个人所得税处开展2011年度个人工资薪金所得与企业工资费用支出比对工作，对企业所得税汇算清缴与个人所得税明细申报数据差异较大的28396户纳税人进行比对评估，发现有问题企业287户，入库税款430.2万元；配合地方税处组织开展城市维护建设税、教育费附加与流转税两税比对工作，对税务总局提供的2011年度增值税、消费税回放数据进行清分，共涉及7049户纳税人，发现有问题企业2238户，入库税款618.29万元。

【日常检查试点工作】 制定下发《2012年日常检查试点工作方案》，对检查内容、检查时间、调查取证、制作报告和工作程序进行明确；制作4类《日常检查文书范本》，参考相关文件制定《纳税评估调查取证办法（试行）》，用于日常检查和纳税评估涉及行政处罚的调查取证工作，并配套提供调查取证内容参考。

【调查研究】 开展关于纳税评估制度建设的专题调研。通过对税收征管改革趋势及对纳税评估工作提出的新要求、我国纳税评估制度基本情况及其运行中存在的问题、发达国家纳税评估制度介绍及其借鉴，完善我国纳税评估制度的指导思想和主要内容等进行研究分析，从纳税评估工作定位、组织结构、工作目标、工作启动、工作程序、信息支撑、质量控制和成果应用等8个方面对纳税评估制度建设进行深入探讨，完成《浅谈风险导向下的纳税评估制度建设》的调研报告。

【信息化建设】 配合有关处室积极推动2.1版税收管理员平台在全市的上线运行，研究提出满足纳税评估工作要求的修改完善意见，做好平台上线前的各项准备工作；平台上线后，及时了解平台纳税评估模块在试运行过程中存在的问题，积极协调有关部门加以解决。

【业务培训】 结合保险业专项评估工作，邀请知名会计师事务所资深专家，对基层评估干部做关于保险行业的运营模式、财务报表、会计准则等方面知识的业务培训；在开展企业所得税不征税收入等项目纳税评估工作过程中，联合企业所得税处，通过视频会形式，对基层评估干部进行关于评估对象确定方法、核实要点、步骤及适用政策等方面的业务培训；组织观看税务总局制作的《深化税收征管改革经验汇编》，对征管改革试点省市的先进经验进行学习，帮助评估干部加深对税收征管改革的认识。

【信息交换】 全年与市国税相关部门交换数据共15700余条，其中，市地税局向市国税局提供数据5次共计8700余条，市国税局向市地税局提供数据3次共计7000余条。双方还就评估中涉及对方管辖税款的涉税疑点进行了情报交换。

【相关工作】 配合税务总局做好《纳税评估

工作规程》的起草工作，在税务总局来市局和西城局进行调研的过程中，对税务总局《纳税评估工作规程》的编写和完善提出修改意见，并按税务总局要求，赴江西参与《纳税评估工作规程》的编写工作；按照税务总局对广西税务机关开展税收执法督查的要求，选派干部参加了税务总局的检查小组，重点检查了广西5个局605户重点税源企业的纳税评估情况，因工作出色，得到税务总局的通报表扬。

（张　伟）

税务稽查

税务稽查工作

【综述】2012 年，北京市稽查系统牢牢把握稳中求进的工作总基调，深入贯彻落实科学发展观，坚持为国聚财、为民收税的宗旨，坚持把依法行政作为稽查执法的基本原则贯穿始终。严格贯彻市局党组和税务总局稽查局在年初工作会上提出的各项工作要求，坚决服务于组织收入中心工作。为确保全年稽查任务顺利完成，市局数次组织召开全市税务稽查工作汇报会，专题研究稽查任务形势、部署阶段工作；深入各稽查局了解工作进度与问题，共同研究解决方案。稽查局统一思想，坚定信心，真抓实干，全力以赴落实工作任务，最终保证了全年目标不折不扣地完成。全市地税稽查系统共对各类纳税人立案 3101 户，实施检查 2674 户，有问题 2473 户，有问题率 92%，结案 2813 户（含以前年度结转）。查补收入共计 18.02 亿元，入库收入合计 17 亿元，入库率 94%。

【重大税收违法案件查处】按照中纪委、税务总局等上级机关部署和要求，依法开展重大案件查办工作。共受理中纪委、税务总局等上级机关督办（交办）案件 12 件涉及 48 户企业。全市各稽查局共上报查补税款 50 万元以上的重大案件 168 件，查补收入合计 9.7 亿元。根据查办需要采取集中式检查，成立专案组集中骨干力量保证查处质效。查办“3·15 专案”等上级督办专案，获得中纪委和税务总局稽查局的通报表彰；参与“406”专案等重大案件后续行政复议、诉讼工作，为行政执法与行政司法的衔接提供有益探索与实践。特别是“406”专案，历经一般稽查案件很少涉及的纳税担保、行政复议、行政诉讼（一审、二审）等所有税务行政程序及司法程序，情况之复杂、过程之艰苦、要求之严格，是北京地税稽查成立以来从未有过的严峻考验。该案件不仅查办本身意义重大，更为规范税务稽查执法、严格依法行政提供了丰富的素材与经验，成为税务稽查工作的优良范本。

【专项检查】按照税务总局工作部署，确定专项检查指令性项目为资本交易，指导性项目为房地产、建筑安装、地方股份制银行，各稽查局结合本辖区税收征管的特点，自行安排宾馆饭店、旅行社、航空运输、物业管理、公园管理等行业作为检查项目。2012 年，全市专项检查共立案检查 2385 户，占全年立案户数的 77%，查补收入 11.23 亿元，入库收入 10.43 亿元。

【重点税源企业检查】按照税务总局工作部署，开展对中国中铁股份有限公司等 7 家重点税源企业在京总部及分支机构、成员单位共计 588 家的税收自查工作，对中国中铁股份有限公司等 6 家重点税源企业在京分支机构及成员单位共计 47 家的税收抽查工作。2012 年，共自查补税 1.1 亿元，抽查查补收入近 700 万元。

【税收专项整治】按照税务总局工作部署，对购买金融预付卡企业开展税收专项整治检查，配合北京市商委对大型零售商业企业违规收费情况、配合市旅游发展委对著名旅游景点经营单位发票使用情况、配合市交委对占道停车场发票开具情况开展税收专项整治。

【打击发票违法犯罪活动】 按照“打击与建设相结合、治标与治本相结合”的原则，精心组织、积极行动、通力合作、扎实推进，全面开展虚假发票“卖方市场”和“买方市场”整治工作。组织对金融、保险、广告、餐饮娱乐、房地产与建筑安装等行业的536户企业开展发票使用情况重点检查，查处违法企业171户；组织对全市9家公立医院开展发票信息采集，对158户营利性医疗机构开展税务稽查；2012年，全市共查处各类发票违法案件2988件，抓获犯罪嫌疑人591人，检察机关起诉案件399件、起诉510人，审判机关审判案件329件、判决401人，捣毁印制假发票窝点16个，收缴各类假发票11.58万份，封堵发票违法短信823万条，违法受票企业查补收入5.62亿元（其中地税查补收入3.38亿元）。

【税收违法检举】 全面贯彻落实税务总局《税收违法行为检举管理办法》，修订下发了《北京市地方税务局税收违法行为检举管理工作办法》。引入检举案件分类管理机制和突发事件应急处理流程规定，并按照检举案件的不同处理方式，规定不同时限与工作标准；继续推进“大举报”工作格局，畅通税务违法案件举报中心与纳服、征管、税政等部门协作渠道，为规范税收征收管理，堵塞税收漏洞、维护社会稳定创造良好环境；注重对举报中心干部的心理关怀，组织开展有针对性的减压辅导，收到良好效果。2012年，全市各级税务违法案件举报中心共受理检举案件5214件，对1985件检举案件进行立案检查、评估约谈和征管核查，查补收入合计1.93亿元，入库收入合计1.68亿元。奖励19名检举人。

【税收协查】 针对协查件回复速度慢、质量低、影响案件查处进度的问题，市局建立协查案件分级分类跟踪机制，并将其督办协查件列为考核项目，保证协查回复率、信息完整率，协查案件质量和效率明显提高。2012年，全市共收到受托协查1370户次，完成1363户次；共发出委托协查587户次，收到回复206户次。

【稽查制度建设】 在原《重大税收违法案件管理暂行办法》的基础上，制定《重大税收违法案件督办管理暂行办法》，对重大案件查处和督办两个环节分别管理，强化对重大案件查处的全过程控制；修订《北京市地方税务局税收违法行为检举管理工作办法》，引入检举案件分类管理机制、突发事件应急处理流程；按照市局推进优化政务流程、完善管理制度工作的总体要求，研究梳理了稽查专项经费管理、稽查专用设备管理等内部政务流程，制定下发了相关制度，加强内控与监督。

【稽查现代化建设】 加强和推进税务稽查现代化是大势所趋，也是当前稽查工作的重中之重。2012年稽查处在这方面做了两项工作：一是为全市配备笔记本、微型摄像机、录音笔、投影仪等现代化稽查办案设备。设备投入使用的半年多时间，在稽查办案中尤其是调查取证方面发挥较为突出的作用，进一步提高税务稽查执法能力和效率，得到一线稽查干部一致好评。二是分步推广第二稽查局试点研究建立的电子查账软件，目前全市已完成安装部署工作，部分稽查局已在办案中尝试运用电子查账手段。

【稽查业务培训】 在稽查任务部署后，针对检查项目邀请相关专家开展专项业务培训，全市一线稽查业务骨干参加培训，为检查工作开展做好知识储备；在重点税源企业自查工作中，结合大型企业特点，与国税稽查局联合召开大型企业在京单位培训会，邀请税务总局主管领导参会作指示，使大企业更加清晰、深刻地领会自查工作要求，进一步提高自查工作质效；注重对举报中心干部的心理关怀，组织开展了有针对性的减压辅导，收到良好效果。

【税务稽查宣传】召开新闻发布会，通报2011年查处重大税收违法案件、打击发票违法犯罪、开展税收专项检查、开展规范占道停车企业经营管理专项整治等稽查工作情况，并公布2011年查办案件数量、查补收入金额、移送司法机关人员数量等重要数据。同时，通报2012年稽查工作的重点，表明税务机关严格依法开展税务稽查的态度与决心，对涉税违法行为起到打击震慑作用。新华社北京分社、北京电视台、北京人民广播电台、《中国税务报》《北京晚报》《法制晚报》、首都之窗、千龙网等13家新闻媒体参加发布会；联合市公安、国税在全市范围内举办宣传日活动，发放宣传税法资料，广泛宣传正确领用发票，鉴别真假发票的知识和使用假发票的危害性，警示使用假发票的法律后果，并现场解答各类发票问题，增强广大群众自觉抵制虚假发票的意识。现场发放各类税法宣传资料60000余份，直接受众12万余人。《中国税务报》《北京日报》、北京市电视台等媒体进行了现场报道。

（张文沂）

案 例 举 要

【案件名称】北京富泰华管理咨询有限公司抛售限售股少缴纳企业所得税税案

【案件所属行业】咨询服务

【案件类型】应缴未缴

【案件来源】专项检查

【基本案情】北京富泰华管理咨询有限公司（以下简称富泰华）成立于1995年10月28日，经济性质为其他有限责任公司，注册资金14350万元，经营范围为许可经营项目：无。一般经营项目：企业管理咨询、投资咨询、商务咨询、财务咨询；会议服务；销售建材。2008年该公司抛售交通银行股票，取得投资收益未缴纳企业所得税。

【查办过程】该案件系2009年市局部署的专项检查案件，针对企业开展大小非、IPO业务进行检查。按照专项检查工作部署，首先要求企业自查，根据自查结果，有针对性地开展检查。通过前期了解，该单位检查期间主要从事中国平安股票、交通银行股份有限公司股权业务。检查组将检查工作分为以下几步：

第一步，一方面要求该单位进行自查并出具自查报告，另一方面检查人员通过网络等各种媒介积极了解该公司业务情况以及中国平安和交通银行股东组成情况，力争多方位掌握信息，准备与自查报告比对、相互验证。做到查前掌握信息、查中相互比对、定性有理有据。与此同时积极查找相关法律法规，特别是证券类业务的相关规定，力争多方面了解证券业务的操作模式，以及其遵循的法律法规。特别是“大小非”的概念、解禁的要求、具体操作模式、涉及的税收以及相关的规定。

第二步，根据发现线索，调取了该单位自2001年开始，记载取得限售股、转让限售股的所有账簿、凭证以及所有涉及取得、转让限售股的合同。该单位主要股权业务发生在2005—2008年期间，因此检查人员将重点放在了以上年度。在调取资料时发现，该单位目前只有一名财务人员，对于业务情况既不清楚，公司又无其他人员，公章以及全部账簿资料均存放在上海。检查人员积极向其讲解税法，告知其有提供资料的义务，另一方面要求提供法人的联系方式，并要求其到税务机关介绍相关公司业务情况，特别是中国平安和交通银行的股权业务。经过积极的沟通，该单位法人及相关授权业务人员均到税务机关介绍了其主要的股权业务情况，并提供了相应的证据资料。通过整理证据发现，初期取得股权是在2001年，时间较早，提供的证据均为手工账，如果要确定股权转让细节，需要逐一翻阅相关账簿、凭证、合同等资料。而且该单位的证据资料均不在北京，需要等待逐次提供。但是检查人员为了能够翔实了解其具体操作方式，准确定性涉税行为，不惧繁琐，由浅入深，逐一审核，克服了证据链时间跨度长、证据量大、查阅繁琐等困难，在第一时间对全部证据进行了认真的整理、复印、归集，逐一理顺股权转让脉络。

第三步，对法人及相关人员进行了询问，了解其交易背景、具体情况。通过检查人员的审核、取证，对该单位中国平安和交通银行股票股权业务的交易流程有了初步的了解，为了验证检查人员的判断以及能够对案件准确定性，对其法人代表及相关人员进行了询问，了解了具体操作情况。至此，检查人员已经全部掌握了该单位股权业务模式，一是将持有的中国平安股票在解禁前，私下转让给国泰君安投资管理股份有限公司，国泰君安投资管理股份有限公司再次转让给国泰君安证券股份有限公司，三方签订代持协议，该单位代其持有；二是将持有的交通银行股票在解禁前私下转让给另外6家公司，并代其持有。以上“代持”股票在2008年度进行了抛售。

第四步，通过以上资料审核其股权在解禁前私下交易情况，解禁后在市场上抛售的金额、时间、股票成本、取得收益、账簿核算等资料，初步判定纳税义务人、纳税义务发生时间。该案件案值较大，经市局审理会审理确定该单位为纳税义务人，负有纳税义务。但该公司不认同市局处理意见，认为其以受托的方式进行资产管理运作这些股票，系公司开展的正常的资产管理业务，并非对外投资或买卖股票。不是纳税义务人。因此在“涉税事实认定意见书”上，签署了“不同意税务机关处理意见，近期提供详细意见说明”。

【处理结果】根据《中华人民共和国企业所得税法》《国家税务总局关于企业股权投资业务若干所得税问题的通知》（国税发〔2000〕118号）第二条第一项、《国家税务总局关于企业转让上市公司限售股有关所得税问题的公告》（国家税务总局公告2011年第39号）第一条、第三条、第四条的规定，该单位应补缴企业所得税12303811.15元。根据《中华人民共和国税收征收管理法》第三十二条的规定，对该单位加收滞纳金695165.33元。

【对征管和稽查的启示】1.“大小非”解禁前私下转让涉及新的经济领域、新的操作方法

要想准确判定私下转让行为的纳税义务人以及纳税义务发生时间，需要理清限售股的概念。“大小非”并非法律意义上的概念，股权分置改

革前未流通股本在股改后获得流通权，并承诺在一定的时期内不上市流通或在一定的时期内不完全上市流通的A股称为限售流通A股。股权分置改革就是把以前不能上市流通的国有股、法人股变成流通股，但为了减少大量的股份集中上市给股市带来冲击，所以对这部分股份上市时间有所限制。非是指非流通股，即限售股，或叫限售A股。小：即小部分。小非：即小部分禁止上市流通的股票（即股改后，限售流通股占总股本比例小于5%，在股改一年后方可流通，一年以后也不是大规模的抛售，而是有限度地抛售一小部分）。反之叫大非。

通过以上看出，限售股在一定期间内是不允许上市交易的，但是私下转让是否可行呢，目前来看的确存在这样的行为。本案中，持有人采用签订股权转让协议的形式，私下将限售股进行了转让。因为要持有银行限售股有着严格的资质要求，许多单位不能达到要求，该单位可以先取得这些限售股然后再转让给其他单位，买受单位享有这些限售股的权力、义务，但是不能在证券登记结算机构变更名称，因此名曰“代持”。

“大小非”解禁后在市场上交易，取得收益需要纳税是毋庸置疑，但是，对于已经私下转让的限售股，其纳税主体是谁，之前并没有明确的文件规定。

2. 关于纳税人的认定

对于限售股解禁前进行转让，应如何判定纳税义务人是该案件的难点，也是税务机关与被查单位分歧所在。本案中不仅仅是在解禁前进行了转让，受让方又再次进行了转让，即被查单位首先转让给国泰君安投资管理股份有限公司，后者又转让给国泰君安证券股份有限公司，而且前两家公司对于转让收益均在当期申报缴纳了税款。

税务机关认为，无论是以何种形式进行转让，受让方是否再次转让、双方是以何种形式开展业务，双方在登记机构均未变更持有人名称，根据《国家税务总局关于企业减持上市公司限售流通股所得缴纳企业所得税问题的批复》（国税函〔2010〕307号）“企业减持在证券登记结算机构登记的限售股取得的所得，应计入企业减持当年的应纳税所得额，按照税法规定计算缴纳企业所得税”的规定，认为该公司依旧是股权牌照持有人，应判定为纳税义务人。

同时根据《国家税务总局关于企业转让上市公司限售股有关所得税问题的公告》（国家税务总局公告2011年第39号）第三条的规定，“（一）企业应按减持在证券登记结算机构登记的限售股取得的全部收入，计入企业当年度应税收入计算纳税。（二）企业持有的限售股在解禁前已签订协议转让给受让方，但未变更股权登记、仍由企业持有的，企业实际减持该限售股取得的收入，依照本条第一项规定纳税后，其余额转付给受让方的，受让方不再纳税。”该公司应按其在股票解禁后抛售限售股取得的全部收入缴纳税款。

该案被查单位对此持不同意见，认为根据双方签订的《资产管理协议》《股票托管协议》，以受托进行资产管理的方式管理运作这些股票，系公司开展的正常的资产管理业务，并非对外投资或买卖股票。碍于当时限售流通股不能过户以及对金融股权投资主体限制等政策原因才登记在该公司名下，但是对这些股票没有占有、使用、收益、处分的权利，并非是这些股票的所有权人，根据“实质重于形式”的原则，该公司没有实际获得减持股票的任何收益，不具有企业所得税法中“企业所得”，无应纳税所得，不是纳税义务人。

同时，根据《国家税务总局关于企业转让上市公司限售股有关所得税问题的公告》（国家税务总局公告 2011 年第 39 号）文件第四条的规定，该文件是 2011 年 7 月 1 日起执行，已经处理的纳税事项，不再调整。该公司转让行为发生在以前年度，且受让方已经完税，该文件中纳税义务人的判定不适用于该公司，即使认定为纳税义务人，但受让方已经完税，此次也不应进行纳税调整。

3. 依法行政，注重关联方纳税事项的审核，保证纳税人合法权益

在检查中该公司提出，中国平安股票的实际持有人国泰两公司已在当年度就其转让所得申报纳税。根据《国家税务总局关于企业转让上市公司限售股有关所得税问题的公告》（国家税务总局公告 2011 年第 39 号）文件的要求，该公司无需进行税务处理。

因此，税务机关要求该公司提供相关纳税申报资料，但其提供的资料相互之间没有关联性，不能准确证明其纳税申报情况。秉着依法行政、遵从税法、尊重事实的原则，北京市地税局于 2011 年 10 月 20 日向上海市地方税务局发出了协查函，请其协助调查国泰君安投资管理股份有限公司、国泰君安证券股份有限公司就中国平安限售股收益是否进行了所得税纳税申报。上海市浦东新区税务局、上海市地方税务局静安区分局分别给予了回函，国泰君安投资管理股份有限公司转让中国平安股权取得 2115.23 万收益已在当期企业所得税汇算清缴中纳税申报，国泰君安证券股份有限公司取得 284174601.97 元投资收益已在当期申报纳税。

（张文沂）

北京市地方税务局检查情况表

表 1　2012 年地税系统查处税收违法案件情况统计表

单位：万元

项目		查处税收违法案件		项目			查补总额		实际入库	
		本月	累计				本月	累计	本月	累计
检查户数（户）		416	2674	合计			26674	180176	19718	169976
立案户数（户）		21	3101	稽查机构查补收入	税款		12367	114945	5808	107415
有问题户数（户）		378	2473		其中：	千万元案件	9180	66403	11576	78182
其中：	千万元案件（户）	1	20			百万元案件	1744	22927	2056	30260
	百万元案件（户）	7	85			偷税案件		362		862
	偷税案件（户）		15		滞纳金		4230	23545	3508	20939
结案户数（户）		517	2813		没收非法所得					
其中：	千万元案件（户）	3	16		罚款		462	5148	757	5116
	百万元案件（户）	9	82		其中：	偷税罚款		512		810
	偷税案件（户）		15		小计		17059	143638	10073	133470
稽查机构组织企业自查户数（户）		27	539	稽查机构组织企业自查收入			9615	36538	9645	36506

表 2 2012 年税收专项检查工作检查基本情况表

单位：万元

税收专项检查项目	检查级次	税务机关直接检查户数统计				企业自查户数统计	
		检查户数	查结户数	问题户数	其中：移送司法机关户数	开展自查的企业户数	企业自查有问题户数
资本交易项目	省级检查	9	7	5			
	地市级检查	38	20	20			
	本项小计	47	27	25			
房地产行业	省级检查	39	24	23			
	地市级检查	314	254	209		1	1
	本项小计	353	278	232		1	1
建筑安装行业	省级检查	19	12	10			
	地市级检查	372	289	278		1	1
	本项小计	391	301	288		1	1
地方股份制银行	省级检查	1					
	地市级检查	27	16	9		12	12
	本项小计	28	16	9		12	12
专项整治	省级检查						
	地市级检查	114	82	76		7	5
	本项小计	114	82	76		7	5
自行开展项目及其他	省级检查	73	57	63			
	地市级检查	1379	1192	1194	1	72	62
	本项小计	1452	1249	1257	1	72	62
所有项目合计	省级检查	141	100	101			
	地市级检查	2244	1853	1786	1	93	81
	本项小计	2385	1953	1887	1	93	81

信息化建设

概　况

2012年，市区两级信息化部门落实北京市地税局党组的总体工作部署和对信息化工作的具体要求，坚持依法行政，服务基层，为民服务，优化环境，促进和谐，围绕几条主线依法组织开展信息化工作：一是将依法行政原则落实到工作全过程，不仅落实市局优化政务流程，完善管理制度的工作要求，全面梳理建局以来的信息化工作制度，完成流程优化，而且继续坚持统一领导，归口管理，发挥牵头部门的职能作用。组织做好2012和2013年信息化项目申报、审核、协调、沟通和内部专家评审工作，供局领导决策参考。积极协调市经信委开展2012年项目审查工作，并按其要求，组织完成申报材料的修改完善工作。配合开展项目评审和采购工作。加强合同管理，做好合同初审和完善工作，保证市地税局合法权益得到保护，严格按程序开展合同签订和支付工作。二是不断丰富完善信息化工作规划，落实“智慧北京”要求，完成《北京市地方税务局电子政务顶层设计》编制和征求意见工作。按照国家税务总局有关金税三期工程工作要求，组织编制完成《北京地税局金税三期工程机房规划》，并按照规划督促实施。三是在保证现行信息系统安全稳定运行的基础上，不断丰富功能、完善性能，支撑组织收入工作，支持税制改革和调控措施的落实，持续优化纳税服务，构建和谐征纳关系，服务征管创新，提升征管工作水平，为北京地税各项事业科学发展提供信息化手段支持。年内实施35个信息化项目调整。四是金税三期工程各项准备工作稳步推进，为市地税局信息系统向金税三期工程过渡创造条件。五是不断夯实工作基础，为安全运行创造条件。

（崔　犇）

信息化管理系统建设和应用情况

【信息化管理制度】 落实北京市地税局优化政务流程，完善管理制度的工作要求，全面梳理建局以来的14项76个制度，废止8项、修订2项、保留4项。依据工作职责和工作事项，确定工作流程6个，并形成目录索引。完成“修订类”制度的修订和完善工作。按时保质完成“保留类”“修订类”流程图的绘制工作并报送相关资料。报送“保留类”制度对应流程3个，

“修订类”制度及对应流程3个。按照监察处在优化完善政务流程工作中开展廉政风险防控工作的相关要求，完成廉政风险点标识及《北京市地方税务局廉政风险有权事项防控表》填写报送工作。按照审查小组的工作安排，完成4个工作流程的审查沟通工作。取消工作流程1个，其他3个工作流程按照审查小组修改意见，完成修改和重新报送。编报适用范围目录。将科技处梳理后的全部流程与制度相对应，进一步明确调整对象、适用范围、责任部门等。通过这些工作，不断健全完善符合工作实际、可操作性强的制度体系，完成科技信息工作的流程优化，使信息化工作从规划、立项、招标、开发、验收到运行、维护和管理等各个环节都有章可循，用严密的流程和制度体系，管控工作程序，规范权力运行，防范风险。

【历史遗留项目】落实北京市地税局领导“按2011年6月18日上报市政府的‘解决历史遗留问题请示’，结合实际需要依法、依规逐项审查提出明确意见”的批示要求，再次组织对107个历史遗留信息化项目的业务必要性和技术可行性进行清理。经清理，截至年底已签订合同的项目51个，办理中的项目30个，已取消的项目26个。30个办理中的项目，经各相关处室逐一确认，20个建议继续实施，3个建议部分取消，7个建议取消。为加强管理，节约资源，顺畅地与金税三期工程衔接提供便利。

【电子政务】按照《智慧北京行动纲要》（京政发〔2012〕7号）和《北京市经济和信息化委员会关于开展“智慧北京”顶层设计的通知》（市经信委发〔2012〕21号）要求，完成《北京市地方税务局电子政务顶层设计》编制和征求意见工作，11月正式上报市经信委。“顶层设计”严格按照税务总局金税三期工程总体规划，充分考虑北京市地税局业务要求和信息系统现状编制，从业务框架、资源框架、系统框架、基础设施框架、政策机制、“十二五”期间重大项目建议等几个方面概述了市地税局电子政务未来三年的基本蓝图。顶层设计的编制，是对本局信息化发展规划的细化和落实，将对局信息化的全局统筹发展起到指导作用，并推动信息共享、系统整合和业务协同。

【营业税改征增值税】配合营业税改征增值税试点改革，制定工作方案，组织相关部门讨论分析业务需求，协调信息中心按照相关业务要求完成数据查询工作，提出区县局技术保障工作要求。按照最大限度地方便纳税人和基层、保证系统安全可靠运行的原则，广泛征求意见，不断完善，反复测试，确定最终的实施方案和内容。相关提示和屏蔽功能，于9月28日正式上线，10月1日正式生效。

【车船税系统改造】为落实新车船税法及其实施条例的开展工作，依法合规组织地税局车船税征收信息系统全面改造，依据市经信委信息系统建设要求，严格按程序完成项目局内立项审核、经信委项目申报、财政预算审核、政府采购程序及合同签署工作。为保证项目建设的公开、透明，减少失误，在相关工作环节，由监察、审计、法制、财务部门参与共同把关。在项目实施环节，严格按市局信息系统建设项目管理规范及相关业务、技术标准组织系统建设及项目验收工作。经过各方密切协作，共同努力，系统按计划完成了业务需求分析，系统设计、代码编制、用户测试及性能测试。为保证业务的连续性，共完成440多万条交管局车辆基本信息的迁移，324万多笔保险应急代收车船税数据的迁移验证工作。组织成立保险公司代收代缴车船税系统联合验收组，对27家保险公司现场进行代收代缴车船税系统验收工作，全部通过系统验收。组织各方制定详细系统部署方案、应急方案以及试运行运维工作流程，保证系统于“两节”前成功上线。在上线运行期间，每天定时汇总、通报系统运行情况，对发现的问题及时协商解决。

【税收管理员平台】支持专业化税源管理和信息管税，组织开展税收管理员平台纳税评估部分升级改造，2012 年 10 月 23 日完成 20 个区县分局的系统安装测试工作，完成系统的使用培训。开展个性化业务培训和全面的试运行工作。

【纳税申报】落实《国家税务总局关于发布〈中华人民共和国企业所得税月（季）度预缴纳税申报表〉等报表的公告》（国家税务总局公告 2011 年第 64 号）及《国家税务总局关于发布〈中华人民共和国企业所得税月（季）度预缴纳税申报表〉等报表的补充公告》（国家税务总局公告 2011 年第 76 号）要求，科技信息处依据企业所得税处调整核心征管系统的业务需求，按市局信息化建设程序组织系统运维商完成核心征管系统 2012 年版企业所得税月（季）度预缴纳税申报表等报表（包括网上及上门申报）开发调整工作，经用户测试通过后，于 2012 年 3 月 30 日上线部署完成。系统运行正常，为企业所得税的征收管理工作提供积极的技术保障。

【税收政策调整】为积极落实国家税务总局宏观调控措施和税收政策调整工作，按照财政部、国家税务总局 2012 年 2 月 2 日印发的《财政部、国家税务总局关于调整锡矿石等资源税适用税率标准的通知》（财税〔2012〕2 号）要求，科技信息处依据地方税处调整核心征管系统的业务需求，按市局信息化建设程序组织系统运维商完成核心征管系统资源税税目及税率开发调整工作，经用户测试通过后，于 2012 年 3 月 23 日正式上线运行。系统运行正常，为区县局资源税税收征收工作提供技术保障。

【骨干网改造】落实国家税务总局金税三期工程广域网项目建设要求，协同信息中心、安保中心先期开展机房供电改造工程。施工期间，各方高度监管施工进程、严控细节、把关质量。做到业务系统不停机不断电、供电改造工程平稳有序，质量过硬。在此基础上，按税务总局文件要求于 2012 年 5 月 31 日前，建设实现市局与税务总局北京生产中心、税务总局南海灾备中心的网络接入，圆满完成金税三期工程骨干网项目本阶段的建设目标。为逐步实现税务总局全国税务系统数据大集中，税收业务统一战略的目标不断夯实基础；为金税三期工程各项业务系统在地税局部署运行创造条件。项目实施过程中，加强与税务总局项目组的沟通，邀请税务总局项目负责人到市局机房施工现场检查指导工作。税务总局就项目完成质量和进度表示肯定，并就下阶段金税三期工程骨干网项目实施工作进行介绍，对市地税局后续配合工作作出有效的指导。

【集中数据工作】集中个人所得税数据，协调各评审、采购部门，在依法合规的前提下，完成了项目评审，招标采购，进入合同准备签订阶段。在没有实现系统自动报送数据前，仍按直接报送数据盘的方式向总局提供数据。完成核心征管系统征收数据向总局数据抽取集中上报工作。按总局要求的时间和方式，一方面组织业务处室确认数据口径，积极开发准备应急系统，按月完成市局数据的抽取和上传工作。另一方面，积极完成项目政府采购工作，按程序进行项目开发建设工作。全年累计上报核心征管数据约 2 亿条。

【金税三期工程高清视频会议系统】配合国家税务总局项目组完成高清视频会议系统北京地税节点终端设备的到货验收和安装调试等工作。已初步完成运行测试，效果良好。

【干部教育培训】在年初开展培训需求调研的基础上，以需求为导向，组织信息化部门人员开展2期94人次的专业技术知识培训，提高全市地税系统信息化部门人员的专业技术水平和能力。

【系统管理员建设】加强信息系统队伍体系建设，更加注重科所兼职系统管理员队伍的培养。开展《关于区县局科所系统管理员情况的调研》，在充分调研的基础上，建立完善科所系统管理员岗位职责、应知应会知识库和工作规范，保证信息系统效能在基层得到充分发挥。

【绩效奖励】在2012年3月16日市政府办公厅组织召开的《智慧北京行动纲要》动员和工作部署会上，市地税局被北京市信息化工作领导小组授予2011年度电子政务绩效突出奖。这是市信息化工作领导小组对全市101个单位开展年度电子政务绩效考核的结果，市局是10个获得绩效突出奖的市级政府部门之一。

【支持金税三期工程建设受表扬】2012年2月，市局收到国家税务总局金税三期工程办公室来文，表扬参加金税三期工程建设单位及个人。北京市地方税务局和田原、李超、刘韶华3位同志分别受到通报表扬。肯定市地税局高度重视，积极协助配合，克服自身困难，保证工程顺利开展。全国各省市国税局、地税局参加金税三期工程建设的单位和个人一并受到表扬。此前，国家税务总局金税三期工程办公室专程来函，表扬参与金税三期工程另一项目工作的科技信息处李扬。

（崔　犇）

信息系统运营维护及安全保障情况

【组织机房清理】完成市局机房环境调整。根据年初制订的机房规划做好机房环境清理工作，清理出没有加电使用的显示器、主机、网络、安全设备，保障现有系统的稳定运行。

【信息安全管理】2012年4月，组织开展系统风险评估，扎实做好信息安全检查。确定风险点1517项，按照脆弱性将其分为五个等级。已完成402项风险点整改，约占全部风险点的26.5%。完成对15个区县局、分局的信息安全实地检查工作，为信息系统安全运行提供了保障，也为下一步信息安全管理工作打下良好基础。

【信息安全检查】2012年6—10月制定巡检实施细则，对巡检指标进行细化。共完成了通州、顺义、海淀、开发区、大兴、西城等15个区县、分局的信息安全实地检查工作，发现问题，及时整改，取得了良好效果。

【基础设施维护管理】逐步开展基础设施风险评估和整改，加强系统日常运行监控，做好应用系统优化与调整。车公庄办公区机房日常巡检21900余次，马甸公共区机房日常巡检8760次；共维修设备398台次；完成一层机房搬迁、恒温恒湿设备、马甸办公区UPS电源、发票机房空调和核心征管系统等更新改造，为系统完全稳定运行提供可靠保障，为系统完全稳定运行提供可靠保障。

【网络基础建设】完成内外网物理隔离，确保信息安全。落实税务总局安全管理相关要求，组织实施完成市地税局内外网络物理隔离项目，完成市局车公庄、马甸、档案处办公区和干部培训中心、老干部活动中心、昌平容灾中心6个办公区的无线网络建设，将办公桌面终端与用于连接国际互联网的个人终端进行物理隔离，降低了办公桌面终端被攻击概率，提高了工作秘密信息的安全性。

【运维公司管理】健全管理制度，整合运维资源，从安全、着装、考勤、行为规范等加强对运维公司的管理，调整25名驻局运维人员，有效提高工作效率。

【应用系统优化与调整】围绕优化纳税服务、支持征管改革和税政管理的主题，对各类应用系统进行优化与升级，不断完善应用系统和容灾系统功能，进一步提升系统服务能力，全面保障各项税收工作顺利实施。

【运维管理】组织开展了运维服务支撑系统建设，借助信息化手段，规范资产、运维服务和数据管理。组织对信息系统账户和权限进行清理，逐步建立一整套主要业务系统权限台账，定期对台账进行更新；对现有系统基础信息进行分类整理，梳理规范局信息系统名称，完成信息系统等级备案，系统共有6大类，41个子系统。

（张　鹏）

队伍建设

党团建设

【综述】2012年，北京市地税局机关党委办公室在市局党组和机关党委的正确领导下，认真贯彻年初工作会议精神，深入开展创先争优活动和基层组织建设年活动，为全面推进依法行政、服务基层、为民服务、优化环境、促进和谐，完成上级党组织交办的工作任务提供了强大的思想基础和组织保证，充分发挥了党组织的战斗堡垒作用和共产党员的先锋模范作用。

【机关党建工作】2012年，机关党委办公室始终坚持把理论武装作为机关党建工作的首要任务，加强党员干部政治理论教育，强化宗旨意识，坚定理想信念，推进学习型党组织建设。一是深入学习宣传贯彻落实党的十八大会议精神。以党组中心组理论学习为龙头，以抓好处级领导干部理论学习为重点，带动基层党组织和党员，迅速掀起学习贯彻党的十八大精神的热潮。通过党组发文、专家辅导、发放学习资料、交流心得体会等方式，深入学习领会党的十八大会议精神，将党的十八大精神贯彻落实到实际工作中。组织党组理论中心组学习15次，向机关各总支、支部发放各类学习资料7000余本，此外，还为机关党务干部配备党务工作专用书。二是充分发挥党的理论优势，加强政治理论学习。认真学习邓小平理论、“三个代表”重要思想和科学发展观，围绕党的路线方针政策、形势任务教育、党的历史等重点内容，用中国特色社会主义理论体系武装头脑，指导实践，推动地税事业科学发展。及时组织中央、北京市重要会议精神的学习以及主要领导的讲话精神，力求在联系实际、务求实效上下功夫。加强政治理论学习教育的计划性，制定市局党组中心组理论学习计划和市局机关党员学习教育计划，向各支部发放各类学习资料。加强党员政治理论学习的管理与监督，每次理论学习要求党支部及时反馈学习信息。三是开展社会主义核心价值教育。举办“保持党的纯洁性”专题教育辅导讲座，要求广大党员、干部坚定理想信念，充分认识新形势下保持党的纯洁性的极端重要性和紧迫性。举办系统处级干部党建和依法行政专题培训班，提升党员领导干部政治理论素养和依法行政的能力。进一步深化市局机关“读书、荐书、评书”活动，为总支、支部配置党务知识及相关实践学习用书。向党员推荐《北京日报》指定的100本好书，努力提高广大党员干部的思想理论素质，从理论上保持和发展党的先进性和纯洁性。

【机关党组织建设】2012年，机关党委办公室继续认真落实《中国共产党和国家机关基层组织工作条例》，不断加强机关党的组织建设，为完成中心工作提供组织保障。一是组织党的十八大代表和市十一次党代会代表推荐选举工作。按照市直机关工委的统一部署和要求，坚持标准，严格程序，发扬民主，加强领导，认真组织做好市局机关出席党的十八大代表、市十一次党代会代表和市直机关十一次党代会代表选举工作。围绕代表推荐选举工作，加强党内民主教育，保障党员的主体地位和民主权利。二是完成“基层组织建设年”各项工作任务。以“基层组织建设年”为载体，认真做好市局机关党支部分类定级工作，评选优秀党建创新项目。认真落实“三会一课”制度，开展支部书记讲党课活动，把支部书记讲党课作为评选先进基层党组织的重要考核内容。认真贯彻落实民主集中制原则，制定《市局机关党委工作规则》，听取机关各级党组织和党员群众的意见，促进决策民主化、规范化、科学化，充分调动和发挥各级党组织和广大党员的积极性、创造性。抓好地税文化建设，在全系统开展征集“北京地税精神”表述语活动。三是做好党员发展和党费收缴工作。加强对入党积极分子和党员发展对象的教育、培养和考察工作，组织13名入党积极分子参加市直机关工委组织的入党积极分子培训班。坚持对党员发展对象公示、谈话、考核制度，做到坚持标准、保证质量、改善结构、慎重发展。一年来，共发展党员13名，预备党员转正9名。认真做好党费收缴、使用和管理，坚持对广大党员进行自觉交纳党费的教育，把党费收缴工作同严格党的组织生活结合起来，做到按时按规定上缴党费。年末，市局机关共有党总支6个，党支部71个，党员832名（其中在职党员705名，离退休党员127名）。

【作风建设】2012年，机关党委办公室以深入开展创先争优活动为抓手，不断加强机关党的作风建设，增强党员干部队伍的凝聚力和战斗力。一是深入开展创先争优活动。大力培养、树立、宣传先进典型，广泛开展以“群众评议、党员互评、领导点评”“争创纳税人满意窗口、争创优质服务品牌、争创优秀服务标兵”为主要内容的“三评三创”活动和以“比技能、比作风、比业绩”“服务亮标准、党员亮身份、单位亮承诺”为主要内容的“三比三亮”活动，充分发挥各级党组织的战斗堡垒作用和党员先锋模范作用，在全社会树立北京地税良好形象。深入挖掘机关党员的典型事迹，广泛宣传、大力表彰先进基层党组织和优秀共产党员，评选出机关先进基层党组织13个，优秀共产党员81名，形成一批具有地税特色的党员先锋岗、党员示范窗口和党建工作品牌。2012年编发《创先争优专报》60余期，积极向《北京地税》杂志的党建工作专栏踊跃投稿，营造良好的舆论氛围。组织召开创先争优活动经验交流大会，总结市局机关开展创先争优活动的好经验、好做法，动员机关各级党组织和广大党员干部巩固和拓展创先争优活动成果，建立健全创先争优长效机制，进一步明确将创先争优活动常态化、长效化的要求，使创先争优融入基层党组织和党员的日常工作中，成为基层党组织和广大党员的价值追求。二是加强和改进思想政治工作。构建党建与思想政治工作一体化的领导体制和工作机制，组织召开领导干部会议，就思想政治工作进行专题部署，对系统思想政治工作进行交流，进一步统一思想，明确任务要求，推动系统党建和思想政治工作再上新水平。三是建立健全党内激励帮扶机制。开展党员谈心、走访慰问活动，全年共帮扶机关生活困难党员18名，落实帮扶资金21000元。深入开展“三进两促”活动，特别是在今年北京7.21特大自然灾害救助工作中，组织机关全体共产党员、群众为帮扶对象房山区大安山乡赵亩地村奉献爱心，为该村筹得善款10万余元。

【党风廉政建设】2012年，机关党委办公室严格执行党风建设廉政责任制，不断加强机关党风廉政建设。进一步提高防控风险能力。认真学习市局党组关于进一步加强廉政风险防控管理工作的意见。对各自分管的工作内容进行风险防控分析，标注风险点，提高防控风险和自我约束的能力。

【制度建设】2012 年，机关党委办公室继续完善创新工作机制，不断加强机关党的制度建设，提高依法行政工作效能。一是优化政务流程。结合优化政务流程工作，对党建制度进行梳理完善，对保留类、修订类和制定类制度配置流程图 15 个，新制定、修订党建工作制度 5 项，废止制度 10 项，进一步明确工作内容，规范工作程序。二是加强党建调研和制度建设。认真落实《国家税务总局党组关于加强和改进税务系统党建工作的指导意见》的精神，加强党建调研工作，推进系统党建工作顺利开展。围绕党建工作创新、党建与思想政治工作一体化、创先争优活动、党群工作以及服务党员等几方面制定了 11 个党建工作调研课题，同时围绕创建学习型党组织、党务公开、党员承诺、党建工作责任制列出了 21 项需建立的新制度。

【机关团建工作】2012 年，市局机关团委在机关党委的正确领导下，认真贯彻市直机关团工委年初工作会议精神，充分结合创先争优活动，积极履行团结青年、组织青年、引导青年、服务青年的职能，充实青年工作力量。一是坚持理论武装，强化宗旨意识，坚定团员青年理想信念。认真贯彻落实党的十八大、中央经济工作会议、市十一次党代会和市十三次团代会精神，大力弘扬、认真践行“北京精神”，稳步推进学习型团组织建设。深入学习贯彻落实党的十八大会议精神，组织团员青年认真学习中国特色社会主义理论体系和社会主义核心价值体系，坚定政治信念，树立正确的世界观、人生观、价值观。二是发挥团员青年生力军作用。积极发扬“党有号召，团有行动”的优良作风，围绕中心，服务大局，积极发挥党的助手和后备军作用。广大一线青年立足服务首都经济社会发展大局，扎实推进依法行政，坚持依法征税，应收尽收，积极开展“三进两促”活动，在新的税收政策出台后，带头加班加点，承担重任，为促进首都经济发展方式转变和构建和谐征纳关系作出了积极的贡献，发挥了团员青年的生力军作用。三是组织开展丰富多彩的青年活动。抓住党的十八大召开、纪念建团 90 周年等重要契机，开展丰富多彩的主题教育活动，坚定青年中国特色社会主义共同理想。到北大红楼开展“探寻团史足迹，坚定理想信念”活动，让团员青年了解、铭记新文化运动的历史功绩，到天安门广场开展“纵情欢歌庆华诞，自信豪迈谱新篇”活动，坚定团员青年的理想信念。大力弘扬志愿服务精神，深化青年公益活动，成立市直机关志愿者联合会分会，通过开展税法宣传、政策咨询、扶贫助困等形式的志愿服务，向机关全体团员青年发出倡议从身边的小事做起，做节约能源的表率，做热心公益的表率，做勤奋工作的表率。到北京北站开展学雷锋志愿服务活动，为过往旅客引路咨询、搬运行李；到三个区县开展义务植树造林活动；开展“党在我心中”系统巡回演讲，树立青年人身边的榜样，培养团员青年的正义感和责任感。四是夯实基础，进一步加强团的制度建设。积极探索形成机关团委工作规范、“推优入党”等一系列加强团组织建设的配套性、系统性、可操作性的制度，做到组织健全、设置合理、工作有力。结合局内开展的优化政务流程工作，对共青团工作进行全面梳理，绘制流程图，进一步明确工作内容，规范工作程序。加大“推优入党”工作力度，使机关团员不断向党组织靠拢，2012 年，共推荐 3 名优秀团员加入党组织，28 岁以下党员比例已达到 30%。截至 2012 年 12 月底，市局机关团委共有团支部 6 个，共青团员 70 人。

（任丽娟）

基层建设

【综述】2012年，全系统基层工作在北京市地税局党组的正确领导下，全面贯彻落实科学发展观，认真落实年初工作会确定的工作目标和各项工作要求，紧密围绕市局党组提出的“全面推进依法行政、服务基层、为民服务、优化环境、促进和谐”总体要求，着力推进思想政治工作，大力加强基层建设，深入开展精神文明创建活动，优化管理考核，夯实各项基础工作，努力提高为基层服务的能力，较好地完成了各项工作任务。

【领导干部会议】2012年8月21—22日，北京地税召开2012年领导干部会议（思想政治工作会）。北京地税系统218名所长、相关科长以及各区县（分）局、直属单位、市局各处室主要负责人参加了会议。基层工作处积极筹备、精心组织，经过组织准备、修改完善、广泛征求意见三个阶段，历时5个月的时间，组织完成了2个机关处室、5个区县局、分局、7个科室、税务所共14个单位的会议交流材料，拟定了《关于加强和改进新形势下党建和思想政治工作的实施意见》《关于加强基层建设的指导意见》等2份会议讨论材料。通过大会交流，全系统各单位反响热烈，普遍反映交流材料质量高，讨论材料指导性强，给予高度评价。此次会议反映了基层动态，宣传了先进典型，交流了经验做法，对推进新时期地税系统党建和思想政治工作、基层建设具有重大意义和重要指导作用。

【政务管理】政务制度流程梳理工作是2012年北京地税系统的重点工作之一，按照市局优化政务流程、完善管理制度工作的总体安排，基层工作处作为督导组的牵头处室，认真积极开展督导工作，并指导系统基层税务所层面优化政务流程、完善管理制度工作。一是认真做好督导工作。研究拟定督导组工作方案，完成对全系统23个区县局、分局的督导检查工作，并形成督导检查报告材料23份，达到了“全覆盖、不遗漏”，针对督导过程中发现总结出的比较集中的问题及时编印《关于优化政务流程、完善管理制度督导检查中发现的若干具体问题的解释》下发全系统，指导各单位工作的进行。深入税务所实地检查，了解了29个税务所的优化完善工作情况，现场解答工作中的难点，充分发挥督导检查和宣传指导的双作用。二是指导并推进税务所层面优化政务流程、完善管理制度工作。经过对不同类型税务所的基本管理制度进行摸底梳理，汇总出《税务所基本管理制度目录》，经过三上三下的广泛征求意见，最终形成包含19个方面管理制度的《基层税务所政务制度参考目录》，并研究制定了其中具有普遍性和共同性的10项制度模板下发全系统，为税务所优化完善工作提供参考。三是为全面推进全系统优化政务流程、完善管理制度工作，总结交流推广区县局和分局、税务所层面开展优化完善工作中的先进经验，于8月10日在通州地税局组织召开了区县局和分局优化政务流程、完善管理制度工作经验交流会。通州局、朝阳局、稽查一局、石景山苹果园税务所、东城第三税务所在会上作了经验交流。参会人员还现场参观了通州局第一税务所的优化完善工作。会议起到了很好的交流促进作用。四是开展关于基层税务所推进优化政务流程、完善管理制度的调研工作。为了充分了解基层税务所优化政务流程、完善管理制度的开展情况，基层工作处撰写关于推进基层税务所优化政务流程、完善管理制度工作的调研，供领导参考。调研从税务所开展优化完善工作的现状、存在问题和难点入手，深刻认识基层税务所开展优化完善工作的必要性，总结工作中好的经验和做法，发现对全面推进依法行政，开展各项工作的启示。

【精神文明创建】精神文明创建工作取得了新成绩。一是深入开展北京地税系统青年文明号创先争优活动。10 月底召开北京地税系统青年文明号创先争优活动总结会。系统 9 个全国青年文明号、37 个北京市青年文明号集体的主要负责人就本单位开展创先争优活动的情况进行总结，主要针对创建工作中的亮点工作和经验特色开展了广泛交流。总结会为系统青年文明号开展创先争优活动画上了圆满的句号。自 2011 年以来开展的北京地税系统青年文明号创先争优活动，使得青年文明号集体和广大青年干部提高了围绕中心、服务大局的能力，提高了依法行政和服务纳税人水平。活动得到了国家税务总局、团中央、团市委领导的高度肯定，相关信息多次刊载在团中央网站和总局信息展板上。二是组织开展道德领域突出问题专项教育和治理活动。按照中央和北京市关于维护社会稳定工作和开展道德领域突出问题专项教育治理活动的部署要求，及时拟发了《北京市地方税务局关于开展道德领域突出问题专项教育和治理活动实施方案》，会同相关部门组织召开了全系统维护稳定工作会议暨开展道德领域突出问题专项教育和治理活动电视电话会议。党组书记、副局长刘江平主持会议并作讲话。邀请首都师范大学青年教育艺术研究所所长、演讲中心主任、中共北京市委特约报告人郭海燕教授，为全系统作“全面提升道德修养，认真践行社会主义核心价值”辅导报告。深入发掘全系统一线窗口单位诚实守信的集体和讲究公德的个人，择优向市委宣传部、首都文明办推荐，《劳动午报》的记者对市地税局推荐的东城地税局干部曹惠峰进行了采访。道德领域突出问题专项教育和治理活动对于全系统全面推进依法行政，规范纳税服务，树立北京地税良好形象具有重要意义。三是开展并完成 2011—2012 年度全国青年文明号评选工作。按照《国家税务总局共青团中央关于评选 2011—2012 年度税务系统全国青年文明号的通知》(国税发〔2012〕82 号）要求，于 9 月 12 日组织全系统 9 个往届全国青年文明号集体和 37 个北京市青年文明号集体召开了 2011—2012 年度北京地税系统全国青年文明号评选工作会。通过创建工作汇报、民主推荐，东城地税局第三税务所被推选为 2011—2012 年度北京地税系统全国青年文明号。四是完成全国巾帼文明岗、北京市三八红旗集体（手）评选工作。经过民主推荐及市局党组同意，朝阳局酒仙桥税务所为全国巾帼文明岗，西站分局西站税务所所长经萍被评为北京市三八红旗手。芮萍、王建军、范文书三人在市妇联组织开展的“我在平凡的岗位上”征文演讲活动中获奖。五是组织开展“我身边的好税官”评选活动。组织各单位认真学习“全国十佳税务工作者”的先进事迹，推荐上报第一稽查局审理科科长左春峰、西站分局西站税务所所长经萍、西城区金融街税务所所长孙东晖三人为“我身边的好税官”。

【基层建设】 采取有效措施，重点围绕机关服务基层建立相关工作制度，健全完善服务基层的平台，密切联系基层，充分发挥基层工作处作为机关和基层之间的桥梁纽带作用，为基层服务。一是建立健全服务基层的制度机制。基层工作处积极拟定服务基层的《中共北京市地方税务局党组关于加强和改进新形势下党建和思想政治工作的指导意见》（京地税党〔2012〕68号）和《中共北京市地方税务局党组关于加强基层建设的指导意见》（京地税党〔2012〕69号）等相关文件，切实建立市局机关服务基层的基本保障机制和快速反应机制，增强两级机关服务基层的意识和能力。二是切实为基层办实事、办好事。为确保市区两级机关与基层税务所之间的沟通畅通高效，研究建立两级机关与基层税务所的挂钩联系制度，督促两级机关了解并帮助解决基层工作中存在的困难和问题，并将解决措施及时答复基层税务所。三是搭建联系基层、服务基层的平台，充分利用内网办公系统首页《基层建设专刊》电子栏目，反映基层工作动态、宣传先进典型，交流经验做法，鼓励先进，弘扬正气。全年共编发51期，较好地促进了全系统各单位的沟通交流。四是组织对全系统基层税务所的税收收入、人员情况、管辖区域、税源经济特点等基本情况进行了统计，建立了基层税务所信息库。对2008年底以来全系统所获国家级、市级荣誉进行了全面统计，提高了有关数据的使用效率。五是密切联系基层，发挥桥梁纽带作用。年初协调组织市局11位局领导、21个处室对系统11个边远税务所进行了走访慰问，了解偏远税务所的工作及税务干部的生活情况，送去书籍和生活用品，为基层税务所划拨慰问经费共计16.5万元。六是与宣教处组织两期208位所长参加的为期4天的以学习党的十八大精神为核心内容的基层税务所长培训班。

【管理考核】 按照服务基层、服务纳税人工作领导小组的安排部署，充分发挥“双服务”领导小组办公室成员单位作用，积极配合征管处、法制处、纳服处共同组织实施市地税局服务基层、服务纳税人工作。一是落实减轻基层负担措施。按月对机关处室向基层部署的各项工作进行统筹协调，提高工作效率，减轻基层负担。协助组织召开了全体成员单位会议，总结2011年市局减负相关工作情况，提出2012年工作设想。协助组织召开副主任单位会议，共同研究落实“按月调度、按季通报、半年总结”工作调度会运行方式及市局各处室落实两个服务、减轻基层负担要求的具体措施。二是提升考核工作效果。多次组织召开考核工作协调会，切实履行部门职能，加强管理监督，对考核指标进行了修订，调整了14项指标的评分标准，进一步完善了考核指标，发挥了考核的导向和促进作用，调动了基层干部的主动性和积极性。

（王晶晶）

廉政建设

【综述】2012 年，北京市地税局认真贯彻落实中央、市委、市政府和国家税务总局关于加强反腐倡廉建设的各项部署，按照市局党组年初提出的全市地税工作的总体要求，紧密结合实际落实党风廉政建设各项任务，以加强党风廉政建设责任制为基础，以构建廉政风险防控体系为重点，进一步加强党风廉政建设，扎实做好各项工作，重点完成以下内容：加强监督检查保证决策部署的贯彻落实，制发《进一步加强廉政风险防控管理工作意见》并完成八个方面重点任务，组织形式多样的反腐倡廉宣传教育培训活动，落实党政领导干部选拔任用四项监督制度，贯彻执行税收违法违纪行为处分规定，认真做好信访接待、维稳工作，开展公务用车等专项治理，开展民主评议基层科所活动，开展纪检监察干部培训，促进全系统党风廉政建设反腐败工作水平不断提高。

【党风廉政建设工作会议】2012 年 2 月 26 日下午，北京市地税局召开 2013 年北京市地税系统党风廉政建设工作会议。会上，纪检组长吴鼎代表市局党组作了工作报告，总结 2012 年全市地税系统党风廉政建设和反腐败工作，部署 2013 年工作任务。党组书记刘江平提出三点意见：一是肯定了 2012 年党风廉政建设和反腐败工作，为税收中心任务的完成提供了有力保障。二是提出了 2013 年要不断将党风廉政建设和反腐败工作引向深入。三是要采取有力措施，确保党风廉政建设和反腐败工作取得新成效。最后，局长王晓明强调，各单位、各部门要切实抓好贯彻落实，认真学习中央、市委、国家税务总局有关文件和会议精神，把思想认识统一到党风廉政建设工作会议精神上来，统一到市局党组确定的 2013 年工作要求、工作任务、工作措施上来。要以奋发有为的精神，更加科学有效地开展工作，要将党风廉政建设和反腐败工作不断引向深入，为完成全年各项工作起到保障作用。当前，要全力做好安全维稳工作，确保安全维稳工作万无一失。

【监督检查】2012 年，加强对全面贯彻落实中央和市委、市政府、国家税务总局的重大决策部署进行监督检查。加大对实行结构性减税政策、推进税制改革、依法加强税收征管落实情况的监督检查力度。紧密围绕税收中心工作，深入分析、科学预判在“营改增”工作中可能出现的矛盾和问题，早准备、早提醒、早部署、早检查，促进“营改增”工作的顺利进行。加强对组织收入原则落实情况的监督检查，防止越权减免税、收过头税等违法违规问题的发生。加强对各单位落实市局党组工作要求情况的监督检查，对领导班子及领导干部维护党的政治纪律、执行民主集中制和“三重一大”决策制度、落实党风廉政建设责任制、廉政勤政情况、党务公开和政府信息公开情况的监督检查。确保政令畅通，令行禁止。

【党风廉政建设责任制实施办法】为贯彻落实中共中央、国务院重新修订的《关于实行党风廉政建设责任制的规定》，市局党组结合地税实际，制定《北京市地方税务局党风廉政建设责任制实施办法》。实施办法分为7章48条，对党风廉政建设责任制责任内容、责任实施、检查考核、责任监督、责任追究等方面作了具体规定，要求各级领导干部高度重视落实党风廉政建设责任制工作，进一步增强责任意识，采取有效措施，全面履行自身职责。

【党风廉政建设工作】经认真研究，市局确定2012年党风廉政建设和反腐败工作重点任务，共8大方面26项，包括：加大对贯彻落实重大决策部署、执行政治纪律和组织人事纪律以及依法征税等方面情况的监督检查力度，加强党员干部纯洁性教育，深化党风廉政建设责任制，深入推进廉政风险防控管理工作，强化对领导班子和领导干部的监督，严肃查办违纪违法案件，切实加强政风行风建设，继续深入推进专项治理。同时细化工作责任，落实责任主体，把各项工作任务合理分解到每一个领导班子成员和相关职能部门，确保责任落实到位。

【反腐倡廉宣传教育培训】举办专题教育辅导讲座。邀请专家学者就保持党的纯洁性以及充分认识加强党风廉政建设的必要性、艰巨性、复杂性等方面进行专题辅导。开展各级领导干部讲廉政党课活动。以身边人、身边事的生动事例，教育引导广大干部职工廉洁自律。组织市局机关干部观看话剧《金超杰》，组织系统税务干部参观反腐倡廉教育影像展览。开展“践行北京精神，弘扬清正廉洁”反腐倡廉文艺作品征集活动。在全系统组织征集文学、动漫、文艺节目和艺术作品100余件，从中评选出46件作品上报。为党员干部发放廉政教育书籍。通过宣传教育培训，进一步增强了广大干部廉洁自律意识和反腐倡廉的积极性和主动性。

【廉政风险防控】按照市委、市政府《关于进一步加强廉政风险防控管理的意见》等文件要求，结合地税系统实际，市局制定并印发了《关于进一步加强廉政风险防控管理工作的意见》（以下简称《意见》），明确了开展廉政风险防控管理工作的指导思想、工作原则、工作目标、重点任务和工作要求。为确保《意见》的贯彻落实，市局还制发了《实施方案》和《工作计划分解表》，成立组织机构，确定实施步骤，公布试点单位名单，按月制定任务分解表，使实施方案各项任务落实到具体人员、完成时间，为廉政风险防控管理工作顺利开展奠定了基础。全年完成了八方面工作：一是将优化流程完善制度工作与廉政风险防控管理紧密结合，通过排查廉政风险、完善岗责体系、规范工作流程、健全管理制度，将反腐倡廉的要求融入各项工作之中，落实到权力结构和运行机制各个环节。市局机关各部门梳理了涉权事项168项，编制权力运行流程图，查找风险点并制定了相应的防控措施。二是制定集体决策事项目录，对需由集体决策的25个事项进行了重新梳理、认定和细化，明确主要承办部门。坚持采购工作集体决策，截至目前，共组织进行9次24个项目的集体决策。加强招投标项目的立项审批，严格基建管理，明确职责分工，防范不廉洁行为的发生。三是梳理行政审批事项，对行政许可程序进一步完善。对梳理中发现的“印花税票代售许可”流程和“印制有本单位名称的发票”事项的问题，从减轻申请人和基层税务机关负担出发，就行政许可程序和申请材料等进行调整和精简，设计较为简单、易于操作的流程。四是规范自由裁量权的行使，明确自由裁量权的适用规则及裁量基准。与市国税局联合拟定了《规范税务行政处罚裁量权实施办法（试行）》和《规范税务行政处罚裁量权执行标准（一）》。明确处罚裁量权的概念、行使处罚裁量权应坚持的原则、处罚裁量影响因素，不得处罚、不予处罚、从轻处罚、从重处罚适用情形等内容，特别是对日常征管中容易发生的12项税务违法行为，逐一明确具体处罚标准。五是强化对重大项目资金使用全过程的监督，制定市局《建设项目审计》《财务审计》《领导干部经济责任审计》和《配合外部审计监督工作规程》等4个管理制度及工作流程。对重大资金使用全过程进行监督，包括：政府采购项目的全过程、税务所维修改造项目历史遗留问题以及市局本级2012年1—8月基本经费、票证印制专项经费的预算编制和执行情况等进行审计。六是优化税务所内部权力配置，分解细化税收管理员的权力。从规范税务所岗责配置标准、严格税收管理员权限、优化税务所长分工等方面提出加强廉政风险防控的具体意见，初步拟定《关于进一步优化税务所内部权力配置的意见》。七是进一步强化政务公开和党务公开。八是试点区县（分）局积极开展廉政风险防控管理工作，两个试点局按照时间进度紧张有序地推进工作，并分别进行了阶段小结，归纳试点工作经验，为明年在全系统推广打下基础。

【处分规定】为认真贯彻执行监察部、人力资源和社会保障部、国家税务总局联合发布的《税收违法违纪行为处分规定》（第26号令），市局及时印发了《北京市地方税务局关于贯彻落实〈税收违法违纪行为处分规定〉的通知》，要求各部门密切联系工作实际，协调配合，充分发挥职能作用，形成工作合力，严格落实责任追究；执法、执纪部门要准确把握税收违法违纪行为的构成及其量纪标准，认真研究和查找工作中存在的漏洞，从根本上减少税收违法违纪行为的发生。同时，组织全系统纪检监察干部带头学习，深刻领会；组织市局机关各处室主要负责人参加国家税务总局举办的相关培训辅导，增强依法行政和依法依纪查处案件的能力与水平。

【信访接待维稳工作】充分发挥各职能部门作用，认真办理通过来信、来访、来电、网络等不同渠道反映的问题，严肃查处侵害纳税人利益的行为，努力协调解决群众的合理诉求；认真调查，严谨答复，做到以理服人、以情感人，化解矛盾纠纷，确保案结事了、不留隐患，努力把问题解决在接访过程中；积极协助中纪委、市纪委、市检察院等单位开展相关案件的协查工作；在节假日及重大活动时，加强安全值守，安排领导在岗带班，明确岗位职责，对重要岗位、重点部位进行巡视检查，发现问题督促整改。

【四项监督制度】严格按照《党政领导干部选拔任用工作条例》规定的资格条件、“任人唯贤、德才兼备”“公开、平等、竞争、择优”等原则，以及民主推荐、考察、酝酿、讨论决定、任职等程序，开展干部选拔任用工作。认真执行《党政领导干部选拔任用工作责任追究办法（试行）》等四项监督制度，对各区县局、分局2011年干部选拔任用工作进行“一报告两评议”，并开展组织工作满意度调查。全年共对提拔任用的42名处级干部、288名科级干部和279名记三等功人员进行廉政会审，力求所有提拔任用及表彰程序均符合规定要求。

【公务用车管理】认真完成公务用车和执法用车的重新核编工作，与市财政局联合制发《北京市地方税务系统执法执勤用车配备使用管理办法（试行）》。开展对直属单位公务用车问题专项治理的督导检查工作，加强对公务用车的规范管理。

【纠风工作】按照市纠风办要求，市局印发《关于在地税系统开展2012年民主评议基层科所工作的通知》，在全系统开展民主评议基层科所活动。紧密围绕税收中心工作，深入分析、科学预判在“营改增”工作中可能出现的矛盾和问题，早准备、早提醒、早部署、早检查；税政处室为各区县（分）局纪检监察干部介绍“营改增”工作情况，纪检监察部门向市纠风办、督导组、特约监察员汇报相关工作和热点难点问题；有针对性地开展明察暗访，积极与区县纠风办主要领导沟通情况，听取意见和建议，共同促进基层地税机关政风行风建设。

【干部培训】开展纪检监察干部培训，举办全系统纪检监察干部培训班，系统全体纪检监察干部共95人参加了培训。培训班邀请市纪委和检察院相关领导，重点讲授了廉政风险防控管理工作，案件检查工作的基本程序、要求及方法，反渎职侵权相关知识和预防等内容。通过培训，进一步提高纪检监察干部业务素养和工作能力，使纪检监察干部更好地适应当前惩治和预防腐败的各项工作需要。

（沈全君　胡志娟）

内部审计

【财务审计】按照地税系统内部审计工作安排，全市地税机关认真开展了内部财务审计工作。市局审计处对市局机关本级基本经费、票证印制经费的预算编制和执行情况以及落实市审计局预算编制和决算草案审计处理意见的整改情况进行审计，完成《北京市地方税务局2012年财务审计报告》，审计金额2.17亿元。西城区地方税务局、大兴区地方税务局、昌平区地方税务局也逐步探索开展了内部财务审计工作。

【项目审计】市局审计处参与第一批36个基层税务所竣工结算三方洽商谈判和实地核查；对第二批维修改造税务所进行实地调查。大兴区地方税务局和通州区地方税务局采取委托中介机构、审计干部全程参与的形式，探索开展建设项目审计工作，促进财政资金规范、高效、安全使用。

【审查监督】以对采购事项进行全程跟踪审计为切入点，加强对市局大额资金使用和重大投资项目的审计监督力度，逐步由事后审计向事前预防和事中控制推进。对52个采购项目从预算编制、立项审批、政府采购和签订合同等各个环节进行审核。参与20个项目抽选评标专家、开标和评标等环节的监督工作；参与票证印刷政府采购项目预中标供应商实地核查工作。此外，作为市局采购小组成员单位，共参与13次市局采购小组论证会，对17个采购项目进行集体决策。

【领导干部经济责任审计】为加强干部监督管理，进一步增强领导干部依法履行经济责任的意识，东城区地方税务局、朝阳区地方税务局、海淀区地方税务局、丰台区地方税务局、大兴区地方税务局、昌平区地方税务局、怀柔区地方税务局、延庆县地方税务局探索开展领导干部经济责任审计，共审计科（所）长84名。

【审计监督】 市、区两级地税机关配合市审计局开展2011年度地方税收征管情况以及预算执行和决算草案的审计工作；财政部驻北京专员办对海淀、朝阳、怀柔、平谷局和开发区分局等单位开展开发区财税政策执行情况及税收征管质量专项检查；配合审计署驻长春特派办对北京市开展社保资金审计。先后组织落实2010年财政部驻北京专员办对税收优惠政策执行情况及税收征管质量检查结论和处理意见中提出的四方面21个问题，并积极落实整改，督促纳税人补缴税款103804940.76元，滞纳金10844362.96元；落实整改市审计局关于2011年度税收征管情况审计报告中提出的六方面12个问题，督促129户纳税人补缴税款7021501.68元，加收滞纳金1165429.30元，罚款27011.95元；落实整改北京市审计局关于2011年度预算执行和决算草案审计报告中反映的五方面8个问题。

【业务培训】 市局先后组织开展全系统督察内审业务培训；组织审计干部参加内审协会举办的内部审计人员岗位培训和岗位资格后续教育；安排干部参加税务总局组织的督察内审业务培训；选派干部赴广西和贵州参加税务总局执法督察和领导干部经济责任审计工作，以查代训，在实践中锻炼队伍。

【调研工作】 市局、区县局审计部门深入开展调查研究，审计处、西城区地方税务局、昌平区地方税务局、怀柔区地方税务局以及西站分局分别完成了《加强内部审计工作的思考》《关于开展税收执法督察工作的思考》等7篇调研文章。

（陈晓维）

机构及人员录用

【公务员录用】 立足地税发展需要，科学制定录用、接收计划。通过资格审核、笔试、面试、体检、公示等环节，好中选优，选拔吸收一批品学兼优的高校毕业生和军转干部，改善了区县局干部队伍结构。2012年上半年共录用公务员62名，均为远郊区县局岗位，其中应届毕业生42人、具有两年及以上基层工作经历的16人、村官4人；下半年补充录用公务员34名，其中应届毕业生14人、具有两年及以上基层工作经历的19人、村官1人，充实到远郊区县局30人，燕山、开发区分局4人。在军队转业干部接收工作中，按本人投报志愿，接收安置军转干部68人，其中远郊区县局62人，燕山、开发区分局6人。这些人员经过系统培训，充实了基层征管一线人员力量。

【机构改革】 2012年2月，经市机构编制委员会办公室批准，区（县）地税局一般设14个内设机构，在《关于调整区县地税局主要职责内设机构和人员编制以及市地税局直属机构人员编制的函》核定12个内设机构的基础上，增设工会经费管理科、审计科。计划财务科不再加挂内部审计科牌子，不再承担“负责内部审计工作”

的职责。将纳税评估科“组织本行政区域内地方税收信用体系建设，组织对纳税人纳税信用等级评定及后续管理工作”的职责划入纳税服务科。海淀、房山区地税局各设15个内设机构，除一般内设机构外，仍另设数据管理科。东城、西城区地税局各设18个内设机构，除一般内设机构外，不设人事教育科（保卫科），增设税政管理三科、残保金管理科、档案科、宣传教育科、人事科（保卫科）。纪检监察机构按有关规定设置。

2012年8月，核定北京市第二直属分局的职能配置和机构设置，设置办公室、法制科、非居民税收管理科、反避税科、征收管理科、收入核算科、人事教育科等7个内设机构和监察科，下设第一税务所、第二税务所、第三税务所等3个派出机构。

（翟　敏）

干部管理

【领导班子建设】 按照市局党组关于处级领导干部选拔任用工作的总体安排部署，开展了副处级干部选拔任用工作。对临近退休的干部组织进行民主推荐和考察。对提出提前退休的有关区县局、分局副局长进行民主推荐和考察。全年共选拔任用处级干部41人，其中正处级领导干部1人，副处级领导干部10人，调研员7人，副调研员23人。参与市公开选拔年轻处级领导干部工作，公开选拔了1名北京市地方税务局宣传中心副主任。

【领导班子监督管理】 按照市纪委、市委组织部的要求，坚持把领导干部报告个人有关事项工作列入重要议事日程，精心组织安排，严格抓好落实，在广泛学习宣传基础上，印制下发细化后的《领导干部个人有关事项报告表》，并按照首次填报的要求，对表格填报、个人签字、主要负责人审签及密封作了解释和说明，耐心答复报告对象在填报中遇到的各类问题，确保报告对象不漏人、报告内容不漏项。地税系统符合报告条件的513名处级以上干部（不含市纪委监察局驻地税局党组成员、纪检组组长吴鼎和纪检组副组长、监察处处长吕新利）均按照要求填报了个人有关事项报告表，其中现职局级干部10人，已办理退休手续在社会团体担任领导职务的局级干部3人，处级干部500人。

【领导班子和领导干部考核测评】 结合2011年度公务员考核奖励工作，对全系统处级领导班子和处级领导干部进行了考核测评。同时，按照市委组织部《关于四项监督制度实施细则的规定》的要求，对各区县局、分局2011年干部选拔任用工作进行“一报告两评议”，并开展组织工作满意度调查。对考核测评情况进行统计汇总分析，将情况反馈给各班子和每名领导干部。协助市委组织部做好局级领导班子、领导干部考核和系统干部选拔任用工作“一报告两评议”工作。

【考核奖励】 2012年度全系统应参加年度考核7387人，有23人因病事假半年以上或其他原因未参加考核，实际参加7364人，其中94人参加年度考核，按规定未定考核等次。共有1459人被评为优秀等次、5811人被评为称职等次；1895人受奖励，其中430人记三等功，1465人给予嘉奖。

【工资管理】一是做好工资津贴发放和福利待遇工作。根据2011年度考核结果，及时进行工资调整，其中晋升工资级别58人，晋升工资档次414人，工作性津贴调整169人；在市人社局核定的总额内，补发2011年绩效管理奖金。全年对89名职务变动人员重新核定了工资。根据人员工资变动情况，及时填写市局机关472人次的《工资变动审批表》，并进行归档。按照国家规定，为市局机关10名干部办理退休手续。二是认真落实规范津贴补贴工作。根据进一步规范公务员津贴补贴及事业单位人员工资工作会议精神，2012年4月工资中补发市局机关在职及离退休人员2011年1月至2012年4月共16个月的津贴补贴。此次补发涉及613人，其中在职473人，补发6933038元，离休10人，补发119040元，退休127人，补发997061元。三是配合开展社会保险工作。根据2012年1月参加工伤险、生育险的相关文件要求，共处理生育险申报11人，工伤认定2人。全年严格执行公务员工资、福利待遇标准，无擅自提高或降低公务员工资、福利待遇的情况和违反规定扣减或拖欠公务员工资的情况发生。

【干部任免】1月10日　北京市地税局党组第1次会议研究决定：易鸿卫任北京市地方税务局营业税管理处副处长，王秉明任北京市地方税务局征收管理处副处长，何媚任北京市地方税务局收入规划核算处副处长，孟刚任北京市地方税务局稽查处（税务违法案件举报中心）副处长，赵伟、蒋宁任北京市地方税务局科技信息处副处长，何林任北京市地方税务局计划财务处副处长，张智慧任北京市地方税务局保卫处副处长，门杰任北京市地方税务局机关后勤服务中心副主任。以上9名干部任职试用期一年。付晓彬任北京市地方税务局企业所得税管理处副调研员；王磊任北京市地方税务局征收管理处副调研员；周非平任北京市地方税务局收入规划核算处副调研员；马昕任北京市地方税务局稽查处（税务违法案件举报中心）副调研员；田鸿雁任北京市地方税务局残保金管理处副调研员；罗拥军任北京市地方税务局科技信息处副调研员；李家斌任北京市地方税务局保卫处副调研员；张红军任北京市地方税务局离退休干部处副调研员；张亚林任北京市地方税务局机关后勤服务中心副调研员；田苏波任北京市朝阳区地方税务局副调研员；王国红任北京市海淀区地方税务局副调研员。

2月7日　中共北京市委组织部研究，决定卜祥来任中共北京市地方税务局党组成员。

2月20日　北京市地税局党组第3次会议研究决定：常天柱任北京市地方税务局北京西站分局党组成员、副局长。赵兰钟任北京市东城区地方税务局副调研员。杨春林任北京市海淀区地方税务局副调研员。

免去：李丽平、陈同荫北京市西城区地方税务局副调研员职务，包丽霞北京市石景山区地方税务局副调研员职务，并办理退休手续。

3月26日　北京市地税局党组第5次会议研究决定：薛礼兼任北京市地方税务局国际税务管理处处长；徐媛兼任北京市地方税务局国际税务管理处副处长。唐敬春、张清松任北京市地方税务局第二直属分局党组成员、副局长。王梦昭任北京市地方税务局地方税管理处调研员；刘秀英任北京市丰台区地方税务局调研员；李艳茹任北京市海淀区地方税务局副调研员；金维权任北京市通州区地方税务局副调研员；郄士臣任北京市大兴区地方税务局副调研员。

免去：崔燕生北京市东城区地方税务局党组副书记、副局长、调研员职务，唐敬春、张清松北京市地方税务局法制处（国际税务管理处）副处长职务。

4月5日　北京市地税局党组第6次会议研究决定：施宏任北京市地方税务局法制处处长；李娜任北京市地方税务局法制处副处长。刘乃昌任北京市东城区地方税务局党组成员、副局长（试用期一年）。杜明任北京市门头沟区地方税务局副调研员，张涛任北京市房山区地方税务局调研员，李俊忠任北京市房山区地方税务局副调研员，黄洪斌、杨传良任北京市通州区地方税务局副调研员，宋永伟任北京市顺义区地方税务局调研员，费伟荣任北京市大兴区地方税务局副调研员，以上7名干部任职时间从2011年9月30日起计算。

免去：施宏北京市地方税务局法制处（国际税务管理处）处长职务，李娜北京市地方税务局法制处（国际税务管理处）副处长职务。

4月27日　北京市地税局党组第6次会议研究决定：免去刘秀英北京市丰台区地方税务局调研员职务、傅金良北京市丰台区地方税务局副调研员职务，并办理退休手续。

5月15日　北京市地税局党组第9次会议研究决定：但启明结束试用期，任北京市地方税务局第一稽查局党组成员、副局长，任职时间从2011年3月14日计算。崔彤阳结束试用期，任北京市地方税务局第一直属分局党组成员、副局长，任职时间从2011年3月14日计算。杜云涛、赵鲁平、邓晓艳、王旋结束试用期。杜云涛任北京市地方税务局工会经费管理处副处长，任职时间从2011年3月2日计算；赵鲁平任北京市地方税务局工会经费管理处副处长，任职时间从2011年3月14日计算；邓晓艳、王旋任北京市地方税务局档案处副处长，任职时间从2011年4月29日计算。

同意刘安乐因身体原因提出的提前退休申请，不再主持北京市地方税务局社保金管理筹备工作，并办理退休手续。

5月29日　北京市地税局党组第10次会议研究决定：免去朱剪云北京市地方税务局直属机关工会调研员职务，金维权北京市通州区地方税务局副调研员职务，郄士臣北京市大兴区地方税务局副调研员职务，并办理退休手续。

6月18日　北京市地税局党组第11次会议研究决定：庞黎静任北京市西城区地方税务局调研员，汪沛任北京市地方税务局第一稽查局调研员，常天柱任北京市地方税务局北京西站分局调研员。

免去：庞黎静北京市西城区地方税务局党组成员、副局长职务，常天柱北京市地方税务局北京西站分局党组成员、副局长职务，汪沛北京市地方税务局第一稽查局党组成员、副局长职务。王洁北京市朝阳区地方税务局调研员职务，王梦昭北京市地方税务局地方税管理处调研员职务，并办理退休手续。

7月11日　北京市地税局党组第12次会议研究决定：庄祁玮任北京市地方税务局宣传教育处处长兼北京市地方税务局宣传中心主任（试用期一年）。

9月17日　北京市地税局党组第14次会议研究决定：谷绍峰任北京市东城区地方税务局调研员，侯晓林任北京市西城区地方税务局调研员，季春阔任北京市顺义区地方税务局调研员，刘永生任北京市顺义区地方税务局副调研员，胡森、李华任北京市西城区地方税务局副调研员，张宝荣任北京市通州区地方税务局副调研员，杨仕明任北京市怀柔区地方税务局副调研员，王家珍任北京市大兴区地方税务局副调研员，李军平任北京市密云县地方税务局副调研员，马福利任北京市延庆县地方税务局副调研员，丁云任北京市地方税务局征收管理处副调研员。

同意庞黎静提出的提前退休申请，免去北京市西城区地方税务局调研员职务；同意常天柱提出的提前退休申请，免去北京市地方税务局北京西站分局调研员职务，并办理退休手续。

11 月 26 日　北京市地税局党组第 15 次会议研究决定：康红勋结束试用期，任北京市地方税务局信息中心副主任，任职时间从 2011 年 7 月 29 日计算。段宁轩任北京市地方税务局企业所得税管理处副调研员。冷文娟任北京市地方税务局宣传中心副主任（试用期一年）。

免去：纪宏巍北京市顺义区地方税务局党组成员、调研员，北京市顺义区地方税务局机场分局局长职务。胡淼北京市西城区地方税务局副调研员职务，季春阔北京市顺义区地方税务局调研员职务，李军平北京市密云县地方税务局副调研员职务，李艳茹、鲍善星北京市海淀区地方税务局副调研员职务，王家珍北京市大兴区地方税务局副调研员职务，杨仕明北京市怀柔区地方税务局副调研员职务，并办理退休手续。同意汪沛提出的提前退休申请，免去北京市地方税务局第一稽查局调研员职务，并办理退休手续。

12 月 21 日　北京市地税局党组 2012 年 12 月 21 日第 17 次会议研究决定：免去丁云北京市地方税务局征收管理处副调研员职务，侯晓林北京市西城区地方税务局调研员职务，并办理退休手续。

（翟　敏）

离退休干部管理

【综述】在 2012 年的工作中，离退休干部处根据本处室工作的实际，着重在处领导班子思想作风的建设，政务流程的制定，全系统离退休干部工作创先争优工作的开展，党支部的建设和“做国家利益的忠诚卫士”反腐倡廉专题教育的开展，机关作风建设的整顿等方面，制定了详细和周密的学习和工作计划，并大力倡导爱岗敬业、开拓创新，树立竭诚为老干部服务的思想。

【人事管理】截至 2012 年 12 月 31 日，市局机关离退休人员 142 人，其中离休干部 10 人，年龄最大 89 岁，80 岁以上的 25 人，70 岁以上的 15 人，局级干部 7 人，处级干部 97 人，工人 8 人。

【走访慰问】2012 年 1 月中旬，为了更好地组织好离退休干部“新春团拜会”，离退休干部处与北京市地方税务局干部培训中心工作人员精心装饰了会场，并为老干部购买了龙年吉祥物，使离退休老干部确实感受到市局党组的关心和爱护，并与市局领导共同度过了一个欢乐、祥和的新春团拜。春节前夕，为了充分体现市局党组对离退休老干部的关心爱护，离退休干部处为离退休老干部购买了春节慰问品，为 8 名身体重病、长期卧床不起的离退休老干部申请了困难补助，走访慰问7位老同志，并按东片和西片分两组将慰问品和慰问金送到33位年龄大、身体行动不便的老干部家中。国庆节前夕，为了充分发挥各离退休党支部的作用，离退休干部处人员和四个离退休党支部书记一起，开展了走访慰问活动。

【三八妇女节活动】 2012年3月8日，离退休干部处组织市局机关离退休干部处50名离退休女同志在北京市地税局昌平干部培训中心欢度国际三八妇女节，并参观昌平草莓国际博览会。

【棋牌比赛】 2012年4月中旬，举办了第十八届机关离退休老干部棋牌比赛，还为他们购买了电影卡，极大地丰富了离退休老干部的精神文化生活。

【党支部建设】 2012年6月，按照主管局领导王勇生“要加强新时期离退休党支部建设”的工作要求。离退休干部处邀请北京市市直机关工委老干部处领导与市地税局机关4个离退休党支部书记、支委，在八达岭老干部活动中心，就如何加强新时期离退休党支部建设进行了深入的探讨和交流。同时，向离退休老干部讲解了老干部“自我教育、自我管理、自我服务”工作方法。

【健康休养活动】 2012年7—8月离退休干部处用两个月的时间组织市局机关离退休老干部带家属市内健康休养两批93家186人次，组织全系统17个区县和昌平干部培训中心离退休老干部分期分批到八达岭老干部活动中心学习和健康休养，共举办大型活动4次，参加活动的离退休老干部450多人次。10月的九九重阳节，组织市局机关离退休老干部参观丰台南宫森林公园。

【丧葬抚恤工作】 为做好老干部去世后的丧葬优抚工作，离退休干部处人员克服困难、加班加点，组织老同志参加追悼会为其送行，并千方百计地为家属解决实际困难，送上局党组的关心和温暖，得到了去世者家属的肯定和感谢。

（张红军）

干部教育培训

【培训任务】 通过参与上级组织调训、主体班和专题班学习、党组理论中心组学习、在线学习等多种形式，局处级领导干部全部完成文件规定的年人均110学时培训任务。2012年局级干部共20人次参加了中央组织部、市委组织部和国家税务总局组织的调训及专题培训。

【任职培训】 2012年3月19日—4月15日，市局自主举办了“北京地税处级副职公务员任职培训班”，96位来自各区县局、分局的新任处级副职参训。此次培训班采取集中脱产培训、干部自学和岗位实践相结合的方式进行，在课程设计时，引入讲授式、案例式、现场教学、影视教学等多种教学方法，还安排了军训、课间操、拓展训练、学员讲坛、研讨交流等内容，为创新教育培训形式积累了一些有益的经验。

【岗位培训】 2012年8月，与中国人民大学法学院合作举办两期更新知识全员脱产培训班，每期三天，280名干部参加。此次培训以党的建设、依法行政、廉洁从政、传统文化和心理调适为重点培训内容，旨在全面提高干部依法行政能力及自身修养，努力培养一支“爱岗敬业、忠于职守、廉洁奉公、顾全大局”的干部队伍。

【在职学习】积极推荐符合条件的干部参加国家税务总局组织的高层次学历教育和专业化人才培训项目。2012 年 2 名干部参加中国人民大学房地产专业的硕士班学习，有 3 人取得注册会计师资格，19 人取得注册税务师资格，有 4 人取得律师资格。全年，北京地税网络学院主要以国家税务总局教材培训和处级任职培训为主，对课程内容的安排也进行调整，更注重学员学习积极性的调动，有效地完成培训工作。

【初任培训】按照国家税务总局新修订的税务系统初任培训实施办法的规定，根据不同来源和专业要求及时开展初任培训，将培训时间由原来的 12 天增加到新录用大学生 30 天、接受安置的军队转业干部 45 天，并且将专业知识、公共知识培训与执法资格考试相结合，提高岗位胜任能力。2012 年，组织 170 人参加公共知识部分的初任培训。

【基层领导干部培训】党的十八大闭幕之后，市局及时组织全系统基层所长共 208 人参加“党的十八大精神解读专题辅导班”，对党的十八大精神进行深入细致的讲解，同时安排“国家安全战略形势”一课，对国际与周边的复杂形势进行分析。针对基层税务所长工作任务繁重、压力大等情况，特别设置了“健康与幸福之路”心理课，传授有关压力管理、情绪管理、有效沟通、阳光心态等技巧和方法，引导基层领导干部积极调整心态，勇于面对挑战。

【岗位大练兵】2012 年，市局举办了为期 10 天的“财务会计高级专业程度小教员培训班”，各区县局、分局自行推荐的 67 名业务骨干参加培训。本期培训班不仅邀请首都经济贸易大学的教授开展教学，还邀请国家税务总局教育中心指导教材编写的领导与学员座谈，帮助学员加深对教材和大纲的理解，为学员日后应用教材和大纲开展教学活动拓宽思路。培训班结束后，宣教处和首都经济贸易大学共同组织结业考试，并把全体学员的成绩向所在单位的领导和教育部门进行了反馈。对 43 名成绩合格的小教员颁发了资格证书，授予其在本单位开展财务会计培训的资格。此外，宣教处在全系统范围内组织开展《财务会计》和《小企业会计准则》的大规模培训及考试，并于 10 月 27 日组织考试验收。考试采取单位推荐、个人自荐与随机抽考相结合的方式，共 639 人参加考试，其中 462 人成绩及格，占考生总数的 72.3%。其中 90 分（含 90）以上 34 人，占考生总数的 5.3%；80～89 分（含 80）的 133 人，占考生总数的 20.8%。

【专题培训】2012 年 5 月，北京市地税局委托北京大学法学院举办了一期处级领导干部党建和依法行政专题培训班。机关各处室的党支部书记，各区县、分局党组副书记或党总支书记等 73 名同志在北京大学共同参加 5 天的脱产培训学习。本期培训班以党建和依法行政为主要内容进行课程设置，包括机关党的组织建设工作、党务公开、党内监督等内容。来自北京大学、中央党校、国防大学的多名专家学者为学员讲授“党风廉政建设与官德修养”“公共危机管理与政府信任”“中国文化”“领导者的修为”“法治政府与中国国情”“中国共产党党史”“如何做好新形势下思想政治工作”等课程。

【公共知识培训】按照市人力社保局的要求，分层级组织开展全系统《践行“北京精神”提高履职能力》公共知识培训及考试；根据北京市人民政府外事办公室《关于组织开展 2012 年北京外语游园会分会场活动的通知》要求，选择市局参加外语培训的干部代表约20人，邀请北京外国语大学授课老师，采用师生座谈互动的方式，研讨地税系统公务员在税收管理工作中，外语学习的重点、途径和方法。

【教育培训工作考核】2012年12月19日，全市干部教育培训考核组莅临市地税局检查指导工作。市局党组书记、副局长刘江平出席会议。考核组对市局2008年来，特别是2012年的干部教育培训工作进行了检查。考核组查阅党组理论中心组学习情况、制度建设情况、培训任务完成情况、调训任务、在线学习、在职自学、组织保障、管理工作、基础工作等相关文件资料，抽查培训电子档案和培训证书。全系统处级和一般干部代表共20人与考核组就干部教育培训工作进行座谈。考核组对地税系统的教育培训工作给予充分肯定。

（秦　一）

工会活动

【综述】2012年，工会工作在市直机关工会和北京市地税局党组的领导下，以全面推进依法行政，服务基层，为民服务，优化环境，促进和谐为出发点，以大力加强地税文化建设为突破点，以"送温暖""送健康""送文化"为落脚点，围绕中心、服务大局，努力满足会员日益增长的精神文化需求，圆满完成了年初确定的各项工作任务和工作目标，为推动地税事业和谐发展作出了积极贡献。

【工会工作】组织参加市直机关第三届文化艺术节，获得优秀组织奖。本届文化艺术节共有京剧鉴赏会、大合唱展演、书画展、摄影展和文艺汇演五项活动。在105个参加单位中，北京市地税局是少有的参加所有项目的单位之一，每个单项均获奖。选送的京剧《咏梅》获京剧鉴赏会优秀节目奖；合唱《山丹丹开花红艳艳》获合唱展演优秀合唱团奖；选送的书画摄影作品有9幅被评为优秀作品，其中展出6幅；舞蹈《俏花旦》和现代京剧《咏梅》获文艺汇演优秀节目奖。2012年1月5日，"北京地税之声"合唱团受邀参加北京市直属机关迎新春慰问演出。合唱团的精湛表演得到市直机关工委领导及晚会导演的高度评价。参加北京市第六届"和谐杯"乒乓球比赛总决赛，并夺得市直机关组第二名的好成绩。根据市总工会、市直机关工会要求，完成2012年首都劳动奖状、奖章、北京市女职工工作先进个人的评选推荐和材料上报工作；配合基层工作处完成北京市三八红旗手推荐工作。组织4名劳模参加市直机关组织的疗休养活动。成功举办北京市地税系统第七届运动会。为减轻基层压力，又不影响日常征管工作，经过广泛征求意见，市局工会改变以往运动会的模式，为大家呈现了一届形式新颖、项目丰富、趣味性强的室内运动会。自2012年8月开始至12月初结束，先后举办保龄球、羽毛球、台球、乒乓球、趣味项目的比赛及第九套广播体操的表演。全系统共有23个单位近2000余人次参加。本届运动会受到大家的普遍好评；创作完成新的《北京地税之歌》。为“歌颂地税事业，弘扬地税精神”，市局工会在全系统广泛开展征集歌词评选活动，共收到歌词61首，评出15首优秀作品，创作完成新的《北京地税之歌》；组织举办全系统“北京精神”主题书画篆刻摄影展，共征集各类作品近300幅，展出109幅。四是组织举办第一届“友谊杯”桥牌比赛，全系统共有14个单位100余名税务干部参加比赛。

【“三送”活动】一是大力开展送文化活动。元旦、春节、三八、五一、六一、七一、八一、十一及“男性健康日”，市局工会为会员放映电影、举办联欢会、书画展、十字绣展、书法文化讲座；组织参观国家中影数字制作基地和798艺术馆、故宫、圆明园等；向全系统处级女会员发出慰问信和慰问品；对近200余名会员子女发放游乐票和益智玩具。同时工会将文化活动常态化，开展有奖读书征文活动。今年又相继成立书法、十字绣、舞蹈兴趣小组。二是积极开展送温暖活动。走访慰问患病住院、单亲、新生子女、司机、工会小组长、节日值班以及退休人员等近200人次；共向37人发放困难、丧葬补助3.3万元；共安排5批1000余名会员进行疗休养；在机关500多名会员中开展生日送祝福和影评活动；组织85人次单身会员参加3次公益相亲联谊活动；为10名学生家长举办高考咨询答疑；为3名会员子女解决入学问题；慰问25名会员新生子女；为221名会员子女办理了药费报销审批工作。三是坚持开展送健康活动。继续组织游泳、羽毛球、乒乓球、瑜伽兴趣小组成员开展活动，累计近800人次参加。为会员租赁活动场所，更换台球、乒乓球案子，配备瑜伽垫等并举办养生讲座。通过“三送”活动，使全体会员切身感受到了市局党组的温暖和关怀，进一步激发广大会员的工作热情。

【自身建设】举办了工会干部培训班，对系统60余名工会主席和机关小组长进行更新知识培训；召开四次主席联席会、八次小组长会研究部署工作。按照优化政务流程的要求，增补8项业务流程；研究制定会员困难补助管理办法。指导第二稽查局选举成立第一届工会“两委”工作。

（文德生）

北京市地方税务系统2012年度立功受奖人员名单

荣立三等功人员（430人）

钱丽换　北京市东城区地方税务局副局长

李　玥　北京市东城区地方税务局收入核算科科长

王秋利　北京市东城区地方税务局监察科科长

李建华　北京市东城区地方税务局稽查局副局长（正科级）

王振松　北京市东城区地方税务局稽查局检查一科科长

于晓红　北京市东城区地方税务局第三税务所所长

薛春红 北京市东城区地方税务局交通商务区税务所所长

田建国 北京市东城区地方税务局朝阳门税务所所长

张大文 北京市东城区地方税务局和平里税务所所长

孟 强 北京市东城区地方税务局法制科副科长

邓学明 北京市东城区地方税务局征收管理科副科长

王 伟 北京市东城区地方税务局第八税务所副所长

司艳玲 北京市东城区地方税务局体育馆路税务所副所长

余秀茹 北京市东城区地方税务局人事科主任科员

倪运政 北京市东城区地方税务局第七税务所主任科员

陈若光 北京市东城区地方税务局第十一税务所主任科员

寇 珍 北京市东城区地方税务局东方广场税务所主任科员

段兴荣 北京市东城区地方税务局体育馆路税务所主任科员

田立新 北京市东城区地方税务局税政管理三科副主任科员

丁红梅 北京市东城区地方税务局稽查局立案科副主任科员

杨志洁 北京市东城区地方税务局第二税务所副主任科员

朱悦扬 北京市东城区地方税务局雍和园税务所副主任科员

郝卫红 北京市东城区地方税务局前门税务所副主任科员

宋朝亭 北京市东城区地方税务局永外税务所副主任科员

李 静 北京市东城区地方税务局办公室科员

刘晶晶 北京市东城区地方税务局计划财务科科员

徐 楠 北京市东城区地方税务局审计科科员

刘 丹 北京市东城区地方税务局稽查局检查一科科员

刘 妍 北京市东城区地方税务局稽查局检查四科科员

陈 宏 北京市东城区地方税务局第一税务所科员

徐宝苹 北京市东城区地方税务局第一税务所科员

牛 龙 北京市东城区地方税务局第五税务所科员

安 婧 北京市东城区地方税务局交道口税务所科员

朱 莉 北京市东城区地方税务局朝阳门税务所科员

高 阳 北京市东城区地方税务局和平里税务所科员

程昱瑾 北京市东城区地方税务局和平里税务所科员

袁雪林 北京市东城区地方税务局前门税务所科员

肖开一 北京市东城区地方税务局机关后勤服务中心工人

侯惠贤 北京市西城区地方税务局稽查局检查二科科长

张文华 北京市西城区地方税务局第二税务所所长

怀丽力 北京市西城区地方税务局牛街税务所所长

张二虎 北京市西城区地方税务局办公室主任

科员

王宏林 北京市西城区地方税务局收入核算科副科长

周　峰 北京市西城区地方税务局人事科（保卫科）副科长

王婷婷 北京市西城区地方税务局第一税务所副所长

张敬力 北京市西城区地方税务局第三税务所副所长

张　峰 北京市西城区地方税务局办公室副主任科员

郑　杰 北京市西城区地方税务局税政管理一科副主任科员

蔡　军 北京市西城区地方税务局纳税服务科副主任科员

孙　利 北京市西城区地方税务局残保金管理科副主任科员

张生堰 北京市西城区地方税务局基层工作科副主任科员

刘晓莉 北京市西城区地方税务局审计科副主任科员

李秀改 北京市西城区地方税务局稽查局检查一科副主任科员

石瑞娟 北京市西城区地方税务局稽查局检查二科副主任科员

朱丽燕 北京市西城区地方税务局稽查局执行科副主任科员

钱晓丽 北京市西城区地方税务局第一税务所副主任科员

曹心怡 北京市西城区地方税务局第七税务所副主任科员

王经纬 北京市西城区地方税务局什刹海税务所副主任科员

王英杰 北京市西城区地方税务局展览路税务所副主任科员

李延梅 北京市西城区地方税务局金融街税务所副主任科员

刘淑静 北京市西城区地方税务局西长安街税务所副主任科员

刘　晨 北京市西城区地方税务局德胜税务所副主任科员

程　宇 北京市西城区地方税务局牛街税务所副主任科员

朴明涛 北京市西城区地方税务局广安门税务所副主任科员

冯雅碧 北京市西城区地方税务局税政管理二科科员

穆德谊 北京市西城区地方税务局税政管理三科科员

康　颖 北京市西城区地方税务局征收管理科科员

石文正 北京市西城区地方税务局档案科科员

张　燕 北京市西城区地方税务局计划财务科科员

彭建爽 北京市西城区地方税务局工会科员

潘欣园 北京市西城区地方税务局稽查局立案科科员

李春娜 北京市西城区地方税务局稽查局检查三科科员

张京梅 北京市西城区地方税务局稽查局审理科科员

彭　勃 北京市西城区地方税务局第二税务所科员

赵国庆 北京市西城区地方税务局第三税务所科员

张庆春 北京市西城区地方税务局第五税务所科员

钱　兵 北京市西城区地方税务局第六税务所

科员

丁国珍　北京市西城区地方税务局第十税务所科员

丛　梅　北京市西城区地方税务局新街口税务所科员

杨　静　北京市西城区地方税务局月坛税务所科员

王　卉　北京市西城区地方税务局德胜税务所科员

廉锦华　北京市西城区地方税务局大栅栏税务所科员

马重安　北京市西城区地方税务局天桥税务所科员

李宗武　北京市西城区地方税务局机关后勤服务中心科员

魏延凯　北京市西城区地方税务局机关后勤服务中心工人

胆德宝　北京市西城区地方税务局机关后勤服务中心工人

耿煊庆　北京市西城区地方税务局机关后勤服务中心工人

郭文武　北京市朝阳区地方税务局副局长、调研员

杨　楠　北京市朝阳区地方税务局双井税务所所长

常兴梅　北京市朝阳区地方税务局计划财务科副科长

王　伟　北京市朝阳区地方税务局人事教育科副科长

李　波　北京市朝阳区地方税务局稽查局检查二科副科长

张　斌　北京市朝阳区地方税务局第六税务所副所长

李　峰　北京市朝阳区地方税务局酒仙桥税务所副所长

杜则煊　北京市朝阳区地方税务局税政管理一科副主任科员

刘　静　北京市朝阳区地方税务局收入核算科副主任科员

徐　燕　北京市朝阳区地方税务局人事教育科副主任科员

刘亚军　北京市朝阳区地方税务局审计科副主任科员

崔　福　北京市朝阳区地方税务局后勤服务中心副主任科员

熊照彬　北京市朝阳区地方税务局稽查局检查一科副主任科员

黄晓红　北京市朝阳区地方税务局稽查局检查四科副主任科员

刘　铮　北京市朝阳区地方税务局第五税务所副主任科员

贾雪飞　北京市朝阳区地方税务局双井税务所副主任科员

刘福梅　北京市朝阳区地方税务局呼家楼税务所副主任科员

赵海洲　北京市朝阳区地方税务局酒仙桥税务所副主任科员

李春燕　北京市朝阳区地方税务局小关税务所副主任科员

史蓓蓓　北京市朝阳区地方税务局办公室科员

姚利军　北京市朝阳区地方税务局征收管理科科员

魏连芹　北京市朝阳区地方税务局征收管理科科员

田亚非　北京市朝阳区地方税务局稽查局立案科科员

杜学光　北京市朝阳区地方税务局稽查局检查一科科员

刘立群 北京市朝阳区地方税务局稽查局检查二科科员

孟丽娜 北京市朝阳区地方税务局第一税务所科员

刘嘉媛 北京市朝阳区地方税务局第一税务所科员

高　媛 北京市朝阳区地方税务局第二税务所科员

王一夫 北京市朝阳区地方税务局第三税务所科员

王　洋 北京市朝阳区地方税务局第三税务所科员

赵群立 北京市朝阳区地方税务局双井税务所科员

左金城 北京市朝阳区地方税务局双井税务所科员

周艳霞 北京市朝阳区地方税务局十里堡税务所科员

吕同俊 北京市朝阳区地方税务局十里堡税务所科员

程宏娟 北京市朝阳区地方税务局十里堡税务所科员

郭淑丽 北京市朝阳区地方税务局小关税务所科员

史艳飞 北京市朝阳区地方税务局商务中心区所科员

岳太华 北京市朝阳区地方税务局商务中心区所科员

何培伦 北京市海淀区地方税务局副局长

韩立新 北京市海淀区地方税务局副调研员兼税政管理一科科长

冯大灏 北京市海淀区地方税务局副调研员

刘　海 北京市海淀区地方税务局副调研员

时　阳 北京市海淀区地方税务局工会副主席

陈桂伦 北京市海淀区地方税务局人事教育科科长

强国华 北京市海淀区地方税务局稽查局副局长

张　力 北京市海淀区地方税务局学院路税务所所长

霍爱英 北京市海淀区地方税务局第二税务所主任科员

吉俏梅 北京市海淀区地方税务局科技园税务所主任科员

白小刚 北京市海淀区地方税务局北下关税务所主任科员

刘小贤 北京市海淀区地方税务局青龙桥税务所主任科员

田　力 北京市海淀区地方税务局四季青税务所主任科员

鲁海波 北京市海淀区地方税务局羊坊店税务所主任科员

杨晓红 北京市海淀区地方税务局中关村税务所主任科员

赵　红 北京市海淀区地方税务局收入核算科副主任科员

赵志红 北京市海淀区地方税务局稽查局检查二科副主任科员

李慧文 北京市海淀区地方税务局第三税务所副主任科员

张铜海 北京市海淀区地方税务局北下关税务所副主任科员

杨立锋 北京市海淀区地方税务局翠微路税务所副主任科员

李　前 北京市海淀区地方税务局四季青税务所副主任科员

段玉勤 北京市海淀区地方税务局四季青税务所副主任科员

石　晶 北京市海淀区地方税务局中关村税务所

副主任科员

樊　涛　北京市海淀区地方税务局办公室科员

杨　帆　北京市海淀区地方税务局税政管理一科科员

周晓荣　北京市海淀区地方税务局税政管理二科科员

王　晓　北京市海淀区地方税务局征收管理科科员

李鹏程　北京市海淀区地方税务局纳税评估科科员

姚继明　北京市海淀区地方税务局纳税服务科科员

胡　浩　北京市海淀区地方税务局基层工作科科员

邢　舟　北京市海淀区地方税务局人事教育科科员

范江丽　北京市海淀区地方税务局监察科科员

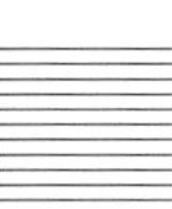

金　洁　北京市海淀区地方税务局稽查局执行科科员

王柏松　北京市海淀区地方税务局第一税务所科员

张　琦　北京市海淀区地方税务局科技园税务所科员

张俊卿　北京市海淀区地方税务局科技园上地税务所科员

王顺田　北京市海淀区地方税务局北下关税务所科员

郭　婷　北京市海淀区地方税务局翠微路税务所科员

剧　芳　北京市海淀区地方税务局翠微路税务所科员

陈　浩　北京市海淀区地方税务局学院路税务所科员

李爱玲　北京市海淀区地方税务局温泉税务所科员

邓力威　北京市海淀区地方税务局知春里税务所科员

宗立元　北京市丰台区地方税务局副局长、调研员

肖　卫　北京市丰台区地方税务局副调研员兼征收管理科科长

刘茂江　北京市丰台区地方税务局副调研员兼卢沟桥税务所所长

王瑞海　北京市丰台区地方税务局办公室主任

程　凡　北京市丰台区地方税务局税政管理一科科长

霍从红　北京市丰台区地方税务局收入核算科科长

王　静　北京市丰台区地方税务局人事教育科科长

王东红　北京市丰台区地方税务局丰台税务所所长

王朝辉　北京市丰台区地方税务局南苑税务所所长

王保忠　北京市丰台区地方税务局机关后勤服务中心主任

王　钰　北京市丰台区地方税务局征收管理科科员

吴　卫　北京市丰台区地方税务局计划财务科副科长

陈庆生　北京市丰台区地方税务局卢沟桥税务所主任科员

梁鄂荣　北京市丰台区地方税务局铁营税务所主任科员

顾孟平　北京市丰台区地方税务局科技信息科副主任科员

米兢哲　北京市丰台区地方税务局稽查局检查一科副主任科员

史　娜　北京市丰台区地方税务局第一税务所副主任科员

王　磊　北京市丰台区地方税务局第五税务所副主任科员

吴俊荣　北京市丰台区地方税务局稽查局立案科科员

薛　韵　北京市丰台区地方税务局第二税务所科员

路　阳　北京市丰台区地方税务局丰台税务所科员

李峥奋　北京市丰台区地方税务局卢沟桥税务所科员

郝凤珍　北京市丰台区地方税务局铁营税务所科员

张　烨　北京市丰台区地方税务局南苑税务所科员

张　震　北京市丰台区地方税务局南苑税务所科员

张萌生　北京市丰台区地方税务局花乡税务所科员

黄清晨　北京市丰台区地方税务局花乡税务所科员

张秀惠　北京市丰台区地方税务局长辛店税务所科员

李庆来　北京市丰台区地方税务局机关后勤服务中心工人

武立煌　北京市石景山区地方税务局副局长、调研员

刘纯彦　北京市石景山区地方税务局税政管理一科科长

刘志勇　北京市石景山区地方税务局稽查局检查一科科长

梁丽鹃　北京市石景山区地方税务局第一税务所所长

王庆祥　北京市石景山区地方税务局苹果园税务所所长

李全义　北京市石景山区地方税务局八宝山税务所主任科员

杜京红　北京市石景山区地方税务局第二税务所副主任科员

吕朋元　北京市石景山区地方税务局八大处园区税务所副所长

费英杰　北京市石景山区地方税务局五里坨税务所副主任科员

吴　娟　北京市石景山区地方税务局征收管理科科员

程　浩　北京市石景山区地方税务局科技信息科科员

陈飞飞　北京市石景山区地方税务局首钢税务所科员

杨义良　北京市石景山区地方税务局办公室工人

张　毅　北京市门头沟区地方税务局纪检组长

郭忠旗　北京市门头沟区地方税务局收入核算科科长

李欣然　北京市门头沟区地方税务局石龙税务所所长

杜　彪　北京市门头沟区地方税务局纳税评估科副科长

张雨新　北京市门头沟区地方税务局基层工作科副科长

乔庆升　北京市门头沟区地方税务局王平税务所副所长

陈　涛　北京市门头沟区地方税务局办公室主任科员

李景学　北京市门头沟区地方税务局稽查局检查二科主任科员

王俊玲　北京市门头沟区地方税务局大峪税务所副主任科员

王兆军 北京市门头沟区地方税务局潭柘寺税务所副主任科员

任冬媛 北京市门头沟区地方税务局征收管理科科员

杨玉军 北京市门头沟区地方税务局人事教育科（保卫科）科员

王晓松 北京市门头沟区地方税务局第一税务所科员

尚菁菁 北京市门头沟区地方税务局门城税务所科员

岳洪生 北京市门头沟区地方税务局机关后勤服务中心工人

石　林 北京市通州区地方税务局办公室副主任科员

宋　雪 北京市通州区地方税务局税政管理一科科员

何　龙 北京市通州区地方税务局征收管理科副科长

郎景新 北京市通州区地方税务局收入核算科副科长

张玉萍 北京市通州区地方税务局纳税评估科副主任科员

王　岩 北京市通州区地方税务局基层工作科（党委办公室）科员

王世清 北京市通州区地方税务局人事教育科（保卫科）科员

刘　威 北京市通州区地方税务局稽查局检查二科副科长

张宝亮 北京市通州区地方税务局第三税务所副所长

李秋英 北京市通州区地方税务局永顺税务所副主任科员

李玥明 北京市通州区地方税务局永乐店税务所科员

刘月珊 北京市通州区地方税务局张家湾税务所副所长

李晓东 北京市通州区地方税务局漷县税务所副所长

张宝桂 北京市通州区地方税务局宋庄税务所科员

徐朝辉 北京市通州区地方税务局马驹桥税务所副主任科员

郑云鹤 北京市通州区地方税务局法制科（国际税收管理科）副科长

王　磊 北京市通州区地方税务局征收管理科科员

郭洪艳 北京市通州区地方税务局工会科员

康　为 北京市通州区地方税务局宋庄税务所主任科员

张天生 北京市顺义区地方税务局局长

王国强 北京市顺义区地方税务局副局长

蒙学飞 北京市顺义区地方税务局办公室主任

鲁国杰 北京市顺义区地方税务局工会副主席

杨文柱 北京市顺义区地方税务局人事教育科科长

焦丽华 北京市顺义区地方税务局第四税务所所长

杨继全 北京市顺义区地方税务局第五税务所所长

张巨武 北京市顺义区地方税务局机场分局副局长

王　阔 北京市顺义区地方税务局税政二科副科长

梁　静 北京市顺义区地方税务局张镇税务所主任科员

王　红 北京市顺义区地方税务局南彩税务所副主任科员

赵　冲 北京市顺义区地方税务局税政二科科员

宋立国 北京市顺义区地方税务局收入核算科科员

张晓燕 北京市顺义区地方税务局稽查局立案科科员

王　涛 北京市顺义区地方税务局第二税务所科员

高雪成 北京市顺义区地方税务局仁和税务所科员

苏　顺 北京市顺义区地方税务局李桥税务所科员

黄丽明 北京市顺义区地方税务局后沙峪税务所科员

赵洪伟 北京市顺义区地方税务局机场分局第一税务所副主任科员

宋　达 北京市顺义区地方税务局机场第二税务所科员

史利军 北京市怀柔区地方税务局副局长

王晓东 北京市怀柔区地方税务局税政管理一科科长

高满强 北京市怀柔区地方税务局庙城镇税务所所长

王保瑞 北京市怀柔区地方税务局汤河口税务所所长

安学敏 北京市怀柔区地方税务局办公室（研究会）副主任

张继颖 北京市怀柔区地方税务局基层工作科（工会）副科长

胡东新 北京市怀柔区地方税务局雁栖镇税务所副所长

邢殿军 北京市怀柔区地方税务局怀柔镇税务所副所长

齐立红 北京市怀柔区地方税务局纳税评估科副主任科员

陈克亮 北京市怀柔区地方税务局计划财务科副主任科员

王海云 北京市怀柔区地方税务局怀柔镇税务所副主任科员

李德山 北京市怀柔区地方税务局雁栖镇税务所副主任科员

万向明 北京市怀柔区地方税务局税政管理一科科员

谢建军 北京市怀柔区地方税务局征收管理科科员

赵凤利 北京市怀柔区地方税务局机关后勤服务中心工人

王敬丰 北京市平谷区地方税务局副局长

王学慧 北京市平谷区地方税务局副调研员

张永利 北京市平谷区地方税务局征收管理科科长

蒋凤德 北京市平谷区地方税务局基层工作科主任科员

陶小军 北京市平谷区地方税务局稽查局审理科科长

毛振合 北京市平谷区地方税务局大华山税务所主任科员

贾军胜 北京市平谷区地方税务局收入核算科副科长

冯丽莉 北京市平谷区地方税务局计划财务科副科长

秦亚栋 北京市平谷区地方税务局稽查局检查三科副科长

刘晓萍 北京市平谷区地方税务局第一税务所副主任科员

张立元 北京市平谷区地方税务局金海湖税务所副所长

李俊山 北京市平谷区地方税务局机关后勤服务中心副主任

于东升 北京市平谷区地方税务局税政管理一科

科员
高海建 北京市平谷区地方税务局人事教育科科员
张艳香 北京市平谷区地方税务局监察科科员
肖冠峰 北京市平谷区地方税务局第二税务所科员
刘　杨 北京市平谷区地方税务局开发区税务所科员
张志霞 北京市平谷区地方税务局开发区税务所科员
张悦旺 北京市平谷区地方税务局马坊税务所科员
黄　超 北京市平谷区地方税务局金海湖税务所科员
安永刚 北京市房山区地方税务局纪检组组长
张月红 北京市房山区地方税务局副调研员
李恩泽 北京市房山区地方税务局征收管理科科长
邓建国 北京市房山区地方税务局监察科科长
郭建虎 北京市房山区地方税务局稽查局检查一科科长
田春华 北京市房山区地方税务局第一税务所所长
邵玉贤 北京市房山区地方税务局良乡税务二所所长
张文勋 北京市房山区地方税务局良乡税务副所长
陈宏涛 北京市房山区地方税务局后勤服务中心副主任
崔　海 北京市房山区地方税务局数据管理科副主任科员
徐广兵 北京市房山区地方税务局稽查局检查一科副主任科员
吴海婷 北京市房山区地方税务局法制科科员
李晓晖 北京市房山区地方税务局税政管理一科科员
张绪江 北京市房山区地方税务局第一税务所科员
钱　富 北京市昌平区地方税务局副局长、调研员
周光利 北京市昌平区地方税务局沙河税务所主任科员
高　蕾 北京市昌平区地方税务局征收管理科副主任科员
杨照辉 北京市昌平区地方税务局稽查局检查三科副主任科员
李宝利 北京市昌平区地方税务局园区税务所副主任科员
李　超 北京市昌平区地方税务局税政管理二科科员
赵英哲 北京市昌平区地方税务局人事教育科（保卫科）科员
熊　威 北京市昌平区地方税务局第一税务所科员
杨贵明 北京市昌平区地方税务局第二税务所科员
袁　伟 北京市昌平区地方税务局昌平税务所科员
邢万明 北京市昌平区地方税务局南口税务所科员
谢雨含 北京市昌平区地方税务局回龙观税务所科员
陈建萍 北京市昌平区地方税务局小汤山税务所科员
巩　颖 北京市昌平区地方税务局十三陵税务所科员
贺　涛 北京市昌平区地方税务局北七家税务所科员

马华军　北京市昌平区地方税务局东小口税务所科员
曾丽娜　北京市大兴区地方税务局计划财务科科长
刘　鑫　北京市大兴区地方税务局第二税务所所长
董　颖　北京市大兴区地方税务局黄村税务所所长
刘宏伟　北京市大兴区地方税务局北臧村税务所所长
武子超　北京市大兴区地方税务局安定税务所所长
刘德鹏　北京市大兴区地方税务局采育税务所所长
赵建文　北京市大兴区地方税务局西红门税务所所长
杨守惠　北京市大兴区地方税务局开发区税务所主任科员
娄英伟　北京市大兴区地方税务局基层工作科副科长
石　伟　北京市大兴区地方税务局人事教育科副主任科员
张启学　北京市大兴区地方税务局第一税务所副主任科员
龙　莹　北京市大兴区地方税务局征收管理科科员
刘海琳　北京市大兴区地方税务局纳税服务科科员
王洪猛　北京市大兴区地方税务局稽查局检查一科科员
商琳楠　北京市大兴区地方税务局稽查局审理科科员
余　宏　北京市大兴区地方税务局第三税务所科员
张　兴　北京市大兴区地方税务局采育税务所科员
王占国　北京市大兴区地方税务局西红门税务所科员
刘文龙　北京市密云县地方税务局副局长
高亚忠　北京市密云县地方税务局第二税务所所长
高宪东　北京市密云县地方税务局开发区税务所所长
程文江　北京市密云县地方税务局稽查局立案科（税务违法案件举报中心）主任科员
张保忠　北京市密云县地方税务局税政管理一科副科长
李　波　北京市密云县地方税务局纳税评估科副科长
曹冬山　北京市密云县地方税务局太师屯税务所副所长
李贺东　北京市密云县地方税务局纳税服务科副主任科员
王雪军　北京市密云县地方税务局第三税务所副主任科员
王小利　北京市密云县地方税务局第五税务所副主任科员
赵福清　北京市密云县地方税务局开发区税务所副主任科员
刘　颖　北京市密云县地方税务局办公室科员
沈卫明　北京市密云县地方税务局税政管理二科科员
温知新　北京市密云县地方税务局第一税务所科员
程海春　北京市密云县地方税务局水库税务所科员
沈小嘉　北京市延庆县地方税务局人事教育科科长

刘桂成　北京市延庆县地方税务局稽查局执行科科长
姚　锐　北京市延庆县地方税务局机关后勤服务中心主任科员
陈星云　北京市延庆县地方税务局税政管理一科副科长
付剑辉　北京市延庆县地方税务局延庆税务所副所长
边建玲　北京市延庆县地方税务局纳税评估科副主任科员
孟江岚　北京市延庆县地方税务局第五税务所副主任科员
赵　鑫　北京市延庆县地方税务局收入核算科科员
周瑞杰　北京市延庆县地方税务局基层工作科科员
申　勇　北京市延庆县地方税务局稽查局立案科科员
王　鹏　北京市延庆县地方税务局第二税务所科员
李海涛　北京市延庆县地方税务局开发区税务所科员
廉洪海　北京市延庆县地方税务局永宁税务所科员
马志林　北京市地方税务局燕山分局纳税评估科科长
赵亚凤　北京市地方税务局燕山分局税务检查科科长
刘　沛　北京市地方税务局燕山分局机关后勤服务中心主任
史利英　北京市地方税务局燕山分局税政管理科主任科员
许　兵　北京市地方税务局燕山分局计划财务科主任科员
罗玉刚　北京市地方税务局燕山分局燕山税务所副所长、主任科员
李光磊　北京市地方税务局燕山分局第一税务所科员
徐京来　北京市地方税务局开发区分局副局长
武兰萍　北京市地方税务局开发区分局第一税务所副所长、主任科员
丛　林　北京市地方税务局开发区分局第三税务所主任科员
侯智源　北京市地方税务局开发区分局税政管理科副主任科员
张慧卿　北京市地方税务局北京西站分局收入核算科科长
吴　双　北京市地方税务局北京西站分局办公室主任科员
徐英丽　北京市地方税务局北京西站分局第一税务所主任科员
夏文胜　北京市地方税务局北京西站分局西站税务所主任科员
管恩财　北京市地方税务局第一稽查局办公室副主任、主任科员
姬利新　北京市地方税务局第一稽查局审理科副科长、主任科员
张　鹏　北京市地方税务局第一稽查局第二税务稽查科副科长、主任科员
张红松　北京市地方税务局第一稽查局第四税务稽查科副科长、主任科员
王博昆　北京市地方税务局第一稽查局第五税务稽查科主任科员
任　嵘　北京市地方税务局第一稽查局第六税务稽查科副科长、主任科员
苏　雷　北京市地方税务局第二稽查局办公室主任
郭锡森　北京市地方税务局第二稽查局审理科

科长

刘朝晖 北京市地方税务局第二稽查局第三税务稽查科科长

闫　贺 北京市地方税务局第二稽查局第五税务稽查科副科长

高　琦 北京市地方税务局第二稽查局业务科主科科员

张艳霞 北京市地方税务局第二稽查局第三税务稽查科主任科员

邵　强 北京市地方税务局第一直属分局副局长

张　哲 北京市地方税务局第二直属分局反避税科副科长、主任科员

王国军 北京市地方税务局第二直属分局人事教育科主任科员

刘禹铖 北京市地方税务局第二直属分局第一、三税务所副主任科员

云　鹏 北京市地方税务局票证管理中心主任科员

王小虎 北京市地方税务局纳税服务处主任科员

文德生 北京市地方税务局直属机关工会主任科员

方书涛 北京市地方税务局人事处主任科员

冯翔宇 北京市地方税务局基层工作处副调研员

邢志红 北京市地方税务局营业税管理处主任科员

华　方 北京市地方税务局稽查处（税务违法案件举报中心）副处长

杨艳斌 北京市地方税务局机关后勤服务中心主任科员

李　洋 北京市地方税务局纳税服务中心副主任科员

李思峰 北京市地方税务局纳税服务中心副主任科员

肖慧宗 北京市地方税务局个人所得税管理处处长

余　浩 北京市地方税务局监察处主任科员

张　博 北京市地方税务局纳税服务中心副主任科员

张　然 北京市地方税务局纳税服务中心科员

陈昶君 北京市地方税务局计划财务处科员

罗丽华 北京市地方税务局办公室副主任

周上序 北京市地方税务局办公室主任

郑　奕 北京市地方税务局征收管理处副处长

单　亮 北京市地方税务局审计处主任科员

赵　玮 北京市地方税务局地方税管理处副处长

秦　一 北京市地方税务局宣传教育处主任科员

郭顺民 北京市地方税务局收入规划核算处副处长

高　红 北京市地方税务局纳税服务中心主任科员

高　源 北京市地方税务局法制处主任科员

常春雨 北京市地方税务局稽查处（税务违法案件举报中心）副处长

嘉奖人员（1465 人）

北京市东城区地方税务局（136 人）

孙文军　周　敏　李贵军　李　龙　潘文田
李雅倩　杨长顺　刘鸿雁　金　梅　贺惠君
闫　莉　潘　勇　袁　莉　赵志新　张秀丽
马希征　吴　茜　姜　晖　李　蒙　马　特
郭朝晖　刘　洁　吕　琳　张伟琦　翟　颖
温旭芳　刘丽姝　侯　悦　王泸英　朱　波
丁和平　张西生　闫绍明　张秀伟　张　宾
侯继军　贾肇琴　刘新华　王晓强　张建英
栾秀莉　张　健　韩　军　曹冬冬　沙　煜
崔京卫　张彦均　焦嫣霖　聂海燕　王红燕
李红敬　姜　玲　战　钧　陈凤丽　王立业
李继军　李　欣　戴旭华　贾艳红　王素花

刘培远　李　宏　孟慧云　赵剑杰　刘立志

高振生　叶　英　于晓蕾　吉希琴　安　萍

孙学刚　王雨农　曲　曼　王淑婷　冯　芳

周朝晖　栾　蕊　邢　超　王启增　刘　乔

袁　杨　张　旗　李琳菲　薛孟杰　冯明华

范经纬　李国华　王　悦　孔令媛　王　琳

李　健　王　琤　范　蕾　许国新　王　萍

陈　硕　郭玥昉　富雪楠　赵廷婷　李　宁

崔　晨　史伟锋　常　健　魏　晨　刘　铣

祝胜利　袁昳昕　王羽飞　李爱军　周　卉

王悦淼　刘志萍　张　倩　吴佳宁　龚　战

卫东亚　刘雪娟　朱晓帆　李立光　杨　健

李燕梅　张艳云　何　菁　任　飞　段文新

张玉英　曹　岩　魏敬荣　王瑞颖　柳云文

朱建华　张宝山　李洪刚　王　红　宋麟盛

梁　涛

北京市西城区地方税务局（150 人）

王福利　田　玮　冯建义　李　华　谢成奔

蔡志兵　陈少军　王　刚　王宝新　宁　勇

王丽曼　张　靖　贾小林　马　腾　吴　京

王春禄　张　青　张爱国　何永光　姚礼平

张起良　王　岩　湛　江　顾海云　尹　航

任胜国　杜　敏　赵红程　林金福　陈双运

袁　泽　李民兵　金　勇　刘晓洁　胡越智

王　冲　徐　超　李　霖　张　鹏　王　军

刘　薇　秦　驰　李　强　刘　煜　魏凤霞

富克学　米　盈　谢　薇　朱　清　范　莹

房元亮　霍勇杰　徐建军　曹艳红　薛淑芬

梁　田　丁秀丽　杨　楠　李　力　肖　萍

樊　辉　顾春梅　黄健文　柳　矛　马　珍

乔　蕾　李　兰　王桂英　杨　彬　张保军

洪亚萍　李德红　姚　婷　杨宏友　霍艳丽

李　红　时凤雪　张福生　华　珊　靳　晴

齐玉荣　王　烨　高昕予　何庆红　宋　航

桂　丹　王艳红　张云鹏　吴　京　刘　健

李红梅　杨　璐　刘建军　程丽君　覃　粟

刘　颖　高秋玲　杨　震　金云墨　郭　剑

沈　莉　闫立维　穆丽萍　刘　玮　丁子轩

刘小龙　刘　武　关丽铭　钟培文　程　旭

付学军　何启丰　孟凡永　刘　薇　张　娜

张建芬　王维茂　张红英　李　巍　李　力

张书军　李文学　尚　岚　孙　岩　李红艳

刘　明　庄晶晶　张贵荣　刘　挺　陈　媛

马正杰　马俊杰　陈　丽　蒋金梅　王中亮

申亦斌　贾蝶君　张国柱　耿　华　张　炜

张　滨　姚宁平　薛　平　米　容　渠红丽

陈建波　赵志强　孙永祥　曹满存　张铁祥

北京市朝阳区地方税务局（118 人）

杨素珍　袁　平　王　庆　高　飞　郎　青

冯悦军　胡柏立　刘永生　陈德树　朱家旺

张　辉　陈及明　周　建　陈　晨　苏占军

王　轩　陈冬梅　石方源　王　丹　王瑞强

刘一平　张丽雪　赵晓雪　张　易　袁　鑫

汪　浩　宿爱英　赵燕平　安春茹　朱海燕

马福全　和　力　贺树华　毕军强　詹大友

郝海澄　金晓娜　冯玉忠　乔俊玲　史明晨

耿俊荣　严　建　刘美利　贾晓静　于　杰

袁　萍　刘淑萍　张　洁　张建萍　徐　辉

崔盼宗　高宗琼　李志青　王建军　兰　岚

杨　洋　宋建华　宋　芳　石　一　郭　嘉

李生河　杨家春　刘志育　严　肃　芦　斌

张　帆　李云龙　刘　峰　杜顺玲　李连成

胡晓峰　梁　辉　高淑霞　孙远征　肖　燕

孙国升　田　蔓　石博剑　隗合强　梁　洁

张　力　梁素玉　杨囡娃　于永海　刘晓楠

李　涛　郭　阳　张　丽　蒋　锋　侯晓晨

刘雯艳　刘　丹　蒋秋萍　李树环　王树宝

房俊雪　陈　涛　盛立霞　付　慧　李鸿升

井宏宇　王　伟　董　莹　刘京朋　孔　方

何亚军　严　璐　郎春梅　米伟群　刘薇娜

王建国　岳宏宇　安立明　左天齐　李玉春

杨宝春　刘利洪　孙　毅

北京市海淀区地方税务局（124 人）

张克兵　李俊跃　张　霖　吉文晖　鞠志洪

张龙江　樊建军　王毅芸　田敬文　邓　晖

汪　焰　刘亚敏　柏　华　金晓喆　田艳春

蒋艳君　杜　月　卢中军　赵大海　干　勇

胡　蓓　李志敏　周宁平　段雪梅　吴树良

李锦玲　李俊红　杨连娣　高　华　郭晶莹

齐秋麟　魏　坤　刘娃利　李万平　齐　蕊

吕丽华　宋春辉　赵　嵩　张玉友　李　昆

王　卫　宋月梅　祖建国　傅丽秋　何　铁

刘　飒　辛　丽　夏玉红　李　红　娄苏湘

李福香　周　杰　巴　旗　冯　蕾　张　杰

郝志斌　刘　颖　崔永红　黄春婷　赵　莹

陈群英　黄　莺　葛思纯　王　睿　董　妍

聂续业　郝　玫　侯添威　万代玉　徐　芳

郑　莉　王超萌　苏　珊　庄　恒　毛敏慧

田艳红　王　征　刘　函　张碧瑜　李　妍

杨依青　侯晓宇　王春媛　张　颖　王珊娜

陈　樟　刘　冰　王凤芹　刘晓罡　杨　海

万宏伟　吴光权　马　威　祁红星　王　征

董潇潇　王　珏　钟　艳　张琪伦　段荣慧

范　蕊　高冬洁　杨艳丽　张　舒　鲁秀丽

范　珅　刘文博　李希玲　张海荣　叶大鹏

孙秀红　于　鹏　熊　炜　姚海云　刘山良

屈志耘　孙玉梅　王　静　齐　鑫　牛春丽

王西元　李俊清　兰兴国　李永华

北京市丰台区地方税务局（82 人）

金志雄　王冠凯　何汉杰　李枕戈　周　凯

谢　超　裴晓南　李文军　张惠玫　宋继忠

迟　兵　宋国安　史锦春　孔雪梅　刘占京

王　珊　高　婧　刘　菲　付　君　孙　鹏

钱晓婧　杨　莉　唐荣罡　张晓睿　王凤玲

郝丽霞　胡秀芳　朱秀振　刘　莉　王秋菊

朱翔宇　谢代君　蒋　涛　潘久来　孟炳煜

张勇芬　李振伟　朱大强　李凤霞　肖永红

郎景松　郭海燕　邢　凯　侯艳明　张　焓

赵　丽　傅先忠　王　瑾　张松雪　杨保华

程春霞　全仁哲　陈济民　于圣睿　郭宏伟

夏　英　李丽娟　黄　冠　韩　璐　武雁春

段仁宗　蒋学军　徐　庆　王晓靖　王文燕

栗桂芬　王　琦　王海霞　郭晓刚　郝印京

张建仁　段建超　张慧兰　王建军　周有元

郭长山　王文利　李燕平　吕海燕　刘月宝

李尊刚　李文忠

北京市石景山区地方税务局（54 人）

黄长文　马秀芬　陈孟光　张　义　沈　虹

李梅江　姜连合　张苏明　任来联　高庆华

薛　慧　裴立雪　翟　鹏　郭书霞　李春华

贾文仙　刘景勤　张伟东　宋育杰　杜卫国

田贵平　程　方　申凤平　劳雪菊　高文学

钟　玮　唐懿杰　李长有　董明霞　魏雪锋

何　虹　吴　雷　吴金华　邹文胜　靳雅莉

吴淑娥　魏凯东　李　欣　郭晨光　王　超

高云鹏　张俊良　刘　芸　朱　江　李　亮

杨建民　马玉祥　李世兰　董会刚　赵广利

张立新　郭建平　刘国庆　刘宗海

北京市门头沟区地方税务局（52 人）

吴鲁平　邢小虎　邵明东　李茂从　杜宝仲

庞　雁　孙大勇　叶利军　张红鑫　李有武
高艳红　王　时　李彩虹　赵　东　范文书
崔宏兆　张　萍　侯凤霞　伍斌辉　朱灵芝
黄恩民　张秀梅　沈　雁　高　峰　张文超
周忠华　张文明　汪中立　刘德强　石继羿
王全树　马东生　刘惠敏　李　萌　李茂果
公　平　刘　京　易泽强　张唯唯　祁彩云
晋春辉　李燕红　孟祥杰　尤影秋　刘　静
王　军　杜　涛　王　宇　岳思彤　杜青岭
岳　强　李　铁

梁　艳　史洪春　董清松　李国孝　施昌福
胡玉芬　李聪颖　武艳芳　高俊平　刘宝锁
杜文华　邵得合　史国军　王瑞康　闫　岩
李元元　杨丽娜　高春艳　刘春东　王立东
刘玉文　童维友　段建英　崔明岳　崔　远
彭颂梅　赵洪旺　肖辰英　丁金仓　李　博
邢　超　魏明顺　王俊领　王　富　张孝昆
孙秋斌　李红玉　袁爱华　李长云　李　欣
文　强　李文华　路　佳　王　胜　于家刚
王　辉（大）　王　辉（小）

北京市通州区地方税务局（73 人）

刘亚慧　赵启旺　毕文余　高红建　张　艳
高末云　朱建辉　张文彬　白宝林　杨艳秋
王丽纳　张润生　方大为　刘宝华　张福志
杨　杰　魏　鹏　付京通　张秀英　王璐西
毛京源　倪　红　李明杰　白文旭　于广兵
郭彩霞　王欢华　孙华佳　谭　颖　王卫民
许　旸　朱玉凯　牛　艳　于胜乾　刘　杰
刘　震　安立波　王　芳　杨　洋　李迎华
杜春强　杨传良　王亚男　穆宇明　田　雨
白　宇　赵明春　周小东　赵　越　周军伟
马兴军　于　华　李　柏　张　才　罗荣利
颜松筠　车绍家　武兆东　王敬东　李芯蕊
张建业　吴少华　隆　静　郑　杰　陈忠策
贾春起　吴大鹏　居敬谊　裴艳春　唐建光
张　军　黄秀华　马啼旭

北京市顺义区地方税务局（72 人）

刘东升　刘佩书　张国庆　王国金　李　顺
刘佳云　刘京广　郭雨庆　李辉东　张福泉
刘学慧　张世清　龙玉平　丁　健　张晓新
霍　燕　王　静　曲艳军　张文胜　孟昭辉
闫会武　张春艳　陈　阳　孟庆宇　王　颖

北京市怀柔区地方税务局（56 人）

吕延程　马占亮　彭兴海　卢松臣　林　霞
刘书方　任德勇　杨秀凤　高希东　胡昌宏
吴长熹　张凤连　曹冬生　王妍彦　安全胜
黄静宇　郭旭光　刘长江　宋　霞　李成春
蔡春清　王怀建　鲁凤梅　李　宏　王　心
袁建民　龚　威　张　超　张军伟　柳长城
穆玉东　付丽丽　徐景明　杨昌文　李　妍
张明慧　孟庆祝　张宝和　杨　宝　王伯华
单秀芝　陆伯云　周立杰　陈铁勇　黄瑞杰
崔国臣　徐进义　蒋学颖　孙福岳　张海泉
李瑞艳　王守贵　高　阳　贾雄华　张　曦
窦　逗

北京市平谷区地方税务局（54 人）

张成才　郑春来　王海旺　方　华　关红革
陈　雷　胡海军　耿东玉　马睿智　徐占合
杨瑞良　刘宗刚　杜文明　刘海燕　穆东霞
牛云清　张艳春　刘晓松　崔立明　徐桂红
李雨东　邢晓飞　赵桂春　范卫红　隋巨兵
李兰红　张东梅　刘贺壮　杜　梦　杨　柳
宋学涛　齐自华　张之娇　霍志杰　张海波
周　翊　马骁尧　赵秋成　韩广利　陈来成

张振杰 李秀君 阎保军 杨红印 耿德宝
张满国 梁景敏 何金林 陈小晶 王成龙
赵　成 齐自胜 李小光 赵永胜

北京市房山区地方税务局（58人）

万国喜 谭巨科 翁筱玲 李　勇 于大明
吴荣贵 梁雪冰 张亚琴 邓　毅 丁立军
张长红 张　金 李小峰 徐永利 张术斌
姚俊生 刘德辉 方海涛 张振领 李　可
杨燕华 敬瑞兰 朱文杰 高国兵 靳敬邦
黄　姝 马立民 梁晓斌 张凤新 邢延芳
齐安忠 侯海龙 王文生 王义宾 陈福春
李　倩 马铁柱 李淑艳 李　喆 王正林
张　华 房　靖 黄绍凤 刘俊祥 祝贺捷
马呈昊 徐　睿 林　虎 毛亚东 田　野
穆希星 于洪路 刘志刚 张文全 朱立建
王胜新 张建东 刘陪炼

北京市昌平区地方税务局（70人）

魏正臣 张国庆 王占华 王少壮 刘红蕾
周　力 李玉英 李　建 王祖强 杨　义
张　钦 陈　军 李爱红 计　明 杨　晨
阚少华 李　悦 王子剑 邱　瑞 王　征
邓小波 刘文志 翟雪峰 樊正刚 左　森
张益民 高文燕 张福泉 杜晓颖 张海祥
史国华 刘玉凤 陈　跃 赵慧娟 刘继英
黄　勇 田俊毅 张海霞 贾进学 段红亮
何荣波 陈德东 朱学波 周　芳 刘　伟
张　钧 朱良杰 尚　强 甘如助 刘忠巍
张玉澎 时培民 张俊玉 马丽娜 毛海明
于　辉 莫晓东 吴　颖 凌艳伟 张海山
谭　华 邵春红 李宝凤 冯玉梅 牛长萍
于　薇 崔　佳 王志成 杨爱民 陈保生

北京市大兴区地方税务局（71人）

冯守利 杨连波 江聚祥 田凤霞 姜玉斌
黄　焱 王少丰 陈　阳 周玲玲 马国春
陈玉娟 石　伟 胡守顺 马文涛 王光跃
张　昊 樊　蓉 方　兴 商林楠 李　诚
王　凯 张启学 李会祥 赵立洁 顾金发
刘海琳 王晓晨 张春红 张亚丽 余　宏
方建钢 郭武军 康　丽 刘洪涛 龙　莹
董立波 张　垚 谷　建 贾智海 代　伟
郭连香 成　亮 崔　萌 谭贤忠 张　兴
赵志武 杨英杰 田福庆 徐纯杰 李雅琴
高维波 王占国 王凌明 戚卫东 邸天平
许满宏 周玉清 宋学茹 牛文静 侯　杰
龙海龙 张志刚 吴　迪 蔡成军 杨雅丽
李志然 葛　剑 杜志勇 袁　泽

北京市密云区地方税务局（53人）

赵进良 祁爱文 高贺举 贾福仁 杜晓秋
任清海 李万德 郝　利 孙长立 齐春生
史增友 王新颖 郭小波 王　丹 祝自鹏
张晓轩 陈书平 巩旭娜 席艳凤 李雪生
刘维波 杜守华 娄俊英 张志民 陈兰山
何春志 王进武 孙长柱 周凤芹 赵松涛
陈海云 武学军 赵玉良 闫莨骁 韩冬燕
郭　红 果素仿 刁连宝 王　鹏 王　娟
李建军 赵革坚 吴军波 王小兵 王　冲
王　宏 郭光权 曹新颖 聂晓波 魏　紫
李晓虹 牛永增 郭生远

北京市延庆县地方税务局（46人）

张发伍 白爱柱 赵丹宁 汪　永 赵静南
李　民 许青山 刘　卓 丁瑞生 田淑芳
訾秀伶 周　艇 王　伟 王再文 程学明
耿宗泽 刘振平 沈辉彬 席建国 郑　义

朱利祥 贺爱兵 陈志永 范云霞 王之宁
沈文涛 李晶波 马 俊 卞开元 李文静
王新立 胡 蕊 赵建会 闫金有 马秋荣
赵 洋 刘文军 李景峰 胡顺全 于银涛
孙 璠 杨春峰 刘秀丽 席维利 常 巍
丁跃生

北京市地方税务局燕山分局（18人）

李广生 王文忠 高玉龙 李 劲 贾生元
王 益 张会英 柳素苓 郝乃文 史 迪
李 杰 李 萌 廖 岩 王 平 吴 凡
姬志伟 何楠楠 孙 曦

北京市地方税务局开发区分局（19人）

静广彬 杜培会 高文奇 金 琦 庞振生
王 磊 王 璋 段 刚 李 洋 李 楠
赵旭辉 王薇薇 唐 静 王 辉 陈 雯
董联刚 安 娣 王阿强 王学志

北京市地方税务局北京西站分局（12人）

田振生 张志广 陈三和 杨 宁 杨冬瑞
经 萍 哈德录 王 婧 李 缈 李 然
任 蓓 冯 辉

北京市地方税务局第一稽查局（25人）

左春锋 于 兰 曹东祥 孙玉洁 李 旸
张志敏 李 萌 王 楠 于 珉 黄斌生
杨 峻 崔 新 杨新委 高 洁 易守权
崔润涵 颜廷相 唐明珠 王雅楠 孙瑞英
毕 岩 佟万军 魏铁功 赵月华 孙庆滨

北京市地方税务局第二稽查局（21人）

姜 欣 倪 可 白 俊 靳 辉 郑 飞
黄 坤 曹栋斌 高金素 徐 静 毕宏伟
梁瑞红 王 鹏 李 敏 张 爽 王 婧
马 光 李晓桐 张传宏 张 玮 赵玉兰
王继清

北京市地方税务局第一直属分局（3人）

陈 侠 黄晟晟 杜 威

北京市地方税务局第二直属分局（14人）

薛 礼 陈 鑫 先 晶 王俐美 张 欣
韩 敬 吴燕德 石其军 葛 玮 于 慧
刘明辉 张春艳 朱月菊 吴国红

市局机关（84人）

于 楠 马 萌 王 哲 王仁丽 王红艳
王顺麒 王素江 王雅红 付贵全 付晨光
冯西玲 华 丰 刘 成 刘佳妮 关 芯
孙 浩 杜云涛 杨 硕 李 扬 李 辉
李卫勇 李宗定 李晓源 李章会 邹 彭
宋勇军 张 玥 张 翅 张 攀 张天茂
张连勇 张瑞玲 张皓晨 范力军 岳首群
周明旭 郎丽坤 柳昌荣 赵小军 赵卉竹
赵立勇 赵艳慧 饶梦阳 施 宏 姜松霞
胥子清 郭 淼 郭军霞 海 岩 涂 珍
崔 犇 崔 鹏 董 蓉 程艳琳 靳 蕾
魏永辉 马 昕 王 萌 王彤彤 白建平
刘 超 闫宝艺 杨 涛 杨建宁 苏补亮
李 科 吴冬梅 吴翠平 邹红姣 沈景梅
张 玲 张 晔 张 翼 张力伟 陈 颖
赵 靖 姜立洋 郭 浩 高 婧 蒋 宁
程 鹏 傅京芳 戴树成 魏 欣

事业单位先进工作者（6人）

李学香 王淑花 于留栓 李树玉 杨 海
朱玉准

行政管理

优化政务流程完善管理制度工作

【综述】2012年，按照北京市地税局优化政务流程，完善管理制度实施方案要求，全系统优化完善工作分动员部署、全面梳理、优化完善和总结推广四个阶段。市局机关办公室等19个处室围绕综合行政、税收法制、人事管理、计划财务、审计、宣传教育、基层建设、党工团、纪检监察、信息化建设、安全保卫、后勤服务12大方面，共完成277个制度、149个流程优化完善工作，其中新制定制度45个，修订制度56个，保留制度81个，废止制度95个。区县（分）局、税务所层面按照两级党组要求，结合实际，对相应制度流程同步开展优化完善工作。

【组织领导情况】市局党组要求，要保证三个层面工作系统、规范，横向衔接、上下对接；要充分激发各层面的积极性、创造性，要符合实际，便于操作、管用。为加强领导协调，及时研究部署阶段性工作，协调解决具体问题，市局成立优化政务流程完善管理制度工作领导小组，由刘江平任组长，任军、吕兴渭、卜祥来、王勇生、杨文俊任副组长，19个处室主要负责人为成员。领导小组办公室内设综合、审查、督导三个工作组。区县局、分局也相应成立优化政务流程、完善管理制度工作领导小组及其办公室。建立健全工作协调机制，一级抓一级，层层抓落实，形成了主要领导负总责、主管领导直接抓、主体责任部门具体实施、领导小组办公室督促检查、广大干部广泛参与的工作格局。

【四个阶段工作情况】动员部署阶段。市局机关、区县（分）局、税务所分别召开动员会，部署优化完善工作的目标、范围和原则、组织机构、职责分工、实施步骤和工作要求等，将市局各项部署层层传达到全系统每一名干部。全面梳理阶段。每一名干部对照“三定”方案规定和自身岗位职责，按照“废、改、立、留”的要求，对现行制度和流程进行了认真梳理。优化完善阶段。各单位、各部门广泛组织座谈讨论、书面征求意见、审查会、经验交流会等，吸收各层面的智慧，制修订制度，绘制流程图，保证制度质量。涉及全局性基本管理事项或某一方面重要工作的重点制度，提请党组会或局长办公会审议，普通制度由主管局领导审批签发。市局、区局两级领导小组办公室通过简报、信息专刊、内网图片信息等形式，及时宣传报道全系统各层面、各单位工作动态及好的做法，营造人人参与优化完善工作、人人知晓制度、人人执行制度的良好氛围。总结推广阶段。召开总结大会，全面总结优化完善工作，建立长效机制。将优化完善后的政务制度流程汇编，并在市局办公内网“政务制度流程汇编”栏目发布。

【领导小组办公室工作情况】市局、区县局领导小组办公室加强协调、组织、指导、督促、检查，层层落实责任，明确时间节点，保证了三个层面优化完善工作相互衔接、稳步开展。在动员部署阶段，召开动员部署会议，印发优化完善工作实施方案，明确了组织机构、范围和原则、各阶段工作任务、工作要求等。在全面梳理阶段，印发了市局政务制度流程适用范围目录和基层税务所政务制度参考目录，明确市局制度流程的适用范围、是否需制定细则，具体指导区县（分）局、税务所开展优化完善阶段工作。区县局、分局对照进行了梳理报备。在优化完善阶段，印发了关于扎实推进市局机关优化政务流程、完善管理制度优化完善阶段工作的通知、制度模板、流程图制作标准、督导检查中发现若干具体问题的解释以及基层税务所政务制度目录中具有普遍性和共同性的11项制度模板，及时召开培训会、现场经验交流会，分组到基层调研给予指导。各政务处室积极发挥主体作用，起草了本部门政务制度流程，严格按程序进行了征求意见、报审和印发。审查组组织精干力量对各项制度流程进行了初审和复审，根据局领导指示精神，法制处、办公室、研究室还对市局机关的制度流程进行了再审核。督导组积极组织对各区县（分）局和部分税务所进行检查指导。各区县（分）局按照市局部署要求，不等不靠，严把质量，加快进度，积极与市局相关处室、兄弟区县局沟通联系交流，保证了与市局层面工作同步推进。

【简化审批程序】 为贯彻落实中央、北京市行政审批制度改革工作部署，进一步简化审批程序，提高工作效率，按照市局主要领导同志指示精神，市局办公室会同计财处、法制处、审计处、科技处等部门就调整完善预算、采购、合同、工作签报、领导干部请假报告、信息化建设项目立项管理等事项进行认真研究，提出简化完善意见，并经市局党组会议或局长办公会审议通过，制发文件执行。

【取得成效】 通过在全系统开展优化政务流程、完善管理制度工作，干部的法治意识普遍增强，依法办事、按制度办事、按程序办事的意识进一步强化，工作中能够严格秉公执法，自觉学习制度、维护制度、执行制度。有效规范政务管理事项，初步构建了科学、依法、规范的制度体系，促进了部门之间各司其职、各负其责、协作配合。廉政风险防控管理有效强化，促进了行政管理权的高效廉洁公开透明运行。

（宋勇军）

政府信息公开

【综述】 2012年，北京市地税系统在北京市委、市政府和国家税务总局的正确领导下，全面贯彻落实科学发展观，牢记为国聚财、为民收税的神圣使命，大力弘扬“北京精神”，全面推进依法行政，落实结构性减税政策，优化纳税服务，创新税收征管，加强党的建设，狠抓反腐倡廉，规范行政管理，服务基层，为民服务，优化环境，促进和谐，全面贯彻落实《政府信息公开条例》（以下简称《条例》），认真开展政府信息公开和办税公开工作，圆满完成各项任务。

【政府信息公开工作】自《条例》实施以来，市、区两级地税局领导班子高度重视政府信息公开工作，不定期听取工作汇报，遇到复杂、重大依申请公开事项，及时组织召开专题会议，协调指导工作开展。各区县、分局按照统一机构工作职责、统一信息编制目录、统一信息发布渠道、统一保密审查标准、统一依申请办理流程和统一澄清机制“六个统一”要求，依法、稳妥地推进全系统政府信息公开工作。市局新的目标管理考核办法修订下发后，作为市局按照年度开展考核的具体工作项目之一，将市政府6大类20项40个具体指标分解为21项具体指标，下发各区县局、分局，并积极与基层工作处配合，制定了政府信息公开工作考核办法细则，做好年度考核工作。

【基础建设】一是认真组织全系统办公室相关人员认真学习《条例》，普及政府信息公开法律常识，按照“谁制作、谁公开”和“谁保存、谁公开”的原则，进一步明确政府信息公开的责任主体。二是建立了一支较为稳定的骨干队伍，及时调整和补充人员，具体负责信息公开工作的上下联络、协调和具体操作，为综合协调、沟通情况、分配任务、落实责任提供人员保障。三是充分运用内网办公系统快捷、便利、扁平化的特点，建立内网政府信息公开专栏，交流工作，沟通情况，答疑解惑。

【制度建设】对原有的政府信息公开工作配套制度进行流程梳理和补充修改。2012年，市局向全系统下发《关于做好2011年度政府信息公开年度报告发布相关工作的通知》等四个通知，要求各单位加强领导高度重视，做好政府信息公开工作。通知下发后，各单位对照《北京市地方税务局政府信息公开目录编制规范（试行）》中确定的工作职责，开展卓有成效的清理工作并上报自查情况。

【保密审查工作】一是把握公开与保密的辩证关系。顺应政府信息公开趋势，结合新《保密法》规定，依法公开涉及社会公众和纳税人切身利益的信息，便利信息资源的合理利用。同时，确保国家秘密安全，做到公开信息不涉密，涉密信息不公开。二是严格遵守定密权限，规范国家秘密的设定程序，做到解密信息的适时、适度公开。依据《保密法》《征管法》等相关法律、法规、规章制度，对履职过程中新制作或获取的信息及时进行公开属性的判定，予以公开或备案。三是保密审查的程序实行责任部门负责人、保密部门负责人、责任部门分管局领导三级审查制，并将保密审查与公文审查同步进行，简化环节，提高效率。四是认真按照国家税务总局和市政府信息公开办公室《关于开展政府信息公开保密审查工作专项自查的通知》要求，开展相关自查工作，办公室保密人员专门负责保密审查工作，健全机制，审查职责落实到位。政府信息公开与公文运转流程相结合，在文件发布时，确定必须经过保密审查，从源头上保证了信息公开保密审查的实施。

【政府信息主动公开情况】按照《条例》有关规定，全市地税系统不断深化主动公开内容，拓展北京地税TAX861网站政府信息公开专栏、《北京地方税务公告》、办税服务大厅、新闻发布会等主动公开渠道，强化监督管理，扎实推进主动公开工作。全年通过北京地税TAX861网站政府信息公开专栏向社会公开信息年报数据显示为2174条，全文电子化率为100%，其中机构职能类信息219条；法规文件类信息844条；规划计划类信息39条；行政职责类信息152条；业务动态类信息1224条。新增公文类信息2502条，其中税收规范性文件13条。全年通过《北京地方税务公告》向社会公开发布法规文件57个，并在办税服务大厅放置25万册印刷版（纸质）供纳税人免费索取，电子版同时发布在北京地税TAX861网站上。全年向北京市政府信息公开查阅大厅、北京市档案馆、首都图书馆及北京市地税局政府信息公开场所等移送税收规范性文件等纸质信息16件240份，自《条例》施行以来累计达118件1770份。北京地税系统全年接受政府信息公开咨询共计820224人次。其中现场咨询12人次，通过市局、区县局、分局政府信息公开专线和政策咨询服务热线、政府信息公开专用电子邮箱接受咨询2282人次，通过北京市地税局纳税服务热线12366中心座席、远程座席及自动受理电话咨询807598人次，网上咨询10332人次。北京地税TAX861网站累计发布公告信息31258条，连续被市纠风办评为“优秀政务网站”。全年共召开新闻发布会1次，澄清虚假或不完整信息5件，有效避免了可能造成的负面影响，维护了北京地税良好形象。同时，对维护社会公众和纳税人的切身利益，维护社会稳定、促进社会和谐具有重要意义。

【政府信息依申请公开情况】按照《条例》第十三条规定，全市地税系统认真受理公民、法人或者其他组织根据自身生产、生活、科研等特殊需要提出的政府信息公开申请。全年共受理政府信息公开申请22件，其中，北京市地税局受理4件，区县地税局受理18件。在受理的22件申请中，当面申请2件，占总数的9.09%；通过互联网申请的1件，占总数的4.55%；以信函形式申请19件，占86.36%。22件申请获取的信息属于机构职能类信息1件，占总数的4.55%；属于法规文件类信息1件，占总数的4.55%；属于规划计划类信息1件，占总数的4.55%；属于行政职责类信息19件，占总数的86.35%。2012年受理的22件申请，全部在法定期限内予以答复。在2012年度内答复的22件申请中，“同意公开”3件，占答复总数的13.64%；“已主动公开”2件，占答复总数的9.09%；“不予公开”1件，占答复总数4.55%；“政府信息不存在”8件，占答复总数的36.36%。“申请内容不明确，补正申请”8件，占答复总数的36.36%。依据《北京市行政机关依申请提供政府信息收费办法（试行）》，共减免依申请公开政府信息检索、复印等费用5元，收取信息检索、复印等费用5.4元。

【政府信息公开复议和诉讼情况】全系统没有发生针对政府信息公开行政复议案件；行政诉讼33件，其中上年结转14件，今年发生19件。法院判决撤销11件，9件案件胜诉，13件受理中。

（朱志刚）

会议管理

【综述】2012年，北京市地税局将会议分为综合性会议、专业性会议、党组会议、局长办公会议、局务会议、专业工作会议六大类，发布了局务会议管理办法。市局办公室共组织协调各类会议活动42次。特别是2012年北京市地方税务局系统工作会、2012年组织收入工作会议、北京市地方税务局领导干部会议、北京市地方税务系统所长工作会、北京市年终经济综合部门视频会议等。这些会议的圆满举办，保障市局各项重要工作的顺利开展。

【规范会议管理】完善《北京市地方税务局会务工作事项手册》，对会务工作的基础信息及时更新，保障会务工作准确有效。完善《大型会议场地参考》，在符合政府采购范围的要求下，将北京市全部符合市局要求的办会单位进行再梳理，适应不同种类会议的需求。按照市委、市政府电视电话会议会场的新要求不断调整会场布置，会场布置工作整洁有序。

（李　楠）

综合文秘工作

【综述】2012年，北京市地税局办公室综合文秘人员围绕税收中心工作，充分发挥参谋助手作用，认真撰写各类综合文字材料，积极主动地完成上级交给的各项工作任务。全年按时、优质、高效地完成优化政务流程、完善管理制度各阶段工作、工作总结、工作要点、领导讲话等综合文字材料以及向市委、市政府、国家税务总局报送的有关材料60余篇。

【文字工作】认真学习、领会中央和市委、市政府、国家税务总局的指示精神，按照市局党组确定的中心工作，深入调查研究，收集整理文字资料，严格编校文稿，不断提高文秘写作水平，服务各级领导决策。围绕税收中心工作，集中反映北京地税税收事业发展中的大事、要事，以及税收与民生等方面的重要史实，全面提高各类年鉴、大事记的写作和编辑水平。

【发挥参谋助手作用】一是按照市地税局优化政务流程完善管理制度工作领导小组及办公室部署，不定期组织召集专题会，研究部署阶段性工作，及时将各单位、各部门工作进展情况汇编成工作简报，印发至全系统，组织完成优化完善政务制度流程各阶段工作。二是围绕全年地方税务工作会、党组会、局长办公会等重大决策部署，做好市局领导深入基层调研服务工作，起草综合反馈材料。三是做好市局领导讲话起草工作。综合文秘人员注重调查研究，注重平时积累材料，较好地完成领导交给的每一项任务。四是做好重要会议主持词撰写工作。在撰写重要会议主持词上，坚持反复校核，精益求精。在每次重要会议召开前，及时将主持词报市局领导审阅，保障会议顺利召开。

（宋勇军）

公文管理

【综述】2012年，市局办公室不断规范公文处理工作，通过开展公文培训、修订制度规范等一系列措施，提高公文管理工作的质量和效率，提升以文辅政水平。

【公文制度修订工作】严格按照新出台的《党政机关公文处理工作条例》开展日常公文管理工作，并结合市委、市政府、国家税务总局相关要求，重新修订了《北京市地方税务系统公文格式印制标准》。全系统公文处理工作已于2012年11月1日起全部按照新条例规定运转。

【公文培训】紧密围绕公文处理工作的新形势新要求，不断加大公文培训力度。组织召开了2012年全系统公文写作培训电视电话会，就公文写作的整体要求及请示、报告、意见、函、通知等常用文种的撰写要点进行培训。同时，进一步扎实开展对各区县（分）局税务干部以及初任公务员、军转干部的公文知识培训。

【规范公文处理程序】按照国家税务总局有关文件要求，加强税收个案批复管理、税收政策解读工作；进一步规范市局机关公文处理程序，提高文件的办理效率和执行力，确保文件流转的规范性、严肃性、完整性。

【日常公文管理】2012年市局累计收到各类行政文件3549件，机要文件2276件；审核并发布各类公文472件；从外部收到各类会议通知915件，从内部收到各类工作签报1277件，各类需呈报局领导批示材料514件，均已妥善办结。

（郑光义）

督查工作

【综述】2012 年，北京市地税局承办市政府折子工程事项 7 项（含主办和协办）。年初明确责任分工，制定落实预案，每季度汇总并向市政府报送完成情况。通过统筹协调、密切配合、定期督办等措施，在各相关处室大力配合下，全部按要求办结。

【“两会”建议提案】在市委、市政府交办会召开前，对收到的建议、提案进行认真分析研究，提出拟办意见，并在充分征求相关处室意见的基础上，初步确定建议、提案的主、协办处室。交办会召开后，将拟办意见报送主管局领导审批，并转给相关处室办理。对全部建议、提案进行登记、建账。认真撰写建议、提案分析报告。发布办理工作通知，对办理工作的责任处室、程序、要求和时限等作出明确要求，做到责任清、任务明。对于处室报送的办理报告，严格把关，逐件回复主办单位和代表委员。市局 2012 年共承办市“两会”建议、提案 30 件，承办党派团体、界别专委会提案 6 件，已全部按期办复。

【专项督办】完成对落实全市地方税务工作会、全系统党风廉政建设工作会、全系统 2012 年领导干部会议等会议精神、组织开展 2013 年工作务虚等进行专项督办，确保工作落实。

【绩效管理】组织开展 2011 年度绩效管理年终考评和 2012 年绩效管理工作，推进重点工作的全面落实。

（安　剑）

信息工作

【综述】2012 年，信息工作以依法行政、服务基层、为民服务为中心，围绕首都经济发展方式转变，围绕党的建设，围绕政务流程梳理，围绕营业税改征增值税试点、围绕发票换版等重点工作，多角度、全方位地报道了各单位在组织收入、依法行政、征管稽查、纳税服务等各项工作中取得的先进经验、优秀成果及提出的问题建议，为服务各级领导决策、推动全系统工作顺利开展提供了有力支持。2012 年，全系统各单位共向北京市地税局报送信息 4000 余篇，市局办公室经加工、整理、汇总、编发普刊 49 期、专刊 114 期、增刊 9 期、专报 405 期，上报市委、市政府、国家税务总局信息415篇，273篇被上级单位采用，5篇被市领导批示。在全国35个地税系统中排名第5位，在市政府系统84个信息报送单位中排名第15位，在市政府办公厅2012年度北京市政府系统政务信息工作考评中，市地税局被评为信息工作优秀单位，市局办公室赵卉竹、解民被评为优秀信息工作者。

【创建系列专刊】2012年，根据全系统重点工作，先后推出《优化政务流程完善管理制度》《税收宣传月》《党建工作》及落实全年工作会、领导干部大会精神等多个专题刊物，全方位地报道各单位的工作进展情况、经验举措、业绩成果及反馈的问题建议，尤其对在政务流程梳理过程中取得的实践成效进行了有侧重点的宣传。同时，以服务基层为重心，普刊“税务所专栏”加大了对基层税务所工作的报送力度，使基层工作得以全面展现，为全系统工作开展搭建了渠道畅通、内容丰富的交流展示平台，也使各级领导能够及时、详细了解工作开展情况，从而辅助决策、推动工作协调开展。

【服务经济转型】2012年，在国际经济环境和宏观调控政策的共同影响下，首都经济增速持续回落，税收增长面临着比较严峻的考验，组收形势相对严峻，全系统信息工作者按照首都经济建设的重点任务和主要目标，结合全市和各区域经济发展特点，本着实事求是的原则，认真进行税收分析信息的采编和撰写，为全市各级领导准确掌握首都经济税收发展形势提供了大量的参考资料。全年共向市委、市政府报送有关税收经济分析信息392篇，被采用257篇。其中，关于中关村核心区文化创意产业发展、金融街、临空经济区税收情况分析、外商投资企业纳税情况等直接反映首都经济发展变化的信息得到多位市领导批示，机动车摇号政策对企业注销造成影响的信息，刊发当日，即被市委书记郭金龙批示，市交通委与市地税局召开专题会议，研究应对措施，相关问题得以有效解决。

【开展专项培训】一是召开全系统信息培训会一次，召开信息工作座谈会两次，针对考核计分办法和信息报送要点进行探讨和工作交流，结合市委、市政府对首都经济的发展规划及各区域的税源特点，研讨信息调研重点课题。二是坚持信息员顶岗培训制度，全年共有8个区县局信息员到市地税局进行了学习锻炼，有效促进了信息写作水平的提升。三是对2个区县局、1个处室进行了信息写作专题培训，培训对象为信息工作主管领导和兼职信息员，培训内容重点为信息的选材和文章的撰写要求。一方面，扩大选材范围，提高信息质量；另一方面，提高基层兼职信息员的写作水平，完善上下衔接、横纵畅通的信息网络，保证信息传递的实效性和真实性。

（赵卉竹）

税收宣传

【舆情工作机制】加强与市网管办的交流与合作，构建了市局主导、区县局配合、重大要事件报请市网管部门介入的舆情危机预防与处置机制，有力地保证舆论的安全与稳定。通过各区县（分）局与全市92家传统媒体、网络媒体建立定期走访联系制度。2012年，共处置应对舆情突发事件40起，编发《每周地税舆情报告》51期。针对《税控机，何物生何物》等一系列突发敏感事件，果断采取有效措施，控制舆情发展动向。加强日常网络舆情监测，对人民网、搜房网等媒体刊登的不实信息，第一时间联络相关单位要求更正。在406专案中，密切监控重点微博、博客、网站，累计向专案组报送2000余条相关舆情。

【官方微博工作】2012年，北京地税官方微博以税政知识、申报提醒、税收热点问答为主要内容，累计发布微博1777条，接受咨询和反映情况641次，丰富对外宣传和舆论引导的形式，拓宽政务公开的渠道，为纳税人和媒体提供监督平台。粉丝数量在全国税务系统官方微博和北京市第三批上线官方微博中均处于领先地位。

【宣传月活动】精心组织策划第21个全国税收宣传月工作。市地税局主办“市民对话一把手”“税务局长在线访谈”“税收与文化创意产业主题座谈会”等重点活动，通过广播、网络和面对面座谈的方式与纳税人进行互动与交流，以更为贴近群众的方式为纳税人释疑解惑，倾听纳税人的意见和心声，不仅得到主流新闻媒体的关注，也赢得纳税人的广泛赞誉。宣传月期间全系统共开展各类活动100项。其中，配合国家税务总局开展活动2项，市局开展重点活动9项，组织各区县（分）局开展活动89项。全系统印发税收宣传材料6.8万余册，在各大报刊、电视、广播等媒体共发表宣传稿件125篇（条）（不含转载），其中市局发稿35篇（条），各区县（分）局发稿90篇（条）。

【对外宣传报道】坚持正确舆论导向，加强正面宣传报道，不断提高公信力。配合“新车船税法实施”“营业税改征增值税”“发票换版”等工作，及时组织宣传报道和新闻发布。先后在《北京日报》刊登《北京地方一般预算收入首超2000亿元》（一版）、《70%机动车少缴车船税》（八版）、《凭二代身份证可免费申领完税证明》《新版发票下月开始全市启用》（七版）等新闻报道。在《北京工作》《中国税务》杂志先后组织刊登《地税税收与经济协调发展》《从纳税人最需要的地方做起》《从依法行政入手　实现职能转型》三篇深度报道，集中反映北京市地税局税收收入总体情况和全面推进依法行政、提升纳税服务工作的实践；在北京“7·21”特大暴雨发生后，了解掌握房山地税局帮扶企业的行动和措施，及时做好宣传报道，在《中国税务报》组织刊登《帮群众助企业　房山地税局边救灾边服务》的新闻稿件，在《北京日报》刊登《水淹报废车辆可退车船税》的新闻稿件，树立北京地税的良好形象。

【对内宣传平台】全力办好《北京地税》杂志。围绕中心工作，组织“营改增”“税源专业化管理”等专题报道，开辟党建、依法行政专栏，有力地宣传市局党组的思想、主张。全年共出刊6期，编辑稿件1200余篇、360余万字，其中刊出稿件360余篇、60余万字，图片新闻、书法绘画作品等360余篇（幅），充分发挥“宣传方针政策、交流工作经验、展示干部风采、弘扬地税文化”的积极作用。建立特约撰稿员队伍，对外邀请经济领域专家撰写文章，对内坚持“以干代训”的方式组织基层干部参与组稿和编辑工作，确保杂志稿件来源稳定，质量过硬。建立稿费激励机制，提高全系统干部职工的参与程度和积极性。增强杂志的可读性，对封二、封三图片页、目录页、文体格式等进行重新编排与设计。各区县（分）局积极为杂志供稿，西城、朝阳、丰台、大兴、昌平、燕山、通州组稿机制健全，稿件报送及时，质量较高。

（秦　一）

调研工作

【综述】2012年，研究室认真做好调研组织管理工作，全系统广大干部围绕北京市地税局党组工作要求和各项工作重点，认真组织，积极协调，有效管理，深入调研，取得了一批有质量有水平的调研成果，积极促进了各项税收工作任务的完成。

【调研课题研究】围绕服务和促进税收中心工作，从增强调研工作的实效性入手，进一步突出和强化税收课题研究，扎实推进调研工作开展。一是精心选定研究课题，全年全系统共安排重点调研课题11项，处室课题42项，区县局（分）局重点课题155项。二是形成完善的调研课题网络，要求系统处级以上领导必须承担一项课题研究任务，建立完善了参与人员、课题层次、不同类型和重点的研究网络。三是认真做好课题研究服务，根据各单位课题研究需要提供支持，多种形式督促课题的落实，有效促进了课题研究工作顺利开展。

【调研管理考核工作】2012年，依据北京市地税局考核管理工作要求，围绕促进和提高调研质量，市局、区局两级调研工作职能部门进一步加强了调研管理考核工作，有效促进了全系统调研质量的提升。一是注重不断健全完善调研管理制度，修改完善《北京市地方税务局调研管理考核办法》，制定了《北京市地方税务局调研工作办法》和《北京市地方税务局调研工作流程图》两个制度文件并正式印发执行。二是严格执行调研工作考核制度，坚持量化计分考核，每季度对各区县（分）局调研工作情况进行量化计分考核，较好地引导了调研工作深入开展。三是每季度对调研考核结果进行分析，对有关单位开展针对性的工作帮助，促进了调研工作扎实开展。

【调研工作】一是认真办好市地税局调研刊

物，进一步强化了精品办刊思路，完善区县调研管理员、市地税局调研管理员和调研刊物主管主任的三级编审机制，有效保证了调研刊物的质量。全年市地税局《调查与研究》出刊117期共50余万文字量的调研报告。二是积极引导区县（分）局办好调研刊物，加强与区县局编刊工作的沟通联系，优化采编流程，对各区县（分）局调研刊物情况进行跟踪了解和不定期交流，较好地发挥了调研主阵地的作用。全年各区县（分）局调研刊物共刊载调研报告629篇。三是注重加强调研人才队伍建设，通过多种渠道和途径，加大调研培训力度，促进了调研骨干队伍的能力素质提高。

【调研成果】在调研工作的关键环节上狠抓落实，市区两级领导积极带头，各级调研工作职能部门加强组织，全年共撰写完成调研报告1214篇。其中，完成年度计划课题197项，完成率为95%。18个单位71批次共开展联合调研课题20项，形成调研成果18项。全年调研成果中，被市区两级调研刊物刊载755篇，被市委和税务总局等经济税收刊物刊载46篇，直接转化为各类税收规范文件32项，积极服务了全年各项工作任务圆满完成。

（黄建达）

外事工作

【综述】2012年，外事工作积极开展因公出国（境）和因公赴台团组的申报、组织、办理工作，努力提高服务水平，保证所有团组按照预定计划顺利走出国门，圆满完成各项出访任务。

【外事工作计划】2012年北京市地税局无自组团出访任务。按照系统外事工作计划，选派人员随外单位团组出访30批，41人次，主要任务是：选派干部赴奥地利进行“受控外国企业管理”和“大企业管理”培训，选派干部赴美国、加拿大进行学习当地税制改革方案制定的背景、内容和经验，选派干部赴法国参加“税收政策管理培训班”，选派干部赴日本、韩国执行房地产税及批量估价技术与制度考察任务，选派干部赴加拿大进行“环境税收”培训。

【完善规章制度】为进一步规范外事管理工作程序，重新修订了《北京市地方税务局外事工作管理办法》。

（解　民）

北京市地税系统2012年度信息工作评选结果

一、信息工作优秀单位（22个）

北京市地方税务局收入规划核算处
北京市海淀区地方税务局
北京市东城区地方税务局
北京市昌平区地方税务局
北京市西城区地方税务局
北京市通州区地方税务局
北京市门头沟区地方税务局
北京市平谷区地方税务局
北京市延庆县地方税务局
北京市地方税务局开发区分局
北京市地方税务局燕山分局
北京市地方税务局地方税管理处
北京市大兴区地方税务局
北京市顺义区地方税务局
北京市朝阳区地方税务局
北京市丰台区地方税务局
北京市石景山区地方税务局
北京市怀柔区地方税务局
北京市房山区地方税务局
北京市密云县地方税务局
北京市地方税务局西站分局
北京市地方税务局第一稽查局

二、优秀信息员（24个）

周兵化 北京市地方税务局收入规划核算处
靳　蕾 北京市地方税务局收入规划核算处
张　寒 北京市地方税务局地方税管理处
樊　涛 北京市海淀区地方税务局
祁　蕾 北京市大兴区地方税务局
屈铁坤 北京市东城区地方税务局
李晓彤 北京市顺义区地方税务局
李静雯 北京市昌平区地方税务局
史蓓蓓 北京市朝阳区地方税务局
黎　阳 北京市西城区地方税务局
熊　辉 北京市丰台区地方税务局
潘国强 北京市通州区地方税务局
刘　玮 北京市通州区地方税务局
李　元 北京市石景山区地方税务局
杨　夙 北京市门头沟区地方税务局
高　阳 北京市怀柔区地方税务局
杨　柳 北京市平谷区地方税务局
张伟莉 北京市房山区地方税务局
李新雪 北京市延庆县地方税务局
王新颖 北京市密云县地方税务局
李春澍 北京市地方税务局开发区分局
李林慧 北京市地方税务局西站分局
吴　凡 北京市地方税务局燕山分局
李　旸 北京市地方税务局第一稽查局

后勤工作

财务管理

【综述】 2012年，在北京市地税局党组的正确领导下，全系统财务干部扎实工作，积极进取，在经费保障、依法理财、服务中心工作、服务纳税人、服务税务干部等方面做了大量艰苦细致的工作，各项财务工作稳步推进，为保障全市地税税收工作任务的圆满完成发挥重要的作用。

【围绕组收依法理财】 2012年，计划财务处积极筹措经费，市地税局本级全年经费收入7.8亿元，有力地保障业务工作的顺利开展。适应财政管理模式的变化，通过“以奖代补”和财政专项转移支付等方式，拨付区县局7173.98万元。一年来，市局和各区县局、分局坚持“三重一大”议事规程，集体审议部门预算安排的工作程序，建立经费支出的层级审批机制。计划财务处大力加强预算资金审批，严格把关，确保每一笔支出都符合程序。通过签报审批、合同签订、资金拨付、日常开支报销等各环节的审核把关，共同监管，控制预算，不断降低税收行政成本，确保各项资金安全、合理、有效使用。按照政务公开的要求，计划财务处对2012年部门预算和2011年部门决算情况在首都之窗网站进行公开，自觉接受社会监督。在全年预算执行过程中，在主管局长的带领下，计划财务处积极与市财政局沟通协调，争取政策支持。就结余资金、系统“三代”手续费经费和政府采购等问题与市财政局多次沟通协调，保障组收工作的开展，有效促进全系统相关工作的顺畅进行。

【优化流程完善制度】 计划财务处按照局领导提出的“优化政务流程、完善管理制度是市局开展创先争优活动的重要载体，要通过流程梳理和完善制度来解决问题，形成用制度管权、管事、管人的良好机制。”的要求，按照局党组建设法治型地税机关的工作思路和市局总体工作部署，对原有各项财务制度进行梳理，重新修订6项财务制度，新制定10项财务制度，保留1项财务制度，包括预算管理、经费管理、采购管理、建设工程管理、资产管理和信息化管理六大类共17项制度，并采取先行先试的工作方法，进一步完善各项财务制度，增强可操作性。通过对财务制度的完善和工作流程的优化，对各岗位工作和各环节的流程进行全面的梳理，着力堵塞工作漏洞，防范工作风险，规范工作程序，提高服务效率，进一步推进了财务工作法制化、规范化、科学化的进程。

【全面清理历史遗留问题】 根据市局党组的工作要求，本着尊重历史、实事求是的原则，在局领导的统一指挥和相关处室的配合下，计划财务处对有关遗留问题逐一开展清理工作，对涉及的经费审批与支出、财政评审和政府采购等情况进行全面核实，按照项目类别全面整理相关数据和资料，已基本完成对以前年度遗留的基本建设和维修改造项目的清理工作，共下拨经费23974.65万元，主要包括两批71处基层税务所维修改造、2个区县局维修改造、1个区县局机关办公楼建设、2处基层税务所购置等项目。对立项审批、预算安排、资金使用、工程款结算等方面存在的一些问题进行全面清理，做到情况明、数据准，为解决实际问题，全面规范和加强财务管理奠定基础。特别是在前期工作的基础上，解决北方建磊、深圳建艺等第一批基层税务所维修改造施工单位和标牌制作、审计单位多年未结的款项，结清尾款。有效应对中建乐孚公司追讨设计费的事件。此外，积极协调解决市局信息化运维、办公楼维修改造和园区物业费等历史遗留问题，保障各项工作的顺利进行。

【“三代”手续费的管理】2012年市地税局共安排“三代”手续费127816.36万元，其中年初80000万元，年中追加47816.36万元，全系统实际退付123902.78万元，退付纳税人3.18万户。各区县局、分局财务部门在人手少、退付任务繁重的条件下，坚持做到不积压、不滞留，准确、及时地将有资金保障的纳税户申请的手续费退付到位，保障扣缴义务人、代征人的切实利益和财政资金支出的合法安全。一年来，计划财务处积极与市财政局沟通，最大限度争取手续费经费保障，科学安排手续费拨付进度，加强手续费日常管理情况的调研。对目前手续费系统和管理情况开展调研，对非居民企业代扣代缴个人所得税返还手续费、信息化系统保障等问题进行研究，为进一步提升手续费管理水平积累经验。

【财务管理工作】一是公务用车专项治理检查工作，计划财务处配合监察处在全面清理市局公务用车情况和了解区县局公务用车数量的基础上，经过认真测算并与市财政局反复沟通，研究拟定《北京市地方税务局系统执法执勤用车配备使用管理办法》，并按要求报送市局机关和二级预算单位车辆核编申报表和相关资料。二是稳步推行公务卡结算方式改革，使公务卡报销、还款工作常态化。根据市局对公务卡的管理要求，组织召开“市局机关各处室及二级预算单位公务卡改革专题布置会议”，对公务卡适用范围、管理要求进行明确，增加各单位公务卡的办理数量，截至2012年底市局机关共办理公务卡115张，公务消费报销12.93万元，有效地将公务卡使用与实际工作相结合，充分发挥公务卡的最大使用效益。三是做好资产清查工作，保障资产安全完整。根据市财政局资产清查工作要求，结合本单位资产管理的实际情况，周密组织，突出重点，扎实工作，圆满地完成资产清查各个阶段的工作。截至2011年12月31日，全系统共有资产32.85亿元，其中，市地税局机关及二级预算单位有资产9.21亿元。

【服务基层】一是扎实开展医保改革工作，计划财务处积极与人事处、机关后勤服务中心沟通协调，联合发文，对转变后的医疗保险待遇进行解释，同时积极细致地为市局干部计算每月应缴的医疗保险费，并及时上缴社保中心，做到不欠缴，不缓缴，不漏缴，切实保证每位干部医保待遇。二是为基层税务干部提供换装服务，完成市局2011年税务服装制作加工项目的后续供货和售后服务，并安排好2012年新进人员换装和市局人员换装的项目，协调组织进行量体试装和数据统计。三是出台对财政部专项转移支付资金管理的文件，进一步规范专项资金的使用和管理，下拨稽查办案专项资金580万元，财产行为税专项资金312.48万元。

【政府采购】2012年，计划财务处组织完成了政府采购公开招标项目21个，预算金额17747万元，中标金额17456万元，节约资金291万元，节支率为1.64%，规范采购行为，有效地节约财政性资金。在采购管理中计划财务处进一步规范招标文件的确认环节工作，完善对招标文件的专家论证程序。在采购过程中，严格按照市财政局政府采购的政策要求和程序规定，坚持监察处、审计处全程参与，法制处对招标文件进行规范性审核的原则，规范实施各项采购步骤，及时有效保障各项业务工作的顺利开展。

（徐 翀）

后勤管理

【综述】 2012年，机关后勤服务中心按照局领导各项工作要求，以服务为先导，努力探索后勤工作规律，制定“保证运转、强化监管、完善服务”的工作目标，紧扣服务和管理的两条主线，努力在为地税事业的科学发展和完成税收中心任务上提供到位的服务和必要的支持。坚持为机关干部、职工创造安全、舒适、整洁的工作环境，圆满完成了各项服务保障工作。

【风机盘管改造】 市局车公庄办公楼风机盘管和风机盘管支线管道由于常年运行，部分设备严重锈蚀、老化，导致热交换效率差，经常出现漏水现象，对正常办公造成影响。发现此情况后，机关后勤服务中心及时上报，经局领导批准实施更新改造。机关后勤服务中心加强组织领导，落实规章制度，科学统筹施工计划，确保工程进度。为保证施工安全、有序进行，同时不影响正常办公，机关后勤服务中心组织相关各处室对此工程进行协调和安排，采取夜间施工方式，强化监管，确保施工质量和安全，实际施工55天，比合同确定的90天工期整整提前35天。

【机关维修改造】 重点完成市局车公庄办公楼、门头沟档案馆、老干部活动中心等三个办公区电梯更新移装改造施工。努力克服任务重、人手少、缺少专业人员的困难，以推进服务项目采购和完善工程采购管理制度为重点，各个环节严格把关，依法行政，按照市局新梳理的政务流程要求，圆满完成三个办公区电梯更新移装改造。做好机关日常维护、修缮工作。保证通信设备、电力设备、供暖设备、中央空调系统正常运行。

【完善六项制度梳理五项流程】 按照市局政务流程领导小组相关要求，后勤中心制定并完善《机关物业日常管理监督规定》《北京市地方税务局集体宿舍管理办法》《医务室门诊工作制度》《市局机关电话管理办法》《北京市地方税务局公务接待管理办法》《市局机关处室车辆使用和管理规定》六项管理制度。并在此基础上，优化和完善《市局机关办理餐卡工作流程》《单身宿舍申请流程》《献血工作流程》《市局电话申请流程》《市局机关公务接待工作流程》五项工作流程。

【车辆管理】 按照《关于公务用车专项治理几项工作的通知》（京车治〔2012〕14号）精神，落实全市公务用车专项治理相关要求，机关后勤服务中心积极配合计划财务处，对局机关现有车辆进行核编。定编市局机关车辆为106台，其中一般公务用车54台，执法执勤车52台。严格执行公务用车编制管理规定和配备使用管理标准，加强公务用车使用管理，严格执行公务用车更新规定。狠抓安全教育活动，邀请地方安委会人员结合实际进行详细讲解，要求驾驶员对新法规要全面理解，并按规定严格执行，通过签订交通安全责任书强化责任意识和安全意识，保证党的十八大和两会期间的安全行驶，没有出现安全行车事故。修订《车队安全事故处理办法》，从制度上增强驾驶人员的安全意识和责任感。

【服务保障】一是加强对执行例行勤俭节约、制止奢侈浪费等有关规定情况的监督检查。二是继续加大对食堂物业的监管，每周开物业例会，听取各方反馈，研究运行状况，保障设备运行完好率达到100%。三是着力提升餐饮安全和菜品质量，细化对食品采购、加工、存储、制作等环节的检查和监督，杜绝食品安全问题的发生，同时在餐饮的花色品种方面做文章，增加每周二的特色菜品和周四的特色主食，不断调整和改进饮食结构和质量，提升服务水平。四是围绕人、财、物、权、钱、事六环节，根据市财政局清查工作规定和《2012年北京市地方税务局资产清查工作方案》的工作要求，对市局固定资产进行了全面盘查，进一步摸清“家底”，并重新核定固定资产价值。

【干部队伍建设】按照市局党组关于专题教育活动和创先争优活动的整体部署，后勤中心一是认真学习，深刻领会。二是全员参与，统一思想。制定学习计划，做到重要文件全员学习，全面领会，为各项工作的开展打好理论基础。三是求真务实，狠抓制度落实。认真梳理岗位职责，规范工作流程，不断增强制度意识，牢固树立严格按制度办事的观念，养成自觉执行制度的习惯。继续努力打造一支符合后勤工作要求的、和谐的、专业化的后勤保障队伍。后勤服务工作也得到相关部门和局领导的肯定。连续11年获得“北京市交通安全先进单位”荣誉称号，连续3年获得北京市爱卫会“红旗单位”荣誉称号。

（魏　欣）

安全保卫

【综述】北京市地税局安全保卫工作认真贯彻全市政法工作会议和首都综治委全会精神，全面落实北京市地方税务系统工作会议部署，紧紧围绕维护首都安全稳定确保党的十八大顺利召开这一中心，深入推进平安北京地税建设，全面提高安全维稳工作水平，有效地维护了全系统的安全稳定，保证了税收工作的顺利开展，为确保党的十八大顺利召开作出应有的贡献。2012年，市地税局安全工作受到首都综治委肯定，被授予首都社会管理综合治理先进单位称号。

【安全工作】在全系统逐级签订安全责任书，将安全维稳任务分解落实到基层，落实到具体的岗位和人员。搭建矛盾纠纷排查平台，组织市局相关部门深入开展矛盾纠纷排查化解工作。召开市局综治领导小组会议，启动重大决策社会稳定风险评估工作，组织协调市局有关部门，按照应评尽评的要求，对全年拟出台的各项重大决策进行梳理，从源头上防范社会稳定风险。

【优化完善制度流程】按照“用制度管人、用制度管事、用制度管权”的总体要求，对建局以来制定的安全工作制度进行全面梳理，废止制度4个，结合新形势、新任务的需要，制定、修订《北京市地方税务局安全工作检查考核办法》《北京市地方税务局安全宣传教育培训办法》《北京市地方税务局消防安全管理办法》《北京市地方税务局交通安全管理办法》《北京市地方税务局机关安全管理规定》《北京市地方税务局安全工作规定》，初步形成内容全面、形式规范、切实可行的安全工作制度体系。

【安全教育】2012年5月，在全系统开展以“弘扬公共安全文化、倡导应急志愿精神、建设安全和谐首都”为主题的“防灾减灾日”活动，利用悬挂横幅、大屏幕展示等方式，增强干部职工的防灾减灾意识，提高防灾减灾能力。7月21日，北京出现特大暴雨后，及时下发《关于进一步做好防汛抗洪工作的通知》，提醒所属单位举一反三，落实防汛抗洪措施，确保汛期安全。9月，组织干部职工参加“全民消防安全知识网络大赛”，增强消防意识，提高发现和消除火灾隐患，扑救初起火灾，火场自救逃生的能力。

【安全检查监督】在春节、五一、国庆节前，专门下发通知，部署在全系统开展安全检查，突出抓好日常安全检查的落实，引导干部职工形成上班查看安全情况，下班进行例行检查，确保没有遗留安全隐患再离开的良好习惯。党的十八大前，在全系统组织开展两轮“一对一”督查，推动安全隐患的整改和安全措施的落实。办公室、保卫处、信息中心、后勤服务中心组成联合检查组，全年对市局机关和直属单位开展了3次安全检查，发现并整改信息机房气体灭火系统掉压、财务室报警器失灵、配电室器材不符合标准等隐患和问题。

【安全管理措施】按照“看好自己的门、管好自己的人、干好自己的事”总要求，全面加强安全管理，确保单位内部安全稳定。一是加强流动人口安全管理。建立流动人口管理台账，实行动态管理，落实“谁使用谁负责”制度，强化对外聘人员的审查，严格执行流动人员100%提供暂住证复印件等要求，防止“只用不管”“重用轻管”现象。二是加强对重点人的管控。密切掌握重点人的思想动态和现实表现，督促落实管控措施，确保重点人不出问题。三是加强办税服务厅的安全措施。落实“红袖标”制度，维护办税服务厅秩序。提高巡视频次，及时发现、消除各种不安全因素。

【应急预案】按照《北京市突发事件应急预案管理办法》有关要求，修订《北京市地方税务局突发事件总体应急预案》，组织市局相关部门制定、修订9个专项预案，进一步健全应急预案体系，完善应急工作机制。扎实做好重大节日和重要时期值守应急工作。配合有关部门妥善处理民工讨薪等突发事件，维护办公秩序。

【安保专项行动】从2012年8月初至11月中旬，全系统开展党的十八大安保专项行动。广泛发动群众，全面落实责任。深入调查摸排，准确掌握重点部位、重点人员的实际情况，开展“一对一”督查，整改消除各种安全隐患。完善财务室、机要室、票证库房、信息机房等重点部位的安防措施，落实治安、消防、交通安全管理措施。经过全系统干部职工共同努力，专项行动取得圆满成功，实现“大事不出，小事也不出”的目标。

（林丽丽）

干部培训中心工作

【概况】北京市地方税务局干部培训中心，位于昌平区十三陵水库路东侧，距市区30公里，由北京市财政局投资兴建，1994年8月开始运营，1996年2月整建制划入北京市地方税务局，为北京市地方税务局所属处级差额拨款事业单位，是市政府会议定点采购单位。

培训中心占地35亩，房屋建筑面积24183平方米，固定资产总额1.06亿元。有各类客房144间套，床位288张；大餐厅1个，可容纳400人同时就餐，小餐厅5个，可容纳10～80人就餐；报告厅1个，可容纳400人，中会议室2个，可容纳80～120人（含东院多功能厅），小会议室10个，每个可容纳30人左右；计算机培训教室1个，可容纳50人。康乐设施有：室内网球馆、羽毛球馆、游泳馆、保龄球馆、射箭馆、台球、乒乓球厅（含东院多功能厅）等。

培训中心内设办公室、财务科、接待部、客务部、餐饮部、康乐部、设备科、行政科、采购部9个部门。年末，中心在职员工共计133人，其中正式职工定编63人，实有在职正式职工41人，编外劳动合同工92人。另退休职工15人，雇用保安7人。2012年6月1日，按照市局要求，培训中心与北辰信诚物业管理有限公司以分包的形式正式接管六区安保中心的物业管理工作，物业人员7人，保安4人。

北京市地方税务局干部培训中心承担全市地税系统干部教育培训任务，负责服务保障工作，接待系统内各种会议及干部职工、离退休干部的休养；在支持保障本系统的前提下，接待系统外的培训、会议、疗养及其他活动。

【接待服务】2012年年末，培训中心共接待会议228批次，其中系统内会议122批次，系统外会议106批次，共25068人次，实现会议收入1020.1万元。特别是接待国家税务总局举办的“全国税务系统基层党组织书记示范培训班”的任务，培训中心高度重视，先后5次召开主任办公会和中层干部会议，专题研究安排接待工作，从接受任务，接机、接站到会议服务，食宿服务、后勤保障等各服务环节，谋划到位，细致周到，在各部门通力合作下，圆满完成了此次培训接待工作，为北京地税赢得荣誉。

【开源节流维护运转】由于培训中心设备设施老化且无资金支持维修维护，为了能够正常运转，中心党组积极研究各种节能降耗措施，通过组织员工自己动手施工、更换节能设施、调整服务方式、压缩人工成本、降低物料消耗、尝试接待散客和婚宴等多种措施，降低能耗、开源节流。2012年全年用水量比2011年同期减少15372吨，全年用电量比2011年同期减少113428度；全年供热面积由2011年的26388.95平方米，减少到20393.77平方米，每年减少支付供暖费28万元左右；在职工宿舍楼安装了太阳能设备，使用太阳能洗澡每天的费用比使用供暖公司的供热费要降低10倍。

【队伍建设】一是以落实制度为抓手，全面加强了领导班子建设。认真学习贯彻落实党的十八大精神，先后4次组织理论中心组扩大学习，收到较好效果。认真落实“三重一大”制度，严格执行党组会和中心主任办公会议事规则，坚持科学、民主、依法决策。二是加强中层干部队伍建设。按照科级干部选拔聘用规定，2012年下半年，培训中心组织完成财务科、接待部、设备科、客务部四个部门副科岗位的选聘工作，此次副科预备人选的确定是建立在职工民主推荐人选的基础之上，严格按照选聘程序组织，各个环节严谨规范，做到公平、公正、公开；组织完成2011年选聘的科级干部试用期满民主测评按时转正工作。坚持不定期召开部门经理会，定期召开季度汇报会，统筹协调各项工作的安排部署，强化中层干部的管理责任、提高中层干部的办事效率。三是加强合同制工人的管理。为加强日常的劳动用工和劳动合同的管理，培训中心完成《员工手册》的修订印发工作，为规范管理提供制度保障；积极发挥党团工会的组织作用，通过开展岗位培训、组织各类的群众性文体活动及对困难职工、生病职工进行慰问等形式，调动员工工作的积极性，增强队伍凝聚力。2012年，共组织参观学习2次，党课教育4次，职工体检2次，职工文体活动3次，慰问24次。

【安全管理】以做好两会及党的十八大期间安保工作为重点，认真落实市局“关于深入开展平安北京地税建设活动”要求，结合培训中心实际，强化人员安全、食品安全、消防安全的责任意识与防范意识。一是加强燃气工作间及职工食堂的操作间的重点管理，专人专责，明确到人，严格操作规程，每日做好检查记录，确保煤气使用的安全。二是重新调试培训中心所有监控设施，保证安全不留死角。三是在职工宿舍楼安装门禁系统并对宿舍管理作出明确规定，确保职工的住宿安全。四是做好雷雨、大雪恶劣天气的防范工作，制定《干部培训中心抢险工作预案》，减少因灾害性天气对中心所造成的损失。五是党的十八大召开期间，对培训中心各区域的安全工作进行排查，分别对各部门各岗位进行有针对性的消防安全培训活动，旨在增强全体职工的消防安全责任意识，进一步践行消防安全四个能力建设标准，切实将消防安全工作落到实处。

（刘建华）

老干部活动中心工作

【综述】2012年，老干部活动中心以“安全稳定、加强管理、提高服务”为工作目标，认真落实北京市地税局党组工作要求和年初系统工作会议精神，不断强化班子建设、队伍建设、制度建设，圆满完成了各项工作任务。

【队伍建设】一是以落实制度为抓手，全面加强领导班子建设，建立完善理论中心组学习制度。二是结合实际、加强合同制工人的管理。以加强合同制职工的教育管理为突破口，通过开展职业道德教育和法纪、法规教育提高全体职工思想素质；通过开展形式多样的群众性文体活动凝聚队伍；通过开展职工小家建设来培养职工的主人翁意识等，起到很好的教育引导作用。

【降低经营成本】在运营成本不断增加造成经费紧张的情况下不等不靠，通过修旧利废、节约成本克服困难。一是科学整合资源，压缩成本费用。二是合理改造设备，努力降低能耗。三是坚持严格管理，培养良好习惯。

【优化政务流程】一是根据市局优化政务流程、完善规章制度工作要求，认真研究中心依法行政和制度建设的现状，专题分析中心优化政务流程、完善制度建设工作，研究具体措施、制定工作方案。二是明确责任，在抓好各项工作的基础上，班子成员按主管部门分工，负责督导优化政务流程、完善制度建设工作的开展，做到分工明确，责任到人。三是把梳理优化政务流程、完善规章制度工作与服务接待等工作相结合，确保制度流程的修订科学、规范、合理、可操作性强。中心共梳理制度规定51个、工作流程1个，补充完善员工手册等。

【党风廉政建设】认真贯彻系统党风廉政建设工作会议精神，坚持惩防并举、注重预防的方针，以党风廉政建设工作责任制为抓手，扎实推进惩治和预防腐败体系建设，强化干部队伍思想、作风建设，努力建立一支政治坚定、作风优良、求真务实、清正廉洁的党员干部队伍。

【落实安保制度】认真落实市局“关于深入开展平安北京地税建设活动”要求，以做好两会及党的十八大期间安全保卫工作为重点，认真落实安全保卫工作制度，确保中心安全稳定。全年共组织安全检查4次；检查更换灭火器196只。

（赵凤江）

基层工作

东城区地方税务局

【概况】 东城区位于北京市中心城区东部，地理位置：北纬 39°54′，东经 115°23′，面积 41.84 平方公里，常住人口 90.8 万人，全区设 17 个街道办事处，以及北京站地区管理处、王府井建设管理办公室、东二环建设管理办公室和中关村科技园区雍和园管理委员会 4 个重点街区管理机构。2012 年，东城区实现地区生产总值 1447.9 亿元，同比增长 8.1%；完成公共财政预算收入 134.8 亿元，同比增长 10.3%；全区社会消费品零售额完成 794.63 亿元，同比增长 15%。

东城区地方税务局位于东城区安定门外西滨河路 18 号院首府大厦 6 座。2012 年设置 18 个职能科室、23 个税务所、1 个稽查局（含 11 个科）、1 个机关后勤服务中心、1 个地方税务学会。全局共有干部职工 678 人，其中硕士研究生 14 人，大学本科学历 540 人，本科以下学历 124 人（党校研究生 22 人，硕士本科生 25 人）。全局有中共党员 535 名，占全体干部职工人数的 79%；有共青团员 64 名，占全体干部职工人数的 9%。全局税务登记户数 59719 户，其中国有经济 1750 户，集体经济 1183 户，联营经济 39 户，股份制经济 2444 户，私营经济 17922 户，有限责任公司 17613 户，港澳台投资经济 980 户，外资企业 2164 户，个体工商户 11848 户，其他经济类型 3776 户。

【“三为四化”工作标准和“三敢四心”工作要求】 2012 年，东城区地税局在业务整合、人员融合的基础上，进一步夯实发展根基，确定了“三为四化”工作标准（“三为”：以税为根、以人为本、以党为魂；“四化”：税源管理专业化、纳税服务标准化、政务流程规范化、干部队伍职业化）和“三敢四心”工作要求（“三敢”：敢于担当，敢于碰硬，敢于创新；“四心”：诚心、安心、忠心、信心），为圆满完成全年各项工作任务奠定基础。

【组织收入】 2012 年，东城区地税局累计完成地方一般预算收入 235.7 亿元，完成年度计划任务 234.5 亿元的 100.51%，同比增收 3.1 亿元，增幅 1.35%。完成区级一般预算收入 102.7 亿元，同比增收 9.9 亿元，增幅 10.64%。

【依法行政】 为保障纳税人合法权益，规范税收执法自由裁量权的适用规则、基准制度，完善依法行政考核指标体系。开展年度税收执法督察，重点对税收优惠政策执行情况、重大税收违法案件及相关制度执行情况等 10 个项目进行税收执法督察检查；开展对 187 户纳税信用 A 级企业评定事项的抽查检查；利用身边案例，开展“以案说法”。做好政府信息主动公开工作，通过北京市政府信息公开专栏和 TAX861 网站向社会公开信息 200 余条。

【健全完善组收责任体系】 加强组织收入工作组织领导，先后 3 次召开全局性动员会，分析研判税收形势，局主要领导多次听取专题汇报，研究部署措施。局领导班子成员深入一线，认真调研，各相关科室分解任务、层层落实，坚持依法征收，夯实征管基础，形成了组织收入上下联动，一级抓一级，全局一盘棋格局。

【科技管税】拓展税收管理员平台功能，研发“文书管理”模块，规范税收业务文书制作、保存和打印各工作环节。开发国标税控发票数据预警功能，在系统内率先实现对异常国标数据的分析。制作“个体管理”二期模块，实现对个体工商户疑点信息的有效监控。

【发票换版工作】根据市局统一部署，统筹做好发票换版工作。合理测算各种新版发票用量，备足发票库存，保证换版期间发票供应不脱节，同时通过张贴公告、利用大厅电子显示屏、网站通知、纳税服务短信等多种形式，帮助纳税人了解和掌握新旧发票的区别及新版发票的具体使用方法。认真做好新旧版普通发票使用的衔接工作，尽可能减少因发票换版给纳税人带来的不便。

【发挥评估职能作用】注重发挥纳税评估职能作用，全年对2030户重点企业的辅导自查工作，自查补缴税款9023万元，全年评估企业11689户，共计组织入库4.66亿元，同比增收6377万元，增幅15.86%。

【稽查检查工作模式】自行研究开发稽查数据管理系统，利用Asp.net+Access+IIs构建系统，实现稽查任务指标分解及指标完成进度监控、各项稽查数据统计分析、常用报表自动生成等三大方面累计13项功能。推行分类分级管理，加强案件督办力度。全年稽查立案371件，结案344件，查补税款1.18亿元，入库收入合计1.12亿元。稽查查补税款入库首次超过亿元。

【结构性减税政策】坚持全面落实稳增长、调结构、惠民生的战略部署，认真落实结构性减税税收优惠政策。成立“营改增”试点工作领导小组，认真研究安排“营改增”试点工作，与区财政局和区国税局密切配合，制定交接方案，及时确认并提供税源户信息。设立“五专三区”的“营改增”试点企业服务模式，推动“营改增”试点改革工作顺利开展。

【新车船税法】成立专项工作领导小组，研究制定《北京市东城区地方税务局2012年车船税征收工作安排》和《北京市东城区地方税务局贯彻车船税法应急预案》，由主管局领导亲自带队，现场指导，提出统筹安排、学习培训、系统操作、外部宣传、应对舆情等五方面具体要求，建立新税法执行反馈机制，及时反馈意见、建议，加强内部协调、沟通，从政策执行角度化解征纳矛盾，确保新车船税法顺利实施。

【土地增值税清算】严格按照国家税务总局的检查要求、时限和有关政策规定开展土地增值税自查工作，对房地产项目逐个清查，掌握情况，补齐手续，补充完善财产与行为税监控平台信息。共完成清算项目9个，入库税款1.5亿元。

【提升纳税服务效能】完成《北京市东城区地方税务局纳税服务规范手册》及《办税服务厅指南》的制作，进一步规范服务行为，落实服务承诺。完成外网网页改版工作，外网网页累计访问量达到236万多次。完成第一、二、三税务所12366远程座席的安装工作，受理12366热线投诉7件，做到处理及时，件件回复。

【廉政风险防控】重新审核编制《风险防控监督网络图》《税收业务工作流程图》和《风险防控一览表》，建立廉政风险防控管理工作项目库，对廉政风险防控实施项目化管理，使廉政风险防范更加具体化。

【干部队伍培训】分批次组织公务员更新知识、征管流程、财务会计、稽查业务和信息化等全局性培训，培训达2300人次。

【梳理政务流程】坚持将“依法、高效、便捷”的理念贯穿到内部管理的各个方面。截至2012年年底，共梳理制度流程475个，其中：保留类制度40个，修订类制度33个，制定类制度22个，废止类制度355个，制作流程图25个，进一步完善行政管理体系。

【残保金和工会经费代收工作】围绕残疾人就业保障金和工会经费代收工作，增强服务意识，提高依法行政水平，采取多种措施，积极稳妥地做好两费代收工作。全年两费合计征收3.8亿元。

【基层党组织分类定级工作】按照中央、市委、区委的相关要求，周密部署，深入动员，突出“三个结合”，即与基层党组织建设相结合、与基层文化建设相结合、与税收中心工作相结合，扎实推进基层党组织分类定级工作，全面提升基层党组织的整体建设水平。

【创先争优活动】对在创先争优活动中涌现出的11个先进支部和56名优秀党员进行表彰。不断完善和丰富“风华为税歌”微博，大力宣传创先争优活动中的好人好事。以“弘扬北京精神，做文明有礼的北京人”为主题，组织开展“党心连民心，亲情进万家”等活动。

【学习贯彻党的十八大精神】以迎接党的十八大和学习贯彻党的十八大精神为契机，着力构建党建和思想政治工作“一体化”工作格局。实施了“三亮”工程，开展“党员展风采”“党员塑形象”和“我的岗位党放心”等主题活动，推出“党员放心岗”“阳光贴心岗”，全面推进了学习型党组织建设。

【房地产税收政策宣传辅导会】2012年4月17日，东城区地税局与区国税局联合举办“房地产税收政策宣传辅导会”，向纳税人宣传税收政策。来自北京首都开发股份有限公司、北京紫金世纪置业、崇文·新世界等23家房地产企业的代表参加辅导会。

【税法宣传】2012年4月18日，东城区地税局围绕“税收·发展·民生”主题，以第九届金鱼池社区文化节为平台，组织税务干部深入社区开展税法宣传活动。活动中向群众发放千余份税法宣传资料和宣传品，并现场解答了人民群众关心的税收政策问题，收到良好效果。东城区区长牛青山到场亲切慰问参加税收宣传活动的税务干部。

【领导调研】2012年4月24—25日，北京市地税局局长王晓明、副局长任军分别到东城区地税局调研优化政务流程、完善管理制度工作。调研中，市局领导与部分干部进行座谈，并对下一步工作提出要求。

【第二直属分局组建】东城区地税局协助市局第二直属分局做好人员调配、业务交接、固定资产划拨等工作。原涉外分局28名在编人员和25名在岗人员已全部划归到市地税局第二直属分局，第二直属分局7月1日起正式挂牌对外办公。

【庆祝建党91周年】东城区地税局机关党委在全局范围内组织开展“传承文明旗帜，强化信念教育，践行北京精神”主题党日活动。七一前夕，以党支部为单位，组织党团员干部、入党积极分子游览故宫、太庙、南锣鼓巷、恭王府等名胜古迹，寻访东城文明，践行“北京精神”。

【道德讲堂】2012年7月6日，东城区地税局组织部分党员群众代表举办了“道德讲堂”。通过“唱歌曲、学模范、诵经典、发善心、送吉祥”五个环节活动，颂扬传统经典，追寻礼仪之源，践行“北京精神”，传播道德新风，从而引发道德自觉，倡导修身律己。

【贯彻落实党代会精神】为进一步学习贯彻

落实好北京市第十一次党代会精神，丰富载体，强化落实，带着课题学，创新学习形式；研讨交流学，创新工作机制；借助外力学，创新服务模式。切实将第十一次党代会精神落到实处，发挥好税收职能作用。

【捐款活动】东城区地税局积极响应北京市委、市政府和东城区直机关工委的号召，第一时间开展了对北京“7·21”特大自然灾害的救灾捐款活动。共有683人参与捐款，募集款项人民币76202元。

【选拔工作】2012年9月，东城区地税局启动本局2012年副科级领导干部竞争性选拔工作。为确保考试公开、公平、公正，考试全部委托北京市双高人才服务中心负责，最终有8人通过公开选拔走上副科级领导岗位。

【领导交流工作】2012年11月8日，国家税务总局办公厅路永利等到东城区地税局交流政府信息公开工作，同时前往办税服务场所查看政府信息公开专栏和触摸屏等设备，并就进一步做好政府信息公开工作提出要求。

【联合协调工作研讨会】2012年11月9日，东城区地税局与区住建委召开联合协调工作研讨会，共同研究强化房地产交易税收征管的办法和措施。双方认真沟通了目前房屋交易政策及办理环节上存在的问题，并强调今后要通过信息共享、情况通报、联席会议等多种形式，加强部门间的协作配合，协查把关，确保“先税后证”。

【获得荣誉】东城区地税局在2012年东城区精神文明建设工作大会上领取“全国文明单位”奖牌，这是东城区地税局继2006年获得“全国文明单位”之后，再次获得此项殊荣。

【领导班子成员】东城区地方税务局党组书记、副局长：秦龙生；局长、党组副书记：刘春林；党组成员、副局长：孙文军、王东、钱丽换（女）、郑鹏、刘乃昌；纪检组长：张松岭。

（姜　喆）

西城区地方税务局

【概况】西城区位于北京市中心城区的西部，东以鼓楼外大街、人定湖北巷、旧鼓楼大街、地安门外大街、地安门内大街、景山东街、南长街、北长街、天安门广场西侧、前门大街、天桥大街、永定门内大街为界与东城区相连；北以南长河、西直门北大街、德胜门西大街、新街口外大街、北三环中路、裕民路为界与海淀区、朝阳区毗邻；西以三里河路、马连道北路为界，与海淀区、丰台区接壤；南以永定门西滨河路、右安门东城根、右安门西城根为界与丰台区相连，总面积50.7平方公里。全区共有乡镇街道15个，户籍人口128.7万人，同比下降5.2%；2012年年内，地区生产总值实现2578.6亿元，同比增长9.2%；实现财政收入313.6亿元，同比增长29.1%；全年实现社会消费品零售额764.3亿元，同比增长11%。

西城区地方税务局共设18个职能科室、1个监察科、1个稽查局（内设11个科）、21个税务所、1个机关后勤服务中心和1个纳税服务中心，共计54个职能部门（其中已成立部门48个，工会不单独计算）；共有干部职工745人，其中博士研究生1人，硕士研究生29人，占总人数的4%；大学学历596人，占总人数的80%；大专学历93人，占总人数的12.5%；大专以下学历26人，占总人数的3.5%；其中党员451人，占总人数的61%。全局共有正常税源户79616户，其中，国有企业2423户，集体企业1233户，股份制企业2689户，私营企业31052户，个体经济25250户，股份有限公司890户，有限责任公司10232户，其他企业3663户。

【收入任务】2012年，西城局共组织各项税费收入510亿元，同比增长6.6%；其中：地方公共财政预算收入完成400.7亿元，同比增长6.7%，完成市地税局年度计划398.6亿元的100.5%；区级收入完成196.2亿元，同比增长8%，完成区级年度计划195亿元的100.6%。

【贯彻党的十八大会议精神】采取局党组理论中心组学习、机关党委集中学习等形式研读党的十八大报告原文及相关文件，局领导带头做好表率。制定《西城区地方税务局学习宣传党的十八大工作方案》，认真分解任务、合理安排时间、有效组织人员，切实把学习宣传教育工作落到实处。在局内网开设《学习简报》专栏，大力宣传各支部和广大党员干部学习宣传贯彻党的十八大精神的经验做法。采取播放党的十八大精神专题辅导光盘、举办支部书记培训班、组织不同群体座谈等多种方式，解读报告精神，丰富活动载体，增强吸引力，确保全体党员干部的思想和行动统一到党的十八大精神上来。

【“营改增”试点工作】成立“营业税改征增值税”试点工作领导小组，制订实施方案，明确责任，层层落实。加强与西城区国税局的沟通，全力做好税源核实工作，共分三批核实税源户7148户，其中符合试点范围7128户。在各办税服务厅设立专人专岗负责解答咨询，设置资料专区，统一宣传口径，充分利用网站、触摸屏、电子显示屏加强对营业税改增值税试点工作的宣传。出台试点期间纳税服务工作督导方案，成立由局领导为组长的督导工作组，积极参与系统调整，全面测算“营改增”对收入的影响，及时提出合理化建议，为后续工作奠定坚实基础。

【发票换版】前期进行充分调研，广泛征求税控服务商和纳税人意见，多渠道强化对外宣传；分类形成工作流程图和培训课件，制作《西城地税局发票换版工作问题解答》系列资料；做好税控读卡器、水牌、路线指引图等硬件配备工作，确保发票换版工作顺利开展。发票换版工作开展后，组织局机关科室35周岁以下青年干部，按照“5人一组，每周轮换”的方式，在为期3个月的时间内支援窗口工作。全年累计升级国标税控器14609台，完成整体升级工作的65%；非国标税控器更换780台，完成整体更换的12%。

【优化政务流程】全面启动优化政务流程、完善管理制度工作。确立工作组织机构，明确职责，层层深入，有效调动全局各部门参与制度流程优化工作的积极性。设定部分科、室、所为制度建设示范部门，制作部门政务流程目录和制度范本；建立“一个环节一次督查”的工作制度，将督导工作延伸到每一个工作环节的标准。优化政务流程和管理制度共计180个，其中包含制度127个（废止类31个，修订类5个，制定类76个，保留类15个），流程53个。同时，将优化政务流程与优化业务流程、廉政风险点查找等工作有机结合，相互对照，多角度、全方位分析各项制度流程的可行性、严谨性与衔接性；将制度落实与效能考核结合起来，加强对执行落实情况的监督。

【征收管理】 持续推进科学化、精细化、专业化管理，不断提高征管工作质量。开展税源户清理，强化源头控管，解决后期可能出现的管辖权争议或出现漏征漏管户现象。开展培训与考试，推进业务流程的掌握和应用：本局组织395名税收业务人员进行税收业务流程考试，并抽调小教员对72名业务骨干进行集中培训，达到以考促学、以考促用的目的和效果。在梳理整合相关数据、统一相关工作标准的基础上，完成100份委托代征协议的签订工作。与西城区流管办协调配合，研究个人出租房屋管理方式、方法，制定相关管理规程。有序推进税源专业化管理试点工作，实施税源分类分级管理，合理界定各层级税源管理部门职责，在税务登记、受理申报、税款入库级次不改变和管理机构暂不调整的前提下，集中在服务窗口办理纳税人发起的涉税事项，集中审批核查，集中评估稽查高风险税源。深化信息管税，加强内外部信息采集分析挖掘，为税源专业化管理提供重要支撑。

【依法治税】 推进依法行政完善执法方式。把依法行政作为基本准则贯穿于重大决策、税收征管和内部管理各环节。严格执行领导班子集体决策相关制度，分类研究决定各类事项。统一规范税务行政处罚程序，执行税务行政处罚裁量基准，推广发票处罚示范案卷，研究免于和减轻处罚的适用。积极开展行政调解，探索网上复议新型救济方式。全年接到并成功化解2起行政复议申请，妥善处理首起网上行政复议案件，处理4起企业破产案件。开展内审堵塞执法漏洞。采取系统比对、实地核查、集中案卷检查、全面检查、重点抽查等方式，对欠税、退税、注销清算、发票等11个项目组织自查与重点检查。加强重控票证管理，对代开发票及完税证管理进行专项检查，对发现的问题及时进行纠正。结合市局开展的自查、交叉互查工作，采取科、所自查与局检查组重点抽查相结合的方式，对征收、缓征减免欠缴、入库退库、会计统计日常管理、税收票证等五方面工作内容进行检查。

【稽查与评估】 积极探索建立税务违法案件检举工作与评估、征管、税政等部门的协作机制，完善健全工作职责，提高稽查办案质量，初步构建“大举报”格局，实现检举案件的分级分类管理。全年受理各类涉税举报案件659件，查补收入328.3万元，咨询答复举报人929人次。全年实施专项检查128户，查补金额9003.25万元。重点推进重点税源企业检查，共计对96户重点税源企业及在京分支机构进行自查与检查，组织入库税款7124.03万元。探索推进稽查、评估联动机制，注重其作用的发挥。全年立案346件，查办案件511件，办结310件，查补入库1.61亿元；全年评估3169户，入库8041万元。在稽查工作中做到查案必查票，全年查处各类发票违法案件78件，非法发票9745张，非法开票金额2836.46余万元，罚款7.65万元。全面梳理业务流程，统一评估标准，明晰评估规范，加强业务培训，提升人员素质。认真组织开展行业评估，及时总结调研，为全市行业评估工作的开展提供了借鉴。

【新政落实】 以数字解读模式深化税政管理。对大额退税、土地增值税清算等涉税金额较大、业务复杂的重点工作，采取相关部门联合办公的集体审议制度，环环相扣，道道把关，降低执法风险性。全年经集体审议的大额退税25笔，退税金额25294.5万元，占全局退税总额的76%。增强与相关部门沟通，与区建委协作打击假契税税票，增强契税核查力度，并促成市建委、市地税局拟下发文件《关于加强部门协作，共同维护正常税收秩序的通知》。加强内部横向联合，多部门协同开展2011年度企业所得税汇算清缴中涉及不征税收入、业务招待费扣除等项目的纳税评估工作，协同进行2011年度个人工资薪金所得与企业工资费用支出的比对等工作。圆满完成残疾人就业保障金、工会经费代征工作。残保金征期入库金额率、入库户数率双率指标位居城六区首位，工会经费代征年平均申报率提升了8个百分点。针对各项政策的重点和难点，组织开展关于汇算清缴、资产损失、后续管理核查要点等内容的多场内部专题培训。在企业所得税汇算清缴期内组成多个小组，深入各个地区税务所实地解答疑难问题，收集第一手资料，确保政策执行到位。采取以干代训、针对性政策培训等模式开展全方位的业务培训工作，使税务干部的业务水平与实务操作技能得以提高。

【纳税服务】积极推进纳税服务规范化、标准化、专业化、信息化建设步伐。在按标准化要求建设办税服务厅的基础上，统一规范纳税服务软硬件设施，制定纳税服务场所12个硬件项目和税容风纪项目管理办法，在全局16个办税服务厅及场所全面实行；将办税服务触摸屏与纳税人自助办税机内容进行整理规范，更加方便纳税人查询；在区有关部门协助下规范设置税务所指示标牌，进一步提高纳税服务标准。进一步加强12366远程座席管理，全年共答复处理99000余次咨询。加强和完善网站建设，全年更新外网信息540余条；网站累计登录240万余人次；全年新建纳税人免费邮箱1058个，总数达到69520个；发布网上告知信息20份；信息机共向纳税人发送宣传及通知71.8万条。拓宽纳税服务渠道，每月向重点纳税人及中央在京单位邮寄赠阅税务公告2700余份，受理网上预约发票购领35户次。完善投诉管理，在处理纳税服务投诉中积极调解争议、化解矛盾，全年西城局妥善处理纳税服务投诉32件。强化纳税人诉求调研，有针对性地调整和部署各项税收宣传工作，策划开展“在京金融机构座谈会”“打防经济犯罪　共建美好生活”“重点税源涉税诉求走访”等8个分类主题税收宣传活动。在《微话税收》主题征文活动中荣获组织奖，成为全国4个获此奖项的税务局中唯一的区县局单位。

【基层党建】按照上级单位部署，在两局合并后机构设置基本完成、人员配置基本到位的基础上，西城局适时启动基层党组织组建工作。全局组建46个党支部，选举产生129名党员代表，召开党员代表大会，并选举产生新一届中共西城区地方税务局机关委员会，完成机构整合后基层党组织建设和选举工作。围绕建党91周年主题成功举办10项系列庆祝活动。继续深入开展“创先争优”活动，建立并开通党建专门网站，为党员、团员、民主党派和无党派人士提供思想学习和内部交流的平台。认真落实西城区委、区政府和区文明办各项工作要求，组织全局干部积极参与，全力配合，做好全国文明城区迎检工作。

【党风廉政】结合区划调整后的实际情况，持续完善局领导班子集体决策机制，严格执行党组会、局长办公会、局长专题会集体议事和民主决策制度，严格落实“三重一大”，注重抓好“一岗双责”“两权”监督和重点业务集体决策，进一步强化权力监督制约机制，全年共针对246个议题进行集体研究和民主决策。认真听取基层意见建议，完善相关措施，切实加以整改落实，扎实有效开展反腐倡廉教育。依据近年来廉政风险防范管理工作特点，对照新部门设置与岗位职责，对廉政风险点进行再梳理，完善已有制度，研究制定新制度。领导班子和机关更加注重深入基层调查研究和密切联系基层群众，说实话、办实事、求实效，促进队伍精神面貌和工作作风产生积极变化。

【获得荣誉】西城区地税局被中央精神文明建设指导委员会评为2012年全国文明单位。

【领导班子成员】西城区地方税务局局长、党组书记：万国喜（2013年7月任职）；党组书记、副局长：邢军（2013年7月不再担任领导职务）；局长、党组副书记：李玉庆（2013年7月不再担任领导职务）；副局长、党组副书记：崔玉英（女，2013年7月不再担任领导职务）；副局长：冯强、史利军（2013年7月任职）、李冬梅（女）、赵俊杰；纪检组长：王福利（2013年7月不再担任领导职务）。

（黎　阳）

朝阳区地方税务局

【概况】朝阳区位于北京市主城区的东部和东北部，介于北纬39°48′至40°09′，东经116°21′至116°42′之间。东与通州区接壤，西与海淀、西城、东城等区毗邻，南连丰台、大兴两区，北接顺义、昌平两区。朝阳区是北京市面积最大的近郊区，南北长28公里，东西宽17公里，土地总面积470.8平方公里，人口308.3万，是首都人口最多、面积最大的城区，行政区划设23个街道办事处、20个地区办事处。

2012年全区实现地区生产总值（GDP）3627.7亿元，同比增长10.9%；地方财政收入348.6亿元（口径为中央、市、区三级收入），同比增长10%；社会消费品零售额1829.5亿元，同比增长10.8%；固定资产投资完成1195.5亿元，同比增长1.6%。

朝阳区地方税务局位于北京市朝阳区安苑东里3区1号。2012年共设置15个科室（含后勤服务中心），15个税务所（三定方案数），1个稽查局（下设检查科4个，立案科、审理科各1个）、1个税务学会。合计人数602人，其中干部575人，工人22人，事业编5人。男297人，女305人；中共党员347人，共青团员16人；大专以上文化程度571人，大专以下文化程度30人；中层干部78人。全局共有税务登记户数214276户，其中内资企业170760户（包括国有企业1849户、集体企业2409户、股份制企业3101户、联营企业79户、有限责任公司69640户、股份有限公司1092户、私营企业89681户）、其他企业2909户；港澳台商投资企业4256户；外商投资企业7353户；个体工商户31907户。

【组织收入】2012年，朝阳区地税局累计组织各项税费收入648.6亿元，同比增收48.8亿元，增幅8.14%。其中，地方公共财政预算收入498.5亿元，同比增收32.5亿元，增幅6.98%，完成市局下达收入计划498.5亿元的100.5%。区级收入230.4亿元，同比增收20.8亿元，增幅9.94%。

【组收机制】修订《朝阳地税组收机制运行办法》，指导组收工作稳步推进。加强税收分析预测，每月召开组织收入工作例会，年末后两个月每周召开组收工作调度会，及时掌握税收发展趋势。加强对重点地区、行业和企业的税源监控，确定市级重点税源户384户。与1260户重点税源企业建立收入预测沟通机制。局领导带队走访重点税源企业，了解和把握重点税源企业税收预期，为企业提供上门服务。

【征管工作】完成企业所得税税源清理试点工作，对2786户进行清理。规范委托代征工作，与189个单位签订委托代征协议，代征个人出租房屋税款51800万元。严格欠税管理，清理欠税共计1915万元，加收滞纳金615万元。深化征管指标量化考核管理，平均申报率为99.77%，平均入库率为99.90%，平均迟报催缴率为63.51%，逾期未办理税务登记率为0。严格发票管理，为公、检、法出具发票鉴定2200余份。做好税控机具升级和发票换版工作，完成税控机具升级3.2万余台。加强与全区各职能部门间配合，建立数据共享机制，与区工商局、区国税局初步拟订三方定期交换信息的工作方案，实现数据共享1.3万余条。向区发改委、区金融办等单位提供数据及政策支持，共同维护税源持续稳定增长。

【纳税评估】对全区广告业企业开展两批次评估辅导工作并在市局纳税评估工作会上作经验介绍。对保险业、建筑业、国家商品储备行业开展专项评估。全年评估1.3万户，发现问题5852户，评估补缴税款、滞纳金及罚款共计1.2亿元。

【信息化建设】做好软、硬件日常维护工作，开展信息化安全巡检，加强“两率”考核工作，聘请朝阳公安分局网监大队对全局网络风险进行评估，降低信息网络安全风险，保障系统安全稳定运行。

【税政工作】完成个人所得税自行纳税申报17.24万份，超额完成市局任务的28%。继续落实对限售股转让所得征税工作，预扣税款4061.88万元。完成资产损失申报工作，对清单申报、专项申报以及抵免税款进行台账登记。完成土地增值税差别化预征和清算工作，审核报告16个，审核完毕归档项目8个，清算补缴税款77400万元。开展土地增值税自查工作，有6户企业进行补税，补缴税款及滞纳金325万元。深化房地产税收一体化管理，做好存量房评估试点工作，受理存量房申报价格偏低共计1.07万套，计税价格调增30.25亿元，评估后调增税额2.1亿元。完成地方教育附加征收工作，征收9.09亿元。开展税源监控平台疑点比对工作，158户补缴税款及滞纳金1379万元。完成工会经费的代收工作，代收缴费单位2.2万户，入库金额8.59亿元。完成残保金代征工作，累计审核10.1万户，入库金额4.74亿元。认真落实结构性减税政策，支持高新技术、文化创意、现代服务业等产业发展；扶持中小企业发展，落实下岗再就业、残疾人福利企业等税收优惠政策，减免税627万元，促进税收与经济社会的协调发展。

【营业税改征增值税试点改革工作】召开各类专题会议31次，学习相关文件24次。完成1.2万户企业典型税源调查工作。自主研发“营改增”税源户核实软件，完成5.68万户企业的税源户核实工作。制定《“营改增”试点工作交接方案》及《工作应急预案》。加强沟通协调，与区国税局在所与所之间相互派驻干部，建立管理所与征收所联动协调机制，及时向市、区两级部门领导反馈工作进度，加强后续管理及分析工作，对纳入“营改增”范围企业逐户建立台账，对发票缴销、税控机具处理、营业税款缴纳等情况进行登记，做到交接情况清晰，确保“营改增”工作稳步推进。2012 年，全局纳入“营改增”范围企业 4.6 万户，缴销税控 1056 户，缴销发票 24776 份。

【纳税服务】 探索建立纳税辅导长效机制，实施差异化纳税辅导，建立辅导数据定期报送制度，开展各类纳税辅导 178 场次，辅导纳税人 2 万余人次。提高网站管理水平，外网点击量达到 400 万次。发挥咨询受理中心作用，受理咨询 9.1 万个，居全市 16 个区县局之首。制定完善《纳税服务投诉管理办法（试行）》。参加北京地税网站在线答疑活动，即时解答问题 30 个。做好纳税热点问题及信息上报工作，上报热点问题 18 条，各类信息 9 篇。

【税法宣传】 联合北京交通广播电台制作播出“税收伴您同行——办税我帮您”税法宣传特别节目；与首都经济贸易大学联合举办第四届“朝阳地税杯”税收专业知识展示大赛；开展“税法宣传走进使馆”主题活动，邀请美、英、澳等 8 个国家的使馆工作人员，对车船税法及使领馆免税政策进行了解读，印制发放了使领馆车辆车船税减免双语业务指南；与朝阳有线电视台合办《地税你我他》专栏，创造良好的舆论氛围。全年组织各类税法宣传活动 20 余次。

【依法治税】 建立完善重大行政决策工作机制，制定重大行政决策听取意见、集体决定、实施后评估、决策听证、合法性审查、责任追究等六项制度。加大法律支持与服务的力度，修订《朝阳区地方税务局行政执法工作责任书》。开展行政复议和应诉工作，办理行政复议案件 5 件，应诉行政诉讼案件 1 件。开展国际税收管理工作，开具居民身份证明 53 份，对外提交税务证明 3699 份，征收税款 12.38 亿元。

【税务稽查】 对商贸企业、房地产、建筑安装、餐饮娱乐、资本交易项目、地方股份制银行等行业进行专项立案检查。开展大企业自查工作，涉及 128 户企业，入库税款 7691.44 万元，滞纳金 226.36 万元。配合区商委对涉嫌税收违法行为的零售商开展税收检查并依法予以处理。召开审理会 8 次，审议通过案件 111 件。全年检查 237 户，其中检查完毕 148 户，有问题 144 户，查补税款 931.65 万元，滞纳金 247.17 万元，罚款 1222.9 万元。

【内部审计】 认真落实税收执法责任制，组织开展税收执法督察工作。做好财政部专员办和区审计局的审计工作，全力配合，积极沟通。完成对 7 名正科级领导干部的审计，均未发现重大问题。做好“小金库”专项治理后续工作，未发现设置“小金库”问题。

【学习党的十八大精神】 召开党组会，学习传达中央和市、区关于学习贯彻党的十八大精神的工作部署，就全局贯彻落实党的十八大会议精神进行专题研究，制定学习贯彻的具体安排意见。对全体中层以上领导，组织召开理论中心组学习扩大会；对党员干部，以党支部为单位组织开展专项学习和“与党同行，学习贯彻党的十八大精神”主题党日活动；对全体干部，组织专题学习，邀请中央社会主义学院副院长甄小英教授作学习党的十八大精神辅导报告。通过认真研读党的十八大文件和新修订的《党章》，切实把集中学习与个人自学、通读文件与专题研讨结合起来。全局 594 人参加学习，切实将全局干部的思想统一到党的十八大精神上来，提高贯彻落实党的十八大精神的自觉性和坚定性。

【党建工作】 完善党建制度体系，对 1994 年以来制定的各项党建制度进行认真梳理。认真落实党务公开制度，对全局党务公开整体工作进行认真梳理。发展基层党员15名，14名预备党员按期转正。继续做好《朝阳区地方税务局基层建设》电子专刊，共发刊13期，累计发刊34期。认真部署“道德讲堂”活动，大力倡导“四德”建设。开展税法宣传学雷锋活动和“我心中的标兵”主题演讲活动。举办2012年迎新春趣味联谊会、庆祝三八国际妇女节、“亲子亲情”“送温暖”等活动。组织全局文体队参加市区各项比赛，获得北京市地税系统第七届运动会特别优秀组织奖；为全局干部配备健身器材30套。

【队伍建设】 在全局范围内开展“五个十”暨“立足岗位作奉献，创先争优当标兵（能手）”评选活动，评选出“征管能手”“纳税服务标兵”“稽查能手”“服务基层标兵”“优秀科所长”各十名，树立优秀典型，营造学习先进、崇尚先进、争当先进的浓厚氛围，将创先争优活动落到实处。开展行政效能督察工作，成立行政管理督导检查工作领导小组，对全局各部门进行了10次检查，取得良好成效。组织全局公务员进行更新知识培训1030人次；对税收管理员进行财会基础知识培训398人次；选送6名业务骨干参加市局组织的税收会计知识“小教员”培训班。组织开展初级会计知识培训338人次。对全局干部进行舆情和《电子签名法》培训。

【行政管理】 对现行政务流程和管理制度进行全面梳理，形成优化政务流程、完善管理制度目录。目前，已逐项落实市局86项流程目录和332项制度目录，各单位整理制度流程目录346项，组织召开流程制度审查工作会12次。做好政府信息公开工作，对往年所有主动公开的政府信息进行全部清理、更新，并开展两次自查。继续做好“两个服务”，召开工作调度会11次，整合布置工作502项。加强财务预算的执行，合理安排预算资金使用，倡导厉行节约，降低行政成本。做好双井税务所、十里堡税务所装修改造。以建设“平安地税”为目标，做好党的十八大期间的安保工作，有33名同志参加朝阳区安全维稳执勤任务。继续做好全局后勤保障工作，完善司机安全管理制度；加强安全检查，全面排查事故隐患。

【廉政建设】 召开党风廉政建设工作会，落实党风廉政建设责任制，逐级签订责任书。按照《中共北京市朝阳区纪委关于贯彻落实区委全会精神严肃党的纪律加强作风建设的通知》要求，认真开展专项教育活动。深入开展目标管理双百考核工作，切实将各项工作落实到位。认真开展民主评议基层科所工作，对照评议方案提出的五个方面标准，搞好“五自查”。举办第八届社会特约监察员换届聘任会，向10名新受聘的特约监察员颁发聘书。深化政务公开工作，逐步建立和完善电子政务平台和电子监察应用系统。不断完善以网站、区政民互动平台和网上监察平台为主体的监督反馈网络，其中政民互动平台受理信件62件，全部办结。开通廉政微博，向区纪委监察局官方微博“廉政朝阳”报送微博信息10篇，被市纪委采用1篇。

【领导班子成员】 朝阳区地方税务局党组书记、局长：陈合庄；党组副书记、副局长：郭文武；副局长：袁平、安增运、隋庆梅（女）、郑志（女）、王京秋；纪检组长：王学东。

（徐　铳）

海淀区地方税务局

【概况】海淀区位于北京市区西北部，东与西城、朝阳区相邻，南与丰台区毗连，西与石景山、门头沟区交界，北与昌平区接壤，区域面积430.77平方公里，约占北京市总面积的2.6%。海淀区是著名的风景旅游区，区内名胜古迹众多，园林风光宜人，旅游资源丰富，人居环境良好；海淀区作为全国著名的文教区，区内科研力量、科学仪器设备、图书情报信息、科研成果等均高度密集。区内国有科研单位147个，其中中科院院所26所，占北京地区中科院院所数60%，生活和工作在海淀区的两院院士约占北京市的60%，占全国院士总数36%；区内还有北京大学、清华大学等39所高等院校、22所各类成人高等院校和众多民办院校。2012年海淀区户籍人口230.7万人，常住人口约348.4万人。下辖22个街道办事处、7个镇政府，564个居委会，84个村委会。2012年海淀区实现地区生产总值3497.9亿元，同比增长10%，占北京市19.7%；社会消费品零售额实现1504.8亿元，同比增长8.8%；区域财政收入1685.77亿元，同比增长28.8%，区级公共财政预算收入完成263.06亿元，同比增长10.4%。

海淀区地方税务局位于北京市海淀区西苑操场乙3号，机构共设1个稽查局、15个职能科室、18个税务所、1个后勤服务中心（事业单位）和1个税务学会（社会团体）。截至2012年年末，共有干部、职工625人。从学历结构来看，博士研究生2人，硕士研究生22人，在职硕士20人，党校研究生8人，本科465人，大专116人；从党团员结构来看，党员423人，团员9人。

全年办理开业税务登记21729户，2012年年末累计管户达到194164户，同比增加18118户。其中正常纳税户176331户，非正常纳税户14413户，登记状态纳税户3420户。包含的经济类型主要有：国有企业1852户，集体企业1538户，私营有限责任公司92809户，其他有限责任公司29108户，股份合作企业6565户，股份有限公司1550户，私营独资、合伙企业5969户，个人独资企业4086户，个体工商户24965户，外资（独资）企业1915户，港、澳、台商独资经营企业965户，其他22842户。

【完成全年收入任务】2012年累计实现各项收入532.1亿元（不含残保金），同比增加22.1亿元，增长4.3%。其中，完成区级收入178.2亿元（不含残保金），同比增加4.4亿元，增长2.5%。全年实现地方一般预算收入389亿元（不含残保金），同比增加9.8亿元，增长2.6%。

【营业税改征增值税试点改革】前期对5314户纯地税户企业开展税收典型调查；对“营改增”基础数据进行四次测算、汇总；与区国税局加强征管衔接，定期通报“营改增”移交户数情况，对出现的问题及时交换意见；在各税务所办税服务大厅设立“营改增”咨询窗口，利用邮箱、网站做好宣传。截至2012年年底确认“营改增”的税源户超过2.5万户，地方税收减收税款达到26亿元。

【依法行政】全面梳理政务流程，同步梳理工作职责和廉政风险点，使政务流程与业务流程相互衔接、相互支持，避免职责越位、缺位和错位，让税务干部行为有依、执法有据、风险可控。共计梳理出政务流程170个，管理制度425项。其中，废止类制度43项，制定类制度267项，修订制度79项、保留类制度36项。机关科室累计梳理出政务流程56项，管理制度143项。18个基层税务所累计梳理出政务流程114项，管理制度282项。高效完成首例特别纳税调整专案，涉案企业一家补缴税款3000万元，给予另一家企业退税1470万元。

【区域经济发展】科学预测税收走势。加强本局内部、本局与区属其他经济部门以及兄弟分局之间的交流沟通和信息共享，结合区域经济走势、一线实时动态和组收经验，开展收入分析预测。共计召开收入分析会10余次，与外部交换信息20万余条。全面开展税源清查。共计核准地税企业所得税纳税户37370家；对82家企业进行土地增值税预征与营业税销售不动产入库比对，逐一核实存异企业并视具体情况作差别标注，跟踪管理；对中关村西区办公楼宇管理、租金额度及发票使用情况进行调查。圆满完成年收入12万个税自行申报工作，申报人数22.21万人次，完成全年任务的124%。严格把关审批项目。在餐饮业、娱乐业、洗浴业重点推广限额版税控机打发票；对虚拟办公企业实施每次购票一本制度，按季度抽查企业购票情况；把好减免税审批关，坚持对减免税金额巨大的企业进行走访约谈。

【评估结果的分析及应用】通过对重点关注评估指标（如无税申报企业的后期跟踪和监测等），将长期累犯同类纳税问题的纳税人作为监控重点，开展评估复查，提高评估质量，有效减少评估指标中的无效数据。同时建立纳税评估案卷定期抽检制度。从文书、程序、实体三个方面按季开展案卷的抽样检查，针对121个问题点中的普遍问题，督促税收管理员重点学习，在确保纳税评估工作合法性、合理性的同时，加强对纳税人涉税问题的预防和监督。本年共对7153户纳税人开展评估工作，共入库评估税款、滞纳金、罚款合计9922.4万元，同比增加692.66万元，增幅7.5%。

【税务稽查】对查办难点问题，如证据资料分析、法律法规适用，与上级机关和本局税政、法制部门协办，提高稽查质量；对查办热点问题，如契税逃税等，除依法处理外，及时向相关科室、税务所反馈情况，研究对策加以预防，避免同一问题再次出现。继续发挥纳税辅导的作用，帮助440户重点税源企业开展自查。全年立案稽查243户，两项工作共查补入库合计1.97亿元。针对恶意举报和缠诉案件逐年增多的情况，启用举报接待室并利用摄像设备全程监控接待过程。此举不但有助于平复举报人过激情绪，也方便举报案件的后期取证。对于实名举报对象确实存在，且举报人留有手机联系方式的，通过发送短信履行税务机关的告知义务，索取有效证据，全年发送有效短信30余条。本年共受理举报件1686件。其中立案检查和转征管185件，有问题率为96.22%；查补税款、滞纳金和罚款合计344.47万元。

【纳税服务】强化海税通服务平台评估及预测功能，配合相关部门的重点工作，增加了重点纳税户预测填报、广告业纳税评估调查表、对广告业纳税人的2010年、2011年的纳税辅导等自定义报表，方便纳税人在线填报；加快“网上办税厅”建立；重新梳理海淀地税外网“纳税辅导”栏目内容，增强栏目功能性，随纳税辅导资料变化而更新，目前共有纳税辅导手册15份。采取内部抽查与第三方抽查交替进行的方式加大对外咨询服务电话的抽查力度，通报接听质量，督促问题部门整改。通过两种方式共计抽查13次，拨打咨询电话272通，接听质量明显改善。

【思想建设与能力建设】坚持做好思想状况分析和党性分析工作，帮助党员建立大局观、发展观、事业观。要求党员佩戴党徽上岗，强化自我约束和群众监督。持续不断地开展分级分类教育。坚持集中培训与专项培训双管齐下，全面提升参训人员业务能力和综合素质。全年，包括科所长在内的近4000人次参与和接受了培训。

【税收法制宣传教育】策划“车船税法走近您身边”宣传活动，以辖区各大型停车场经营企业为合作单位，发放车船税法宣传卡片；结合区域特点，在中关村多媒体产业园和中关村数字电视产业园内，利用宣传牌、灯箱、标识牌等载体，宣传税收政策；组织开展全区文化创意类企业税收政策辅导培训会，在讲解政策及办税流程的同时，开展现场答疑。

【获得荣誉】荣获2012年北京市单位内部安全保卫工作集体嘉奖。

【领导班子成员】海淀区地方税务局党组书记、局长：杜军利；副局长：张克兵、何培伦、张之乐、张争、周杰、崔健；纪检组长：刘丽敏（女）。

（董　妍）

丰台区地方税务局

【概况】丰台区位于北京市西南部，所辖面积305.87平方公里，在城六区居第三位。周边相邻8个区，东临朝阳区，北接东城区、西城区、海淀区和石景山区，西北为门头沟区，西南和东南为房山区和大兴区，区政府设在丰台镇文体路2号，直距天安门12公里。全区呈东西狭长形，最西端王佐镇的千灵山至最东端的南苑乡四道口村，东西相距35公里，南北最宽处14公里。2012年年末，全区常住人口221.4万人，户籍人口109.7万人，同比增加1.6万人；下辖16个街道（地区）办事处，2个镇政府，3个乡政府，293个社区居委会，65个行政村，被北京市定位为城市功能拓展区。2012年丰台区实现地区生产总值（GDP）922.5亿元，同比增长9.5%；完成地方公共财政预算收入68.6亿元，同比增长12.8%；实现社会消费品零售额826.8亿元，同比增长12%。

2012年年末，丰台区累计税源户109524户（含非独立核算分支机构1974户）。按经济类型划分，其中国有企业744户，占全区总户数的0.70%；集体企业1357户，占全区总户数的1.24%；有限责任公司8471户，占全区总户数的7.70%；股份有限公司320户，占全区总户数的0.30%；私营企业62834户，占全区总户数的57.37%；外资企业689户，占全区总户数的0.63%；个体工商户28544户，占全区总户数的26.06%；国家机关、事业单位和社会团体等其他类型企业6565户，占全区总户数的6%。按产业类型划分，其中第一产业（农业，包括林业、牧业、渔业等）336户，占总户数的0.31%；第二产业（工业和建筑业）6353户，占总户数的5.80%；第三产业（流通部门和服务部门）102835户，占总户数的93.89%。

丰台区地税局位于北京市丰台区泥洼路甲6号，2012年末共有33个内设机构，其中有14个职能科室，11个税务所（包括2个服务所，2个专业所，7个地区所），1个稽查局（内设5个科室），1个后勤服务中心，1个税务学会和1个工会。全局干部职工407人，平均年龄43岁，其中公务员378人，工勤人员29人。从学历结构来看，研究生28人，本科286人，大专70人，中专以下23人，人员比例分别为6.8%、70.3%、17.2%和5.7%；从党团员结构来看，党员288人，团员20人，人员比例分别为70.8%和4.9%。

【税收收入】2012年，丰台区地税局累计完成各项税费收入125.81亿元，同比增收13.84亿元，增长12.36%。其中：完成地方公共财政预算收入103.04亿元，同比增收11.49亿元，增长12.55%；累计完成区级公共财政预算收入50.25亿元，同比增收6.69亿元，增长15.37%。

【政务流程】一是加强组织领导。坚持统筹组织、协调安排，成立局领导工作小组，制订实施方案，全年共组织召开各类专题会、培训会26次，编发简报34期。二是确保全员参与。充分调动干部职工积极性，做到全员参与、不留死角，以市局制度流程为框架，总结管理实践中好的经验做法，按照“废、改、立、留”对制度流程进行全面梳理整合。三是扎实开展工作。科室层面，全面查找建局以来的制度流程，做到全覆盖，按照三定方案开展集中梳理和审核，为全局制度流程把好方向；税务所层面，按照协调推进重点突破的原则，确定长辛店税务所为试点单位，为在税务所全面推开进行有益探索。全年机关科室层面共制定各类制度28个，修订各类制度29个，制定流程图42个；税务所层面共形成25类265个制度，进一步规范权力运行。

【依法行政】组织开展领导干部学法用法活动，邀请法律专家讲授税收执法相关业务，在征管评查、减免缓退各环节加强法制监督，保障纳税人权益，妥善处理行政复议和行政诉讼案件，税收法治水平有效提升。积极与区法院协调沟通，清缴陈欠税费6721万元。

【内审制度】认真开展税收执法督察自查，有效降低执法风险。采取多部门联合协作方式开展年度税务行政处罚案卷评查工作，制定符合实际、便于操作的经济责任审计制度，并对两个单位的正职领导干部进行了离任经济责任审计。

【营业税改征增值税】认真落实中央、北京市推进税制改革的各项部署，扎实推进营业税改征增值税各环节工作。在丰台局各办税大厅及国税局办税大厅设立“营改增”政策咨询服务窗口，印制并发放1000套“营改增”工作宣传手册、1600张区国税局办税服务厅地形示意图，圆满完成涉及11220户税源户的“营改增”试点改革阶段性任务。

【税收政策】全面贯彻落实各项税收法规和结构性减税优惠政策，支持新兴产业和小型微利企业发展，规范政策执行口径，不断提高政策执行力，全年落实税收政策共减免税款3.68亿元。与区总工会和残联密切配合，较好地完成了工会经费代收和残保金代征工作，共代收工会经费1.07亿元，代征残保金1.32亿元。

【税政管理】扎实开展企业所得税税源清理和年个人所得12万元以上自行申报工作。认真做好车船税法贯彻实施和地方教育附加的征收管理工作。利用财产行为税税源监控管理平台，加强房产、土地税源异常数据分析比对。以加强存量房交易税收征管和土地增值税执法督查为重点，严格落实房地产宏观调控税收政策，接受国务院落实房地产市场调控政策措施督查组的实地检查，各项工作措施和效果得到充分肯定。

【走访服务】分类制定走访提纲，明确不同层次的走访职责，在了解企业经营状况的同时，为企业提供政策支持，共走访企业326户，其中局领导带队走访78户，实现了对重点税源的“直线”走访。

【税收宣传服务】开展“走近12366远程座席服务热线”和“税法宣传进社区，连心法苑为人民”主题宣传活动，针对纳税人常用的涉税事项，编印各类税法宣传手册4万余份。全年共受理纳税人咨询电话77647个，向纳税人发送短信通知132984条。在北京地税官方微博刊登信息16条，在《北京地税》杂志刊登稿件14篇，有效宣传了为民服务举措和丰台区地税局工作。

【税收政策培训】组织全区22家代征单位召开专项纳税辅导会，结合“为民服务创先争优”活动，分三期组织98名窗口工作人员进行业务知识培训，有效提高服务能力。

【外网改版】以建设网上地税局为目标，从纳税人需求入手，站在方便纳税人网上办税的角度，在广泛征求各方意见的基础上进行外网改版，进一步拓展网上办税渠道，征纳互动明显增强。

【信息系统建设】作为全市唯一试点单位，完成网管系统升级改造项目的前期测试工作。做好车船税系统、税收管理员2.1平台、内网桌面管理系统的上线以及各类信息系统的维护管理和技术支持，有效提升信息管税能力。完成智能评价系统的更新改造，维护征纳双方权益。

【征收管理基础】充分发挥“两个服务”工作领导小组作用，定期召开协调会，统筹布置工作，落实“两个减负”。完善税收征管状况监控分析机制，通过指标监控强化全局各项业务基础工作。精心组织实施普通发票换版工作，确保新旧版发票的平稳衔接，强化发票日常监控管理，降低发票失控风险。做好税收业务流程的日常更新及培训考试工作。完成2011年度税务档案资料的归档。

【纳税评估】制定以评估户数、评估补税率、评估补缴税款和案卷质量四项指标为主的纳税评估评价标准，利用评估软件工具系统筛选涉税疑点数据，采取辅导、约谈、实地核实等方式开展纳税评估。全年共组织评估4731户，评估补缴税款、滞纳金和罚款共计7228万元。

【税务稽查】实行三级会审制度，加强稽查案件管理，按照市局部署积极开展建筑安装、资本交易等行业专项检查。做好电子稽查软件推广应用前期准备工作。全年共检查案件175件，查补税滞罚合计6774万元，入库税滞罚合计8481万元。

【党的建设】一是强化理论学习。以专家辅导、专题学习等方式，全面系统地学习党的十八大报告和新党章，认真组织开展保持党的先进性纯洁性教育。二是扎实开展基层组织建设年工作。以推进党建“先锋力工程”为重点，召开纪念建党91周年党员大会和创先争优经验交流大会，做好基层党组织分类定级工作，广泛开展“三进三服务”活动，开展群众评议和先进典型推选活动。加强思想政治工作，体现人文关怀，切实解决干部职工的实际困难。

【干部队伍建设】一是加强队伍建设。按照资格条件和工作程序，晋升23名副主任科员、3名主任科员，进一步调动基层干部工作积极性。二是加强培训工作。聘请清华和北大知名教授为科级领导干部授课；与首都经济贸易大学合作，采取脱产形式对全局干部开展财务会计专业知识培训；组织参加系统财务会计专业知识初级培训验收考试，取得了较好成绩。全年共组织各类培训28期，培训2440人次，有效提升干部的专业知识水平。

【反腐倡廉建设】一是开展“四个一”廉政教育活动。建立一个教育平台、举办一次廉政讲座、参观一项廉政展览、发送一个廉政提醒，进一步提升干部职工风险防范意识和廉洁自律意识。二是全面加强制度化建设。调整党风廉政建设责任制领导小组组成人员，细化分解领导责任，层层签订党风廉政责任书，把“一岗双责”落到实处。修订特邀监察员、兼职纪检监察员工作制度，促进纪检监察工作规范化、制度化。三是加强政风行风建设。以服务窗口标准化执行情况、纳税服务承诺执行情况、纳税服务电话接听情况为重点，对各单位进行实地检查，促进政风行风的不断优化。四是发挥监督管理职能。将廉政风险较高的政府采购工作进行立项管理，针对“确定供应商及采购价格”这一关键环节的3个风险点，制定相应防控措施。加强财务制度建设和管理，对经费使用等关键环节，进行制度落实的监督管理，强化风险防控。

【营造和谐税收环境】一方面，推进“平安地税”建设，做好党的十八大安保专项行动，为纳税人创造良好的办税环境；另一方面，做好各项后勤服务保障，举办丰富多彩的文体活动，服务干部职工日益增长的文化需求。

【获得荣誉】2012年，丰台区地税局被评为北京市三八红旗集体、北京市2012年度献血工作先进单位、北京市2012年度交通安全先进单位、首都绿化美化花园式单位。

【领导班子成员】丰台区地方税务局局长：金志雄；副局长：宗立元、王冠凯、刘华（女）、谢锋、王雪峰（2011年12月任职）；纪检组长：翟正义（女）。

（赵　博）

石景山区地方税务局

【概况】石景山区位于长安街西段，中心区东距天安门16公里，与海淀区、丰台区、门头沟区毗邻，行政区域总面积84.38平方公里。属暖温带季风性气候，四季分明，全年平均气温13.4°C，年平均降水量在680毫米左右。区境西北部山地是太行山余脉，约占全区总面积的1/3，植被茂密，城市绿化覆盖率达到47.09%。南部横亘着古老的永定河，中部和东南部是永定河冲积扇形成的夹带残丘的平原，为全区人民生产、生活的主要地区。区内道路四通八达，五环路、六环路、莲石路、阜石路、石景山路构成了“两高、两快、六主”的城市主干道格局。区内常驻人口63.9万人，设有8个街道办事处、1个社区。2012年，区域经济呈现回落、趋稳的发展态势，主要经济指标发展良好。全年公共财政预算收入完成25.07亿元，同比增长10.60%；完成全社会投资144.8亿元，同比增长10.60%；实现社会消费品零售额184.5亿元，同比增长13.90%；城镇居民人均可支配收入达到35420元，同比增长10.90%。

石景山区地方税务局隶属于北京市地方税务局，在石景山区行政区域内行使地方税收管辖权，负责营业税、企业所得税、个人所得税、契税、房产税等19种税费的征收管理工作。截至2012年12月31日，石景山区地税局税源登记户数达到36001户，同比增加3380户，增长幅度为10.36%。从企业经济类型看，内资企业19791户，港澳台及外商投资企业354户，个体工商户15856户；从企业行业分类看，社会服务业15338户，商业、餐饮业12928户，科教文卫业4502户，交通运输、仓储及邮电通信业930户，建筑业836户，制造业604户，房地产业437户，其他行业426户，分别占税务登记户总数的42.60%、35.90%、12.50%、2.60%、2.30%、1.70%、1.20%和1.20%。石景山区地税局机关位处石景山区八角南路28号。局内共设14个科室、10个税务所、1个稽查局和1个后勤服务中心。现有干部职工265人，平均年龄43.30岁，其中处级领导职务7人，科级领导职务63人，大专以上学历253人，占全局总人数的95.47%；研究生学历8人，占全局总人数的3.01%。内设1个机关党委，19个党支部，1个团总支部。有党员204名，占全局人数的76.98%；团员2名，占全局人数的0.75%。

【税收收入】2012年，石景山区地税局全年累计组织各项收入49.96亿元，同比增加4.83亿元，增长10.70%；完成地方公共财政预算收入37.06亿元，完成市局下达任务36.80亿元的100.70%，同比增加2.12亿元，增长6.10%；区级地方公共财政预算收入完成17.70亿元，同比增加1.05亿元，增长6.30%。完成区政府下达任务17.1亿元的103.50%。

【组织收入措施】受区域经济转型、结构性减税因素影响，全区地方税收形势严峻。2012年，针对全区组织收入工作中的困难，石景山区地税局依托“七个税源平台”，从税源监控和税收分析预测入手，实行严格的工作责任制，采取“强责任、强服务、强手段、强监控、强协调”的措施，完成收入任务。加强重点税源监控，促进税源管理对象精细化。继续完善首钢、房地产、建筑、50万元以上大户以及园区招商引资企业、万达广场、台湾街七个平台的税源监控；完善区招商引资重点企业情况监控台账，新增土地增值税清算情况台账；将重点税源户分成市、区、所三级，分级、分层加强监督管理，促进税收分析质量稳步提升。建立税源管理数据库，促进税源监控手段精细化。制定和完善石景山区地税局各部门间信息传递、信息共享制度，以及组收工作小组会和税收分析会制度，加强部门间协调配合，把数据资源整合起来，提高税源管理效率；建立与区内各兄弟单位间的信息传递制度，形成部门间的信息共享数据库，从宏观、微观、横向、纵向多个层面，对税源情况进行全方位、多角度的对比分析，促进税源管理。

【纳税服务】石景山区地税局着手完善各项纳税服务措施，不断优化区域税收环境。完善基础设施，深入推进办税服务厅、网站、外网邮箱和服务热线等纳税服务平台建设。办税服务厅配备电子显示屏、排队系统和扩音设备，增设发票窗口，为纳税人提供优质、高效、便捷的服务环境；推出《网上发票预约领购系统》，提高纳税服务的实效性和便捷性；完善《纳税指南》，便捷纳税人的前置服务，开辟网上政策查询专栏和办税服务厅咨询窗口。有效化解矛盾，维护征纳双方合法权益。在受理和处理投诉事件过程中，坚持“注重调节、化解争议”的原则，有效协调各部门，依法保护纳税人以及税务干部的合法权益；在纳税服务投诉的管理过程中，定期通报纳税服务投诉情况，及时分析和总结，主动查找深层次的原因，纳入绩效管理考核，有效降低投诉率，维护征纳双方合法权益。以税务指导为抓手，努力提高纳税服务工作质量。继续落实“六五”普法工作规划，丰富税法宣传月活动内容，大力开展税收宣传和实地走访活动；创建“雷锋岗”服务，推行“雷锋岗”服务标准，提升整体纳税服务水平；发挥税政指导和服务重点企业平台的作用，通过税政指导和服务平台双机制的建立，主动帮助纳税人解决复杂涉税问题。

【税收征管】税源管理更加精细，征管质效不断提升。摸清税源底数，精细税源管理。2012年年内，从六个“严抓”强化税源管理，即严抓登记率、报到率、非正常户管理、注销户管理、登记信息准确率、跨区县局迁移户的管理，税源管理越做越细。2012年，全区36001户税源的征管质量登记率实现100%，在途户报到率98.39%，申报率99.97%，入库率100%，未申报户核实处理率98.24%，欠税率0。圆满完成发票换版和税控升级工作。摸清底数，建立台账；建立局、所、税控服务部门的协调机制；制定详细的工作开展方案；做细宣传、服务、指导；加强局、所、市局的问题进度沟通。发票换版一步到位，税控升级平稳过渡，共实现3845台税控升级，保证纳税人的办税需求。深入研究税源专业化管理办法。成立税源专业化研究与实践工作领导小组，草拟《石景山区地方税务局税源专业化管理工作实施方案及其细则（讨论建议稿）》，着手开展征管系列的准备工作。深入开展基础性数据调研工作，对石景山区地税局现有税源户和税收管理员工作职能进行统计、分类，研究税源与管理环节分类，整理行业特点，确定岗位职责。创建园区企业税源管理平台，并按月展示园区企业税源户登记基础信息、税款明细收入、相关政策法规等内容。

【税政指导】常态化开展“一课、一册、一平台”税政指导。对文化创意产业、现代服务业、动漫产业等行业进行税政指导；做好修订后个人所得税法、车船税法、营业税起征点提高等政策的落实；开展中关村国家自主创新示范区“1+6”税收优惠政策的落实，为全区招商引资、产业结构调整提供税收政策支持；继续加强土地增值税差别化预征和清算管理，完成土地增值税执法督察自查工作；走访、解决大企业股权交易涉税、拆迁补偿安置费征税、房地产代建房征税等复杂性税收问题。

【营业税改征增值税】成立试点改革工作小组，明确责任，缜密部署，制订详细的工作方案，细化工作内容；对全局近万户营业税纳税人进行逐户筛查、梳理，做好各项数据的统计与分析工作，确定了“营改增”的纳税人范围，并对税收收入影响程度进行分析、预测；开展分层次培训工作，做到底数清、政策明、程序懂；建立“营改增”工作台账，基础数、转走数、收入数做到一清二楚。2012年，全区4028户企业完成“营改增”工作。

【税收优惠政策】为保障区域经济的健康发展提供动力。年内，石景山区地税局为3400户小型微利企业减免企业所得税2900万元，对企业研发费用实行加计扣除减免企业所得税1000万元，对新办软件企业减免企业所得税17000万元，对企业取得技术性收入减免营业税7300万元，落实新的《个人所得税法》，减免个人所得税18000万元。

【纳税评估】坚持以“评估一个行业，规范一个行业评估，服务一个行业管理，指导一个行业纳税”为目标，年内，石景山区地税局努力实践“细评税源、依法征收、指导到位”工作思路，推动纳税评估工作精细深入、规范标准。以纳税评估与税源管理的有效结合为出发点，制定《建筑业自查情况表》，完善《建筑业评估指导手册》，摸清税源底数，合理识别非正常无税纳税人，探索无税纳税人精细化管理，调整管理方向，制定分类管理措施。以信息管税为突破口，综合运用各类信息数据，提高评估准确率，增加评估户数及税款入库额度，规范评估数据比对频率及时限，建立数据分析模型，加强疑点核实，确保评估工作实效。将税务指导落实到纳税评估各环节：评估自查上纳税辅导；政策执行上税务指导；纳税遵从上理念引导；评估补税上入库督导。利用石景山区地税局外网和内网中的相关栏目，有效开展纳税评估、税务指导及宣传工作。强化管理，夯实基础：提供一个保障，科学确定各项评估计划；建立一个抓手，评估案卷复查机制；建设一个能力，强化纳税评估科组织、指导能力和作用。2012年，石景山区地税局实施纳税评估882户，同比增长155%；有问题351户，评估入库税款、滞纳金1304万元，同比增长152%；入库率100%，评估有问题率达到40%。

【税务稽查】大力开展税务稽查检查工作，进一步建立健全稽查工作制度，完善稽查工作机制，稽查案件质量控制管理不断加强。以查处重大涉税案件为突破口，采取措施，完善制度和管理机制，明确检查核心，严格把好政策关、程序关、证据关、定性关和审理关，发挥大案、要案的集体审议以及稽查组织收入职能作用；向每户存在涉税问题的纳税人送达《税务稽查建议书》，从政策执行、财务核算等方面提出改进建议；将稽查信息及时向有关部门反馈，加强稽查成果的转化，促进征管质量和办案质量的双提高；坚持稽查案件审理协调会，加强稽查案件的组织协调和督促指导；将打击发票违法犯罪工作与各类检查相结合，做到查案必查票、查税必查票、查账必查票，切实开展打击发票违法犯罪工作；采取实地核查、银行资金查询、发票比对和协查外调等措施，与石景山区公安局经侦大队和海淀区地税稽查局密切合作，成功侦破一起非法倒卖发票案。此外，开展资本交易项目、房地产、建筑安装业、地方制股份银行、物业管理和大型商业企业六个行业专项检查，立案77户。2012年，石景山区地税局立案稽查103户，完成稽查63户，有问题61户，有问题率96.83%；查补收入5550.65万元，是市局下达查补收入2220万元任务的2.5倍，是同期的4.2倍。

【依法行政工作】注重能力提高。按照年初工作计划，石景山区地税局从强化依法行政领导小组职责入手，明确18项依法行政工作要点。全年组织局领导干部学法4次，举办税收业务流程培训4次，参加培训226人次，依法行政工作能力得到提升。

【执法监督】深入开展日常执法检查和专项执法督查工作，全年共检查11项执法项目，调阅案卷522卷，下发税收执法检查处理决定书14份，向被检查单位提出工作建议7项，有效发挥税收执法监督与指导作用。

【流程梳理工作】 2012年年初，石景山区地税局全面启动政务流程梳理工作，及时成立领导小组，遵照上级精神制订详细的工作方案，全局各部门分阶段积极落实优化政务流程、完善管理制度工作，人人参与部门研究，认真梳理，坚持做到“边梳理、边完善、边执行”，运行中完善，完善中规范，全面提升石景山区地税局规范化工作水平。经过努力共确定有效政务制度167项，税务所必备制度模板10块，绘制流程图58幅。

【依法行政】 研究制定稽查局与税务所之间税务行政处罚的信息交换制度，避免“一事二罚”的情况发生；落实《行政强制法》，加强对行政强制主体及依据的清理工作，做好行政强制法与税收征管法的衔接；贯彻落实行政调解工作，研究符合石景山区地税局工作实际的行政调解制度。

【党建工作】 加强党建工作，党支部的战斗堡垒和党员先锋模范作用得以充分发挥。局党组研究制定《年内党建工作要点》，常态化开展“三会一课”，党内生活更为规范化；开展形式多样的主题党日活动，举办专家讲党课9次；开展了“三评三创”和“三比三亮”活动，涌现出许多起到表率作用的党员干部。

【领导班子建设】 “正己先行”理念贯穿于班子建设全过程。坚持领导班子学法制度；深入开展调查研究，领导班子深入科室、税务所，了解掌握一手资料，及时解决基层问题；坚持民主决策、协调、沟通、研究，大力发挥领导集体的合力、凝聚力。

【干部队伍建设】 深入开展“大教育、大培训、大练兵”活动。年内，通过“税务讲堂”平台共计举办各类培训26项、33期，人均培训20天；组织开展多种干部文娱活动，娱乐、修身两不误；走访慰问困难干部17人，办理职工互助保险273人次。

【廉政建设】 构建长效机制。制定《石景山地税局年内党风廉政建设和反腐败工作任务分工方案》，坚持实行“三级党风廉政责任体系”；深化“廉洁服务每一天”主题教育，开展集体学习提醒教育制度，分层次、有侧重地开展集体学习；制定《石景山地税局党风廉政教育月活动计划》，开展基层站所民主评议工作，加强政风、行风建设和廉政风险防范管理。

【获得荣誉】 石景山区地税局被首都精神文明建设委员会评为2012年度首都文明单位；被北京市公安局评为2012年度北京市单位内部安全保卫工作集体三等功。

【领导班子成员】 石景山区地税局党组书记、局长：张兴明；副局长：武立煌、苏振军、程立龙、徐慧卿（女）、黄长文；纪检组长：安宝华（女）

（高文玲）

门头沟区地方税务局

【概况】门头沟区位于北京市西部偏南，总面积1455平方公里。东西长约62公里，南北宽约34公里。东部与海淀区、石景山区为邻，南部与房山区、丰台区相连，西部与河北省涿鹿县、涞水县交界，北部与昌平区、河北省怀来县接壤。地处华北平原向蒙古高原过渡的山地地带，属太行山余脉。全区以山地为主，山区面积占98.5%，地势由西北向东南倾斜。西部山区是北京西山的核心部分。境内有北京市的最高峰东灵山，海拔2303米；次高峰百花山，海拔1990米。境内的主要河流是永定河及其支流清水河，属于海河水系。全区辖9个镇、4个街道办事处，户籍人口24.8万，其中农业人口5.5万，非农业人口19.3万。2012年地区生产总值（GDP）为117.04亿元，同比增长12.9%，其中第一产业产值为1.94亿元，第二产业产值为59.94亿元，第三产业产值为55.15亿元。2012年全区实现公共财政预算收入19.07亿元，同比增长13.1%；公共财政预算支出为60.1亿元，同比增长9.4%。

门头沟区地方税务局机关位于门头沟区滨河路52号，内设14个职能科室，1个稽查局、10个税务所和1个机关后勤服务中心。截至2012年年末，有干部职工256人（其中公务员236人）。其中：处级领导职务6人，占全局总人数的2.3%；科级领导职务64人，占全局总人数的25%；大专（含）以上学历247人，占全局总人数的96.5%。门头沟区地方税务局设机关党委，18个党支部，1个团总支。截至2012年年末，有党员188人，占全局总人数的73.4%；有团员3人，占全局总人数的1.1%。

【税收收入】2012年，门头沟区地税局累计组织各项税费收入规模首次突破30亿元大关，达到303218万元，同比增收28412万元，增长10.34%，其中：地方公共财政预算收入入库247880万元，同比增收22126万元，增长9.8%；区级收入131531万元，同比增收13217万元，增长11.16%。

【税收征收管理】加强登记、申报、清欠等基础管理，2012年登记率、申报率、入库率均超过市地税局平均水平。开展企业所得税、个人所得税税源户清理工作，落实企业所得税申报与入库数据比对2313户，对134户个人独资、合伙企业的个人所得税进行汇算清缴。进一步加强房地产税收一体化管理，规范土地增值税差别化预征和清算管理，有效堵塞了征管漏洞。

【纳税服务】在2012年税收宣传月活动中，同区国税局联合举办以“开创纳税服务微博新进程”为主题的税收宣传仪式，在现有官方微博“门头沟12366”的基础上，区国税局将携手区地税局，开启国税、地税两局纳税服务的“微时代”。为进一步推进纳税服务工作，对包括登记管理、发票管理、证明管理、税收优惠、申报征收、行政救济、其他事项共计7大类、34项纳税人常用税收事项业务办理规范和流程要求进行编辑整理，自主编印《税收业务纳税人常用部分宣传手册》，供纳税人办理涉税事项时参考使用。

【政务流程】召开优化政务流程、完善管理制度工作推进会，开展优化政务流程工作。新制定制度13个，修订制度16个，保留制度127个，废止制度82个，制作流程图19个，初步完成政务流程梳理工作。税务所政务流程梳理采取分类的方式，分为山区所、管理所、服务所三类。税务所共同适用的制度由基层工作科制定模板，个别的制度由同类税务所商讨制定，通过分类指导，减轻基层负担，提高工作效率。

【依法行政】加强督察内审工作，规范日常执法行为。2012年共开展四次日常执法检查，完成税收执法督察工作，涉及案卷201份，查找堵塞漏洞，进一步规范执法行为。

【全国法制宣传日活动】开展以“弘扬宪法精神，服务科学发展”为主题的法制宣传活动，在人流密集处设立宣传站点，悬挂宣传横幅，共发放法制宣传资料1500余份，宣传手册400余册，税收政策宣传光盘500余张。同时针对法律法规、税收政策、涉税事项及相关工作职责等进行了广泛宣传和咨询解答。

【稽查与评估】以日常评估软件为依托，2012年评估总户数1894户，有问题率52.8%，评估入库税款806万。稽查工作有序开展。2012年稽查局共结案101户，查补税款滞纳金和罚款合计1451.27万元。

【特邀社会监督员座谈会】2012年1月，召开2012年首次特邀社会监督员座谈会，向特邀社会监督员汇报了2011年党风廉政建设和纳税服务工作情况及2012年的工作思路。7月，召开2012年上半年特约监察员座谈会，宣读《门头沟区地方税务局聘请第六批特约监察员决定》，纪检组长向特约监察员颁发聘任书，组织学习《门头沟区地方税务局特约监察员制度》。

【税收工作交流】2012年5月23日，局领导带领税政一、二科以及斋堂税务所干部一行6人到房山局河北税务所，就加强山区税务所建设学习交流经验。10月12日，海淀局副局长带领海淀地税税政管理一科、二科干部来门头沟局交流工作，两局就近期开展的企业所得税比对、营业税改增值税、个人所得税股权转让、车船税等重点工作进行了交流。

【学习“北京精神”】分两批组织党员、团员到首都图书馆参观“北京精神”大型主题展览。通过聆听讲解、观看影像资料等途径，深入体会“爱国、创新、包容、厚德”的内涵以及背后的历史渊源和人文基础。2012年12月18日，按照北京市市委组织部、北京市人力资源和社会保障局、北京市科学技术委员会的培训要求，组织全体干部对《践行“北京精神”提高履职能力》公共知识进行了验收考试。

【队伍建设】强化对中层正职领导干部量化考核，进一步疏通管理的中间环节，对量化考核办法进行简化、整合和完善，使考核更加具有科学性、规范性和可操作性。加大干部选拔和交流的力度。根据工作需要，全年提拔正科级领导干部2名，副科级领导干部4名，正科级非领导职务干部3名，交流领导干部21名，轮岗一般干部27名。

【教育培训】加强教育培训工作，联合石景山区地税局，共同举办了一期科级干部任职培训班。培训课程设置了任职能力训练、形势教育、廉政教育、传统文化教育、心理调适等内容，通过拓展训练、集中讲座、案例教学、专题研究等培训方式，调动学员参加培训的积极性，提高新任科级干部的履职能力和综合素质。聘请首都经贸大学老师，开展《财务会计·税务版》更新知识培训；组织注册税务师小课堂培训2次，地税讲坛7次；完成《小企业会计准则》在线学习和税收业务流程的培训考试。在市地税局组织的税收业务流程考试中取得第三名的好成绩。组织召开税收管理员工作平台2.1版培训会，邀请北科光大公司工程师对软件系统各项功能进行了详细讲解和操作演示，为税收管理员工作平台2.1版推广应用工作奠定了扎实基础。

【廉政建设】党风廉政建设中，进一步强化责任制落实和风险点防控。年初召开党风廉政建设工作会，逐级签订《党风廉政建设责任书》。加强宣传教育，营造廉政浓厚氛围。通过配发廉政教育书籍、参观反腐倡廉影视教育展览、观看预防公职人员职务犯罪系列教育光盘、征集廉政文化作品等形式，加强岗位教育、主题教育和警示教育，引导广大党员、干部自觉增强防腐拒变的主动性和坚定性。从党组理论中心组到支部，从部门到个人，全体干部认真学习了《税收违法违纪行为处分规定》。加强对干部日常从政行为的检查，将检查情况汇总排名通报并列入考核，全年发布行政监察通报13期，进一步规范干部的从政行为。

【安全稳定工作】召开2012年安全保卫工作会，局领导分别与分管部门责任人签订《社会管理综合治理责任书》和《消防安全责任书》。局领导带领石龙办公区管理委员会成员检查防汛工作，听取防汛措施汇报后，对监控室、发票库房、配电室、食堂操作间等重点防护部位进行检查。石龙办公区为有效落实市区两级关于党的十八大安全维稳要求，开始执行治安巡逻员制度，每天增配一名专项治安干部，佩戴治安员袖章，对办公场所进行不间断巡查，确保纳税服务场所的安全稳定。

【地税讲坛】2012年共举办7期地税讲坛。2月22日，举办第一期以“21世纪健康新观念知识讲座”为主题的地税讲坛。3月28日，邀请国家税务总局征管科技司制度处副处长，讲授“《税收征管法》修订及前沿问题介绍”。4月26日，邀请中国人民大学教授金元浦就“北京精神”主题进行了授课。8月22日，邀请区委党校副校长李丽玲就“明确发展目标，尽推动发展之责”为主题进行授课。9月25日，邀请中央纪委副部级巡视专员戴俭明讲授“反腐倡廉形势”。11月29日，举办“解读党的十八大系列讲座之一”暨2012年第6期地税讲坛，邀请到了中央党校经济学部副教授陈宇学作了题为“践行党的十八大精神，用创新驱动经济发展”的专题讲座。12月6日，举办“解读党的十八大系列讲座之二”暨2012年第7期地税讲坛，邀请到国家发改委城市和小城镇改革发展中心研究员、央视特约评论员杨禹以“用均衡眼光看待不均衡的中国”为题作党的十八大专题辅导讲座。

【文化建设】举办春季文体比赛活动，局工会组织全局干部职工利用工休时间在5个办公区域及滨河文化广场，参加了1分钟计时踢毽和飞镖比赛。为配合全市学雷锋志愿服务日活动，响应区文明委的号召，组织开展“做文明有礼门头沟人——拒绝不文明、清除小广告”全民行动日活动，清除了各办公区“门前三包”责任区内的小广告。在门头沟区体育馆举办以“掀全民健身热潮，扬地税职工风貌”为主题的职工趣味运动会。组队参加门头沟区工会举办的首届“职工杯”乒乓球赛，并取得男子团体进入前八名的好成绩。积极鼓励干部参与献血活动，组织17名自愿报名献血的干部职工，到区血站参加义务献血活动。

【票证管理】稽查局与区国税局、公安分局联合召开打击发票违法犯罪活动研讨会，根据门头沟区实际情况，制定打击发票违法犯罪活动具体工作实施方案，并结合第21个全国税收宣传月，联合举办以“打击发票违法犯罪行为，构建首都和谐税收秩序”为主题的发票宣传活动。组织召开普通发票简并票种统一式样工作部署培训会。全体一线干部分两批参加培训会，会上围绕市地税局2012年第4号公告等文件，就简并票种统一式样工作和税控升级工作等内容向参会人员进行部署和工作要点的培训。根据《北京市地方税务局关于普通发票简并票种统一式样有关问题的公告》（2012年第4号）规定，正式启用新版发票，局领导亲自到一线指导工作。8月6日，正式启用新版发票。

【学习党的十八大报告】各办公区分别组织党员干部认真收看胡锦涛代表十七届中央委员会向大会所作的报告。2012年11月，举办“解读党的十八大系列讲座之一”暨2012年第6期地税讲坛，全局党员干部、区直机关工委系统66个单位党建负责人参加讲座。讲坛邀请到了中央党校经济学部副教授、管理学博士陈宇学作题为“践行党的十八大精神，用创新驱动经济发展”的专题讲座。12月，举办“解读党的十八大系列讲座之二”暨2012年第7期地税讲坛，邀请国家发改委城市和小城镇改革发展中心研究员、央视特约评论员杨禹以“用均衡眼光看待不均衡的中国”为题作党的十八大专题辅导讲座。

【荣誉表彰】门头沟区地税局被区交通安全委员会评为“门头沟区2011年度交通安全先进单位”；被区委、区政府评为“农民增收帮扶先进工作队”。

【领导班子成员】门头沟区地方税务局局长：吴鲁平；副局长：沈迪会、王阿鸣（女）、邢小虎、邵明东；纪检组长：张毅。

（禹珊瑚）

通州区地方税务局

【概况】通州区位于北京市东南部，京杭大运河北端。区域地理坐标北纬39°36′～40°02′，东经116°32′～116°56′，东西宽36.5公里，南北长48公里，面积907平方公里。西临朝阳区、大兴区，北与顺义区接壤，东隔潮白河与河北省三河市、大厂回族自治县、香河县相连，南和天津市武清区、河北省廊坊市交界。紧邻北京中央商务区（CBD），西距国贸中心13公里，北距首都机场16公里，东距塘沽港100公里，素有“一京二卫三通州”之称，是环渤海经济圈中的核心枢纽部位。全区辖4个街道、2个地区、10个镇、1个乡。2012年，全区地区生产总值（GDP）实现448亿元，同比增长12%；地方公共财政预算收入实现46亿元，同比增长13.6%；全社会固定资产投资额实现506亿元，同比增长21.7%；社会消费品零售额实现239亿元，同比增长15.1%。通州区地方税务局位于通州区玉桥中路136号，全局有干部职工365人，机构33个，包括18个职能科室，11个征收税务所，1个后勤服务中心，1个税务学会，1个机关工会，

1个稽查局（含4个科室）。年末，通州局共登记正常税源72476户，按经济性质划分：内资企业41900户，个体经营28632户，社会团体及基层群众自治组织832户，外资企业607户，国家机关及事业单位505户。全年新办登记5590户，迁入178户，迁出171户，注销631户。

【税收完成情况】2012年，通州区地税局共计完成各项税费收入68.16亿元，同比增加4.05亿元，增长6.32%。其中：完成市级地方公共财政预算收入57.16亿元，同比增加2.22亿元，增长4.04%；完成区级地方公共财政预算收入29.47亿元，同比增加1.73亿元，增长6.24%。

【组织收入】受经济环境趋紧、结构性减税政策和北京市经济结构调整等多重因素影响，1—2月地税收入同比出现负增长。面对严峻形势，通州区地税局先后多次召开收入形势分析会，强化稽查检查、纳税评估、土地增值税清算等八项措施，严格落实"一把手"责任制，加大与乡镇园区、各委办局沟通协调力度，汇聚推动组织收入工作的强大合力，圆满完成市、区两级税收任务。

【税收政策】严格落实各项税制改革措施和税收政策。加强组织领导，强化部门协同，完成营业税改征增值税试点改革阶段性任务。加强施工企业税源管理，完善房地产行业管理，核查股权转让行为，加大土地增值税管理力度，顺利完成新《车船税法》出台后车船税征收工作，充分发挥税收政策指导作用。积极开展园区总部型企业发展、宋庄文化产业发展等涉税调研，提出支持全区文化创意产业发展、推进"营改增"试点工作等政策操作层面的建议。依法落实各项结构性减税政策，减免、退税4亿元，最大限度地减轻纳税人负担。建立残疾人就业保障金"爱心库"，全年共代征残保金0.85亿元，代收工会经费0.81亿元，促进了残疾人事业和工会建会工作的发展。

【严格征管】围绕管理和服务两条主线，在以风险和规模户试行分级分类管理的基础上，不断完善工作制度机制，全面梳理国家税务总局862项基层税务所职责和市地税局272项税收业务流程，科学界定与之匹配的税务所各岗位职责，制订深化征管改革的总体方案，稳步推进税收征管改革工作。进一步做好重点税源户管理工作，全面加强在建工程属地纳税管理。突出纳税评估抓手作用，加强日常评估和专项评估，调研纳税评估在税源专业化管理中的作用与发展，完善纳税评估横向、纵向、外围"三维立体协调联动反馈机制"。加大稽查力度，创新大要案管理机制，优化检举工作和审理工作流程。利用地税网站曝光台，加大稽查震慑力。加大案件移送力度，做好打击发票违法犯罪案件查处和对外宣传工作。以电子查账为依托，稳步推进现代化稽查进程。

【税收法制建设】将规范、制约权力作为推进税务机关依法行政的主线，并将有关要求融入征、管、查等税收执法权和人、财、物等行政管理权运行的各个环节。全面加强制度建设，从源头上规范税收执法行为。梳理政务流程，制定新制度41项，修订原有制度129项，进一步规范权力运行。与区国税局建立国地税国际税务管理协作联动机制，实现"信息联通、税源联管、业务联手、宣传联动"。规范税收行政权力运行，加强发票行政处罚局级执法审批，强化日常执法检查和专项执法检查。依法化解涉税矛盾纠纷，扎实开展行政复议、应诉工作，确保税收"两权"合法依规运行。

【工作经验交流会】2012年8月10日，市地税局在通州局组织召开区县（分）局税务所优化政务流程、完善管理制度工作经验交流会，市局党组书记、副局长刘江平、副巡视员杨文俊参加会议。会上，通州区地税局、第一稽查局、朝阳区地税局、东城区地税局第三税务所、石景山区地税局苹果园税务所从不同侧面就优化完善工作的进展情况作典型经验交流，市地税局通报全系统优化政务流程、完善管理制度工作的进展情况和阶段性成效。会议要求：要坚定信心，扎实推动优化完善工作取得实际成效，严格把关，确保制度建设质量。加大督导，保证工作进度。加强宣传培训，做好典型经验交流推广。

【“营改增”工作】2012年，通州区地税局高度重视“营改增”工作的开展，准确掌握“营改增”相关政策，明确分工，有序推进“营改增”工作。遵守宣传纪律，严格按照统一口径进行宣传，并及时搜集舆情做好反馈。认真梳理重点难点，明确户数确认、数据测算等职责，做好涉改纳税人税控机具、发票使用、税款申报缴纳等方面问题的应对。密切配合国税部门，落实户数交接工作，一对一的告知纳税人“营改增”政策，为纳税人提供简捷、高效的纳税服务。

【土地流转环节税收征管工作】2012年，通州区地税局联合区国土局，加强土地使用权出让（转让）环节的各税种征收管理、信息交换工作，联合宣传税收政策以及日常联络工作。明确协作职能部门，指定专门科室负责日常工作的协调和联络，对征收和权证发放环节的相应职责进行细化分工。明确工作流程，根据双方各自职能和协作目标要求，对各环节操作程序进行规范，为土地流转税收精细化管理打下坚实的基础。

【新《车船税法》实施后征收工作】为做好新《车船税法》实施后第一个征收年度税款征收工作，通州区地税局按照新《车船税法》要求，制定切合实际的实施方案，明确应急措施，确保征收工作顺利进行。组织好干部培训、纳税人培训，使广大税务干部和纳税人准确掌握新政策精神，为征收税款打好基础。充分利用外网、电子屏幕等方式进行政策宣传，并及时将《北京市地方税务局关于征收2012年度车船税的公告》发放到各大厅和窗口进行张贴，使纳税人方便、快捷地了解办税相关事宜。注重提高纳税服务质量，增开征收窗口，增加人员力量，为纳税人缴纳税款提供便利，开征首日共征收车辆144辆，税款4.8万元。

【培训和考试工作】按照市地税局统一部署，通州区地税局启动税收业务流程学习培训和考试工作，研究并制定翔实的工作方案，多措并举提供服务保障；抓好培训，成立培训团队，明确学习培训重点并制作培训提纲和考试试卷；以科所为单位明确计划，积极开展自学并处理好工学矛盾，同时对自学效果定期监控；注重总结和交流，采取座谈会、简报和信息等形式，对各单位的特色工作和亮点成果进行经验交流。

【防汛抢险工作】2012年7月21日中午至22日凌晨，北京出现了61年一遇的强降雨天气，局部地区不同程度受灾，险情不断。面对灾情、险情，通州区地税局各级党组织和广大党员干部坚持奋战在防汛抢险工作一线，以首当其责、迅速行动、坚守岗位、冲锋在前的实际行动，发挥党组织的战斗堡垒作用和共产党员的先锋模范作用。

【机关效能建设】实行“一线工作法”，领导干部将工作重心下移，聚焦基层。集中人力、财力、物力对税务所进行改造，深入推进办税服务厅规范化建设。着力为纳税人提供宽敞、明亮、舒适的办事办税环境，尝试打造“1+7+4”办税服务实体平台。逐步丰富网上办税功能，倡导网上征纳互动，建立网上网下互为补充的纳税辅导模式。依托动态更新的税收业务知识库，强化12366纳税服务热线建设，咨询辅导业务更加准确权威。充分发挥税法动漫短片宣传作用，主动建立第三方监督机制，健全纳税人诉求快速反应机制，进一步强化纳税人税前、税中和税后权益保护。

【队伍建设】牢固树立创先争优工作理念，以“三个彰显”主题实践活动为载体，紧紧围绕城市副中心建设和税收中心工作，全面加强政治思想建设，充分发挥党组织战斗堡垒作用和党员先锋模范作用。坚持“党管干部和民主集中制、注重实绩和人岗相适、培养锻炼和梯度交流、多方兼顾和主动关心”四项原则，以结构性交流和照顾性交流、培养性交流、专业性和发挥干部特长交流以及轮岗和补缺交流四种方式，对科级领导干部进行交流。开展空缺副科级领导职位竞争性选拔工作。举办应试模拟，拓展干部发展渠道。举办财务会计等各类培训七批次，培训人数达612人次。顺利完成党的十八大期间安保任务。狠抓反腐倡廉，加强廉政风险防控管理，规范税收执法权和行政管理权运行，进一步强化权力监督制约。

【学习贯彻党的十八大精神】将学习好、宣传好、贯彻好党的十八大精神作为首要政治任务，结合实际，精心部署，展开多种形式的学习与交流，组织开展“学习党的十八大、建设新地税”主题教育活动，利用“五个一”（学一遍报告、听一场辅导、谈一次认识、写一篇体会、搞一次展览），调动广大干部学好用好党的十八大精神的积极性、主动性，确保学习、宣传、贯彻党的十八大精神取得实效。结合自身实际，全力做好税收征管、纳税服务，加强稽查检查、纳税评估，确保税收任务的圆满实现，落实各项税收政策，认真落实结构性减免税政策，为地区经济发展营造良好环境。完善党建、群建体系，深入开展文明创建，抓好党风廉政建设。按照党的十八大提出的新的更高要求，朝着实现通州地税事业科学发展的目标稳步前进。

【获得荣誉】通州区地方税务局被北京市妇女联合会、北京市总工会、北京市人力资源和社会保障局授予“北京市三八红旗集体”称号。

【领导班子成员】通州区地方税务局党组书记、局长：朱兴有；党组副书记、副局长：李宝顺、赵辉；副局长：王一兵、张孟松、刘亚慧（女）、董立彤；纪检组长：马杰。

（潘国强）

顺义区地方税务局

【概况】顺义区位于北京市东北郊，城区距市中心30公里。东邻平谷，北连怀柔、密云，西接昌平、朝阳区，南界通州区、河北三河市。区境东西长45公里，南北宽30公里，总面积1020平方公里。地处燕山南麓，华北平原北端，属潮白河冲积扇下段。平原面积占95.7%。地势北高南低，北部山地最高点海拔637米，平均海拔35米。境内有大小河流20余条，分属北运河、潮白河、蓟运河3个水系，河道总长232公里，径流总量1.7亿立方米。气候属暖温带半湿润大陆性季风性气候。全区共辖19个镇、6个街道办事处、426个行政村，境内有回、满、蒙古等25个少数民族，常住人口91.5万人。2012年，全区实现地区生产总值（GDP）1103.2亿元，同比增长8.7%；第一产业实现增加值25.2亿元，同比增长3.2%；第二产业实现增加值487.9亿元，同比增长10.6%；第三产业实现增加值590.1亿元，同比增长7.4%；社会消费品零售额256亿元，同比增长17.9%；实现公共财政一般预算收入86.2亿元，同比增长6.6%。

顺义区地方税务局位于北京市顺义区新顺南大街35号，共有干部职工354人，平均年龄41岁，大专以上学历占90.11%。其中，中共党员305人，团员9人，分别占总人数的86.16%和2.54%。全局共设有14个职能科室、14个税务所、1个稽查局、1个机关后勤服务中心及1个机场分局（副处级），并成立了工会、地方税务学会。作为北京市地方税务局的派出机构，顺义区地方税务局承担着辖区内营业税、企业所得税、个人所得税等十余个地方税费的征收管理工作。截至2012年底，全局共有税务登记户39753户，其中国有企业425户，集体企业843户，私营企业7684户，个体工商户18822户，联营企业6户，股份有限公司180户，股份合作企业和有限责任公司9008户，外资企业444户，其他企业2341户。

【税收任务】全年共组织各项税费收入124.13亿元，同比增长4.3%。其中完成地方公共财政预算收入99.49亿元，同比增长1.2%；完成区级一般预算收入50.28亿元，同比增长2.8%。

【依法行政】优化政务流程。在全局范围内按照“废、改、立、留”要求，对政务流程和管理制度进行梳理，科室层面形成修订类制度14个、制定类制度15个和保留类制度33个，以及流程图28个。税务所的相关制度也得到进一步完善。规范执法行为。落实学法用法和典型案例评析制度，组织全员开展《税收执法过错责任追究办法》以及司法建议等学习讨论活动，提高了干部职工的依法行政意识和履职能力。在此基础上，认真开展了日常和专项督察工作，检查发票缴销、印花税年度申报等16项工作，自查发票核定领购、企业所得税核定征收鉴定等10个方面工作，规范了干部职工的执法行为。

【征管质效】一是夯实征管基础。重点开展漏征漏管户催办登记工作，将纯地税个体工商户纳入委托银行扣款范围，对申报率、入库率进行动态监控；完成发票换版和税收管理员平台2.1版上线工作，建立税务档案资料归档率、完整率比对制度。二是做好征管改革试点。对部分重点税源企业以及金融保险业企业实施集中管理，将税收业务事项划分为4大类、91小项，完成对机场分局的机构职能调整。三是落实“营改增”试点。先后5次开展“营改增”税源户的调查、核实、确认工作，建立国地税联席会制度，采取多种形式做好舆论引导，顺利完成确认工作。四是完善评估职能。初步在全局范围内建立一支较为成熟的评估干部队伍，开展专项评估工作，尝试构建行业评估模型。

【税政管理】一是强化所得税管理。设计企业所得税后续管理台账，完成新增税源户标识添加工作，做好对460户企业的所得税征收方式鉴定工作。二是细化地方税管理。推进土地增值税清算工作，加大房产税、土地使用税的税源监控力度，对609户纳税人开展两税比对工作。三是抓好税收政策落实。自行设计研发减免税管理电子台账系统，有效规范减免税管理工作；搜集、整理征管一线提出的各类税政问题，下发《税收政策问题汇总》8 期，确保政策执行口径一致、落实到位。

【纳税服务】一是优化服务环境。更换办税服务厅部分设施，筹备咨询呼叫中心相关工作，实行网上预约购领发票服务，多措并举保障了信息系统的安全、顺畅运行。二是加强服务监督。以部门为单位为干部职工编排工号，规范电话接听工作。聘请专业调查公司开展更具针对性的暗访调查，为有的放矢改进工作提供依据。三是做好宣传辅导。重新编印部分培训资料，组织新办税务登记和房产税、城镇土地使用税专题辅导会共 24 期。开展“身边的税收——税收宣传伴您行”和“税收宣传进社区”LED 宣传活动，印制各类宣传资料 2.6 万册，精心设计、制作的税收宣传台历已向全区纳税人发放。

【税务稽查】一是采取“以案代培”方式，对稽查干部开展全员培训，拓宽检查思路，提升查处举报案件和疑难案件的能力和水平。二是采用“以查辅评”模式，将全年任务按时间进度进行分解，实施稽查绩效考核，调动干部查办案件的积极性和主动性。三是推进“审计型检查”工作，补充完善检查底稿，探索性地设计“土地增值税清算检查专用底稿”，满足了“项目查全、环节查到、问题查透”的要求，实现规避执法风险和提高检查质量的双重效果。

【党建成果】分层次组织全体干部职工学习党的十八大等重要会议精神，以“党组书记上党课”形式开展了党员纯洁性和先进性教育。为各党支部配发了新《党章》《中国古今官德研究》等书籍，开展党支部分类定级和换届选举等工作，并对先进党支部和优秀党员进行表彰。

【队伍建设】一是推进精神文明建设。开展“我身边的好税官”评选等活动，组织实施了警民共建活动，完成第二税务所的全国青年文明号报备工作；组织各具特色的“三八”“五四”“六一”等庆祝活动，为干部职工就医、健身等积极创造条件。二是开展教育培训。组织税收业务流程和财务会计的集中培训并在市地税局考试中取得优异成绩，完成处级领导干部在线学习、全局干部更新知识培训、工勤人员考级等多项培训工作。三是调整干部队伍。开展了干部选拔、任用以及交流使用、交叉任职工作，成立审计科，完成合同制工作人员的补录。

【廉政工作】一是抓制度落实。党组书记与党组成员、党组成员与科所长、科所长与一般干部逐级签订廉政责任书；召开多次专题工作会，指出问题、部署工作，把反腐倡廉工作任务层层分解，促进领导干部切实履行“一岗双责”。二是抓廉政教育。组织学习《税收违法违纪行为处分规定》，提出“三个必须”，即：“人员交流时必须学，配置新人员必须学，有违法违纪苗头必须学”；坚持逢会必讲廉政，举办“预防职务犯罪以案说法”教育讲座，从正确用权、依法履职和严格自律三个层面为新任职的 16 名科级干部授课；组织部门之间开展廉政建设经验交流，并以部门为单位开展亲情助廉活动。三是抓廉政监督。聘请了 25 位特约监察员，开展明察暗访活动，发放《征求纳税人意见建议反馈单》527 份，征询各行业纳税人的意见和建议。四是抓廉政文化。更换局机关楼道和电梯间的廉政文化宣传牌 82 块，增补和更新税务所的廉政文化宣传展板。

【其他工作】局领导身先士卒，靠前指挥，妥善部署，确保顺利战胜“7·21”特大自然灾害。改造部分基层税务所设施，为干部职工提供安全的就餐环境和舒适的办公环境，并通过多种形式开展交通安全教育，提升了干部职工的交通安全意识。

【获得荣誉】2012 年，顺义区地税局先后获得了北京市节水型单位、顺义区创先争优先进单位、顺义区“六好”工会、“一助一”工作先进单位、顺义区第十届“后沙峪杯”春季长跑比赛优秀组织奖、北京市地方税务系统第七届运动会优秀组织奖等多项荣誉。

【领导班子成员】顺义区地方税务局党组书记、局长：张天生；党组副书记、副局长：刘东升；党组成员、机场分局局长：纪宏巍；党组成员、副局长：黄健、王国强、李志刚、赵学武；党组成员、纪检组长：刘佩书（女）。

（陈　阳）

怀柔区地方税务局

【概况】北京市怀柔区地处燕山南麓，北京市东北部，区域版图呈哑铃状，南北狭长，距市区 50 公里，全区面积 2128.7 平方公里，山区占 88.7%。区辖 12 个镇，2 个乡，2 个街道办事处。2012 年年末，全区户籍常住人口 27.8 万人，同比增长 0.4%。2012 年年内，怀柔区实现地区生产总值（GDP）181.0 亿元，比上年增长 7.2%。其中，第一产业增加值 7.4 亿元，增长 4.5%；第二产业增加值 110.1 亿元，增长 6.5%；第三产业增加值 63.5 亿元，增长 8.8%。完成财政一般预算收入 23.5 亿元，比上年增长 11.4%。实现社会消费品零售额 89.8 亿元，同比增长 13.5%。

北京市怀柔区地方税务局（以下简称怀柔区地税局）位于怀柔区南华大街 17 号，下设 14 个职能科室（办公室、人事教育科、基层工作科、监察科、计划财务科、法制科、审计科、税政管理一科、税政管理二科、征收管理科、收入核算科、科技信息科、纳税评估科、纳税服务科），1 个后勤服务中心，8 个基层税务所，1 个稽查局（含立案科、检查一科、检查二科、审理科、执行科）。年末，全局共有干部职工 282 人，其中研究生 16 人，占全体干部职工的 5.6%，大学本科学历 200 人，占全体干部职工的 70.9%，本科以下学历 66 人，占全体干部职工的 23.4%。行政编制 258 人。共有在职党员 205 名，退休党员 16 名，在职党员占全局人数的 72.7%。共青团员 13 人，占全局人数的 4.6%。

截至 2012 年年末，全局共有正常税务登记户 34089 户，其中国有经济 164 户，集体经济 442 户，私营经济 9389 户，其他有限责任经济 6321 户，股份有限公司 57 户，股份合作企业 132 户，个体经济 16135 户，外商投资 199 户，港澳台商投资经济 92 户，其他 1158 户。

【税收收入完成情况】怀柔区地税局组织各项税费收入 35.8 亿元，同比增收 1.9 亿元；其中组织地方公共财政预算收入 27.6 亿元，同比增收 1.6 亿元，完成市地税局下达年度计划 27.5 亿元的 100.42%；组织区域实得收入 14.5 亿元，同比增收 7590 万元，完成区政府计划指标 14.4 亿元的 100.5%。

【税收征管】怀柔区地税局加强源头管控，

认真做好税务登记注销管理工作，扎实开展企业所得税税源清理，大力加强CA数字证书推广工作，确保税务登记基础信息的准确性；确立57户市级、359户区级和342户所级重点税源户，进一步推进税源科学化、专业化管理；加强票证管理；全面清查，摸清底数，做好全区1358台非国标税控机使用纳税人的宣传工作，为发票换版和更换国标税控机奠定基础；积极做好国标税控机升级事宜，共升级国标税控机2373台；加大清欠力度，清缴欠税1200万元，欠税余额进一步降低。

【税政管理】怀柔区地税局实施税收政策四个平台建设新机制，搭建税收政策咨询平台、服务平台、监管平台、调研平台，实现税收政策宣传咨询到位、服务需求到位、执行监管到位、情况反馈到位。全年编制《税政服务专刊》10期，有力促进了政策宣传、政策服务工作。以“搭建四个平台，实现四个到位”为目标，税政管理工作取得新成果。企业所得税汇算清缴、核实比对和税源资料调查工作实现了数据上报率100%，审核数据合格率100%的“双百”目标。

【营业税改征增值税试点改革工作】开展“营改增”税收典型调查工作，完成调查上报1113户，对“营改增”涉及3000余户进行数据测算，掌握“营改增”影响地税税收收入的基本情况，做到“三摸清一核准”（摸清“营改增”户数、摸清影响税款收入数、摸清纳税人认知情况，认真核准市地税局反馈的数据资料）；加强与区国税局工作沟通，设置专线电话，制定日交换信息制度。

【新增税务登记户】2012年年内，怀柔区地税局新增税务登记户4779户，其中国有经济2户，集体经济15户，私营经济1263户，其他有限责任经济1834户，股份有限公司3户，股份合作企业5户，个体经济1496户，外商投资22户，港澳台商投资经济7户，其他132户。

【纳税评估】完善制度，规范评估工作程序，坚持“点、线、面”立体化管理即坚持以重点税源户评估为点，以行业专项纳税评估为线，以税务所的日常评估为面的评估机制，探索分级分类纳税评估管理模式。全年共评估1792户，补缴税款和滞纳金共计4233万元，同比增长70%。

【税务稽查】实行分级分类稽查，在案源选择、查前准备、任务部署、查中督办、事后反馈、经验总结等环节实现精细化管理，深入研究探索资本交易事项涉税问题。积极开展打击发票违法犯罪活动，努力提高稽查工作质量。全年立案检查125户，查补入库税款2631万元。

【房产税管理】怀柔区地税局加强监控平台运用，推进房地产税收一体化管理。做好房、土税信息比对，房、土税税源登记率达到98%，房产税入库连续6年实现年增长超千万元。

【自行申报个税】怀柔区地税局年所得12万元以上纳税人自行申报个人所得税，申报人数6366人，完成市局下达任务指标的132.63%。

【契税征收】抓好房地产估价技术运用，确保怀柔区存量房交易征收征管工作稳步开展，契税征收完成年度任务的120%。

【减免税】认真落实扶持中小企业发展、支持和促进就业等各项税收优惠政策，共计减免税4254万元。

【纳税服务】加强全功能、标准化办税服务厅建设，对纳税人举办政策辅导、菜单式、个性化等各类培训近万人次，对内举办服务岗位礼仪培训，制定《怀柔区地方税务局接听电话规范用语》，改进地税网站，加强网上预约办税服务，提高12366纳税服务热线服务质量。建立专业化服务模式，加强重点企业信息库建设，利用信息机定期发送宣传、服务信息。按月对373户市、区级重点企业邮寄“税务公报”，加大税收新政的宣传力度。

【税收宣传月活动】 2012年4月，全国第21个税收宣传月期间，怀柔区地税局开展税收政策和法律知识宣传：在办税服务大厅的显著位置滚动播放由税务总局监制的税法宣传题材动漫；向区内企业群发关于咨询电话、对外网站等涉税服务方面的提示短信万余条；在怀柔区普法公园制作陈列多块税法宣传展板，共发放宣传材料8000余份。

【信息安全建设】 扎实做好信息系统安全运行工作，按照“积极预防、综合防范”的工作方针，进一步完善了信息安全防范措施，更新了机关办公楼内部网络设备，重新规划配置了局域网，利用技术手段进一步规范互联网上网行为，完成了财务、人事财政专网布线组网工作，加强对各项税制改革的技术支持与服务，有效发挥了科技信息工作的服务保障作用。

【政风行风建设】 分三期106人次开展文明礼仪专项培训，制定下发电话接听规范用语，为全局干部职工编制工号，加强内部自查和暗访，自觉接受群众监督。认真开展民主评议基层科所工作，在各办税服务厅和政务窗口设置政风行风评议意见箱，向社会特邀监察员、人大代表、政协委员、纳税人代表以及基层乡镇和街道社区等单位发放征询意见表，公布举报电话，认真开展自查自纠工作，政风行风得到进一步好转。

【优化政务流程完善管理制度工作】 开展优化政务流程完善管理制度工作，成立工作领导小组，制定工作方案，自上而下启动区局、基层税务所两个层面的政务流程梳理工作，对照“三定”方案规定的工作职责，按照“废、改、立、留”的要求，分阶段、分步骤对现行的各项政务流程和管理制度进行全面梳理，做到无缺失、不漏项。全年区局层面共梳理政务流程制度215个，其中废止类制度96个，保留类制度48个，制定类制度34个，修订类制度37个；绘制流程图35个；税务所层面共优化完善87个制度。

【业务培训】 开展培训需求调查，建立业务知识题库；建立健全业务骨干队伍，历时5个月对全局干部进行会计知识培训；举办以“内强素质、外树形象”为目标的税收业务知识竞赛，进一步激发干部勤奋学习、努力工作的热情。

【公务员岗位轮换制度】 怀柔区地税局有正科级领导干部27人，副科级领导干部32人，一般干部209人。2012年，怀柔区地税局对6名正科职干部进行内部岗位调整，对科级以下干部68人次进行轮岗交流。

【审计监督】 充分发挥法制和审计工作的监督保障职能，积极配合协调做好外部审计工作，完成区审计局年度税收征管审计工作，扎实做好审计署关于社保资金审计和财政部专员办税收征管质量专项检查。加强内审监督，认真做好年度行政处罚案卷评查工作，进一步规范税收执法行为。

【基层建设】 制定年度党建工作计划、二级班子理论中心组学习计划，认真落实民主集中制，加强领导班子建设。对全局党支部书记进行培训，组织纪念建党91周年专题党课等系列活动，进一步促进怀柔区地税局党建工作。深入开展为民服务创先争优活动，在基层组织中大力开展“三比三亮”“三评三创”等形式多样的活动。努力创建学习型组织，一人被区委评为“首都学习之星”。举办“从税30年干部座谈会”和复转军人迎八一座谈会，凝聚士气，鼓舞干劲。

【演讲比赛】2012年5月3日，怀柔区地税局团总支举行“践行‘北京精神’ 立足本职工作”主题演讲比赛，12名团员青年参赛。此次演讲比赛全面展现了怀柔区地税局青年干部忠于党、忠于国家、忠于税收事业的精神风貌，引起强烈反响。

【党风廉政建设】召开2012年党风廉政建设工作会和区局党组理论中心组党风廉政专题学习（扩大）会，专题学习部署廉政工作。加强对领导班子和领导干部党风廉政建设责任的落实，坚持“一岗双责”，坚持“三重一大”制度。编印下发《党风廉政建设资料汇编》一书，印制2013年党风廉政建设台历，举办预防职务犯罪知识讲座，深化反腐倡廉教育。认真完成怀柔区地税局21项行政职权廉政风险防控工作，进一步建立健全以领导带头、权力公开、流程监管、节点控制、制度规范、动态管理为主要内容的风险防控长效机制。

【获得荣誉】2012年，怀柔区地税局荣获北京市交通委员会交通管理先进单位、北京市区县机关档案工作测评市级优秀单位、首都全民义务植树先进单位、北京市单位内部安全保卫工作集体三等功、怀柔区先进基层党组织、怀柔区创先争优先进单位、怀柔区政府信息化工作先进单位等多项荣誉。

【领导班子成员】怀柔区地方税务局党组书记、局长：韩松；党组副书记、副局长：郭海福；党组成员、副局长：史利军、樊京虎、王桂富、吕延程；党组成员、纪检组长：陈刚。

（赵建军 黄 颖）

平谷区地方税务局

【概况】平谷区位于首都经济圈和环渤海经济区中，北与密云县、河北省兴隆县相邻，西与顺义区接壤，东、南与天津市蓟县、河北省三河市为邻，处在京、津、冀三省市的交界处，是全国最大的产桃基地，有“京东绿谷”的美誉。全区土地面积950.13平方公里，耕地面积123.67平方公里。2012年，全区户籍人口397612人，其中农业人口193618人；全区辖14个镇、2个乡、2个街道办事处，272个村民委员会、30个社区居委会；2012年，全区完成地区生产总值（GDP）153.2亿元，同比增长15.1%；农林牧渔业总产值完成39.7亿元，同比增长15.4%；工业总产值（现价）完成220.1亿元，同比增长15.1%；社会消费品零售额完成66.9亿元，同比增长15.2%；完成财政收入26.8亿元，同比减少23.3%；农民人均纯收入15067元，同比增长12.5%。

平谷区地方税务局位于平谷区林荫北街5号，机关内设14个科室，下设10个税务所，1个事业单位（机关后勤服务中心），1个稽查局。截至2012年，全局共有干部职工275人，其中公务员253人，工勤人员22人。全区注册税务登记户数（正常户）19532户，内资企业13058户（其中国有企业157户，集体企业273户，股份制合作企业395户，联营企业1户，有限责任公司9817户，股份有限公司81户，私营企业3230户，其他企业1213户），个体工商户4206户，中外合资、中外合作和外商独资企业102户，港澳台合资、合作和独资企业51户。

【组收任务完成情况】全年组织各项税费收入33.86亿元，同比增收1.23亿元，增长3.77%。其中，完成地方公共财政预算收入26.65亿元，同比增收2.42亿元，增长9.99%，形成区级地方公共预算收入14.51亿元，同比增收2亿元，增长15.95%。与区总工会密切配合，代征工会经费1954万元。

【组织收入工作】面对严峻的收入形势，局党组引导大家客观分析房地产业调控对税收的负面影响，以及本地区税源结构不均衡，税源潜力不足等不利因素，也密切关注区域招商引资政策发挥的积极作用及区内固定资产投资增长、区内自主税源增加等有利条件，在全局营造齐心协力、攻坚克难、决战决胜的组织收入氛围。加强考核，落实组织收入责任制。加强重点行业、重点税源户监控。加强科所、征管评查各环节协作，形成组织收入合力。积极向区、乡镇政府提出组收建议，加强与区有关部门协调，确保区内税源转化为税收收入。在区领导和有关部门的大力支持下，全局人员树立服务区域经济发展的大局意识，落实组收责任制，圆满完成了市区两级税收收入任务。

【纳税服务】客观分析纳税人满意度调查结果，制定整改措施，狠抓落实。开展“幸福桥”税法宣传培训项目启动仪式暨“与税同行　传递幸福”税法宣传活动。推广税收业务知识库，利用多种形式开展侧重点不同、受众群体不同的业务培训。加强12366纳税服务热线和TAX861网站建设，规范工作制度，及时收集、整理纳税人咨询的问题，确保解答的准确性。开展纳税信用A级企业评定。做好纳税人涉税保密信息查询的受理及告知工作。

【征管基础工作】探索建立税源分析常态化、征管指标精细化、分析指标全面化的税收征管监控分析网络，提升日常征管质量。2012年，登记率100%，申报率99%，入库率99.91%。做好非正常户认定和税务登记异常情况处理工作，提高基础数据的准确性。以信息交换、委托代征为重点，推进税源管理社会化。全年接收建委在建工程信息210条，国税局个体工商户定额核定信息543条、企业登记信息286792条、增值税、消费税入库信息60000余条，工商局个体工商户信息41971条。开展个体工商户定期定额核定工作。成立课题组，对实行税源专业化管理的模式、机构设置、职能配置等进行调研。

【征管评查联动机制】分类整理稽查、评估部门反馈的意见建议和案例分析、行业综合分析，将普遍性、典型性问题转税政管理部门，为完善征管制度、工作流程提供参考。各税务所依据《税务稽查执行情况反馈单》建立电子台账，加强税源监控和日常管理。针对薄弱环节，及时改进，提高纳税服务的针对性和有效性。

【发票管理】根据纳税人具体情况，与税控服务部门一起，采取定点、上门等多种形式，为纳税人提供换版服务。以风险管理为导向，借助内网支持，强化发票核验。

【分税种管理】利用企业所得税汇算清缴数据，加强基础管理。个人所得税明细申报工作持续加强，各月平均明细申报率98%，正确率超过99.5%。股权转让所得个人所得税征管工作顺利开展。依托财产与行为税监控管理平台，进行房产税、城镇土地使用税、土地增值税数据比对。开展城市维护建设税、教育费附加比对工作。

【纳税评估】推进风险管理，完善建筑业纳税评估模型，自主开展重点行业印花税管理、发票管理专项评估。全年完成纳税评估1937户，有问题780户，有问题率40%。实施税务约谈819户次，实地调查核实270户次，评估辅导848户次，实现评估补税1404万元，加收滞纳金121万元。

【税务稽查】开展房地产、建筑安装等行业专项检查。做好重点税源企业专项检查自查工作。按照“营改增”试点工作安排，及时完成涉及“营改增”的检查案件。全年立案检查122件，有问题的120件，立案准确率98%，结案率100%。查补税款、滞纳金、罚款合计1406万元，入库率100%。查办百万元以上案件4件，同比增加1件。打击发票违法犯罪行为，查处发票违法企业64户，涉及发票763份，金额834万元。

【营业税改征增值税试点工作】明确工作任务和阶段性工作目标。梳理政策要点，进行内部培训。及时向区政府汇报，加强与国税局沟通协调，做好涉税服务。做好数据测算及“营改增”后续管理工作，为相关部门和领导决策提供服务。向国税局移交2381户。预计2013年同口径计算减收营业税及附加税费3亿元，影响区级地方公共财政预算收入1.5亿元。

【税收政策】加大文化创意企业、物流园区、航空产业基地等重点企业、重点区域税政指导力度。支持中小微企业发展，全区444户小微企业享受企业所得税减免，落实免征小微企业发票工本费要求。落实提高个体工商户营业税起征点政策，2370个个体工商户免交营业税，占个体工商户总户数的94.7%。积极落实就业、三农、非营利组织、残疾人等税收优惠政策，扶持弱势群体，保障纳税人合法权益，促进社会和谐。全年共减免各项税费3102万元。持续做好减免税后续管理工作。开展土地增值税政策执行情况自查，针对存在问题，加强税政指导。开展涉农税收政策执行情况调研，提出完善政策的建议。

【依法行政】一是优化完善政务制度流程。梳理区局行政发文139件。新制定制度流程50项，修订、完善30项，废止60项。二是优化完善业务制度流程。制定发票核验流程、数据核对流程、档案管理流程，进一步完善业务管理制度体系。三是加强依法行政日常管理。坚持规范性文件合法性审核。坚持“三重一大”集体讨论决定，保证决策过程的民主性和决策的科学性。坚持党组会、局长办公会纪要上网公布，保证群众的知情权。落实《政府信息公开条例》。认真开展执法检查，规范执法行为，提高工作人员法律意识。成立审计科，加强内部审计，积极配合财政部专员办、区审计局的专项检查、审计，认真整改，提高管理水平。

【党的建设】推进学习型组织建设。在集中教育、个人自学的基础上，充分发挥局域网络优势，整合教育培训资源。建立以党组中心组为龙头、科级干部为主体、全体党员参与的教育组织体系。落实领导干部上党课制度和领导班子成员党建工作联系点制度。严格按照规定程序开展党支部分类定级工作。全局15个党支部，有8个党支部定级为“好”，7个定级为“较好”。做好思想政治工作。党组织、共青团、工会、各科所、各兴趣小组形成合力，加强文化建设，弘扬“北京精神”，为干部职工鼓劲、减压。走访慰问干部职工59人。

【创先争优活动】进行党支部、党员公开承诺，深化公开承诺上评下议动力机制，做好领导点评、群众测评工作。开展“四亮”“四比”

"四创""五评"活动，鼓励干部立足岗位建功立业。表彰"双先双优"和"党员先锋岗"，树立先进典型，推动创先争优活动不断深入。

【干部队伍建设】做好岗位轮换和干部培训工作。48名干部进行岗位轮换。按照"分类培训、按需施教"的总体指导思想，开展任职培训、岗位培训，财务会计知识及业务流程等专项培训，全局人均培训达100余学时。在财务会计知识培训中，参训人员利用休息时间集中培训10次，25人参加系统考试，平均成绩列系统第2位，3人取得90分以上成绩，80分以上人员13人。

【平安地税建设】增强责任意识、大局意识，落实各项安全责任制，为党的十八大胜利召开和各项工作有序开展营造平安的环境和气氛。制定和完善各项应急预案，加强车辆、消防、卫生、资产管理，及时排查安全隐患。开展涉税舆情管理，加强网络和办税服务场所监管。落实保密工作有关要求，杜绝失泄密事件发生。

【反腐倡廉工作】抓好任务分解、责任制延伸、监督检查三个环节，落实党风廉政建设责任制。把反腐倡廉宣传教育列入理论学习、岗位培训和党团课的内容，渗透到税收工作各个环节，积极构建"大宣教、大预防"工作格局。加强廉政风险防控管理。围绕185项涉权事项查找风险点889个，制定防控措施952条，制定流程图125个。积极推进政务公开、党务公开。积极开展机关干部作风建设年活动，从查摆问题入手，通过解决问题体现活动成效，巩固党风廉政专题教育活动成果。"无违法违纪、无管理责任事故""双零"目标延续至8年。

【获得荣誉】平谷区地税局被评为首都文明单位标兵、2012年度爱国卫生先进单位。

【领导班子成员】平谷区地方税务局党组书记：张忠良；局长：张秀娟（女）；副局长：朱庆丰（调研员）、王劲松、牛皖军、王敬丰；纪检组长：秦德海。

（胡岚峰）

房山区地方税务局

【概况】房山区是首都的西南门户，总面积2019平方公里。2012年年末，全区共辖28个乡、镇、街道办事处，123个居委会、461个村委会，常住人口98.6万人。区政府所在地良乡是《北京市总体规划》中首都14个中心卫星城之一，距京城（六里桥）25公里。

2012年，全区地区生产总值（GDP）实现449.2亿元，同比年增长8%。财政收入74.8亿元，其中，公共财政预算收入完成40亿元，同比增长15%。全区社会消费品零售额实现182.5亿元，同比增长16.5%。

房山区地方税务局地处房山区拱辰街道办事处。截至2012年年末，设1个稽查局，15个职能科室，下设12个综合税务所和1个后勤服务中心。全局共有干部职工287人，其中，干部259人，职工28人。按文化程度划分，研究生学历19

人、本科学历202人、大专学历50人、中专学历3人、高中学历13人、初中学历0人；按政治面貌划分，党员214人，团员8人，群众65人。

截至2012年年末，全区地方税收纳税人在册税务登记正常户为35995户。其中，国有企业258户，集体企业1103户，私营企业14570户，个体工商户12863户，联营企业11户，股份制企业634户，有限责任公司5110户，股份有限公司120户，外商投资企业85户，港澳投资企业43户，其他企业1198户。

【税收收入】2012年，房山区地税局全年累计完成各项收入51.66亿元，同比增收5.21亿元，增长11.22%；完成地方公共财政预算收入44.02亿元，同比增收4.26亿元，增长10.71%，税收收入再创历史新高。

【税源总数突破4万户】截至2012年12月31日，房山区地税局共有税源户40939户，比2011年同期的38221户净增加2718户，增长7.1%。从分行业户数分布情况来看，批发和零售业户数最多，为14920户，达到总体比重的36.4%，但其实现税收仅占总体收入的2.1%；房地产业和建筑业户数分别为846户和2056户，所占总体比例分别为2.1%和5%，但其税收却占到全局税收的重要份额，分别达到总体税收比重的48%和17.1%。全局有税户数达到30840户，其中：市、区、所三级重点户1420户，累计入库各项收入442863万元，占总收入的85.7%；入库在千万元以上大户有80户，较同期增加5户，入库税款309922万元，较同期增加38109万元，对总体增收贡献率达到73.1%。

【优化政务流程完善管理制度】2012年3月，房山区地税局优化政务流程、完善管理制度工作正式启动，此项工作对职权范围内的政务事项、处理依据、职权范围、岗位职责、工作环节、衔接程序进行梳理和完善，修订制度，绘制流程图，标注廉政风险点，通过对政务流程的优化、对制度的梳理完善，提高依法行政工作水平。此项工作历时10个月，经历动员部署、全面梳理、优化完善、总结验收四个阶段，共梳理140项制度（62项流程），其中，废止63项、修订15项、制定35项、保留27项。

【社会监督员正式上岗】2012年3月16日，房山区地税局第六届社会监督员聘任仪式举行，15位来自不同岗位、不同层次的社会各界人士被正式聘任为第六届社会监督员。房山区地税局通过召开社会监督员例会，开展社会监督员走访、召开社会监督员座谈会等形式，建立起倾听群众呼声、了解群众意愿的沟通平台。15名社会监督员通过发挥监督、桥梁和纽带作用，成为地税工作的信息员、宣传员、监督员和参谋员，及时把看到的、听到的群众意见和建议反馈给地税局，协助地税局抓好队伍建设和纳税服务工作。

【法制督导员工作规范】2012年，房山区地税局在建立基层法制督导员队伍的基础上，制定《法制督导员工作规范》（以下简称《规范》），《规范》明确了法制督导员合法性审查、法制监督、争议化解、普法宣传四项工作职责，重点对重大事项合法性审核的工作标准，税务行政调解的工作程序、文书使用、材料归档等方面进行规范。法制督导员按照职责开展工作，全年参与8件重大退税事项审核，为稽查检查案件，评估案件提供法律意见200余条。充分发挥法制督导员监督、引导作用，推进基层依法行政工作深入开展。

【税源专业化管理试点工作】2012年，房山区地税局税源专业化管理工作启动，按照国家税务总局征管改革方案要求和市地税局税源专业化管理指导意见，房山区地税局组成工作小组，研究起草房山区地税局税源专业化管理实施方案及编制说明，梳理810项工作内容，梳理税源专业化管理后的税务所工作职责，推进税源专业化管理进程。

【举报工作】2012年6月，房山区地税局制定了《检举案件处理办法》，建立健全检举案件的受理、分办、检查处理工作机制，对举报工作职责进行了明确划分，将举报中心定位由原来的承办者转变为管理者，对办理举报案件的全程进行事前、事中、事后的监督和管理。根据检举案件的线索、案情、涉税额度等情况，采取税务稽查、调查核实、征管核实等措施，实施分流消化，形成重大举报案件稽查办、极少线索案件征管办的工作格局，快速有效地处理投诉举报问题。全年共受理举报案件90件，查存71件，转稽查6件，转征管13件。

【"7·21"特大自然灾害涉税服务】2012年7月21日特大暴雨使房山区遭受了严重的损失，为了帮助、扶持受灾企业开展灾后自救，尽快恢复生产，房山地税局迅速组织人员摸灾情、送温暖、送政策、送服务。7月23日，房山地税局在灾后第一个工作日归集整理出关于企业遭受自然灾害的税收优惠政策，印制和发放宣传手册2万份，使受灾纳税人可依程序享受减免优惠。基层税务所均成立走访小组，深入受灾企业一线，开展灾后应急帮扶工作。对税务登记证、发票、税控开票设备损毁的企业进行统计，及时为受灾个体纳税人办理停歇业审批手续。建立快速反应机制，及时受理和审批受灾企业税收减免申请。开展受灾纳税人情况调查，掌握灾情对税收收入的影响。参考汶川地震、吉林省洪涝灾害后恢复重建的有关税收政策以及重庆7月23日水灾以后重庆市政府批准的灾后重建的税收优惠政策，拟订并提请房山区税收政策支持关于分税种税收优惠政策建议和税控装置、发票、账簿、凭证毁损及停业复业处理建议，及时向区政府提出灾后重建税收政策支持建议。

【发票换版及税控升级工作】2012年8月6日，发票换版、税控升级工作正式启动。房山区地税局采取措施做好发票换版期间纳税服务工作。一是开展发票知识培训，辅导企业购票手续，规范购票行为。二是梳理发票换版工作流程，严格旧版发票缴销流程、审核流程，明确各环节的办理要点，将发票换版工作落实到细节。三是发送短信，提示发票换版信息，将纳税人遇到的问题及时反馈，做好咨询服务。经统计，房山区地税局已对4577台税控机进行升级。

【营业税改征增值税试点工作】2012年9月1日，北京市营业税改征增值税试点改革工作启动。在试点改革工作期间，房山地税局畅通渠道，采取措施全力做好"营改增"工作纳税服务。一是践行试点改革纳税人纳税咨询限时回复公开承诺，严格遵照回复时限，解答纳税人疑惑。二是设立"营改增"纳税咨询受理台账，在台账中列明受理日期、纳税人名称和联系方式、咨询问题类别、是否即时答复等内容，通过对咨询内容进行记录，及时汇总和反馈问题。三是与国税局做好沟通协调，涉及国税部分咨询问题，引导、告知纳税人国税咨询渠道和电话，当好咨询引导员。四是12个基层税务所设立专人专岗，负责接待、引导、解答纳税人上门咨询。通过网站、12366纳税服务热线等服务平台收集纳税人需求，为纳税人提供纳税咨询。试点政策的主要内容包括：试点地区从事交通运输业和部分现代服务业的纳税人自新旧税制转换之日起，由缴纳营业税改为缴纳增值税；在现行增值税17%和13%两档税率的基础上，新增11%和6%

两档低税率，交通运输业适用11%税率，部分现代服务业中的研发和技术服务、信息技术服务、文化创意服务、物流辅助服务、鉴证咨询服务适用6%税率，部分现代服务业中的有形动产租赁服务适用17%税率。

【网站改版上线】2012年9月1日，房山区地税局网站全新改版上线，新网站实现一屏显示。网站设有宣传公告区、办税区、自助服务区和政务公开等四个功能区，包括通知通告、动态信息、网上办税、预约服务、资料下载、光荣纳税人、业务事项查询、咨询投诉、局长信箱等多个栏目，方便纳税人及时了解税收工作最新动态，获取税收政策、涉税培训等最新信息，实现纳税人足不出户网上办理大部分涉税事宜，纳税人可以通过网站及时反馈意见、建议和需求，监督地税局工作，促进纳税服务水平的提高。

【规范税务行政处罚裁量权试点工作】2012年11月，房山区地税局规范税务行政处罚裁量权工作正式启动，制定并发布《房山区地方税务局规范税务行政处罚裁量权工作实施方案》，成立规范税务行政处罚裁量权工作领导小组，协调开展规范裁量权工作，组织开展两次培训，严格处罚权限审批和处罚撤案管理。依据12项违法行为处罚裁量标准，截至12月31日，房山地税局共对122户次纳税人进行税务行政处罚，处罚金额为19.27万元。

【获得荣誉】房山区地方税务局荣获首都文明单位标兵荣誉称号和北京市交通安全先进单位。

【领导班子成员】房山区地方税务局党组书记、局长：万国喜；党组副书记、副局长：马强；副局长：谭巨科、王忠悟、梁鑫、翁筱玲（女）；纪检组长：安永刚。

（晋凯丽）

昌平区地方税务局

【概况】昌平区位于北京市西北部，地处温榆河冲积平原和燕山、太行山支脉结合地带，东临顺义区，南与朝阳、海淀区毗邻，西与门头沟区和河北省怀来县接壤，北与延庆、怀柔相连。地势西北高、东南低，北倚军都山，南俯北京城，素有“京师之枕”的美誉。区内自然条件优越，拥有绵延百里的山前暖带，土地肥沃，资源丰富，山清水秀，环境、空气质量好，明陵、居庸关闻名遐迩，是和谐宜人的北京郊区。昌平辖区总面积1343.5平方公里，其中平原面积占40%，山区、半山区面积占60%，边界线总长261.46公里。截至2012年年底，昌平区实现地区生产总值500亿元，地方公共财政收入达到52.2亿元，城镇居民人均可支配收入和农民人均纯收入分别达到29938元、14967元。昌平区下辖5个街道办事处、15个镇（地区办事处）和1个以企代镇行政单位（北企公司），303个行政村，189个社区居委会。根据昌平区功能定位和各镇（街）区位情况和资源优势，划分为新城功能核心区、城市中心组成区、新城产业聚集区、新城产业拓展区、生态涵养发展区等五大功能区。昌平区地税局位于昌平区南环东路16号。截至2012年年底，共设置14个科，12个基层税务所，1个稽查局和1个机关后勤服务中心。昌平区地税局人员总数为353人，其中，大学本科以上学历266人，占总人数的75.4%；共产党员270人，占总人数的76.5%；共青团员4人，占总人数的1.1%；平均年龄41.7岁。截至2012年年底，共有正常税源户7.07万户，比2011年增加0.41万户，增长6.17%。

【税收收入任务】2012年昌平区地税局全年组织各项收入91.2亿元，同比增收13.3亿元，增幅17.1%；完成地方公共财政预算收入73.68亿元，同比增收11.81亿元，增幅19.1%；完成区级税收35.75亿元，同比增收6.02亿元，增幅20.2%，对区级财政的收入贡献率达到68.5%，同比增长3个百分点。

【税收收入分析预测】加强对策研究，完善分析方法，深化分析内容，分析预测的准确率进一步提高；广泛开展数据收集与综合数据分析，强化收入过程管理和动态跟踪，准确把握住了影响收入的各种增减因素，完善预案，加强调控，税收征管的薄弱环节得到较好克服；注重收入预测与征收管理的衔接，深化税务所对重点税源收入的掌握。

【税收收入目标管理】坚持“一把手”负总责的三级收入任务目标责任制，成立由局长直接负责，各相关部门和一线税务所参与的组收领导小组，层层分解收入任务，实现了任务到人、责任到岗；充分发挥组收工作长效机制作用，每月发布组收数据，通报组收进度，强调部门协同，落实上下联动，确保了组收措施横向到边、纵向到底；坚持收入督导机制，局党组成员进行任务分工，直接对税务所组收进行指导和协调，实现了对组收形势的动态应对。

【重点税源跟踪监控】调整三级重点税源户，对重点税源户和重点行业代表企业，实行局领导直接联系制，全年两级累计上门走访超过200户次，部分重点税源户多次进行走访；加大对“三城一区一基地”新引进企业的跟踪服务力度，挖掘税收潜力；关注热点、难点、重点问题，先后撰写多篇调研报告，为领导决策、区域经济发展提供借鉴。

【结构性减税政策】全年共办理减免退税5.51亿元。其中：促进和改善民生，为800余户企业和个人办理退税6600万元；落实科技创新政策，为115户企业减免税收3.19亿元；服务转型发展，为67户企业减免税收1.66亿元。积极推进“营改增”改革试点工作，截至2012年12月底，共有9337户纳税人到国税局办理登记确认手续。认真做好小型微型企业发票工本费免征工作，全年免征工本费5.4万元，涉及纳税人897户。

【调控政策】积极稳妥地推进存量房评估试点工作，入库6.93亿元，同比增加3.23亿元，增长47%；加强土地增值税差别化预缴和清算管理，完成清算项目13个，入库税款6.99亿元，同比增加2.94亿元，增长72.7%，为首都房地产市场健康发展作出重要贡献。

【税费管理】以税基管理为核心，强化企业所得税后续管理，组织开展企业所得税税源清理工作，清理企业25425户，摸清底数；进一步完善源泉扣缴和自行申报纳税机制，引导年所得12万元以上纳税人自行纳税申报，申报人数同比增加4273人。加强残保金代征和工会经费代收工作，残保金入库6680万元，同比增收416万元，增长6.6%；工会经费同比新增费源户187户，增长12%，代收入库9249万元，同比增长

44%。严密组织地方教育附加开征工作，完成收入1.27亿元。

【依法行政】 加强制度建设和法治教育，实施《昌平区地方税务局“六五”法制宣传教育工作规划》《昌平区地方税务局税务行政调解工作规则》《昌平地税局2012年法制宣传教育工作计划》《2012年领导干部学法计划》，以党组中心组扩大会等形式组织法制学习3次，举办基层法制业务工作培训会，强化依法行政意识，规范依法行政行为。

【纳税服务平台建设】 继续拓展完善12366纳税服务热线功能，规范咨询口径，全年录入咨询信息4370条；按照“一屏尽览、分层检索、三键到位”的思路，加快昌平地税门户网站建设；举办网络在线答疑活动，600多人次在线浏览解答；建立所级短信平台，随时为纳税人提供信息服务；做好网络涉税舆情监控与引导，成功处理2起涉及昌平区地税局的微博信息。

【政风行风建设】 完善投诉、信访、举报制度，建立持续整改机制，强化执行监督，全年处理服务类投诉举报26件；对基层单位工作作风、纪律、税收执法和服务情况进行明察暗访；向626位纳税人进行政风行风问卷调查，及时整改弱项。比上一年度纳税人满意度调查在全市排名提升8位。

【税收基础管理】 截至2012年年底，昌平区地税局正常户达到70493户，同比增长6.67%。通过加强纳税申报管理，加大催报催缴力度，逾期申报、逾期入库情况明显减少，入库率、登记率、申报率均超过市地税局考核指标。与36家委托代征单位重新签订委托代征协议，明确代征单位的权利和义务。积极推进税收管理员平台2.1版培训、推广，为新平台应用奠定基础。稳步推进发票换版、税控升级工作，国标税控机具升级比例达75%。

【税收业务流程学习】 对各环节提出明确要求，加强过程控制，通过日常执法检查进行监督；采取自学、自测和本局考试等形式狠抓新税收业务流程的深度运用，在市地税局11月组织的全市抽考中，昌平区地税局参考的7名同志取得了4人90分以上，2人80分以上，及格率100%的好成绩。

【纳税评估和税务稽查工作】 2012年共计查补税款1.31亿元。按照上级统一要求，对保险、建筑、广告、房地产等行业开展专项评估，评估3352户，评估入库6100万元，完成全年任务的146%；严格落实税务稽查以查促查、以查促管、以查促收的工作职能，周密部署各项检查，全年共对202户企业进行立案检查，结案191户，立案准确率97%，组织9户企业进行自查，累计实现查补收入6700万元，入库7002.18万元，入库率104.5%。认真开展积案清理，入库税款1047万元。

【领导班子建设】 认真落实民主集中制原则，坚持重大问题集体研究决定，“三重一大”制度有效落实，依法、科学、民主决策能力进一步增强。坚持党组中心组定期学习制度，深入学习党的十八大和上级会议文件精神，领导干部理论学习实现制度化。大力践行“沉下心研究工作，沉下身调查情况，沉下力解决问题”的作风，制定《局党组成员下基层调研工作计划》，每月确定一个主题深入一线调查研究，把服务基层、为民服务落到实处。扎实推进统筹督办工作，全年召开工作调度会10次，完成折子工程24项，督办事项15项，保证各项工作任务的推进和落实。

【队伍建设】 以阳光程序推进科级干部选拔任用工作，6名干部走上正科级领导岗位，17名干部调任或升任非领导职务。加强干部教育培训，分3期集中组织全员进行初级财务会计知识培训，全年每名同志脱产学习时间超过15天。开展弘扬“北京精神”的学习实践、道德领域突出问题大讨论和专项整治，提升干部队伍综合素质。组织开展基层党组织分类定级工作，进一步规范基层党组织建设。

【党风廉政建设】以“践行‘北京精神’、保持纯洁作风”主题教育活动为抓手，认真落实党风廉政建设责任制和领导干部“一岗双责”制度，层层签订《党风廉政建设责任书》和《科级领导干部廉政承诺书》，形成以岗位为点、以程序为线、以制度为面的廉政风险防控机制；强化廉政教育和廉政文化建设，组织开展系列活动，廉洁兴税成为广大干部的思想共识；充分发挥外部特约监察员、内部廉政监督员作用，形成内外监督的有效机制；对涉及职位和岗位调整的18名领导干部进行严格的经济责任审计，进一步规范廉洁从政行为。

【日常安全管理】2012年，投入近40余万元，完成视频指挥系统改造调试。严格值班值守制度，落实交通安全管理规定和特殊时期零报告制度。强化信息安全，对业务全程开展系统安全监控。完善办公区安保监控系统，为税务所安装办公护栏，促进了“平安昌平地税”建设。

【地税文化建设】昌平区地税局创建的《文化园地》，弘扬先进文化，展示地税风采；通过开展品书、主题征文、爱心捐赠以及北京地税精神表述语征集等各类活动，促进地税文化建设与税收中心工作的融合，具有昌平地税特色的税务文化内涵进一步丰富。

【领导班子成员】昌平区地方税务局党组书记、局长：姚敬国；党组副书记、副局长：钱富；党组成员、副局长：康水利、王治国、赵永鑫、丁振；党组成员、纪检组长：谷秀敏（女）。

（郑海峰　韩晓君）

大兴区地方税务局

【概况】大兴区地方税务局原名大兴县地方税务局，于2001年4月30日大兴撤县升区后正式更名。原位于大兴区兴政街42号，于2002年10月1日迁入清源路11－1号。根据2010年2月北京市地方税务局关于印发《北京市大兴区地方税务局主要职责内设机构和人员编制规定》的通知，机关设14个科室，14个税务所，1个稽查局（科级），稽查局下设5个科，1个机关后勤服务中心（事业单位）。全局共有干部职工348人，其中党员258人，团员9人，民主党派5人。具有大学本科及以上学历的286人。2012年年末，在册税务登记户56359户。其中内资企业31243户，涉外企业500户，个体工商户14325户，其他企业1557户。内资企业中：国有企业257户，集体企业667户，股份合作企业1215户，联营企业12户，有限责任公司4449户，股份有限公司90户，私营企业24553户。涉外企业中：港澳台商投资企业293户，外商投资企业200户，外国企业7户。

【税收完成情况】2012年，区地税局共组织各项税费收入82.1亿元，同比增加13.2亿元，增长19.2%；其中地方公共财政预算收入完成68.3亿元，同比增加9.3亿元，增长15.7%，完成市地税局下达年度计划指标68亿元的100.5%；区级收入完成34.5亿元（不含残保金），同比增加4亿元，增长12.9%，完成区级年度计划指标34.3亿元（不含残保金）的100.7%，对区财政的贡献率达到76%。

【组织收入】从税收完成情况看，全局各部门克服经济放缓、房地产业销售持续下滑等不利影响，按照区地税局制定《关于加强2012年组织收入工作的意见》，狠抓落实，在各项组收措施合力作用下，实现税收收入逐月改善、季度税收增幅止跌回稳。营业税、企业所得税、土地增值税、个人所得税四大主体税种同比分别增长13%、50%、25%、5%，合计税收比重为82%，增收贡献率达到79%。主体行业税收稳步增长，以房地产业最为突出，入库税款34.5亿元，同比增长21%，占总收入比重为42%，拉动税收增长46个百分点。

【企业所得税汇算清缴】2012年，区地税局在2011年度企业所得税汇算清缴工作中，汇缴6104户，实际应纳所得税额11.36亿元，同比增幅67.83%。

【残疾人就业保障金代征】加强与残联、财政及各税务所的协调配合，完成残保金代征任务7647万元，完成年度计划7700万元的99.31%，比2011年同期7420万元增长227万元。残保金代征入库率96.45%。

【个人所得税征收】大力开展年所得12万元以上个人所得税的自行申报工作，年内共有8570名纳税人完成了年收入12万元以上的纳税申报，完成年度任务的131.85%。

【工会经费征收】加强与区工会、税务所之间的横纵向沟通协调，全年四个收缴期，累计缴费金额9511万元，缴费率99.12%。

【九税一费征收】全面做好土地增值税管理工作，严格落实差别化预征工作，有序开展土地增值税清算，完成清算项目15个，实现了土地增值税的有效监督，全年共征收土地增值税8.71亿元。深入推进存量房评估试点工作，确保政策稳步实施，发挥契税把关职能，共完成契税收入3.32亿元。严格做好地方教育附加开征及新车船税法的执行工作，做好新旧政策的衔接，地方教育附加完成1.15亿元，车船税新征收系统平稳上线。积极夯实房产税、城镇土地使用税税源征收基础，深化落实将地价计入房产原值征收房产税文件规定，加强统计分析与政策指导，征收房产税2.73亿元、城镇土地使用税5453万元。加强税源监控管理平台的利用，税源信息采集质量不断提高，有针对性地采取积极有效的征管措施，加大税源登记管理和税款补征力度，优化了税务评查手段，税款缴库情况愈加规范，堵塞了税收征管漏洞，全年核实疑似数据共计4919户，补录税源登记490户，修改税源登记1356户，补缴税款365户，税款1060.5万元。

【纳税评估】以日常评估为基础、以专项评估为重点、以加强评估辅导为突破口，重点尝试风险管理和应对，充分利用税收征管系统、发票管理系统等系统中的信息数据，数据整合、校验、比对、分析，通过与上年同期、历史同期和行业指标比较分析，根据不同行业、不同财务核算制度、不同经营规模以及财务报表的勾稽关系比较分析，找出评估疑点，分析产生原因，同时注重结合辖区实际，加强对重点行业、重点税种的税收预警值测算，有效提升评估工作质效。全年共组织实施纳税评估3882户次，组织各类税费及滞罚入库6379万元，评估补税贡献率达0.78%，超过系统0.6%的指标0.18个百分点。在保证纳税评估成果的同时，注重夯实工作基础，通过分层次、分重点、分类别的对纳税人及评估人员开展辅导培训、建立并实施评估案卷复查制度、大额税款入库备案制度及评估工作情况月通报制度的有效落实，全面推进依法行政，有效发挥纳税评估工作职能。

【征收管理】 强化税务登记管理，登记率达到100%；申报率平均每月达100%，入库率平均每月达到99.99%。与19个街道、镇流管办和2个房地产经纪公司签订委托代征协议，各代征单位累计代征房产税款2499.03万元，其中各街道、镇流管办共代征房产税款521.15万元，房地产经纪公司代征房产税款1977.88万元。在两个服务工作方面，继续按照“一组、一会、四个制度”的总体工作框架，先后召开10次工作调度会，印发10期《专题会议纪要》，制发11期《两个服务工作专刊》，有效整合调度各项工作，确保减负工作落到实处。在征管评查联动工作方面，制定征管评查联动工作年度实施方案，召开三次工作联席会，形成三篇会议纪要，提出22个管理建议，刊发四期《征管评查联动工作简报》，初步形成以评查促管理、以管理助评查的工作格局。在税收征管状况监控分析工作方面，分季度制发四期《大兴区地方税务局税收征管状况监控分析通报》，系统10个通报类指标中，纳税申报率、个人所得税全员全额明细申报率、土地增值税清算完成比例、网站更新量等6个指标名列前茅，有效提升税收征管质效。稳步推进发票换版工作，通过组织召开工作部署会和业务培训会，定期通报工作进度，监督指导工作落实，国标税控机具累计升级6037台，升级率为86%。在税务档案管理方面，完成扫描类档案归集整理共计883包。

【信息化管理】 强化运维管理，确立《北京市大兴区地方税务局信息安全管理制度》和《大兴区地方税务局应用系统日常维护管理办法》等较为规范完备的制度和流程，并通过做好技术支持、病毒防范、更新维护、网管监控、突发事件处理等工作，保证系统正常安全运行，进而保证日常工作及税收各项改革工作的顺利完成；建立以日常网管监控、季度巡检、重点时点集中检查为手段的安全巡检长效机制，专门制定《大兴区地方税务局中秋节、国庆节及党的十八大期间信息安全保障工作方案》用于加强特殊敏感时期的安全管理；继续完善应急预案，对全局各部门系统管理员进行信息系统突发事件应急预案专项培训，提高对突发事件的应急处理能力；从科学可持续性更新设备、资金最大化有效投入、服务基层、金税三期工程前基础准备等角度，投入资金180余万元，完成主机房装修、税务所UPS、交换机等设备的更新改造。

【监察工作】 紧紧围绕党风廉政建设和反腐败工作的重点，全面落实党风廉政建设责任制，始终坚持领导干部“一岗双责”，层层签订党风廉政建设责任书，把反腐倡廉工作任务分解到全局各项工作的各环节，使党风廉政建设和全局工作目标有效衔接。通过任前廉政谈话，召开廉政教育形势报告会，组织党纪政纪条规测试，节前编发短信、廉政提醒，发放廉政书籍和光盘等多元化的教育形式，增强全体干部的廉洁自律意识和风险防范意识，并加强监察、人事、党办等部门的协调配合，多管齐下，形成教育的合力。以廉政风险防控项目化管理台账为切入点，查找政务流程关键环节廉政风险点，并对所确定公开的税收业务事项标注廉政监察点、风险点，进一步强化税收执法、税收管理的监督力度，并对工程预算政府采购开展全程监督。通过局领导下企业调研，廉政监督员走访服务大厅、电话暗访、召开纳税人座谈会等方式，进一步拓宽纳税人反映问题渠道，有力地促进了政风行风建设。

【法制工作】 积极贯彻落实税收执法责任制，局长、主管副局长、所长三级签订2012年《税收行政执法责任书》，明确职责，层层落实。按照《对外合同合法性审核实施办法》，协助审核各类合同、协议62份，提出修改建议89条次，发挥法律支持服务作用。规范行政处罚，在2012年的区法制办案卷评查中，大兴区地税局被评为行政处罚满分卷。做好行政处罚自由裁量权试点，减少“合法不合理、同案不同罚”现象的发生，维护纳税人合法权益。依托“12·4”全国法制宣传日开展丰富多彩的宣传活动，推进社会主义法治文化建设，弘扬法治精神。根据《大兴区地税局领导干部离任审计管理办法》的规定，对12名科级正职领导干部进行离任审计。根据市地税局工作要求及区地税局税收执法督察工作安排，重点对10个项目开展检查，规范执法行为。开展基建项目审计，规范建设工程管理，全年共审核基建项目3个，审计总资金185余万元。做好国际税收协定执行、对外支付税务证明等工作，提高国际税收综合管理水平。

【税务稽查】 2012年共立案检查193户，有问题188户，查补收入合计6079万元。科学周密组织年度税收专项检查工作，重点开展房地产、建筑安装、制造业、物流业、商贸业、部分服务业等行业的专项检查工作。严厉打击发票违法犯罪活动，一方面认真开展买方市场整治工作，对部分重点行业和重点企业发票使用情况重点检查，做到“查账必查票”“查案必查票”“查税必查票”；另一方面积极配合公安开展卖方市场整治工作，严厉打击印制、贩卖假发票的犯罪团伙、捣毁制假贩假窝点，共配合捣毁3个窝点。以涉税举报为窗口，增强社会违法行为检举和监督，维护公平税收环境，维护社会稳定。

【党建工作】 以服务基层为主线，按照“突出三个抓手，营造一个氛围”的工作思路，努力为中心工作提供组织保障和精神动力。组织党支部换届选举，加强支部书记指导帮带，形成“一会、双责、三评”工作机制。健全党支部工作制度，实现基层组织建设与目标管理考核、部门经费、干部职工评优评先“三挂钩”。加大基层党支部建设力度，投入3.6万元新建6个党团活动室，下拨5.6万元党建活动经费支持党支部工作，收集并解决工作需求37条次。以“感怀党恩、弘扬传统、增强党性、促进党建”为重点，组织党员群众参加文化活动、公益活动和创先争优活动，深化“五步”典型机制，先后涌现出11个先进集体、19名优秀个人，其中1名同志被评为市级三八红旗手，1个党支部被评为区级创先争优先进党组织，1个单位获得区级“工人先锋号”荣誉称号，大兴区地税局被评为2011年度首都文明单位。

【领导班子成员】 大兴区地方税务局党组书记、局长：冯守利；党组副书记、副局长：张景存；副局长：杨连波、赵百军、江聚祥、孔祥波、田凤霞（女）；纪检组长：孔军。

（麻国印）

密云县地方税务局

【概况】密云县位于北京市东北部，东南至西北依次与本市的平谷、顺义、怀柔三区接壤，北部和东部分别与河北省的滦平、承德、兴隆三县毗邻。县城距北京市区65公里。全县总面积2229.45平方公里，占全市面积的13.6%。全县共辖2个街道、17个镇、1个乡（地区办事处）。2012年年末，全县户籍人口43万人。2012年实现地区生产总值（GDP）178.5亿元，同比增长10.2%。其中，第一产业增加值18.4亿元，增长2.5%；第二产业增加值81.6亿元，增长9.3%；第三产业增加值78.5亿元，增长13.1%。实现地方公共财政收入22.2亿元，同比增长13.7%。完成国税、地税税收（费）收入54亿元，同比增长5.6%。其中，国税完成23.7亿元，增长11%；地税完成30.3亿元，增长1.7%。完成工业总产值287.2亿元，同比增长15.9%。城镇居民人均可支配收入达到29551元，同比增长10.9%；农村居民人均纯收入14590元，同比增长12.9%。实现社会消费品零售额105.6亿元，同比增长12.2%。

密云县地方税务局位于密云县鼓楼东大街七号，共设14个职能科室，1个机关后勤服务中心，1个稽查局（内设5个科室），9个税务所。全局干部职工262人，其中：研究生学历8人，研究生学位3人，大学本科学历185人，大学专科学历55人，专科以下学历14人；党员189人，占全局人数的72%，共青团员22人，占全局人数的8%。年内，累计正常登记户23898户，其中：国有企业178户，集体企业275户，私营有限责任公司6306户，其他有限责任公司4274户，个人独资企业302户，个体工商10164户，股份合作企业240户，股份有限公司66户，涉外企业235户，其他类型企业1858户。

【税收收入】累计完成各项税费收入30.27亿元，首次突破30亿元大关，同比增加0.5亿元，增长1.7%；完成地方一般预算收入（地方公共财政预算收入）24.25亿元，增收0.93亿元，增长4%，完成计划任务24.1亿元的100.6%。完成县级一般预算收入（县级地方公共财政预算收入）13.47亿元，同比增收1.19亿元，增长9.7%，完成计划任务13.45亿元的100.2%。对全县财政收入贡献率达到61%。

【依法行政】一是深入学习贯彻北京市地方税务局“十二五”时期推进依法行政工作规划，结合工作实际，制定密云县地税局“十二五”时期推进依法行政工作规划，对密云县地税局依法行政工作进行系统安排。二是制定《密云县地方税务局税务行政调解工作制度》，为化解涉税行政争议和涉税民事纠纷提供制度保障。三是进行《行政处罚法》测试，增强干部学法用法意识。四是扎实开展执法检查活动，规范执法行为。五是梳理稽查局内部重大案件上报登记制度，保证重大案件管理到位。六是继续开展地方税务公告赠阅工作，宣传税收法律知识。七是依法做好政府信息主动公开工作，提高税收工作透明度。

【优化流程】严格按照北京市地税局工作部署，全面组织开展优化政务流程工作。制定工作实施方案，明确职责任务。建立信息汇报制度，加强督导和督办。集中封闭审核优化政务流程、完善管理制度目录，党组逐条审议通过。最终，共确定全局性工作92项，废止文件65项，修订制度8项，新制定制度22项，保留制度39项，制作流程图32个。

【税费管理】一是积极推动“营改增”试点改革。分别召开局长办公会、中层正职领导会议和全局干部大会，成立工作小组，规划工作进程，制定交接方案，对“营改增”工作进行周密部署，要求全局干部准确掌握政策。建立与国税局的联动机制，及时核实确认试点改革税源户名单，加强对纳税人的宣传辅导，做好数据测算工作，实现1869户“营改增”纳税户的平稳交接。据统计，受“营改增”政策影响，县局地方公共财政预算收入减收7800万元，县级公共财政预算收入减收4000万元。二是全力做好新车船税法的贯彻落实、地方教育附加的开征及资源税政策调整工作。三是认真开展土地增值税自查工作，顺利通过国家税务总局执法督察组的检查。四是做好企业所得税汇算清缴工作，共清理1895户。五是圆满完成残保金代征工作和工会经费税务代收管理工作。全年共代征残疾人就业保障金2441万元，代收工会经费2356万元，比2011年工会自行征收增长33倍。

【日常征管】一是成立服务基层服务纳税人工作领导小组，建立工作调度会议制度，将各科室工作整合，方便税务所统筹安排各项工作。二是充分利用第三方信息采集机制。与县建委、财政局、国土局等部门协调解决在本县的施工企业的发票代开、税务登记办理等工作。与国税局、工商局协调解决关于涉税信息的传递与应用等工作。三是开发税务移动电子法规库。法规库涵盖所有涉税问题，通过快速搜索查询、安全设置等功能，拟为全局干部提供方便、快捷、实用的工作平台。目前已搭建服务器，完成模块植入和法律法规录入，设备配备完成后即可投入使用。四是做好免征小型微型企业发票工本费工作，确保新政策执行到位。五是加强发票管理，全力做好发票换版工作，明确“营改增”试点纳税人的发票及税控器具使用工作。

【稽查与评估】开展评估工作问卷调查，根据反馈结果完善评估制度，加大重点税源、重点行业、重点税种的评估力度，堵塞征管漏洞。组织采矿业、建筑业、房地产业共50余家重点税源企业召开评估辅导会，发挥纳税评估在税源专业化管理中的能动作用，促进组织收入。2012年，共实施评估3486户，有问题1455户，有问题率42%，补缴税款及滞纳金2840万元，同比增长63%。深入开展重点行业专项稽查，加大重大案件查办力度，积极开展打击发票违法犯罪活动，做好医疗机构发票使用情况专项整治工作。2012年，共立案检查案件85件，入库税款及滞纳金1907.28万元。

【纳税服务】针对媒体曝光的某执法单位舆情问题，密云县地税局党组书记、局长赵增科向全局干部提出要求，要认清新形势下舆情的复杂情况，在依法行政的前提下，主动服务，认真履行职责，为纳税人营造公平公正的税收环境。邀请国家税务总局专家为600户纳税企业进行企业所得税和土地增值税政策辅导。根据纳税人意见对外网网站进行改版，提高实用性。开通无线上网服务，方便纳税人随时查询信息。利用短信服务平台及时告知纳税人近期工作要点、最新政策变化。利用纳税服务移动车，为山区纳税人提供税控升级和发票换版业务。2012 年继续深入开展税法宣传进校园活动，共 2000 余名小学生接受税法宣传教育。

【三项建设】 即领导班子建设、党的建设、干部队伍建设。坚持落实党组理论中心组学习制度、党课制度和民主生活会制度，加强领导班子思想、作风建设。严格落实“一报告、两评议”制度，加强领导班子的监督管理。班子成员用先进思想理念引领地税工作科学发展。将学习党的十八大精神与创先争优活动相结合。在北京地税系统 2012 年领导干部会议上，作题为《创新思想政治工作，推动地税事业发展》的先进典型发言。举办密云地税共青团图片展，激发团员青年回顾历史、展望未来。编发《学习实践“北京精神”》专刊，与密云广播电视中心联合举办主题演讲会，参观“北京精神”大型主题展，弘扬“北京精神”。组织开展公务员更新知识培训和财务会计初级知识培训，开展业务流程考试，业务岗位干部共 178 人分三批进行闭卷考试。

【廉政建设】 在全局范围内开展廉洁自律承诺活动，全局干部签署廉洁自律承诺书，郑重承诺认真履行岗位职责，自觉维护地税机关和自身良好形象，并在承诺书中附带《中国共产党党员领导干部廉洁从政若干准则》《国家税务总局关于税务人员廉洁自律若干规定》等廉政制度规定，以便干部随时学习检查。通过 LED 显示屏、党务政务宣传栏、网站及热线电话的方式做好党务政务公开工作强化监督。组织全体党员干部观看警示教育专题片。举办第五届“亲情助廉”系列活动。举办“身边小事”主题征文演讲比赛。2012 年 12 月底，向纳税人发送《致纳税人的一封信》，告知纳税人地税机关党风廉政纪律，强化外部监督。截至年底，共发送信件 9661 封。

【和谐地税】 开展“税苑文化讲堂”活动，邀请知名学者进行讲座，加强对干部的心理疏导和人文关怀。积极争取市地税局支持，对办公环境进行改造。严格执行《食品卫生法》，为全局干部提供合理膳食。组织干部职工进行健康体检和口腔保健，组织女职工练习瑜伽，对退休老干部、困难职工、遗属、生病住院干部、残疾干部和劳动模范进行慰问，组织老干部参加市地税局举办的健康疗养。2012 年，共慰问 66 人次，支出慰问金 6 万余元。

【税务研究会及工会换届选举】 按照规定组织召开税务研究会第二届换届选举会员大会，大会选举产生新一届常务理事会人选，共选举产生常务理事 21 人。组织召开工会第五届会员代表大会，选举产生新一届工会委员、经费审查委员和女职工委员。

【获得荣誉】 密云县地税局被首都精神文明建设委员会评为 2011 年首都文明单位标兵；被县直机关工委评为先进基层党组织。

【领导班子成员】 密云县地方税务局局长：赵增科；副局长：丁锦宁、姜学东、王宝军、刘文龙；纪检组长：李连武。

（韩　旭）

延庆县地方税务局

【概况】 延庆县位于北京市西北部，地处八达岭长城脚下，距市区73公里。东邻怀柔，南接昌平，西与河北省怀来县接壤，北与河北省赤城县相邻，辖域面积1993.75平方公里，人口31.9万。2012年年末，延庆县共实现地区生产总值（GDP）83.4亿元，同比增长10%；完成公共财政预算收入8.9亿元，同比增长11%；全社会固定资产投资达到70亿元，同比增长12.4%；社会消费品零售额达到82.9亿元，同比增长12%；实现城镇居民人均可支配收入28500元，同比增长9.3%，实现农民人均纯收入14100元，同比增长10.5%。

延庆县地方税务局位于延庆县庆园街4号，下设14个职能科室，12个税务所，1个稽查局，1个机关后勤服务中心。共有干部职工234人（公务员210人，工人24人），其中副处级以上干部9人，科级干部53人（正科级29人，副科级24人），主任科员40人、副主任科员30人；全局干部职工中，有党员168人（含退休13人），有团员33人。年末共有正常税源户15328户。其中，按经济性质划分：国有企业184户，集体企业258户，私营企业1784户，有限责任公司1627户，股份制企业180户，外资企业67户，个体工商户10370户，其他企业811户；按征管行业划分：农林渔牧业674户，制造业607户，建筑业352户，交通运输仓储和邮政业385户，批发和零售业7561户，住宿和餐饮业2003户，金融业46户，房地产业126户，租赁和商业服务业370户，居民服务和其他服务业2463户。

【税收任务完成情况】 全年，延庆县地方税务局累计组织各项收入总计11.8亿元，同比增加6361万元，增长5.7%，达到建局18年来历史最高值。其中：地方公共财政预算收入9.13亿元，同比减少343万元，下降0.37%；县级地方公共财政预算收入4.68亿元，同比增加847万元，增长1.84%。

【组织收入措施】 全面落实责任制，强化组织收入工作的领导，局领导带头深入税务所、重点行业和重点纳税人开展税源走访，组织重点纳税人座谈会，听取入区企业税收分析并实地了解纳税人经营完税情况，进一步指导组收工作。加大对收入进度、分析预测的考核通报力度，全年预测准确率保持在95%以上。加强内外部沟通协调，巩固与相关经济部门以及各乡镇、开发区的联系，实时反馈收入进度，迅速研究解决工作中遇到的疑难问题。

【依法行政】 全面落实“六五”普法规划，组织全员开展“依法行政、勤政为民”学法用法考试，科学做好行政处罚自由裁量权试点工作，不断提升全员依法行政水平。认真开展日常税收执法检查与税收执法督察工作，及时督查整改存在问题。坚持逢离必审的原则，突出审计的关口前移，初步实现从任初、任中到离任审计的闭环式管理。成功策划组织“税收伴您绿色行”第21个税收宣传月活动启动仪式，联合第四幼儿园举办“税收全真模拟课堂”税法宣传活动，并通过税法宣传“景区行、社区行、企业行、校园行、乡镇行、民俗行”等系列活动，广泛宣传普及税法知识，实现税法宣传服务基层、服务群众、服务纳税人，收到良好的税收宣传效果。积极配合县法治办开展“六五”普法讲师团“七进”活动，在社会范围内广泛宣传普及税收法律知识。

【日常征管】制订加强日常征管及企业财务报表比对工作实施方案，开展企业开票信息与申报入库数据比对工作，并扩大财务报表收取范围，强化企业财务报表比对工作，以此达到不断提高日常管理工作水平，规范纳税人缴税行为的目的。全面开展企业所得税税源清理工作，严格确认正常办理税务登记、逾期办理税务登记及国税有登记地税未登记情况，设计《清理税源补办税务登记工作衔接单》以明确因国税有登记地税无登记办理税务登记的情况，共计核实税源568户。积极做好发票换版工作、国标税控机升级、非国标税控更换工作，完成1192台税控机的升级工作，对1116户企业进行换版操作。强化征管指标的监控通报，年均申报率为99.97%、入库率99.79%、网上申报率72%、CA证书使用率71%，各项指标均超标准完成。

【纳税服务】积极搭建以网站、短信、服务窗口显示屏等为载体的宣传平台；以网站调查、企业回访、税务所、稽查局发现企业存在的普遍性问题为载体的需求反馈平台；以“4001－12366－1”咨询热线、县局、税务所层面的集中辅导培训为载体的税收政策咨询辅导平台。以税源分类为基础，确立四种辅导培训模式：以服务重点企业为中心的特色培训模式；国税、地税联合辅导新办企业的初始培训模式；新政策出台后的即时培训模式；以网站为依托的普遍培训模式。针对新法颁布较多的实际，集中组织召开近年来规模最大的一次税收政策培训会，覆盖7个税源管理所的非个体税源户共计2000余户纳税人，受到广大纳税人的普遍好评。此外，做客北京地税TAX861网站，与40余位网友互动开展在线答疑活动。

【税政工作】一是强化个人所得税全员全额明细申报的后续细化管理，明细申报率达到99.8%，个人年所得12万元以上纳税人申报1564人。二是对1779户企业进行企业所得税汇算清缴，申报率达到100%，入库税款2655万元。三是组织开展车船税系统培训工作，确保车船税新系统顺利上线。四是加强土地增值税清算管理力度，对辖区内房地产项目开展清理工作，累计入库税款3800余万元。五是继续做好残疾人就业保障金和工会经费代征工作，征收残保金1086万元，审核率达到91%；代收工会经费1550万元，年均申报率达到90%。六是落实结构性减税政策共涉及10594户纳税人，减免税款合计1.16亿元，其中：落实新个人所得税法减收5130万元，受益群体6440户；支持高新技术、节能环保产业、小型微利企业发展和残疾人就业减税518万元。

【营业税改征增值税】成立工作小组，下设政策推进组、数据测算组、综合宣传组、咨询服务组、技术保障组五个工作小组，明确各组工作职责，并对组织实施、税源确认以及税源交接进行了细致筹划。科学开展900余户税源的数据调查采集，多途径做细宣传辅导工作，累计受理来电来访和网上涉税咨询500余人次。与延庆国税局及相关部门密切配合，先后组织召开8次联席会及碰头会，国税、地税党组书记、局长亲自抓部署，分管局长及部门具体抓落实，巩固建立联动工作机制，确保“营改增”税源户确认结转工作的顺利进行。最终经国税、地税共同确认结转“营改增”税源户1047户，圆满完成试点工作既定目标和任务。

【稽查与评估】坚持推进“ABCDE五级分类管理法”，强化评估、约谈及关联数据比对工作的督导，专业评估所分工负责，加强辖区内重点行业评估工作，累计组织纳税评估近1200户次，查补税款及滞纳金、罚款共计690余万元。同时，结合“三比对”工作，对22户问题企业组织书面约谈，补缴税款及滞纳金9万元。不断增强稽查震慑力，稽查局各科密切配合、严格执法，加大建筑安装、房地产等重点行业企业的稽查力度，同时落实“三反馈”制度，累计查补收入570余万元，共执行案件103户，入库税款、滞纳金及罚款241万元，有效弥补了征管漏洞。

【班子建设】持续推进学习型领导班子建设，落实党组会、局长办公会、党组理论中心组（扩大）学习会和民主生活会制度，全面加强党的思想、组织、作风和制度建设，增强领导班子的整体合力。全年共组织召开党组会25次、局长办公会14次、党组理论中心组（扩大）学习4次、民主生活会2次。进一步落实科学、民主决策，严格执行“三重一大”决策事项、决策程序、议事规则。加强党组对机关党委工作的指导，定期听取机关党委的工作汇报。根据局班子成员变化情况，从便于工作开展的角度出发，及时对领导班子分工进行了调整，领导班子分工更为合理、协作更为紧密。

【廉政建设】坚持党组统一领导，处科两级深化落实“一岗双责”，深入贯彻各级党风廉政建设工作会议精神，于年初组织召开了近年来最大规模的一次党风廉政建设暨思想政治工作会议。结合业务流程梳理和政务流程优化完善工作，进一步深化廉政风险防控管理，重点做好制度流程审核环节风险点提示审核工作。与县检察院举行“共同开展加强职务犯罪查办和预防暨深化行刑衔接”领域合作工作签字仪式，深化税检职务犯罪查办和预防工作机制，有力推进了党风廉政建设和反腐败各项工作。深入组织开展民主评议基层科所和“群众满意的基层税务所（窗口单位）”创建活动，第一税务所被评为“群众满意的基层税务所”，全局政风行风建设工作受到评议组的好评。同时，主动邀请评议组检查指导工作，委托9名特约监察员发放调查问卷180份，通过网上投票广泛征询纳税人意见、建议，1231人参与了网上投票。

【队伍建设】为纪念建党91周年，以“强组织、增活力、创先争优我先行”为主题组织全局开展系列纪念活动，进一步提高干部的思想政治觉悟和党性修养。顺利完成机关党委换届选举工作，党支部由17个调整到18个，进一步增强基层党组织的战斗力。组织“岗位标兵风采大赛”、创先争优总结会暨“寻找我身边的榜样”宣讲活动，创先争优活动进一步深化。继续创新开展全员更新知识培训工作，科级领导干部培训采取与北京市委党校合作的方式，使科级领导干部培训满意度达到100%。全面组织开展财会知识培训比武练兵活动。

【政务流程梳理】为进一步提高行政管理水平，实现制度流程优化、行政效能提升和廉政风险防范，于3月初全面启动优化政务流程、完善管理制度工作，最终形成全局性制度67项、流程33项，税务所制度27项、流程3项，推动行政管理进一步规范。

【后勤工作】正常有序地完成机关办公地点

搬迁工作，并于2012年12月全面启动局机关办公楼装修改建工作。

【领导班子成员】 延庆县地方税务局局长：于欣杰；副局长：王竺（女）、吴永茂、张发伍、陈来滨；纪检组长：王乃君（女）；副调研员：李庆富、白爱柱、马福利。

（沈文涛）

北京市地方税务局燕山分局

【概况】 燕山地区位于北京市西南郊房山区境内，距离市中心52公里，辖区面积40平方公里，常住人口10余万人，所辖星城、迎风、向阳、东风四个街道。2012年燕山地区实现工业产值834亿元，实现财政收入9.67亿元，同比增加14.5%。社会消费品零售额为11.8亿元，同比增长16.7%。

北京市地方税务局燕山分局是主管北京市燕山地区地方税收工作的行政机关，全局共设16个部门，9个职能科室，1个稽查局（下设科室2个），4个税务所和1个机关后勤服务中心。现有正式在册干部职工91人，平均年龄42岁。党员53人，占总人数的58.2%。研究生学历3人，大学本科学历67人，大专学历15人，大专以下学历6人（全部为工人），占总人数的6.6%。

截至2012年年末，燕山地区登记管辖户共计4292户，其中国有企业29户，集体企业56户，股份制企业112户，联营企业1户，有限责任公司709户，股份有限公司13户，港、澳、台商投资企业1户，外商投资企业3户，个体工商户2609户，私营企业626户，其他133户。

【税收收入任务】 2012年，分局累计完成地方公共财政预算收入13.3亿元，同比增收7065万元，增幅5.62%。完成各项税费收入15.7亿元，同比增收20亿元，增幅14.89%。完成地方级收入14.9亿元，同比增收2.3亿元，增幅17.89%。

【组织收入措施】 2012年，分局坚持以组收工作为中心，努力克服燕化公司大幅减收、新个人所得税推行和营业税改征增值税等政策性减收因素影响，大力强化组收措施，从年初起就将收入任务分解到各个税种、各个税务所和每个管理员，确保职责清晰、任务明确。定期召开收入分析会，及时听取一线税务所税收进度情况，积极与国税局、财政局、发改委等委办局加强联系，共同分析地区经济形势，做好税收预测工作。认真落实“抓大、管中、不放小”的组收原则，同时，还充分利用稽查、评估途径组织收入，全局上下多措并举，圆满完成了全年收入任务。

【优化政务流程】 坚持领导班子民主议事、科学决策。认真落实“三重一大”决策和实施办法，全年召开局长办公会和局党组会46次，研究涉及财务、人事等议题160余项。认真开展优化政务流程、完善管理制度工作，依照“废、改、立、留”标准累计梳理制度流程312项，实现制度更新与工作变化相匹配，流程运行与工作程序相适应。

【依法行政】 认真开展依法行政业务培训，有效落实领导干部学法用法制度。组织企业所得税新政、普通发票管理等综合培训，累计培训80余人次。将执法督察自查与执法监察相结合，组织执法检查12项，共抽查案卷210卷，发现有问题事项3项，案卷有问题率4.76%。积极推进《规范税务行政处罚裁量权实施办法（试行）》的试点工作。认真落实依法理财，严格执行采购目录和限额标准，提高项目资金的公开性、透明性。

【税政政策】 认真做好日常税种管理工作。圆满完成个人所得税申报任务，超额完成年所得12万元以上个人所得税申报工作。个人所得税明细申报率达99.9%，正确率99.63%。顺利完成企业所得税汇算清缴工作，实现应纳所得税额同比增长40.3%。完成1368户企业的企业所得税税源清理工作。认真做好新车船税法实施和地方教育附加的开征工作。做好工会经费和残疾人就业保障金的代收工作，考核指标实现历史最好水平。积极推进营业税改征增值税试点改革工作，以“早准备、早动手、早落实”为要求及时制定工作方案和应急预案，进行严密部署和充分准备。在办税服务厅设置“‘营改增’咨询窗口”，下发《“营改增”试点纳税人发票有关工作的通知》。认真做好数据测算，与国税局确定交接符合税改范围税源户共计302户，涉及营业税收入3243万元，实现“营改增”平稳过渡。

【纳税服务】 及时利用分局外网公布政策公告，着手开展网站改版工作，使纳税人更加直观便利地进行网上办税。做好服务效能监控平台开发准备工作，进一步利用信息化手段提高办税透明度。下大力气做好小微企业免收发票工本费工作。召开2011年度纳税人满意度调查结果评析会，通报分局连续4年取得全系统纳税人满意度第一名的好成绩，并对调查结果认真制定整改措施。组织重点企业高级财务主管辅导会等不同类型培训15次，实现“纳税辅导范围全面、形式多样”的要求。

【服务基层服务纳税人】 认真做好满意度调查工作。开展纳税人满意度和基层税务工作者满意度两个调查。对外明确规范服务、提高水平、确保质量、依法行政的工作要求，对内了解基层税务干部的希望和诉求，为基层有效落实税收政策、服务纳税人创造更为有利的条件。

【税源管理】 对税收登记率、入库率、申报率、欠税情况四个指标定期考核。坚持与国税、工商等部门的横向联系，与国税交接资料123户次，与工商局互换信息7900户次，实现登记信息的有效共享。积极做好发票换版及税控器具升级有关工作，为471户纳税人的税控器具进行升级，解决纳税人开票和税控器具更换问题。逐户逐台对纳税人未注销的税控机具进行清理核查。为有序推进发票换版工作，组织干部进行业务专项培训，保证操作中准确、快捷、无误。完善征管业务流程汇报制度，明确税控器具新办、变更、注销及下户次数等工作要求，实现各项工作有布置、有检查、有落实、有总结。

【稽查与评估】 全年累计完成纳税评估351户，有问题户179户，有问题率达51%。在稽查工作中，成功查办全市首例虚开普通发票定罪案件，并实现了当年结案、当年判决。分局稽查局荣获国家税务总局“2012年度税务系统打击发票违法犯罪活动工作通报表彰单位”荣誉称号。

【学习领会党的十八大精神】 在全局范围内开展了学习宣传贯彻党的十八大精神的热潮：一是率先垂范，领导班子带头学。班子成员带头收看中国共产党第十八次代表大会直播，第一时间学习报告内容。二是深入领会，中层干部集体学，明确部署各部门学习任务和计划，确保学习不留死角。三是分层推进，全局干部讨论学。各部门结合工作实际进行讨论，真正将党的十八大精神转化为真抓实干的动力。全局累计召开党的十八大学习贯彻专题会议8次，讨论26次，编发简报10期，撰写学习心得200余篇。

【创先争优】开展学雷锋系列活动，通过慰问孤寡老人关怀行动、在办税服务厅设立“学雷锋服务岗”等活动，开辟创先争优青年阵地。

【党的宗旨教育】组织以“坚定信念，牢记宗旨，严格自律，永保纯洁”为主题的“七一党课”。认真迎接工委组织部党建责任制检查，检查组对分局工作成果给予充分肯定：“党建工作开展扎实有效、载体丰富、成果显著”。在党员干部中组织开展“保持党的纯洁性”主题教育活动，从思想、廉洁、作风、工作4个方面认真进行自查，针对问题制定整改措施，促进政治意识、大局意识、责任意识和服务意识进一步增强。分局两篇党建调研分别获得燕山地区调研评比一等奖和三等奖。

【队伍建设】认真推进干部队伍管理。按照市地税局新修订的考核办法，对全局所有部门重新制定了41条考核项目，有效加强了工作管理。制定了《公务员目标管理日常考核办法（试行）》，从“德能勤绩廉”五方面细化要求，加强干部队伍管理。开展中层干部提升能力和全体公务员更新知识培训，定期组织依法行政和计算机技能培训，有效提升干部综合素质。全年开展各类培训18次，累计培训600余人次。

【内部管理】做好规范公务员津贴补贴工作，促进工资结构更完善。规范值班制度，严格车辆管理，对安保人员进行培训。通过严格值班制度，定期开展安全自查和巡查，加强计算机网络安全管理等工作，做好党的十八大期间安保工作。

【人文关怀】团支部为各部门订阅报纸杂志，充实图书馆书籍，方便干部职工借阅。后勤部门进行办税服务厅设施改造，切实解决办税服务厅冬季取暖问题。工会假期开办职工子女托管班，为干部解决后顾之忧。组织在职和退休干部开展登山、参观等文体活动10余次，促进干部身心健康。在“7·21”特大自然灾害后，局领导带队走进受灾严重的干部家中进行慰问，传递地税大家庭温暖。

【廉政建设】召开2012年党风廉政建设工作会，班子成员与部门负责人层层签订党风廉政建设责任书，领导班子率先垂范抓廉政。制定下发《党风廉政建设和反腐败工作重点任务分工方案》，确定工作重点30项。认真开展廉政风险防控管理工作，制发职权目录表、廉政风险识别防控表、领导干部风险防控重点项目表等，有效抓实风险防控工作。召开政风行风建设暨特约监察员座谈会，听取社会各界对分局廉政建设和相关工作的意见和建议。大力加强廉政文化建设。在地区廉政文化建设工作会上，分局的经验介绍受到与会人员的一致肯定和好评。

【获得荣誉】2012年获得首都文明单位、地区党风廉政建设先进单位和“六五”普法先进集体荣誉。

【领导班子成员】北京市地方税务局燕山分局党组书记、局长：王炜；党组副书记、副局长：缴荫龙；副局长：田贵远、杜新立、安庆宪；纪检组长：李广生。

（吴　凡）

北京市地方税务局西站分局

【概况】北京西客站作为亚洲第一大站，一直以来担负着首都北京门户和交通大动脉枢纽的重要使命，最高客运能力可达每日113对列车。北京西站占地面积50万平方米，总体建设体现了时代精神、古都风貌和民族特色，西站工程是“八五”重点工程，于1993年开始动工建设，1996年1月21日开通运营。西站地区是由西城、海淀、丰台三个区划分出来的独立管理区域，在市委、市政府的正确领导下，边学、边干、边总结，逐渐形成地区管委会综合协调、职能部门各司其职、企事业单位积极参与的共抓共建共创的管理模式。地区的治安、交通、市容、环境逐步规范，地区社会稳定，经济持续发展，取得可喜的成就。

北京市地方税务局北京西站分局于1996年1月20日正式成立，为北京市地方税务局派出机构，是依法在北京西站地区实施国家税收征收管理的行政执法机关。截至2012年年末，西站分局共有正常户924户，其中国有企业126户，集体企业5户，私营有限责任公司257户，其他有限责任公司84户，个体工商户408户，国家机关、事业单位和社会团体共10户，私营独资企业1户，涉外企业2户，其他类型的企业31户。

截至2012年年末，西站分局共有干部职工61名。其中：硕士及研究生学历9人，占总人数14.8%；本科学历47人，占总人数77%；大专学历3人，占总人数4.9%；大专以下学历2人，占总人数3.3%。共有党员41名，占总人数的67.2%。

【税收收入任务】全年累计入库各项税费收入3.33亿元，同比增加6160万元，增幅22.72%。地方公共财政预算收入完成2.92亿元，完成年度计划指标2.35亿元的124.43%，同比增加6146万元，增幅26.61%。实现了各项税费收入自2007年突破2亿元以来，首次突破3亿元大关，呈现稳步增长的态势。

【税源管理】坚持组织收入目标责任制，正确把握首都经济及西站地区经济发展趋势，按照市地税局下达收入任务指标，认真分解、预测、落实计划指标，科学编制2012年税收计划，做好计划、预测及收入分析工作，确保税收收入稳步增长。充分了解增减收因素，细化分解市地税局下达的2012年预执行计划指标，将市地税局部署的计划指标分解落实到一所、西站所、评估科和稽查局，确保完成2012年收入计划。重新调整确定市地税局重点税源企业20户，局级重点税源企业50户，扩大重点税源监控范围。

【税收政策】一是营业税改征增值税工作平稳过渡。成立营业税改征增值税试点改革工作小组，总体把握改革工作进程。研究制订分局试点改革工作相关方案，做好内部培训辅导，加强纳税服务工作，确保政策落实到位和税源户的平稳过渡。二是企业所得税各项工作全面完成。以完成企业所得税汇算清缴和企业所得税税源户清理工作为重点工作，全面完成2012年度企业所得税征收方式核定工作和开展企业所得税资产损失等税前扣除项目后续管理工作。三是新车船税法顺利实施。根据市地税局要求，积极认真贯彻实施新车船税法，坚持局长带班，科所长值班制度，一线窗口征收人员做到新、旧操作系统熟练运用，相关科室人员做好业务指导和后勤保障工作。做到全局上下一盘棋，确保新车船税法顺利实施。

【稽查与评估】先后开展对保险业、广告业、房地产、建筑业等重点行业的专项评估，以及2011年度城市维护建设税和教育费附加两税比对工作和2012年度上半年房产税与城镇土地使用税比对工作。截至12月31日，实施纳税评估117户，补交款项5.79万元。全面开展各项稽查检查工作，与地区国税、公安等机关联合举办打击发票违法犯罪专题宣传活动。共实施立案检查19户，查补税款、滞纳金、罚款合计30.8万元。

【内部管理】全力推进优化政务流程、完善管理制度工作，制定并落实《西站分局优化政务流程完善管理制度工作方案》。加强税务所、科室、市局三方联动，共计召开相关会议10余次，解决各类问题8件。对各部门制定完善的制度43项、流程26项，以及两个基层税务所的23个制度进行审核，为下一步汇编成册奠定基础。

【纳税服务】完善税收业务流程的梳理工作。制定《涉税业务事项环节与职责部门一览表》《第一责任人制度》《税收业务流转台账》《涉税事项转办单》等制度。印发西站分局《纳税服务音频视频采集设施使用管理办法》。落实“六项服务”和“即时服务”，为纳税人提供个性化的服务措施。2012年以来共进行待登记提醒服务251余次，结合政策变化，及时更新自动语音电话咨询服务内容。提供送票上门服务6次，共为企业上门送票260箱，利用申报控制向纳税人发送告知11次，利用纳税人免费邮箱向纳税人发布政策资料9次，共为两个市场提供完税证2500份，为印花税代售银行发放印花税票96503枚。

【党的建设】在完善梳理党建工作制度的基础上，制定两项党务制度，即《西站分局党总支、党支部工作规范》《西站分局入党积极分子管理办法》。“两项制度”的出台使党组织工作科学、有序、规范；开展“党史天天读”活动。组织青年党员和入党积极分子搜集整理有关党史知识，并制作成电子刊物，以每天一帖的形式发给干部职工，达到在全局范围内普及党务知识、掌握党的方针政策的作用。各项活动被机关党委评为“2011—2012年度优秀党建项目”；开展创先争优活动。细化《北京市地方税务局北京西站分局党支部分类定级测评表》，对思想建设、组织建设、作风建设、制度建设、反腐倡廉建设五大方面共20个项目进行打分测评。开展“我身边的先锋”推选活动，一名党员光荣当选市十一次党代会代表。大力开展“北京精神”学习活动，广泛征集“北京地税精神”表述语。开展文明创建活动。通过开展地区学雷锋、志愿服务、警税共建、帮扶农村、税法宣传、环境整治等系列文明创建活动，取得良好的社会效果。

【班子建设】积极开展领导班子民主生活会和述职述廉工作。深入开展基层调研，在组织收入工作中局领导亲自带队走访企业，了解第一手情况，倾听意见建议，解决企业发票使用、个人所得税、“营改增”相关政策等实际问题。狠抓党风廉政建设，坚持“三级党风廉政责任体系”，编办《西站分局党风廉政专刊》，全年共发刊16期。更新《廉政风险防范管理自律手册》，增强日常防范意识。对新任职的科级领导进行任前廉政谈话。

【干部队伍建设】组织副科级领导竞争上岗，经过学习动员、公开报名、资格审查、综合考核、组织考察和选拔任用等环节后，最终有7名同志充实到副科级领导岗位。年初，通过选举产生西站分局新一届工会，成立工会委员会、经审委员会，并开展了经常性的工会活动。全面推行《目标责任制管理考核》，从运行结果来看，考核不仅加强内部管理，而且规范税收执法和行政管理，收效十分明显。2012年共举办财务会计知识、征管业务流程、科级干部任职等7类、15场次的培训。

【党风廉政建设】党风廉政工作有序开展。一是做好《西站分局党风廉政专刊》的刊发工作。二是发放新版《廉政风险防范管理自律手册》。三是更新分局《廉政勤政反馈表》内容。四是对新任职的科级领导进行任前廉政谈话。分别对3名正科级领导和7名副科级领导进行了任前廉政谈话。

【获得荣誉】西站分局荣获2012年首都文明单位标兵称号。

【领导班子成员】北京市地方税务局北京西站分局局长：刘义；副局长：徐坡、何建忠、张燕萍（女）；纪检组长：王英杰（女）。

（崔　颖）

北京市地方税务局开发区分局

【概况】2012年，在北京市地税局党组及开发区工委、管委的正确领导下，在市局各处室的大力支持指导下，开发区分局紧紧围绕市局党组的各项工作部署，紧密结合分局工作实际，依法行政、创新工作、强化管理、狠抓落实，初步形成了依法行政强管理、优化环境促发展的工作氛围，实现税收收入稳定增长、各项重点工作任务稳步推进的良好局面。

【完成税收收入任务】2012年，开发区分局完成各项税费收入79.83亿元，同比增加14.76亿元，增长22.69%。其中，地方公共财政预算收入完成63.24亿元，同比增加11.84亿元，增长23.03%，税收收入创历史新高。

【组织收入措施】在组织收入过程中，开发区分局重点开展了以下几个方面的工作：一是认真做好收入任务的分解落实。制定了分局2012年的预执行计划方案，形成任务明确、责任清晰、领导到位、保障有力的组收工作管理格局。二是认真做好收入分析预测工作。2012年前三季度分局税收预测准确率均达到95%以上。三是深化开展收入分析。贯彻落实分局收入分析制度，加强内部沟通配合，构建以组织收入为核心的全方位、多角度的综合分析体系。四是加强税收监控。按月统计各部门的收入完成进度情况，及时掌握各部门收入完成进度。五是加强对重点企业的情况掌握。完成2012年度市级重点税源确定及培训工作，定期向重点企业了解动态情况。

【依法治税】落实“六五”法制宣传。按照市局统一部署和要求，结合分局工作实际，通过党组集中学税法、干部日常普税法等多种形式，加大法治宣传教育，为全面提升分局依法行政意识和水平奠定基础；强化日常执法检查及税收专项执法监督。结合市局2012年税收执法督查工作要求，研究制定了分局税收执法督查实施方案并整理归纳了督查要点，通过对企业注销清算、普通发票管理情况等方面的执法督查，以及对查出问题的全面整改，进一步强化税收执法严肃性，有效规范税收执法行为；积极配合市审计局、财政部专员办执法检查工作。制定详细的工作方案，提前准备检查资料，积极配合检查工作，认真总结检查组反馈问题，并召开会议进行反馈整改。

【纳税服务】加强纳税服务管理。认真落实年初纳税服务会议精神，明确2012年重点工作。以《2011年纳税人综合满意度调查结果通报》为基础，查找问题、认真分析并制定切实可行的整改措施；做好中国质量万里行促进会的抽检和暗访的各项准备工作，并加大督查检查和整改力度；加大税收宣传力度。通过开展税收宣传进社区，国税、地税联合开展税企共植“诚信纳税林”和发送手机宣传短信等多种形式，广泛宣传税收政策。“诚信纳税林”活动自2004年开展以来，每两年举行一次，截至2012年已举行了五次。通过此项活动的开展在开发区营造良好的依法诚信纳税的氛围。做好办税服务厅的服务工作。按照国家税务总局关于“标准化纳税服务大厅”的规范要求，全面做好办税大厅的标准化建设工作；严格落实所长带班制度，进一步提高分局纳税服务工作质量。

【税收征管】加大征管质量分析力度。结合分局征管工作实际，充分利用市地税局征管数据库，就相关数据进行对照、比对，总结成效，查找不足，为征收管理工作奠定基础。

【营业税改征增值税】按照市地税局要求，制定分局《营业税改征增值税试点工作实施方案》，完成了641户“营改增”的典型调查工作和分局税改涉及167户税源户的统计工作，对相关数据进行归集、整理，并及时向国税部门进行反馈。

【纳税评估】积极开展纳税评估。积极对纳税人进行了纳税评估及评估辅导，同时还不断加大纳税评估案卷检查工作，及时通报检查结果，督促整改，加强反馈，进一步提高分局纳税评估工作质量。

【税务稽查】通过强化管理、优化手段、严格执法、加大震慑、充分发挥税务稽查职能作用，有效地开展了税收专项检查、重点税源企业检查、打击发票违法犯罪活动和违法行为检举等工作。

【税政工作】税政基础性作用得到充分发挥。个人年所得12万元以上自行申报所得税工作顺利完成，完成市地税局任务数的120%；积极开展地方教育附加开征工作，一季度分局征收地方教育附加1956万元；通过召开培训会的形式，向区内征缴单位进行工会经费代收相关法律、法规和代收流程的宣传，为顺利开展代征工作奠定坚实的基础；全面做好车船税代征征管工作。认真落实车船税减免政策，全力配合市局地方税处及市保监局、保险行业协会，进行各类车辆应税凭证所载减免税信息的认定与分析、代收系统升级改造等一系列工作。密切配合市局相关处室、北京市保监局、保险行业协会等部门，着力完善车船税代征系统。

【干部队伍建设】加强处级领导班子建设。加大对税收工作的研究力度，加大对提高管理效能的研究力度，共同破解阻碍分局发展的难题；加强干部队伍建设。注重发挥中坚力量，明确工作职责，强化履职能力，切实提高中层干部解决实际问题的能力。在日常工作繁忙的情况下，分局创造条件，周密安排，较好地完成了全年公务员培训工作。

【党团建设】 制定了《2012年分局党员干部理论学习计划》及支部学习计划，力求每名党员理论学习和理论水平上台阶；认真开展党员评议工作和多种形式的党团工会活动，分局连续第14年组织对阳原的捐资助学活动被评为“市局机关2011—2012年度优秀党建项目”。

【廉政建设】 以党组中心组理论学习扩大会的形式，组织班子成员和中层干部集中学习党风廉政建设工作会议精神，定期开展领导干部廉洁从政教育；进一步组织学习《北京市地方税务局党风廉政建设责任制实施办法》，进一步强化分局领导班子和各级领导干部的责任意识；以优化政务流程为契机，对分局各项管理制度进行梳理，完善廉政风险防控措施；积极开展廉政文化活动。组织开展了“做廉洁自律表率，为新区发展作贡献”主题演讲活动，选拔两名干部参加了开发区的比赛，分别取得了二等奖和优秀奖的好成绩，开发区分局获得优秀组织奖。

【政务流程梳理】 成立了以分局“一把手”为组长，党组其他成员为副组长，各相关科室主要负责人为成员的领导小组和领导小组办公室，并根据部门职责成立了综合组、审核组及督导组三个工作小组，强化对此项工作的领导；在制定《分局优化政务流程完善管理制度工作实施方案》的基础之上，及时召开了优化政务流程、完善管理制度工作动员会，对此项工作进行全面部署；各相关部门按照“废、改、立、留”的要求，对现行的各项政务流程和管理制度进行了全面梳理，并分别填写了《优化政务流程目录》《完善管理制度目录》；通过“三上三下”，并经局长办公会审核同意，分局共梳理出政务流程程57项，管理制度144项，其中，废止类制度23项，修订类制度30项，制定类制度55项，保留类制度36项。

【党的十八大精神学习】 以党组中心组理论学习扩大会的形式，组织班子成员和中层干部集中学习党的十八大会议精神的重要内容、市委书记郭金龙在全市领导干部会议上就学习宣传贯彻落实党的十八大精神所作的重要讲话和市地税局局长王晓明、书记刘江平在第8次局务会上的报告，进一步统一思想，提高认识；以部门为单位召开会议进行学习，并结合部门实际，把学习贯彻党的十八大会议精神作为当前的头等大事抓好落实；以党总支、党支部为单位把深入学习党的十八大精神与立足税收服务科学发展紧密结合，与组织收入中心工作紧密结合，与干部队伍建设紧密结合，与完成2012年工作任务、谋划新的发展思路紧密结合。

【领导班子成员】 开发区分局党组书记、局长：李强；副局长：徐京来、刘风彬、李怀成、扈寒梅（女）；纪检组长：金琦。

（安　娣）

北京市地方税务局第一稽查局

【概况】 北京市地方税务局第一稽查局是北京市地方税务局的直属单位，负责对北京市行政区域内地方税务机关管辖的内资企事业单位和个人实施税务检查工作。办公地址位于北京市朝阳区裕民路 12 号院 C3 座。全局设 15 个科室，2012 年底共有干部职工 127 人，其中大学本科以上学历 109 人，占干部职工总人数的 86%，中共党员 97 人，占干部职工总人数的 76%。

【案件查办工作】 本年查处案件 162 件，审理定案 81 件，其中有问题案件 68 件，有问题率 84%，定性偷税案件 5 件，查补 50 万元以上重大案件 20 件。全年共计查补收入 2.7 亿元，同比增长 12%，执行入库 1.5 亿元，入库率 57%。考虑某区属国有企业改制因素，实际入库率为 99%，查办市局交办的重大案件 11 件，严厉打击涉税违法行为。

【保障案件质量】 积极尝试自主选案方式，初步落实领导专报制度。重视查前准备，加大业务培训力度。先后组织房地产业、建安业、资本性交易等专项检查业务检查培训会共 5 次。

【夯实稽查工作基础】 集中各环节、各科室骨干人员，在较短的时间内加班加点，完成《房地产业税务检查底稿》编制、运行工作，在办案过程中初见成效。

【案件审理】 积极研究出台多项措施，制定《关于明确〈税务稽查报告〉相关撰写要求的通知》和《税务稽查文书时间节点对照表》及说明，明确要点内容，进一步规范执法程序，提高案件质量。

【加强执行工作力度】 2012 年转入执行案件 74 件，执行人员积极开展工作，初步进行各环节间的沟通配合，实现当年新转入案件入库率 100%。

【依法行政】 第一稽查局党组坚持将依法行政、推进依法治税贯穿于稽查工作全过程，依法履行稽查职能，严格执行税务总局《稽查工作规程》和市局各项稽查工作制度，全面推行《管理手册》，不断规范稽查执法行为。通过会议集体审议形式加强稽查四环节间的“节点”控制，形成对稽查案件的全程监督。

【执法督察】 开展各类执法督察和案卷评查工作四次，涉及案件 42 户，124 卷，对发现问题全部落实整改并总结通报；配合市政府法制办案卷评查工作，报送的案卷（北京国华环球时代发展中心），被评为优秀案卷；归集 20 项法制问题及时答复或处理，切实为稽查一线提供法律支持。配合市审计局对第一稽查局 2011 年稽查案卷和财务工作的延伸审计检查，及时整改、规范相关工作，得到市审计局和市地税局的充分认可。

【政务流程梳理】 按照市地税局部署，开展优化政务流程、完善管理制度四个阶段的工作，最终形成《第一稽查局优化政务流程管理制度目录》，涵盖各类制度 139 项。其中新订立制度 44

项，修改制度19项，保留制度1项，废止制度4项，参照市地税局制度执行为75项。工作中结合实际，成立稽查科组，负责研究全局性制度在基层科所的落实。建立基层党支部建设10项制度和基层科室5项政务制度。政务流程梳理为第一稽查局综合行政工作的有序开展提供制度保障。

【优化业务流程】2012年全面推行《北京市地方税务局第一稽查局税务稽查业务流程管理手册》（以下简称《管理手册》），各个部门积极实践，有效防控执法风险，初步形成稽查工作衔接顺畅，工作质效显著提升的局面。同时《管理手册》的全面优化、完善工作已经启动。

【基层党组织建设】第一稽查局党组重视思想政治工作，认真安排多项思想政治教育活动，不断提高全体人员的思想政治觉悟和工作热情，构筑机关建设牢固基础。深入开展创先争优活动，贯彻落实中央“基层组织建设年”要求，广泛开展“三评三创”“三比三亮”、优秀党员评比和“学先进、树典型”活动。举行基层组织建设演示会。市地税局党组书记刘江平、党组成员、副局长郝硕博及相关处室领导莅临第一稽查局进行观摩指导，对第一稽查局的基层党建工作给予充分肯定。在全局共同努力下，被评为“市直机关创先争优先进基层党组织”。

【干部队伍建设】一是加强处科两级干部队伍建设。认真开展2011年度处级领导班子、领导干部考核测评和干部选拔任用“一报告两评议”工作并取得较好成绩。对14名新任职科级领导干部进行集体任职谈话和廉政谈话。二是不断提高全局干部业务素质。全年组织6次全局性培训，干部人均学习198学时，超出市局规定的100学时要求。初步形成奋发努力和积极向上的工作氛围，涌现出一大批工作上爱岗敬业、忠于职守、廉洁奉公、顾全大局的先进集体和个人。第一党支部、第十党支部被市局评为创先争优先进党支部，左春峰、张朝晖被市局评为“身边的好税官”先进个人。第一稽查局主办的博宥专案组及3·15专案组，受到中纪委、国家税务总局致函表彰；魏铁功被国家税务总局稽查局评为“2012年打击发票违法犯罪活动先进个人”；颜岩、蔡坤被市局评为2012年度“稽查能手”；北京国美电器有限公司涉税案件、北京华汇房地产开发中心涉税案件被市局评为2012年度“重大案件”；北京平安大通清洗有限公司涉税案件被市局评为2012年度“精品案例”。

【信息调研】2012年通过信息宣传工作，及时向市局反映第一稽查局工作动态，共采编信息241条，组织调研23篇，报送税收宣传文稿40篇。

【后勤服务】强化会议费、培训费支出管理，控制和降低行政运行成本。对第一稽查局各项资产和收入进行全面清理，全年共增加固定资产910件。为各部门配发办公用品、更换破旧办公家具，使办公环境焕然一新；安排业务用车1800余台次，为稽查办案工作提供强有力的后勤保障。全力以赴做好安全维稳工作，保障党的十八大顺利召开。

【工会工作】把市局机关工会“送温暖、送健康、送文化”的“三送”工程和第一稽查局党组对干部职工的关怀落到实处；积极开展多项文体活动，成立兴趣爱好小组，充实稽查文化的内涵，增强全局干部的团队意识和集体荣誉感。积极参加地税系统第七届运动会获得组织奖，台球比赛取得全系统第一的好成绩。

【党风廉政建设】认真落实“一岗双责”。制定《第一稽查局2012年党风廉政建设和反腐败工作主要任务及分工》；逐级签订《党风廉政建设责任书》和《廉政自律保证书》。制定并印发《第一稽查局党风廉政建设责任制实施办法》。加强党员干部纯洁性教育，开展“读书思廉思进”活动。邀请本局特约监察员、西城区政协委员蔡学江老师为全体干部职工进行培训，培养廉洁价值理念。重新修订《廉政回访制度》。将稽查案件经办人和参与者的履职和廉洁情况纳入监督范围，实现对稽查全过程、全人员的监督。已施行一年，未发现违纪违法现象。

【领导班子成员】北京市地方税务局第一稽查局局长：孙长海；副局长：李强；副局长：贾玲（女）、汪沛（6 月免副局长、任调研员，11 月退休）、李森林、但启明。

（李　旸）

北京市地方税务局第二稽查局

【概况】北京市地方税务局第二稽查局负责北京区域范围内外商投资企业、外国企业和个人税务检查工作，以及本市涉税大要案及市地税局交办案件的查处工作，具有独立的执法主体资格。目前办公地理位置在朝阳区裕民路 12 号院 C3 座。内设办公室、人事教育科、监察科、案件管理科、业务科、税政科、审理科、执行科、评估科、第一至第六税务稽查科 15 个部门。全局共有干部职工 115 名，其中：公务员 104 名，工勤人员 9 名，合同制工人 2 名；有硕士研究生学历 4 人，大学本科学历 96 人，大专学历 9 人，大学本科以上学历占全局总人数 87%；党员 85 人（含预备党员 2 人），团员 3 人，民主党派 1 人，党员占全局总人数 80%。

【税务稽查】2012 年，全局以良好的工作状态和充足的干劲，坚决贯彻市地税局的工作部署和安排，稽查办案中心工作取得一定成绩。面对上级交办的重大案件多、专项检查任务重、各部门人员少的种种困难，从年初就抓紧开展各项工作，全年共召开局长办公会 34 次，研究议题 93 项，组织召开“三会”65 次，审核案件 156 件，有力保障稽查办案各项工作的顺利开展。各级领导深入一线真抓实干，领导班子成员各自带队开展调研式稽查，切实掌握稽查过程中的新问题、新情况，统筹协调，及时解决。各业务科室各司其职，加强横向配合和纵向督导，发挥各个环节的监督制约作用，使案件查办质量、效率得到保证。稽查科室充分调动稽查干部的能动作用，克服案件查办中的各种阻力和困难，确保上级交办的重大案件得到有力查处。行政科室围绕中心工作加强干部培训、绩效考核、廉政监督、后勤保障，为稽查办案做好人、财、物的有力支持。全力查办上级交办的重大案件，深入组织开展专项检查，认真处理涉税举报案件，共检查案件 174 件，完成 101 件，查补收入 4.32 亿元，入库 4.68 亿元，入库率 108.33%。查办亿元以上案件 1 件，千万元以上案件 5 件，较好地完成了全年的稽查任务。

【依法行政】围绕加快建成法治型地税机关的目标，稽查二分局不断完善各类行政管理制度，严格规范稽查执法行为，大力开展督查内审，全力做好行政诉讼应诉，法治型机关建设取得新进展。认真开展优化政务流程、完善管理制度工作，成立由“一把手”负总责的领导小组及其办公室，按照工作要求，共确定流程114项，废止制度23项，修订制度24项，制定制度24项，保留制度14项，同时建立13项稽查科内部管理制度，并在9次局长办公会上研究了相关议题，召开领导小组办公室会议10次，完成阶段性任务。坚持实行局级执法管理体系，落实“三会”管理制度，全年召开审定会28次、审议会17次、审理会20次，共审核案件156件，确保全局执法行为标准一致、程序统一，有效降低了执法风险。加大督查内审力度，对分局的25项稽查管理工作制度进行合法性审核，制定21种税务稽查文书的法律依据适用样本。开展日常执法检查和税收执法督察，对《审定会制度》《调查取证制度》和《欠税管理制度》的执行情况开展专项执法检查，并及时反馈问题，落实整改，进一步降低税收执法风险，提高案件查办质量。全力做好行政诉讼案件应诉，积极与市地税局相关处室和律师沟通协调，为应对不同情况制定多种具体处置方案，最终在市地税局的大力支持和稽查二分局相关人员的共同努力下，法院驳回被查企业诉讼请求1件，其余4件次稽查二分局全部胜诉，维护了税法尊严，提升了税务机关执法守法正面形象，证明了稽查二分局的办案质量经得起检验。

【队伍建设】2012年，稽查二分局以党的建设带队伍建设，充分发挥党支部战斗堡垒和党员的先锋模范作用，深入开展“党员示范岗”创建活动，广大党员立足岗位发挥党员先锋模范作用，评选出10名党员示范岗标兵，在全局营造人人争先的良好氛围。党总支狠抓支部建设，进行党务工作培训，组织参观“辉煌成就”图片展，开展“保持纯洁性，喜迎十八大”主题活动，使党支部的战斗堡垒作用得以充分发挥。在争创全国税务系统先进单位评选活动中，稽查二分局被市地税系统推荐为全国税务系统先进单位。

【教育培训】采取多种方式开展教育培训，重点开展业务流程、“北京精神”、稽查专业培训和财务会计知识培训，还组织依法行政、稽查案件应诉复议相关知识、办案技巧交流、业务流程学习等专业培训。党的十八大召开后，分局制定学习计划，重点学习党的十八大精神和新党章，提高了全局党员干部对党的十八大精神的理解和认识。

【干部选拔任用】根据稽查一线岗位空缺的情况，稽查二分局加大干部调整选拔任用工作力度，先后组织了干部轮岗、正科级领导干部选拔任用和副科级领导干部竞争性选拔，9名干部走上科级领导岗位，41名干部调整了工作岗位。稽查二分局始终坚持党管干部原则，在副科级领导空缺职位竞争性选拔工作中，委托北京市双高人才发展中心承办，最大限度地实现了公平、公开、公正，激发了干部的活力，保证了稽查办案工作对人才的需求。

【工会工作】进行局工会换届选举，新一届工会坚持组织开展了丰富多彩的文化体育活动、送温暖活动，增强了干部队伍的凝聚力，为党的十八大召开和税收工作开展营造了平安、和谐的氛围。

【廉政建设】制定《党风廉政建设和反腐败重点工作任务分工方案》，召开党风廉政建设工作会议，签订三级党风廉政建设责任书。实行内外并举的双重监督机制，确保干部队伍在廉政方面不出问题：分局内部，监察科长作为重大案件审理委员会成员对案件审理过程进行监督；办案过程中，监察部门通过发放《廉政回访表》、参加审理、查看案件管理系统数据等方式，实现对案件查办、制度落实的有效监督；在行政管理中，监察部门全程参与分局干部选拔任用，加强对选人用人工作程序的监督。分局外部，续聘任期届满的5名特约监察员，并由特约监察员邀请企业代表座谈，还通过走访和电话形式回访被查企业，征求纳税人的意见、建议。针对反馈的问题和意见，研究制定7项措施一一进行整改。内外并举的监督机制，有效降低各项工作中的廉政风险，为稽查工作的顺利开展提供保障。稽查二分局被确定为廉政风险防控管理试点单位。以试点工作为契机，以廉政风险防控管理与梳理政务流程、优化业务流程工作有机结合，与税务总局、市局、分局的各项政策、法规、制度有机结合，与“案件管理信息系统”和“电子账务稽查系统”程序应用有机结合，与前期廉政风险点查找成果有机结合的“四结合”为方针，在全局深入推进廉政风险防控管理工作。通过“三上三下”反复推敲、筛选、判定，确定涉权事项26项，其中行政类涉权事项10项，业务类涉权事项16项，编制职权目录，绘制权力运行流程图，形成以岗位为点，以程序为线，以制度为面，适合稽查特点的廉政风险防范管理机制。

【领导班子成员】北京市地方税务局第二稽查局党组书记、局长：郭筑明；党组副书记、副局长：鲍秋苓（女）；副局长：杨肖东、刘桂森、张慧秋、姜欣。

（王元锋）

北京市地方税务局第一直属分局

【概况】北京市地方税务局第一直属分局自2010年8月开始筹备至今，致力于大企业专业化管理与服务工作的创新与研究，办公地址位于北京市朝阳区裕民路12号院C3座。截至2012年年底，共有干部18人。其中本科以上学历18人，研究生学历6人，中共党员12人。根据市局赋予的工作职责，第一直属分局主要从事开展大企业服务与管理工作，下设行政综合组、业务组和数据组。2012年的主要工作是在2011年大企业各项工作的基础上，稳步开展大企业服务与管理工作实践，探索工作规律，积累工作经验。

【细化工作职责】第一直属分局是在国家税务总局推行税收专业化管理大背景下成立的，工作职责新，可借鉴经验较少。为细化分局工作职责，打好工作基础，分局先后到百度、微软（中国）等多家大型企业，深入了解重点企业在纳税服务等方面的需求；赴安徽、江苏两省国税、地税开展大企业管理与服务调研，学习先进经验；与市地税局相关处室和区县局座谈交流。在充分酝酿、广泛调研的基础上，按照市地税局要求，经领导班子反复研究，于2012年5月上报《第一直属分局大企业服务和管理工作方案》《机构设置和人员配备方案》及两个方案起草说明，明确提出开展大企业税收专业化管理工作试点的指导思想、工作原则、工作目标、机制与工作内容。

【制度建设】一是抓制度建设。根据工作实际先后讨论通过《党组议事工作规则》《局长办公会议制度》等6类13项制度规定，并对今后一段时期的制度建设进行规划。二是抓制度落实。分局出台的各项规章制度，能够及时通过内网转发全局，让每名干部学习，知晓文件内容，并认真贯彻执行、落实到位。

【调查研究】分局坚持边学习边思考，边工作边总结，围绕分局工作职责开展调查研究，完成多篇调研课题。《北京市地方税务局赴安徽江苏两省国地税局学习考察报告》和《大企业税收专业化服务与管理的思考》等调研报告，分别在市地税局和多个外部刊物上发表，得到市地税局主要领导的重要批示。2012年完成《关于建立健全大企业税务风险内控体系的思考》《加强大企业个性化纳税服务的思考》《浅析数据管理在大企业服务与管理工作中的作用》等多篇调研报告，为分局起好步、开好局打好理论基础。

【大企业税收管理】一是开展对中国石油化工集团风险管理工作。与北京国税局大国处联合对中石化集团的在京11户企业开展税收自查督导，选派业务骨干参加为期两个月的石油石化行业风险识别和应对工作，连续两年参加全国大企业税务遵从年度报告的编制工作，搜集整理税务总局大企业司自设立以来税务总局领导的讲话和印发的各项制度规定。通过以上工作获得大企业税收风险管理的实践经验，了解掌握了开展税务总局大企业管理的基本工作方法，干部在实际工作中也得到锻炼。二是做好大企业个性化服务工作。积极协调市局各相关处室和企业主管税务机关，落实税务总局大企业司交办的关于北京麦当劳扣缴特许权使用费营业税问题的税务事项。根据税务总局的要求，对中交第一公路工程总承包经营分公司、北京顺义中宏国家粮食储备库两户企业的涉税诉求进行调查核实，并依据相关税收政策提出处理建议，为解决好涉税企业诉求发挥重要作用。

【数据管理】一是配合市局收入规划处进行税收数据应用分析平台建设。按照市局领导的要求，结合分局实际，初步提出税收数据应用分析平台的功能需求。二是学习研究税务总局大企业税收管理信息系统。学习掌握大企业系统平台模块功能与应用操作方法，并及时将系统上线后需要开展的工作向市局领导和相关处室进行汇报，为2013年大企业系统上线运行做好准备。三是做好信息数据的采集整理。采集全市重点税源户2009年以来的税收数据。与市国税局建立大企业数据信息交换机制，完善数据来源。对采集到的数据进行分类加工整理，按照企业关联关系建立树状存储结构。四是了解掌握国资委下属大企业情况。主动与市国资委取得联系，并得到其大力支持，对其管理的大型国有企业情况及相关经济信息数据进行较为深入的了解掌握，为分局开展好大企业管理工作打下基础。

【业务培训】狠抓干部教育培训，努力提高全体干部的综合素质和业务能力。2012年共有45人次参加各类培训，每人平均培训时间34.5天，超过每人每年12天培训的规定。一是有针对性地开展内容丰富、形式新颖的内部业务培训。2012年先后举办“企业税收风险防控、金融业会计及税务实务培训班”“纳税评估业务知识和计算机应用培训班”，聘请国内外知名专家授课；邀请稽查局业务骨干，以讲解案例的形式，介绍自查评估工作中地税各税种风险点，从案件源头分析企业存在的问题；举办全员参加的《基础会计》培训班，利用中华会计网校在线视频学习的形式，历时3个多月，较为系统地学习了基础会计知识，培训结束后的测试取得了89.2分的平均成绩，达到了培训目的。二是争取名额，创造机会，选派干部参加税务总局举办的各类培训班，向其他省市学习借鉴先进经验。三是以干促学。选派干部到税务总局大企业司、市局评估处参与相关工作，边学边干，促进了干部业务素质和能力的提升。

【三个建设】坚持强化政治理论学习，不断提高科学发展的能力。党组以理论中心组学习为平台，提高领导班子和领导干部的理论水平和综合素质。认真学习宣传贯彻党的十八大精神，原原本本学习党的十八大报告、十七届中央纪委工作报告和新修订的党章，全面准确地学习领会习近平总书记一系列重要讲话精神，保证党的路线、方针、政策在分局领导班子和全体干部中及时贯彻落实到位。每次市局召开重要会议、下发重要文件，党组都能够及时组织党员群众认真学习。同时，注重理论联系实际，指导工作实践，提高完成工作任务的能力和水平。成立了党支部、共青团小组、工会小组，健全完善内部组织，促进党政工团形成合力，推动整体工作有序开展。“深入开展创先争优学雷锋”活动被市局机关党委评为优秀党建项目。2012年支部发展预备党员1名，研究上报1名发展对象，选派1名入党积极分子参加培训。按照要求组织好领导班子民主生活会，班子成员认真开展批评与自我批评，广泛征求党员、群众的意见，班子成员之间、与干部之间通过谈心活动增进班子团结，促进干群关系，领导班子的凝聚力和战斗力进一步增强。

【干部队伍建设】分局党组坚持以人为本，重视对干部培养锻炼，充分调动每名干部积极性，为干部岗位创业搭建平台。对表现优秀、符合遴选条件的1名干部，经分局党组推荐上报市局党组后，通过市委组织部的遴选程序走上密云县经信委副主任岗位。按照《科级及以下非领导职务选拔任用工作办法》，严格程序、严格标准，完成了4名同志晋升为主任科员、5名同志晋升为副主任科员，1名同志公务员转正定级，13名同志转任同级非领导职务等工作。分局党组认真贯彻落实《中共北京市地方税务局党组会讨论任免干部票决实施办法（试行）》的规定，严格按照规定方式和程序进行票决。

【领导班子决策】按照《党组议事工作规则》，凡是涉及“三重一大”的事项，必须通过党组会集体研究；按照《局长办公会议制度》，凡涉及行政、业务工作的事项，必须上局长办公会集体研究。在会上，领导班子充分讨论，集思广益，形成共识，切实增强了决策的民主化和科学化。领导班子成员能够坚持从严要求，从严管理，没有个人说了算的现象发生。工作中，班子成员互相支持、互相理解、互相信任，既讲分工又讲合作，既集思广益，又坚持民主集中，形成了讲实话、干实事的工作作风。采取多种形式征集干部群众对分局工作的建议和意见，认真采纳好的建议并切实加以改进。针对干部提出希望到企业或中介机构学习的建议，分局党组认真研究，经与中汇税务师事务所协商，选派2名干部到中汇事务所开展为期1个月的工作式培训，得到干部们的欢迎。

【后勤保障】按照市财政局和市局财务制度有关规定，完成2013年二级预算单位申请和年度预算申报工作；做好固定资产清查，掌握固定资产底数。将全局物品建立台账，制作计算机设备和办公设备标签，保障全局各项工作顺利开展。

【廉政教育】廉政教育常态化，用身边的人和事进行警示教育，促进全局干部特别是领导班子成员严于律己、勤政廉政。认真贯彻落实上级各项廉政规定，集中上报处级干部廉洁从政承诺书，承诺自觉遵守《廉政准则》。严格执行中央八项规定，主动接受各方监督，没有出现违反廉政规定的现象。按照《关于领导干部报告个人有关事项的规定》要求报告个人有关事项，有效促进领导干部廉洁自律。第一直属分局的财务支出是按照市局处室模式进行管理，严格遵守市局财务制度，没有违反财务纪律的现象发生。

【领导班子成员】北京市地方税务局第一直属分局党组书记、局长：陈侠；党组成员、副局长：邵强、文竟（女）、崔彤阳。

（宋　潇）

北京市地方税务局第二直属分局

【概况】北京市地方税务局第二直属分局于2012年9月1日正式对外运行，为市地税局下设的主管全市外国企业、市地税局指定管辖的企业和部分外籍个人地方税收征管工作的直属机构。办公地址位于北京市东城区体育馆西路8号，毗邻著名的世界文化遗产——天坛公园，地理条件优越，交通较为便利。全局设有8个科室、3个税务所，共有干部职工66人，其中处级领导干部6人，副处级调研员（兼任科长）2人，正科级领导干部8人，副科级领导干部11人，主任科员24人，副主任科员20人，工人5人。全局共有中共党员42名，占全体干部职工人数的64.6%；有共青团员4名，占全体干部职工人数的6.1%。截至2012年年末，全局共有税务登记户5233户，其中常驻代表机构4876户，新闻机构197户，外资银行94户，承包商40户，商会19户，保险公司4户，学校3户。

【税收收入】2012年共计完成各项税费收入31.8亿元，同比增收3368万元，增幅1.07%；完成地方公共财政预算收入19.36亿元，同比增收6181万元，增幅3.3%，完成市地税局下达年度地方公共财政预算收入最终计划指标19.25亿元的100.57%。

【组织收入措施】全局上下始终坚持以组收为中心工作，克服政策性减收因素较多、新增税源不明显的不利影响，加强组织收入工作的领导和督导，将收入计划层层分解落实。及时分析税收增减因素，改进组收措施，不断提高组织收入的科学性和精准度。加强对重点税源、重点税种的监控，组织税务所深入企业，挖掘税源潜力，加强外国企业驻京代表机构、外资银行、外国新闻机构三大主体税源管理。

【组建工作】自2012年4月18日涉外税务分局交接工作启动后，第二直属分局按照市地税局的部署，积极、稳妥、有序推进，从局领导、科室临时负责人到普通干部，与联系单位广泛接触，密切沟通，对口交接，如期完成各项组建工作，实现工作不断、秩序不乱、队伍不散。一是搭建内部机构。在市地税局和东城局的大力支持下，原分散于三个办公区的人员于5月28日实现集中办公，设置相应科室所并制定人员临时安排和调整方案。二是完成业务工作交接。开展交接过渡期间纳税清算、减免税统计调查、税收会计检查、票证结报缴销检查等。确定核心征管系统调整和内网行政办公系统调整的总体方案并实施。办理银行预留印鉴变更等国库变更名称手续。7月1日纳税服务大厅独立对外办公接待纳税人。三是完成行政工作交接。更新维护工资、人力资源管理系统信息，对新调入人员进行转任、核职。对固定资产进行清理、核对、交接和入账、报废等处理，配备办公设备和办公用品，完成组织机构代码证书、公章和各类专用章的交接。完成办公内网数据迁移，对外网网站进行更新维护。

【依法行政】 制发《第二直属分局党组工作规则》，明确重大事项集体决策、重要人事任免集体决定、大额度资金使用党组上会集体研究等决策工作规则。组建以来共召开党组会28次，讨论研究人事任免、晋升和大额资金使用等议题66项。加强并接受内外部的监督，开展执法培训和检查，对各项行政执法工作抽查，组织全局进行征管业务流程培训及考试。做好政府信息主动公开工作，对外网进行初步改版，全年通过政府信息公开栏目主动公开信息54条。通过电话、座谈、培训等方式及时宣传辅导涉税政策，提高税收工作的透明度。

【优化政务流程】 按照市地税局的统一部署，成立工作领导小组，加强组织领导，协调监督，结合组建工作实际和分局与国际税务管理处合署办公的特点，分层次、分阶段开展工作。对照政务流程适用范围目录进行全面梳理，有序建章立制，初步拟定各类管理制度42个（局机关15项、税务所27项），并陆续进行审查。在优化政务流程的同时，做好与业务流程工作的相互衔接。

【税政工作】 成立营业税改征增值税工作领导小组，与市地税局和国税部门就“营改增”试点改革工作的总体进展、试点纳税人范围、征管措施等情况进行沟通、协调，加强工作衔接。强化政策把握，加大宣传力度，建立快速响应机制和应急处置预案，落实纳税服务承诺，圆满完成市地税局下达的“营改增”试点工作任务。自2012年9月1日本市开展“营改增”试点改革工作至今，第二直属分局经国税局确认的营业税改征增值税户数为76户，预计营业税改征增值税后影响营业税约700万元。积极协调、请示，就再保险业务合同印花税政策问题进行研讨、明确。加强个人所得税、工会经费等税费政策指导及迟报催缴。

【税收征管】 积极配合市地税局做好深化税收征管改革的征询意见工作。落实市地税局税收业务流程，完善第二直属分局纳税清算工作。推广应用税收管理员平台2.1版，着力抓好税源基础管理，按月清理待登记户、非正常户等，强化户籍管理，确保登记率达100%。通过征期前重点提醒、征期中加强催报，打牢征管基础，稳步提高了全局申报率和入库率。截至2012年年末，第二直属分局正常管户5237户。全年新办税务登记273户。审核完成注销登记386户。与国税局定期交换1530户税务登记资料。强化发票库房管理，认真做好全局发票的管理与使用工作，按时保质保量完成市地税局部署的发票换版工作，重新梳理和规范免征发票工本费后窗口的工作流程。

【评估管理】 在做好日常纳税评估的基础上，将代表机构纳税清算列入专项纳税评估内容，全年共对1204户实施了纳税评估，经核实发现有问题536户，有问题率44.5%。经评估补缴税款4389万元，加收滞纳金715万元，入库率100%。积极配合市地税局评估处开展再保险行业专项评估并取得实效。

【纳税服务】完善服务大厅功能，加强与东城局的沟通协调，充分利用显示屏、外汇牌价、自助服务区、智能叫号系统等具体服务手段，提升大厅的纳税服务质量。通过召开全局纳税人培训会、新开户培训辅导会、企业代表座谈会的形式，有针对性地开展纳税人培训工作，并征询纳税人对税收执法、税容风纪、服务质量、工作效率等方面的意见和建议。优化代表处注销工作流程，将纳税人需提供的资料由23项简化为14项。纳税服务投诉电话在网站公告，接受纳税人监督。继续推进财税库行联网，截至2012年12月底，通过联网方式缴纳税款的企业4247户，已达到有税企业户数的91.08%，以联网方式入库税款28.79亿元，占入库总额90.48%。

【行政管理】严把行文关、政策法规关、内容关、体例格式关、文字关，规范公文运行程序，提高公文处理工作的质量和效率，全年共转发电子公文355件，处理纸质公文221件。发布信息普刊31期、专刊6期，创建每月工作回顾期刊并发布2期。严格执行有关财务制度，规范政府采购手续，提高资金使用效率。制定公务用车管理办法，加强车辆调度和驾驶员的安全教育。围绕经济和税收工作重点热点开展理论课题研究，全年出刊《调查与研究》4期、2万余字，其中一篇在《涉外税务》刊发，两篇在市地税局《调查与研究》刊发。

【党组织建设】召开全体党员大会，按照组织程序增选两名党支部委员，根据党员现有数量、工作需要和党员分布情况，将42名党员划分为五个党小组，充分发挥一个党小组一个堡垒，一个党员一面旗帜的作用，开展各项支部活动。开展以群众评议、党员互评、领导点评为主要内容的“三评”活动。以党组中心组学习为龙头开展各层次的理论学习，邀请党的十八大报告宣讲团成员作“全面建成小康社会行动指南”辅导报告，加深对党的十八大报告精髓要义的理解和认识。组织全体党员参观《科学发展　成就辉煌》大型图片展览。

【干部队伍建设】举办科级公务员更新知识培训班，包括当前经济形势，热点透视、征收管理等课程，开阔干部视野，提升干部业务技能。坚持民主、公开、竞争、择优的原则，完成正科级领导干部选拔、副科级领导干部竞争性选拔和正、副科级非领导职务晋升工作。13位政治、业务素质过硬的同志走上正、副科级领导干部岗位，33位同志晋升上一级非领导职务，让想干事者有机会，让能干事者有舞台，给有潜力的年轻干部压担子，努力造就培养高素质的干部队伍。

【党风廉政建设】认真落实并制发党风廉政建设责任制及其实施办法和廉政兼职监察员工作办法，局长、副局长与部门负责人逐级签订《党风廉政建设责任书》，层层抓动员，层层抓落实，形成“统一领导、齐抓共管、各司其职”的党风廉政建设工作机制。设置各部门廉政监督员，从身边人身边事做起，加强廉政风险防控，拟定风险防控管理工作实施细则和实施方案，针对行政管理权和税收执法权运行过程中容易发生问题的重点部位和重点环节，深入挖掘、分析，做实、做细廉政风险点的基础筛查工作。进一步完善工作机制，明确各岗位工作时限和职责，有效防控廉政风险点，确保执法权力“阳光运行”。公布举报电话，专项受理各类投诉和举报，设立举报箱，向纳税人发放廉政公开信，形成多层次、全方位的监督网络。

【**税务文化**】召开座谈会，倾听干部职工的心声。组织干部疗养，开展男性健康日活动和日常健身活动，办理健康体检和干部职工子女医药报销，探望生病住院的干部职工，为困难职工送温暖，全方位体现人文关怀。开展以青年文明号、文明单位、党员先锋示范岗等为载体的群众性精神文明创建活动，积极参与税务总局组织的“我身边的好税官”评选活动。结合“创先争优”等主题活动，加强廉政教育，弘扬“北京精神”，努力打造清正廉洁的干部队伍。

【**领导班子成员**】北京市地方税务局第二直属分局局长：薛礼；副局长：徐媛（女）、唐敬春（女）、张清松、向丽（女）、陈鑫。

（葛　玮）

社会团体

北京市国际税收研究会

【概况】北京市国际税收研究会办公地点设在朝阳区安苑东里三区1号，主要负责北京市国际税收学术研究工作，是经北京市社会团体登记管理机关核准登记的民间、群众性学术团体。本会现有理事186人，常务理事79人，团体会员99个，个人会员4个。本会下设分支机构2个：办税人员分会和学术委员会；下设办公机构6个：秘书处、理论调研部、宣传培训部、咨询开发部、对外联络部、信息资料中心。截至2012年年末驻会工作人员23人，其中在职人员5人（包括1名处级干部、1名科级干部和3名司机），税务系统离退休人员13人，外聘人员5人。

2012年，认真学习贯彻北京市地税局党组工作部署，围绕服务科学发展、共建和谐税收的工作主题，大力弘扬“北京精神”，紧密结合北京市税收工作实际，按照“稳中求进”的工作总基调，切实组织发挥会员主观能动性，积极开展理论调研，认真做好税法宣传和培训、国内外学术交流等项工作。由于工作成绩突出，北京市国际税收研究会再次被评为全国先进研究会。

【理论调研】圆满完成中国国际税收研究会交办的课题调研任务，撰写论文分别在专业研讨会和年会上作发言交流。同时，组织完成四个群众性课题调研。理论调研取得成果。第一，完成中国国际税收研究会布置的个人所得税税制改革等三项调研课题。撰写论文《深化个人所得税改革的三点建议》，被《中国税务报》2012年7月18日以《转变观念，逐步提高财产性收入的税收比重》刊载在《财经论坛》上。撰写论文《调节房价的情况分析和税收改革措施》，被全文刊登在中国国际税收研究会2012年第5期《研究要报》上，报送国家税务总局领导等。撰写论文《强化完善税收政策，支持小型微型企业发展》，在江苏省无锡市召开的结题研讨会上，作大会交流发言，特别是对分税种的16条改进建议受到与会人员认同。第二，完成市社科联重点学术活动资助项目。提交申报了决策咨询课题“税收促进就业的政策建议”，被市社科联评为重点学术活动获得资助。通过多种渠道，广泛收集有关现行税收政策、贯彻执行成效、相关国外经验等素材；实地专访北京地税局有关处室；召开税务专家座谈会；召开专题研讨会。撰写论文《税收促进就业工作的政策建议》，提供领导机关决策参考。

【群众性调研活动】根据中国国际税收研究会理论调研课题安排和北京市税收工作实际情况，紧密围绕“十二五”规划纲要提出的税制改革目标和税收工作大局，研究确定“促进小型微型企业发展税收政策”“我国税收征管模式发展趋势研究”“走出去企业税源监控及税收征管精细化”“关于促进我国文化事业、产业发展税收政策”四个群众性重点调研课题。四个课题组组长单位通州、昌平、门头沟、朝阳地税局积极组织协调，各单位密切协作，结合本区县实际情况，有针对性地积极进行调研，撰写论文。中国人民大学教授安体富与课题小组一起研究课题，6月就提前完成论文。中央财经大学刘桓、梁俊娇，首都经贸大学丁芸、毛夏鸾教授在召开的小组交流会上，对各篇调研报告进行现场点评，发表宝贵意见。全年收到调研报告和论文180余篇。

【课题研讨总结表彰大会】各区（县）局常务理事、理事和理论调研员，中国人民大学、中央财经大学、首都经贸大学的教授、学者50余人出席会议。会上，中国人民大学、密云、石景山和开发区分局的代表作大会理论调研交流发言，对2011年收到的184篇理论调研文章中的84篇进行评选表彰，并宣读2011年度优秀理论调研员表彰名单。会长孙振刚在大会总结中，充分肯定2011年度理论调研工作的突出成绩，指出在新的一年要更加注重实际调研和理论思考，不断取得新成绩。

【编辑出版工作】全年共编辑出版《国际税收参考》13期，登载各类税讯405篇，约合21万字。编辑《2011年国际税收参考分类目录》专册，提高刊物的使用和查阅效率。每月发行360余份，并在北京地税的内网、外网登载，扩大刊物阅读范围和影响面。

【税法宣传和培训工作】从5月中旬开始，共培训办税人员3200余人。在全面学习全国各地税务部门对纳税人、办税人员税法培训方面的成功经验和有效方式的基础上，调整、充实教材编写的模式和内容，增加特殊行业纳税人、办税人员需要了解和掌握的税法知识内容，增加纳税人、办税人员维护自身权益，需要了解和掌握的基本法律知识和办事程序的内容，增加激发纳税人、办税人员不断学习税法，不断提高依法纳税、依法办税的意识及自觉性的内容等。对全系统公务员培训工作是从2月中旬开始的。为适应系统内各单位对公务员培训内容及组织工作的不同要求，在组织这项工作的模式上、内容上，都有较大的改进。如：2012年新开办“科级领导干部任职培训”“科级领导干部知识与领导艺术专题培训”“纳税评估业务专题培训”等。尤其是在中组部提出2012年度要加强各级领导干部官德修养教育的精神指引下，研究会及时组织“团队精神培训与官德修养”为主题的专题培训班。任课教师紧密联系市地税系统工作与反腐倡廉教育事例的实际，对参加培训人员进行一次触动灵魂的官德修养教育。全年共举办13期不同类型的公务员培训班，共有1211名干部参加培训。

【业务交流活动】根据会员单位在税务工作中遇到的热点、难点问题，确定“‘营改增’有关问题”及“非居民税收的有关问题”等税收实务进行培训。在广泛收集、汇总企业、税务师事务所和各区县税务局等会员单位在实际操作中遇到的70多个问题的基础上，邀请北京市国税局有关领导和毕马威专业讲师举办两次专题讲座。中介界别组、企业界别组和区县税务局各会员单位300余人次参加讲座。与会人员纷纷表示两次培训选题都具有很强的实用性，在案例方面准备充足，将对今后的税收执法守法、规范工作起到积极的推动促进作用。

【研究会第三届第三次理事会】第三届第三次理事会议于2012年2月28日召开。会议报告2011年工作情况，布置2012年工作安排，通报财务收支情况，通过《关于调整增补理事、常务理事建议》。会议由会长孙振刚主持。中国国际税收研究会会长郝昭成，北京市地税局党组成员、副巡视员王勇生，北京市社科联副巡视员、学会部主任王彦京，北京市社团办管理处处长侯庆权到会并作重要讲话。来自北京市地税系统、大学、机关、企业、税务中介组织的110余名理事参加会议。

【领导班子成员】北京市国际税收研究会会长：孙振刚；副会长：金兴、郝如玉、米建国、安体富、刘桓、雷振刚、徐华；监事长：左金玲（女）；秘书长：金宝福。

（唐乃清）

北京市地方税务学会

【概况】北京市地方税务学会（Beijing Local Taxation Institute，BLTI），是由北京市地方税务局、企事业单位和财税工作者自愿联合发起成立，经北京市民政局核准登记的非营利性社会团体法人。本会下设秘书处、调研部、业务部、培训部、编纂部。2012年末驻会工作人员20人。办公地点设在朝阳区裕民路12号院C3座。

学会宗旨：认真学习马克思列宁主义、毛泽东思想、邓小平理论和“三个代表”重要思想，坚持党的四项基本原则和改革开放的路线、方针、政策，自觉遵守国家宪法、法律、法规，遵守社会道德风尚，以促进首都经济建设为目标，服务于北京市地方税收事业，研究探讨税制改革，加强地方税收理论建设，增进中外税收领域学术交流，为推进首都经济持续稳定健康发展，充分发挥学会作为税务部门与纳税人之间的桥梁和纽带作用。

学会业务范围：学习宣传党的路线、方针、政策和国家、北京市关于地方税收、财政的政策法规，为首都经济发展服务；指导区县地税局、分局设立的学会组织依法照章开展工作；组织和联系地方税务、财政、经济、教育和学术界开展有关地方税收政策、理论、制度和管理方式的研究和探讨；研究探索地方税收遇到的新情况、新问题，提出解决的意向、意见和办法，及时向业务主管部门传递信息及推荐研究成果，凡属比较完善可行的调研报告、论文向相关媒体、刊物推荐，进行宣传交流。开展与税收工作相关的社会服务工作。接受业务主管部门以及纳税单位、个人委托，开展地方税收宣传、咨询、学术研究、人员培训、编辑专业书刊等业务活动；加强与国内和全市各有关学会、协会的协作和交流，促进地方税收管理水平的提高；有组织、有计划地与国外税收研究机构建立联系，开展国际间和友好城市间的学术交流活动；总结交流地方税收管理的经验，组织评议全市地方税收学术研究成果。

【调研工作】2012年学会紧紧抓住调查研究这个工作抓手，坚持学会、专家和区县局调研员三位一体的工作机制，围绕工作重心，大力开展调研，积极推进全系统调研工作开展，努力促进提高全系统调研工作水平。2012年3月，学会组织专家组对各区县2011年报送的167篇调研报告进行评审，共评出一等奖8篇，二等奖10篇，三等奖15篇。这33篇调研报告各具特色，内容广泛，从不同角度反映了税收事业发展的前瞻性问题和征管实践工作中的热点、难点问题，为北京市经济社会平稳健康发展添砖加瓦，发挥良好作用。2011 年 6 月，学会召开了调研工作总结会，对上年的调研工作进行总结，对获奖的调研报告和优秀理论调研员进行表彰。2012 年 3 月，学会组织中财大、首都经贸大的教授和部分区县局理论调研员，召开调研工作会，会议确定六个调研课题，专家组负责三个重点调研课题，区县局分组负责“税源专业化管理工作的实践与思考”“促进生产性服务业发展的税收政策研究”“加强文化产业税收征管的研究”等三个调研课题。2012 年度的调研工作采用了统一命题、集中力量、分组负责的方法，使调研工作更加体现了围绕中心、提高质量、保证精品的特点，取得良好效果。

【培训工作】培训工作是学会为会员服务的重要方式和途径，通过培训可以有效地提高纳税人和广大会员的业务水平，开阔大家对经济工作的视野，培养综合素质。经过几年来的实践与探索，学会逐渐形成了专项培训与行业培训相结合的工作模式，学会培训工作取得了新的成效和拓展。2012 年，学会适时安排“企业所得税汇算清缴”和“营业税改征增值税”的专项培训。由于 2011 年北京市作为全国“营改增”的试点单位，企业在执行过程中遇到很多实际问题，学会及时组织会员进行培训，请中财大税务学院副院长樊勇作“关于营业税改征增值税试点改革及影响”的讲座，为企业会员解疑释难，为企业顺利实行“营改增”助力。学会为做好培训工作，坚持每年征求会员们对培训工作的意见和需求，不断改进创新培训工作。去年学会根据会员的要求，组织两次配合行业的专业培训。2012 年 6 月，学会与中国人寿保险有限公司合作，为该系统财会人员培训了保险业税收和税务机关稽查工作的专业知识。8 月，与二商集团合作，对二商集团财务人员开展营业税改征增值税的专业培训，这些培训工作受到企业会员的好评。

【编辑工作】多年来，学会把编辑税收政策汇编、网上税收政策月综述和会刊作为纳税服务工作的主要内容。学会按照以行业编辑税收政策汇编的长期计划，出版《金融保险业地方税收政策解读》一书，同时计划安排《文化、体育业地方税收政策解读》一书的编辑工作，目前该书已完成初稿，计划如期出版发行。2012 年，学会继续与市地税局纳税服务中心合作，坚持开办网上税收政策月综述栏目，每月及时将税收新政策、新变化在地税网站上发布，向纳税人广泛宣传。自创办以来，该栏目已编辑 87 期，累计 413555 人次访问，平均年访问量 59079 人次。学会坚持每季编辑发行会刊，及时报道市地税系统和学会的工作动态，反映北京市经济工作的重大事件和重要信息，社会关注的税收热点问题，税收业务指南，以及刊登地税系统和会员的调研成果，为经济战线的同行们提供借鉴参考，会刊充分发挥税法宣传、税企沟通的作用。

【学会第二届第三次理事大会】2012 年 4 月中旬，学会按照章程规定，按时召开第二届第三次理事大会。会前，学会首先召开会长会和常务理事大会，针对第三次理事大会的任务和内容充分发扬民主进行研究讨论，对大会的召开作充分准备。在第三次理事大会上，秘书处向大会报告学会 2011 年度工作，部署 2012 年度工作安排计划；监事会向大会报告学会依法开展活动和年度财务管理情况，会议顺利审议通过以上两项内容。大会还审议通过关于学会理事、常务理事、副会长等人事变动的议案。市地税局总经济师卜祥来出席了大会并作重要讲话。全体理事和各区县地税局、分局的学会（研究会）特邀代表共 130 余人参加大会。第二届第三次理事大会顺利完成各项内容，实现大会预期目的。

【年审工作】根据市社会团体管理办公室年检规定，学会于 2012 年 4 月按照要求向市社团办提交了各项年检报告、资料以及学会依法开展各项活动的报告，顺利通过 2011 年年度审验。

【干部队伍建设】学会始终高度重视自身组织建设和驻会干部队伍的素质建设，尽管近两年来学会组织由于各种因素造成会员变化快、变化多，驻会干部不断增加的情况，学会能够及时根据情况变化，严格按照组织程序进行调整。驻会人员的增加，为学会增添力量，学会及时细化工作和业务分设，使学会的组织结构更加科学，工作基础建设更加扎实。根据市地税局党组的要求和工作部署，学会认真开展了“党风廉政建设责任制推进惩防体系任务完成情况专项检查”的自查工作。一是学会紧密结合学习贯彻党的十八大精神，组织全体驻会干部认真学习文件精神，重读《中国共产党党员领导干部廉洁从政若干准则》《北京市建立健全惩治和预防腐败体系 2008—2012 年实施办法》《北京市关于党的基层组织实行党务公开的意见》和市地税局下发的《建立健全惩治和预防腐败体系 2008—2012 年工作规划》《关于实行党风廉政建设责任制的规定》等文件，统一驻会干部对自查工作的思想，提高加强廉政建设的认识。二是学会领导班子以身作则，带头逐项对照重点检查内容结合学会实际进行认真自查。三是开展行之有效的思想教育，突出教育的针对性和时效性。根据市地税局的统一部署，学会在全体党员干部中开展以树立正确的世界观、人生观、价值观和权力观、地位观、利益观的党性教育；开展以牢记“两个务必”，践行“八个方面”良好风气和社会主义荣辱观为主要内容的党风教育；开展了以党章、党纪处分条例、党内监督条例为主要内容的党纪条规教育，引导全体党员牢固树立廉洁从政意识，积极营造讲廉政、讲操守、讲品行的浓厚政治氛围，自觉争当遵守党纪的模范。四是加强制度建设，强化监督管理。学会根据自身建设特点，把检查工作重点放在全面规范财务管理工作上。学会严格执行财经纪律和有关管理制度，大宗公用用品的采购实行管采分离，重大支出集体决定，每年坚持进行财务审计，不参与企业的宴请、娱乐、健身、旅游等活动，未发生乱加班、乱收费现象，不向企业收取讲课费、顾问费、咨询费等，公车严格管理做到不滥用。

【领导班子成员】北京市地方税务学会会长：徐志宏；副会长：范云军、王天麟、路俊霞、韩风岐、于燕萍；秘书长：徐滨；副秘书长：柳昌荣、金燕齐；监事长：杨玉杰。

（侯燕玲）

统计资料

北京市地方税务局各项税费收入完成情况表
（2012 年）

报表所属日期：2012 年 12 月 单位：万元

项目	年度计划	本期累计收入				
		本期累计	同期累计	占年度计划（%）	本月	
					增减额	增减（%）
各项税费收入合计		28652480	26666227		1986253	7.4
地方公共财政预算收入合计	22065000	22178546	20838620	100.5	1339926	6.4
一、国内税收收入合计		27031015	25531237		1499778	5.9
1. 营业税		11527384	10715082		812302	7.6
2. 企业所得税		2210234	2105154		105080	5.0
其中：中央级		1391481	1294543		96938	7.5
地方级		818753	810611		8142	1.0
3. 个人所得税		7034764	6812667		222097	3.3
其中：中央级		4220858	4087600		133258	3.3
地方级		2813906	2725067		88839	3.3
4. 资源税		8032	3444		4588	133.2
5. 固定资产投资方向调节税		107			107	
6. 城市维护建设税		1621502	1467372		154130	10.5
7. 房产税		1107209	994011		113198	11.4
8. 印花税		447060	396733		50327	12.7
9. 城镇土地使用税		162568	160693		1875	1.2
10. 土地增值税		1320656	1212901		107755	8.9
11. 车船税		222935	185803		37132	20.0
12. 耕地占用税		102719	115661		-12942	-11.2
13. 契税		1265844	1361716		-95872	-7.0
二、非税收入合计		1621465	1134990		486475	42.9
1. 教育费附加收入		747332	675953		71379	10.6
2. 外商投资企业土地使用费		10417	11396		-979	-8.6
3. 税务部门罚没收入		2121	2177		-56	-2.6
4. 其他		861594	445464		416130	93.4
（1）文化事业建设费收入		216463	241727		-25264	-10.5
其中：中央级		103588	105041		-1453	-1.4
地方级		112875	136686		-23811	-17.4
（2）残疾人就业保障金		224406	203737		20669	10.1
（3）地方教育附加		420727			420727	

北京市地方税务局各项税费收入分单位完成情况表（2012 年）

单位：万元

项　目	序号	各项税费收入				
		本期	同期	增减额	增减（%）	比重（%）
合　计		28652480	26666227	1986253	7. 5	100. 0
东城局	1	3033015	2919278	113737	3. 9	10. 6
西城局	2	5099953	4785365	314588	6. 6	17. 8
朝阳局	3	6486413	5998262	488151	8. 1	22. 6
海淀局	4	5375350	5149520	225830	4. 4	18. 8
丰台局	5	1258112	1119755	138357	12. 4	4. 4
石景山局	6	499594	451259	48335	10. 7	1. 7
门头沟局	7	303217	274806	28411	10. 3	1. 1
燕山分局	8	156526	136238	20288	14. 9	0. 6
昌平局	9	912165	779006	133159	17. 1	3. 2
通州局	10	681593	641060	40533	6. 3	2. 4
顺义局	11	1241264	1190361	50903	4. 3	4. 3
大兴局	12	821198	689026	132172	19. 2	2. 9
房山局	13	516563	464449	52114	11. 2	1. 8
怀柔局	14	358419	339649	18770	5. 5	1. 3
密云局	15	302735	297643	5092	1. 7	1. 1
平谷局	16	338600	326298	12302	3. 8	1. 2
延庆局	17	118036	111675	6361	5. 7	0. 4
开发区分局	18	798294	650670	147624	22. 7	2. 8
西站分局	19	33275	27117	6158	22. 7	0. 1
直属二局	20	318158	314790	3368	1. 1	1. 1

北京市地方税务局税务登记户数
（2012 年）

税务登记户经济类型情况表

经济类型 \ 户数及比重	户 数	比重（%）
私营企业	467484	41.41
个体工商户	325889	28.86
有限责任公司	215010	19.05
外资企业	33837	3.00
其他经济	28473	2.52
股份合作企业	25041	2.22
集体企业	15119	1.34
国有企业	11848	1.05
股份有限公司	5837	0.52
联营企业	392	0.03
合 计	1128930	100.00

税务登记户按产业分布情况表

产业结构	征管行业	户 数	比重（%）
第一产业	农、林、渔、牧业	25130	2.23
第二产业	采矿业	454	0.04
	制造业	46082	4.08
	电力、热力、燃气及水生产和供应业	1014	0.09
	建筑业	32233	2.86
第二产业小计		79783	7.07
第三产业	批发和零售业	437986	38.80
	交通运输、仓储和邮政业	26769	2.37
	住宿和餐饮业	50478	4.47
	信息传输、软件和信息技术服务业	16941	1.50
	金融业	7236	0.64
	房地产业	23435	2.08
	租赁和商务服务业	164274	14.55
	科学研究和技术服务业	113755	10.07
	水利、环境和公共设施管理业	2324	0.21
	居民服务、修理和其他服务业	117682	10.42
	教育	7283	0.65
	卫生和社会工作	4075	0.36
	文化、体育和娱乐业	43158	3.82
	公共管理、社会保障和社会组织	8585	0.76
	国际组织	36	0.00
第三产业小计		1024017	90.70
合 计		1128930	100.00

各区县税务登记户分布情况表

户数排名	区县局	税务登记户数（户）	占全市总户数比重（%）
1	朝　阳	214329	18.98
2	海　淀	194244	17.21
3	丰　台	109524	9.70
4	西　城	79616	7.05
5	昌　平	78345	6.94
6	通　州	75368	6.68
7	东　城	64035	5.66
8	大　兴	56409	5.00
9	顺　义	41858	3.71
10	房　山	40939	3.63
11	石景山	36019	3.19
12	怀　柔	35105	3.11
13	密　云	25613	2.27
14	门头沟	23788	2.11
15	平　谷	20520	1.82
16	延　庆	15328	1.36
17	开发区	6457	0.57
18	直属二	6195	0.55
19	燕　山	4292	0.38
20	西　站	946	0.08
合　计		1128930	100.02

北京市税务登记户划分区域功能表

功能区域	税务登记户数（户）	功能区域	税务登记户数（户）
首都功能核心区	143651	城市功能拓展区	554116
东　城	64035	朝　阳	214329
西　城	79616	海　淀	194244
		丰　台	109524
		石景山	36019
全年累计税收收入（万元）	8132968	全年累计税收收入（万元）	13619469
城市发展新区	303668	生态涵养发展区	120354
通　州	75368	门头沟	23788
顺　义	41858	平　谷	20520
大　兴	56409	怀　柔	35105
昌　平	78345	密　云	25613
房　山	40939	延　庆	15328
开发区	6457		
燕　山	4292		
全年累计税收收入（万元）	5127603	全年累计税收收入（万元）	1421007

机构人员

北京市地方税务局局领导名录

局长、党组副书记	王晓明
党组书记、副局长	刘江平
党组成员、副局长	郝硕博
党组成员、副局长	王京华（女）
党组成员、副局长	任　军
党组成员、纪检组长	吴　鼎
党组成员、副局长	吕兴渭
党组成员、总经济师	卜祥来（2月任党组成员）
党组成员、副巡视员	王勇生
副巡视员	刘宝忠
副巡视员	杨文俊

北京市地方税务局各处室、直属事业单位、区县局、分局、社会团体、群众团体主要负责人名录

市局各处室

办公室主任	周上序
法制处处长	施　宏
研究室主任	常海龙
营业税管理处处长	范力军
企业所得税管理处处长	张　翅
个人所得税管理处处长	肖慧宗
地方税管理处处长	钱剑兰（女）
残保金管理处处长	李海燕
工会经费管理处	姜松霞（女）
征收管理处处长	陆　坤
收入规划核算处处长	张亚平
税务稽查处（税务违法案件举报中心）处长	杨晓东
纳税评估处处长	刘振声
纳税服务处	王　磊
档案处处长	邹永欣
科技信息处处长	杨　涛
计划财务处处长	关小虎
宣传教育处处长	庄祁玮
基层工作处处长	沈永奇
人事处处长	董雪涛
保卫处处长	王立水
审计处处长	周上序（兼）
机关党委办公室主任	高学江

离退休干部处处长	张　康
中共北京市纪委驻北京市地税局纪检组副组长	吕新利
北京市监察局驻北京市地税局监察处处长	
社保金管理处（筹备）	刘安乐（5月免）
《税务志》编纂委员会办公室主任	宋榜捷

直属事业单位

票证管理中心主任	王宝明
纳税服务中心主任	李宗定
信息中心（信息系统运营维护中心）主任	李龙江（兼）
信息系统安全保障中心主任	李龙江
《北京税务公报》编辑部副主任	于军海
机关后勤服务中心主任	杨玉杰
老干部活动中心和干部培训中心党组书记	李建十
老干部活动中心和干部培训中心主任	娇卫建

各区县局、分局

东城区地方税务局党组书记	秦龙生
东城区地方税务局局长	刘春林
西城区地方税务局党组书记	邢　军
西城区地方税务局局长	李玉庆
崇文区地方税务局局长	秦龙生
宣武区地方税务局局长	邢　军
朝阳区地方税务局局长	陈合庄
海淀区地方税务局局长	杜军利
丰台区地方税务局局长	金志雄
石景山区地方税务局局长	张兴明
门头沟区地方税务局局长	吴鲁平
通州区地方税务局局长	朱兴有
顺义区地方税务局局长	张天生
怀柔区地方税务局局长	韩　松
平谷区地方税务局党组书记	张忠良
平谷区地方税务局局长	张秀娟（女）
房山区地方税务局局长	万国喜

昌平区地方税务局局长	姚敬国
大兴区地方税务局局长	冯守利
密云县地方税务局局长	赵增科
延庆县地方税务局局长	于欣杰
北京市地方税务局燕山分局局长	王　炜
北京市地方税务局北京西站分局局长	刘　义
北京市地方税务局开发区分局局长	王炯宁
北京市地方税务局第一稽查局局长	孙长海
北京市地方税务局第二稽查局局长	郭筑明
北京市地方税务局第一直属分局局长	陈　侠（女）
北京市地方税务局第二直属分局局长	薛　礼

社会团体

北京市国际税收研究会会长	孙振刚
北京市地方税收学会会长	徐志宏

群众团体

北京市地方税务局直属机关工会主席	王勇生
北京市地方税务局直属机关工会副主席	牛　杰（女）

北京市地方税务局机构、人员统计情况

北京市地方税务系统机构统计表（2012 年）

单位：个

类别 项目	合计	北京市地方税务局					
		市局机关处室	区、县局	直属分局	事业单位	税务所	区县分局下设稽查局
机构	308	27	16	7	10	229	19
说明	1. 27 个市局机关处室中包括：23 个内设机构、3 个其他机构（机关党委办公室、离退休干部处、工会）和 1 个派驻机关（驻局纪检组、监察处）。 2. 直属分局包括：第一稽查局、第二稽查局、开发区分局、西站分局、燕山分局、第一直属分局、第二直属分局。 3. 事业单位包括：信息中心、信息系统安全保障中心、信息系统运营维护中心、票证管理中心、纳税服务中心、机关后勤服务中心、《北京地方税务公报》编辑部、干部培训中心、老干部活动中心、税务档案资料管理中心。						

注：①本表各项统计数截至 2012 年 12 月 31 日。

②社会团体：北京市国际税收研究会、北京市地方税务学会。

③群众团体：北京市地方税务局直属机关工会。

北京市地方税务系统人员基本情况统计表（2012 年）

单位：人

项目 类别	实有人数合计	性别		民族		文化程度						学位		政治面貌				年龄结构					
		男	女	汉	其他	研究生	大学	大专	中专	高中技校职高	初中以下	博士	硕士	共产党员	共青团员	民主党派	无党派或群众	30岁以下	31至35岁	36至45岁	46至54岁	55至59岁	60岁以上
合计	7399	4201	3198	7020	379	451	5389	1191	102	205	66	14	396	5191	204	61	1943	736	1073	2840	2425	325	
干部	6924	3765	3159	6559	365	451	5298	1054	73	45	3	14	396	5049	201	60	1614	732	1054	2682	2186	270	
工人	475	436	39	461	14		86	137	29	160	63			142	3	1	329	4	19	158	239	55	

北京市地方税务局区县局、分局机构设置情况统计表
（2012 年）

单位：个

单　位	机关科室	税务所	稽查局	稽查局下设科	事业单位	合计
合　计	299	229	19	99	19	665
东城区地税局	18	24	1	11	2	56
西城区地税局	18	21	1	11	2	53
朝阳区地税局	14	15	1	6	1	37
海淀区地税局	15	18	1	5	1	40
丰台区地税局	14	13	1	5	1	34
石景山区地税局	14	10	1	4	1	30
门头沟区地税局	14	10	1	5	1	31
房山区地税局	15	12	1	5	1	34
通州区地税局	14	11	1	5	1	32
顺义区地税局	15	16	1	6	1	39
昌平区地税局	14	12	1	5	1	33
大兴区地税局	14	14	1	5	1	35
平谷区地税局	14	10	1	5	1	31
密云县地税局	14	9	1	5	1	30
怀柔区地税局	14	8	1	5	1	29
延庆县地税局	14	12	1	5	1	33
燕山分局	9	4	1	2	1	17
开发区分局	8	5	1	2		16
西站分局	7	2	1	2		12
第一稽查局	16					16
第二稽查局	16					16
第一直属分局						
第二直属分局	8	3				11

大事记

持召开第2次局务会议，部署组织收入和春节期间安全稳定工作，审议并原则通过《关于2012年税收计划编制情况的说明》《关于做好春节期间安全稳定工作的通知》。

1月13日 北京市地方税务局机关举办“健康快乐庆新春 团结和谐迎龙年”春节联欢会。

1月15日 北京市地方税务局召开2012年个人所得税工作会议。副局长任军到会并讲话。

1月17日 北京市财政局、北京市国家税务局、北京市地方税务局联合转发《财政部、国家税务总局关于继续执行供热企业增值税、房产税、城镇土地使用税优惠政策的通知》（京财税〔2012〕26号），规定自2011年7月1日至2015年12月31日，对向居民供热而收取采暖费的供热企业，为居民供热所使用的厂房及土地继续免征房产税、城镇土地使用税。

1月17日 北京市地方税务局西站税务所所长经萍、第二稽查局执行科被北京市妇女联合会、北京市总工会、北京市人力资源和社会保障局评为三八红旗手和三八红旗集体。

1月18日 北京市地方税务局副局长吕兴渭与北京市国家税务局副局长张占英正式签署《委托代征税费协议书》，将本市部分范围的城市维护建设税、教育费附加和地方教育附加委托市国税局代为征收。

1月19日 北京市地方税务局党组书记刘江平主持召开党组会议，研究易鸿卫等20人任前公示情况，传达学习贯彻全市组织部长会议精神等事项，通报市委组织部2011年北京市组织工作满意度民意调查结果。

1月21日 北京市国家税务局、北京市地方税务局召开营业税改征增值税试点工作座谈会，副局长吕兴渭、副巡视员刘宝忠、市国税局总审计师高瑞君、市财政局税政处副处长梅月华出席会议。

1月31日—2月1日 北京市地方税务局召开2012年纳税服务专业工作会议。副局长吕兴渭到会并讲话。

2月

2月1日 北京市地方税务局召开2012年工会经费税务代收工作会议。副局长王京华到会并讲话。

2月1日 北京市地方税务局召开2012年纳税评估工作电视电话会议。副局长任军到会并讲话。

2月1日 根据《财政部、国家税务总局关于调整锡矿石等资源税适用税率标准的通知》（财税〔2012〕2号）文件要求，自2012年2月1日起，对本市铁矿石资源税税率调整为减按规定税率14.5元/吨的80%征收。

2月3日 北京市地方税务局召开2012年全系统办公室工作会议。副巡视员杨文俊到会并讲话。

2月7日 北京市委组织部印发《中共北京市委组织部关于卜祥来同志任职的通知》（京组干〔2012〕4号）：卜祥来同志任中共北京市地方税务局党组成员。

2月7日 北京市地方税务局召开2012年信息化工作会议。副局长郝硕博到会并讲话。

2月7日 北京市编办印发《关于同意首都功能核心区行政区划调整后对原城四区地税局所属事业单位进行整合设置的函》（京编办行〔2012〕12号）。

2月7日 北京市编办印发《关于调整区县地税局主要职责内设机构和人员编制以及市地税局直属机构人员编制的函》（京编办行〔2012〕

13号)。

2月8日 北京市地方税务局召开2012年企业所得税工作会议。副局长王京华到会并讲话。

2月8日 北京市地方税务局召开2012年全系统法制暨国际税务管理工作会议。总经济师卜祥来到会并讲话。

2月9日—10日 北京市地方税务局召开2012年地方税工作会议。副局长王京华到会并讲话。

2月9日—10日 北京市地方税务局召开2012年征管系列工作会议。副局长吕兴渭、副巡视员杨文俊到会并讲话。

2月10日 北京市地方税务局召开2012年税务稽查工作会议。副局长郝硕博到会并讲话。

2月10日 北京市总工会十二届七次委员(扩大)会议对2011年度北京市"两模三优"获奖单位和个人进行表彰。北京市地方税务局机关工会被授予"北京市模范职工之家"称号。这是市局机关工会成立15年来首次获此殊荣。

2月13日 北京市地方税务局召开2012年度信息化工作会议。副局长郝硕博出席会议并讲话。

2月13日 北京市地方税务局发布《北京市地方税务局关于对部分企业所得税减免税项目进行备案管理的公告》(2012年第2号)。

2月13日 北京市财政局、北京市地方税务局联合转发《财政部、国家税务总局关于企业事业单位改制重组契税政策的通知》(京财税〔2012〕136号)。

2月14日 北京市地方税务局召开2012年北京市地方税务局个人所得税工作会议。副局长任军到会并讲话。

2月15日 北京市地方税务局召开2012年北京市地税系统审计工作会议。总经济师卜祥来到会并讲话。

2月15日 《北京工作》刊登了北京市地方税务局题为《地税税收与经济协调发展》的深度报道。

2月16日 北京市地方税务局召开2012年北京市地税系统财务工作会议。副巡视员杨文俊到会并讲话。

2月16日 北京市地方税务局召开2012年北京市地税系统收入规划核算工作会议。总经济师卜祥来到会并讲话。

2月16日 北京市地方税务局发布《北京市地方税务局关于填报〈中华人民共和国企业所得税月(季)度预缴纳税申报表〉等报表相关事项的公告》(2012年第3号)。

2月17日 北京市地方税务局召开全系统营业税改征增值税工作专题会,按照《营业税改征增值税试点工作进度表》,明确工作任务、责任单位和完成时限。国家税务总局流转税司副司长龙岳辉、市财政局副局长赵彦明、市国税局总审计师高瑞君、市地税局副局长吕兴渭、副巡视员刘宝忠出席会议。

2月20日 北京市地方税务局局长王晓明主持召开第1次局长办公会议,研究《北京市地方税务局"十二五"时期纳税服务工作规划》、新供应商确定前票证印制供应工作,听取优化政务流程、完善管理制度工作进展情况及下一步工作建议的汇报。

2月20日 北京市地方税务局党组书记刘江平主持召开党组会议,研究2011年度考核奖励工作、对高海娜等40名符合晋升科级非领导职务人员进行考察等事项,传达中组部部长李源潮、北京市委书记刘淇对北京市开展"三进两促"活动的批示精神等事项,审议并原则通过按照市委组织部要求进行市级党政工作部门领导班子互评工作建议、2011年度“以奖代补”年终考核资金分配方案、《中共北京市地方税务局党组中心组2012年理论学习计划》。

2月21日 北京市地方税务局组织召开协调解决北京城和房地产开发有限责任公司花市枣苑项目涉及土地增值税扣除项目中利息扣除问题专题会议。国家税务总局财产行为税司副司长杨遂周、副巡视员曹聪及北京地税局副局长王京华等出席会议。

2月23日 北京市地方税务局召开服务基层、服务纳税人工作领导小组办公室2012年度第一次全体成员单位会议。副局长吕兴渭到会并讲话。

2月24日 北京市地方税务局召开2012年全系统安全保卫工作会议。副巡视员刘宝忠到会并讲话。

2月29日 北京市地方税务局局长王晓明主持召开第2次局长办公会议，听取全面开展优化政务流程完善管理制度工作汇报，通报全市2011年建议提案办理情况，审议并原则通过《北京市地方税务局官方政务微博工作管理办法（试行）》《北京市地方税务局涉税舆情危机处置预案（试行）》。

2月29日 北京市地方税务局党组书记刘江平主持召开党组会议，研究选举北京市第十一次党代会代表和产生市直机关党代会代表工作；对17名符合晋升处级非领导职务资格临近退休人员进行民主推荐和考察，2012年北京市地税系统党风廉政建设工作会议材料；传达学习全国税务系统党风廉政建设工作会议精神等事项。

2月29日 北京市国家税务局、北京市地方税务局联合发布《北京市国家税务局、北京市地方税务局关于企业所得税纳税人涉税事项附送税务师事务所等涉税专业服务机构鉴证业务报告的公告》（北京市国家税务局公告2012年第2号）。

3月

3月2日 北京市地方税务局召开2012年全系统党风廉政建设工作会议。局长王晓明主持会议，纪检组长吴鼎作工作报告，市纪委常委张才雄和北京市地方税务局党组书记刘江平作重要讲话。国家税务总局监察局副局长姜建会出席会议。市局全体局领导，市局各处室、直属单位副处级以上领导干部，各区县（分）局副处级以上领导干部、监察科科长，国际税收研究会、地方税务学会秘书长出席会议。

3月6日 北京市地方税务局召开全面开展优化政务流程、完善管理制度工作视频会议。局领导刘江平、任军、吕兴渭、卜祥来、杨文俊出席会议。

3月7日 北京市地方税务局召开研究税源专业化管理专题会议，局长王晓明主持会议并讲话。

3月12日 财政部驻北京市财政监察专员办事处开始对海淀区、朝阳区、怀柔区、平谷区地方税务局和开发区分局等单位开展开发区财税政策执行情况及税收征管质量专项检查。

3月13日 北京市地方税务局印发《北京市地方税务局关于调整北京市地方税务局优化政务流程完善管理制度工作领导小组及其办公室组成人员和职责的通知》（京地税办〔2012〕21号）。

3月13日 北京市地方税务局印发《北京市地方税务局关于全面开展优化政务流程完善管理制度工作的意见》（京地税办〔2012〕22号）。

3月16日 北京市地方税务局召开2012年度系统人事工作电视电话会议。党组书记刘江平、副巡视员王勇生到会并讲话。

3月16日 在北京市政府办公厅组织召开的《智慧北京行动纲要》动员和工作部署会上，北京市地方税务局被北京市信息化工作领导小组授予2011年度电子政务绩效突出奖。

3月19日—4月15日 北京市地方税务局举办“2012年北京地税处级副职公务员任职培训班”，各区县（分）局96名新任处级副职参训。

3月20日—21日 北京市地方税务局组织召开土地增值税工作暨培训片会。副局长王京华到会并讲话。

3月21日 北京市地方税务局印发《北京市地方税务局关于扎实推进市局机关优化政务流程完善管理制度优化完善阶段工作的通知》（京地税办〔2012〕29号）。

3月21日 北京市地方税务局印发《北京市地方税务局关于印发〈北京市地方税务局官方微博工作管理办法（试行）〉的通知》（京地税宣〔2012〕30号）和《北京市地方税务局关于印发〈北京市地方税务局涉税舆情危机处置预案（试行）〉的通知》（京地税宣〔2012〕31号）。

3月23日 北京市打击发票违法犯罪活动工作协调小组召开2011年打击发票违法犯罪活动工作总结暨2012年工作部署会议。市政府副秘书长杨志强出席会议并讲话，北京市地方税务局副局长郝硕博通报全市2011年打击发票违法犯罪活动工作情况并对2012年工作进行部署。15个成员单位主管领导出席会议。

3月23日 北京市地方税务局召开党组中心组扩大学习会议，中国纪检监察报社社长李本刚应邀作“保持党的纯洁性”专题教育辅导讲座。北京市地方税务局党组书记刘江平主持会议并代表市局党组提出要求。

3月23日 北京市科委、北京市商委、北京市财政局、北京市国家税务局、北京市地方税务局、北京市发展和改革委员会联合印发《北京市技术先进型服务企业认定管理办法》（京科发〔2012〕166号）。

3月23日 北京市地方税务局印发《北京市地方税务局关于印发〈北京市“十二五”时期纳税服务工作规划〉的通知》（京地税纳〔2012〕34号）。

3月26日 北京市地方税务局局长王晓明主持召开第3次局长办公会议，研究《北京市地方税务局关于开展税源专业化管理工作的指导意见》，审议并原则通过全系统开展第21个全国税收宣传月活动方案、北京市地方税务局2012年资产清查工作方案、市局2011年折子工程完成情况及2012年折子工程。

3月26日 北京市地方税务局党组书记刘江平主持召开党组会议，研究市局机关高海娜等40名同志晋升科级非领导职务、刘乃昌为东城区地方税务局副局长考察对象人选、临近退休考察对象任职等事项，审议并原则通过2011年度考核奖励工作建议、《国际税务管理处与第二直属分局合署办公工作方案》。

3月28日 北京市地方税务局组织召开2012年房地产税收一体化管理工作会议。副局长王京华到会并讲话。

3月28日 北京市地方税务局印发《北京市地方税务局关于印发〈北京市地方税务系统2012年税收执法督察工作方案〉的通知》（京地税审〔2012〕56号）。

3月30日 北京市地方税务局党组书记刘江平、副局长郝硕博参加以“北京市地方税务局局长谈‘税收·发展·民生’”为主题的在线答疑活动。

3月31日 根据《北京市地方税务局关于

独立设置国际税务管理处的通知》（京地税人〔2012〕41号）文件精神，独立设置国际税务管理处，并与第二直属分局合署办公。

3月31日 2011年度年所得12万元以上纳税人自行申报纳税工作结束，全市申报人数累计74.5万人，同比增加15.1万人，增幅25.4%。

4月

4月1日 北京市国家税务局、北京市地方税务局联合举办“税收与文化创意产业”座谈会，拉开全市第21个税收宣传月的帷幕。座谈会由市国税局局长吴新联主持，市地税局局长王晓明作总结讲话。市国税局、地税局的局领导、相关业务处室、直属单位的负责人出席座谈会并现场解答了企业代表提出的部分问题。央视动画、北京儿艺、百度在线、歌华有线等10家知名文化创意企业代表应邀出席了座谈会。

4月5日 北京市地方税务局党组书记刘江平主持召开党组会议，研究刘乃昌任职、王梦昭等5人任前公示情况、2011年度军转干部定职、增加市局机关租用停车泊位费等事项。

4月10日 北京市地方税务局局长王晓明主持召开第3次局务会，传达贯彻中央精神和全市党员领导干部会议要求。

4月11日 北京市投资促进局、北京市国家税务局、北京市地方税务局联合举办税收政策解读会，面向在京外商投资企业解答最新税收政策问题。市投资促进局局长周卫民、市国税局副局长胡军和市地税局总经济师卜祥来出席会议并讲话。

4月12日 北京市地方税务局稽查处、宣传教育处组织召开新闻发布会，通报2011年稽查工作情况及2012年稽查工作重点。

4月16日 北京市财政局、北京市地方税务局联合转发《财政部、国家税务总局关于物流企业大宗商品仓储设施用地城镇土地使用税政策的通知》（京财税〔2012〕162号），规定自2012年1月1日起至2014年12月31日，对物流企业自有的（包括自用和出租）大宗商品仓储设施用地，减按所属土地等级适用税额标准的50%计征城镇土地使用税，同时对符合上述减税条件的物流企业加强备案管理。

4月16日 北京市地方税务局机关党委组织召开党总支、支部书记会议，部署市局机关组织建设年相关工作。副巡视员王勇生到会并讲话。

4月17日 北京市地方税务局局长王晓明做客北京城市服务管理广播《城市零距离》2012年度“市民对话‘一把手’”节目。

4月18日 北京市地方税务局召开服务中央在京金融机构座谈会。副局长吕兴渭、市政府外联服务办和中国工商银行股份有限公司、中央国债登记结算有限责任公司、中国银河证券股份有限公司、中国期货保证金监控中心有限责任公司、中国人寿保险（集团）公司等10家中央在京金融机构的纳税人代表出席会议。

4月18日 北京市地方税务局组织第二直属分局（国际税务管理处）和东城区地税局就涉外分局人员、业务、资产等各方面交接工作启动仪式。总经济师卜祥来、副巡视员王勇生出席启动仪式。

4月18日 北京市地方税务局印发《北京市地方税务局转发国家税务总局关于印发〈特别纳税调整内部工作规程（试行）〉的通知》（京地税际〔2012〕51号）。

4月18日 北京市地方税务局网站为中央在京企业开通“服务央企”邮箱。

4月19日 北京市地方税务局局长王晓明主持召开第4次局务会议，研究部署全系统组织收入和优化完善政务制度流程工作。

4月19日 北京市地方税务局局长王晓明主持召开第4次局长办公会议，研究《市局机关处室与基层税务所联系工作实施意见》《基层工作专报》、市局公务用车治理重新核编工作等事项，审议并原则通过《2011年四季度及年度管理考核情况通报》《2012年考核指标及评分标准》《北京地税》支付稿酬工作方案。

4月23日 北京市地方税务局召开2012年全系统公文写作培训电视电话会。副巡视员杨文俊到会并讲话。

4月24日 北京市地方税务局局长王晓明到海淀区地税局学院路税务所、东城区地税局第三税务所调研优化政务流程完善管理制度工作。

4月24日—27日 北京市地方税务局局领导分头到各区县（分）局检查督导优化政务流程完善管理制度工作。

4月25日 北京市地方税务局、北京市农科院联合举办了“涉农税收政策”座谈会。副局长王京华、市农科院副院长唐桂均及部分农业专家出席会议。

4月27日 北京市地方税务局党组书记刘江平主持召开党组会议，研究杜云涛等6人试用期满考核、《北京市地方税务局党风廉政建设责任制实施办法》《北京市地方税务局2012年党风廉政建设和反腐败工作重点任务分工方案》《北京市地方税务局关于进一步加强廉政风险防控管理的实施意见》及《实施方案》等事项，审议并原则通过市局人员换发税务服装工作建议。

5月

5月7日—11日 北京市地方税务局委托北京大学法学院举办了一期处级干部党建和依法行政专题培训班。市局机关各党支部书记，各区县（分）局党组副书记或党总支书记等73人在北京大学参加了为期5天的脱产培训学习。

5月10日 北京市地方税务局印发《北京市地方税务局关于印发〈北京市地方税务局2012年依法行政工作要点〉的通知》（京地税法〔2012〕57号）。

5月14日 北京市财政局、北京市地方税务局联合印发《北京市地方税务系统执法执勤用车配备使用管理办法（试行）》（京财采购〔2012〕753号）。

5月15日 北京市地方税务局局长王晓明主持召开第5次局长办公会议，研究《北京市地方税务局纳税清算管理办法（试行）》《北京市地方税务局机关公务员平时考核暂行办法》。

5月15日 北京市地方税务局党组书记刘江平主持召开党组会议，研究推荐2011年度局级干部考核奖励人选等事项，审议并原则通过2012年内部预算及“三代”手续费预算安排。

5月15日 北京市地方税务局党组印发《中共北京市地方税务局党组关于印发〈北京市地方税务局党风廉政建设责任制实施办法〉的通知》（京地税党〔2012〕49号）。

5月25日 北京市地方税务局召开内部预算安排工作会议。副巡视员杨文俊到会并讲话。

5月28日 北京市地方税务局印发《北京市地方税务局关于开展2012年减免税统计调查工作的通知》（京地税收〔2012〕67号），启动2012年减免税统计调查工作。

5月29日 北京市地方税务局党组书记刘江平主持召开党组会议，研究民主推荐市局宣教处处长兼宣传中心主任人选、庞黎静等3人为调研员人选、向市委组织部报送公开选拔职位、市局2011年及以前年度经费结余有关工作等事项，审议并原则通过《北京市地方税务局2012年接收安置军转干部工作方案》。

5月29日　北京市地方税务局印发《北京市地方税务局关于印发〈市局政务制度流程适用范围目录〉和〈基层税务所政务制度参考目录〉的通知》（京地税办〔2012〕69号）。

5月30日　北京市地方税务局印发《北京市地方税务局转发国家税务总局关于加强国际税收管理体系建设的意见的通知》（京地税际〔2012〕71号）。

5月31日　按照税务总局金税三期工程广域网项目建设要求，北京市地方税务局实现与国家税务总局北京生产中心、南海灾备中心的网络互联互通，圆满完成金税三期工程骨干网项目阶段的建设目标。

5月31日　北京市地方税务局与“2012—2014年度票证印刷定点服务政府采购项目”中标供应商签订《普通发票印制承揽合同》和《税收票证、业务印刷品印刷承揽合同》，依法向普通发票中标供应商送达《准予税务行政许可决定书》、核发《发票准印证》。按照行政许可程序注销未中标发票承印企业的行政许可。

5月31日　北京市地方税务局组织召开北京地税系统网络评论员培训会。市网管办网络新闻监管中心副主任张晓家和新浪新闻中心微博合作经理蒋宁，分别就北京市网络舆情形势及舆情监控的方式方法、微博突发事件及舆情应对授课培训。

6月

6月1日　容灾中心运维管理平台上线运行。

6月4日　北京市地方税务局会同北京市财政局和北京市住建委，根据2012年以来全市存量住房市场价格变化情况，重新对全市存量房交易价格评估值作出测算，经市政府批准后，对存量房交易计税价格评估值进行了首次动态更新调整。

6月8日　北京市地方税务局服务基层服务纳税人工作领导小组办公室组织编制并下发了税收业务流程学习题库。

6月18日　北京市地方税务局党组书记刘江平主持召开党组会议，研究庄祁玮为宣教处处长兼宣传中心主任考察对象、庞黎静等3人任职、2012年上半年公务员录用工作、中国共产党北京市第十一次代表大会工作报告（征求意见稿）反馈意见等事项，审议并原则通过市局机关纪念建党91周年相关工作安排、开展2012年度预算支出项目绩效评价自评工作有关建议。

6月18日　北京市地方税务局在系统内全面启用国家税务总局12366纳税服务热线税收业务知识库软件。

6月18日　北京市地方税务局组织“践行‘北京精神’　弘扬清正廉洁”反腐倡廉文艺作品征集活动，共收集各类作品100余件并选出46件作品上报。

6月19日　完成北京市地方税务局税务干部TAX861邮箱的迁移工作，此次迁移工作共涉及邮箱483个。

6月19日　北京市地方税务局党组印发《中共北京市地方税务局党组关于进一步加强廉政风险防控管理工作的意见》（京地税党〔2012〕58号）。

6月21日　北京市地方税务局召开系统2012年残保金代征工作视频会。总经济师卜祥来到会并讲话。

6月26日　北京市财政局、北京市地方税务局、北京市经信委联合转发《财政部、国家税务总局、工业和信息化部关于节约能源使用新能源车船车船税政策的通知》（京财税〔2012〕958

号）。

6 月 27 日 北京市地方税务局机关党委组织召开庆祝中国共产党成立 91 周年暨创先争优活动表彰大会。党组书记刘江平以“加强作风建设 发挥引领作用 努力保持地税机关党的纯洁性”为题讲党课。

6 月 29 日 搭建北京市地方税务局与北京市总工会间的第二条网络专线，确保了工会经费（筹备金）税务代收信息系统的顺利运行。

7 月

7 月 2 日 北京市地方税务局第二直属分局（国际税务管理处）纳税服务窗口正式独立运行。

7 月 3 日 北京市地方税务局印发《北京市地方税务局关于开展 2012 年税收会计检查工作的通知》（京地税收〔2012〕83 号）。

7 月 4 日 北京市地方税务局局长王晓明主持召开第 5 次局务会议，传达贯彻北京市第十一次党代会精神，研究部署全系统组织收入工作。

7 月 6 日 北京市地方税务局发布《北京市地方税务局关于普通发票简并票种统一式样有关问题的公告》（2012 年第 4 号）。

7 月 9 日 北京市地方税务局 2011 年有奖发票兑奖经费项目在市级财政支出绩效考核中被评为“优秀”等级。

7 月 10 日 北京市地方税务局、北京市工商局、北京市质监局、北京市统计局、北京市国家税务局五部门召开联席会议，重点研究各部门登记注册数据业务口径，分析各部门管户差异，提出数据比对方案及时间进度表。

7 月 11 日 北京市地方税务局党组书记刘江平主持召开党组会议，研究学习贯彻北京市第十一次党代会精神、庞黎静等 3 人任前公示、庄祁玮任职、《北京市地方税务系统处级干部任前公示办法》等事项，审议并原则通过关于结余资金安排的建议、西站分局会议室维修改造方案。

7 月 11 日 北京市地方税务局局长王晓明主持召开第 6 次局长办公会议，研究推广应用税收管理员工作平台 2.1 版有关工作。

7 月 12 日 北京市地方税务局机关党委组织市局机关优秀共产党员到北京航天城开展“学习载人航天精神 促进地税科学发展”主题党日活动。

7 月 18 日 北京市地方税务局召开道德领域突出问题专项教育和治理活动领导小组会议，研究讨论工作方案。副巡视员王勇生出席会议。

7 月 18 日 北京市地方税务局在全市范围内开展网上预约购领发票服务。纳税人可以通过北京市地方税务局网站或各区县（分）局网站，向 19 个区县（分）局的 71 个税务所提出预约购领发票申请。

7 月 18 日—19 日 根据 2012 年房地产税收一体化管理工作的计划安排，北京市地方税务局召开房地产税收业务政策培训视频会议。

7 月 19 日 北京市地方税务局参加了北京市政风行风热线“走进直播间”节目。总经济师卜祥来作为嘉宾出席。

7 月 20 日 北京市编办印发《关于同意为市地税系统增加行政编制的函》（京编办行〔2012〕104 号），同意为北京市地方税务局 2010 年度接收军队转业干部增加行政编制 21 名。

7 月 20 日 北京市地方税务局召开北京地税系统维护稳定工作会议暨开展道德领域突出问题专项教育和治理活动电视电话会议，副巡视员王勇生主持，党组书记刘江平讲话。

7 月 23 日 北京市地方税务局组织召开服务基层服务纳税人工作领导小组办公室 2012 年半年工作总结会。副局长吕兴渭到会并讲话。

7月24日 北京市地方税务局局长王晓明主持召开第7次局长办公会议，研究加强全系统安全稳定有关工作。

7月24日 北京市地方税务局营业税改征增值税试点改革工作小组办公室组织召开营业税改征增值税试点专题工作会，副局长吕兴渭、副巡视员刘宝忠出席会议。

7月24日 北京市地方税务局全系统第七届运动会保龄球赛在东城区东环广场举行，正式启动第七届运动会赛事。

7月31日 北京市地方税务局印发《北京市地方税务局关于贯彻落实〈税收违法违纪行为处分规定〉的通知》（京地税监〔2012〕94号）。

8月

8月1日 北京市地方税务局局长王晓明主持召开第6次局务会议，传达贯彻北京市2012年上半年经济形势分析会精神，研究部署当前任务。

8月2日 北京市地方税务局组织召开效能监控平台工作研讨会。副局长吕兴渭到会并讲话。

8月6日 北京市地方税务局在全市政务网站中率先开通网上实时在线咨询服务。

8月6日 北京市地方税务局启用新版发票，经市发改委批准，新版发票执行新的销售价格，工本费标准较旧版发票降低30%。

8月7日 北京市地方税务局党组书记刘江平率机关党委部分成员到房山区慰问对口帮扶对象房山区大安山乡赵亩地村。

8月8日 工业和信息化部信息化推进司编写的《全国地方政府网站建设和管理典型经验材料汇编》收录了《北京地方税务局努力开创网站建设的新局面》一文。

8月9日 北京市召开营业税改征增值税试点改革启动大会，对“营改增”工作进行动员部署。市委副书记、代市长王安顺、财政部副部长王军、国家税务总局副局长丘小雄出席会议并讲话，市委常委、常务副市长李士祥主持会议。

8月9日 北京市地方税务局局长王晓明主持召开第8次局长办公会议，传达北京市营业税改征增值税试点改革启动大会精神，研究部署全系统营业税改征增值税试点改革工作。

8月10日 北京市地方税务局在通州区地税局组织召开区县（分）局优化政务流程完善管理制度工作现场交流会，通州区地税局、朝阳区地税局、第一稽查局和石景山区地税局苹果园税务所、东城区地税局第三税务所作大会交流，党组书记刘江平、副巡视员杨文俊到会并讲话。

8月14日 北京市地方税务局召开营业税改征增值税试点改革启动大会，在全系统对“营改增”工作进行动员部署。副局长吕兴渭，副巡视员刘宝忠到会并讲话。

8月15日 北京市地方税务局党组书记刘江平主持召开党组会议，研究北京市地方税务系统2012年领导干部会工作报告及组织收入、“营改增”试点改革、征管改革、加强思想政治和基层建设工作专题材料，审议并原则通过北京市地方税务系统2012年领导干部会议安排。

8月17日 北京市地方税务局党组书记刘江平主持召开关于道德领域突出问题专题教育和治理活动专题辅导会，邀请北京师范大学教授郭海燕作报告。

8月21日—22日 北京市地方税务局组织召开北京市地方税务系统2012年领导干部会议。局长王晓明、党组书记刘江平分别作工作报告。会议同时传达国家税务总局上半年工作会精神，对稳步推进税收征管改革、“营改增”试点工作和加强组织收入工作进行重点部署。

8月23日 北京市委常委、常务副市长李士祥在《北京市地方税务局关于2012年1—7月税收完成情况的报告》（京地税收〔2012〕98号）上批示：“地税工作坚持用科学发展观统领，以首善标准做好‘四个服务’，以加强干部队伍建设促进业务工作，以深化分析预测掌握工作主动权等做法很好，值得不断总结完善。你们对下半年工作部署突出‘坚定信心，狠抓落实，全力以赴完成全年任务’主题确定得好，要继续努力，上下一心，求真务实，很好发挥地方税收职能作用，服务首都经济又好又快发展。”

8月27日—9月5日 北京市地方税务局与中国人民大学法学院合作举办了两期市局机关科级以下干部更新知识全员脱产培训班，共计275人参训。

8月30日 北京市国家税务局、北京市地方税务局联合发布《北京市国家税务局、北京市地方税务局关于营业税改征增值税试点税收征收管理若干事项的公告》（北京市国家税务局公告2012年第7号）。

8月31日 北京市地方税务局、北京市工商局联合发布《北京市地方税务局、北京市工商行政管理局关于加强股权转让所得个人所得税征收管理有关问题的公告》（2012年第5号）。

9月

9月1日 北京市地方税务局第二直属分局正式挂牌对外办公。总经济师卜祥来、副巡视员王勇生到会并讲话。

9月3日 北京市地方税务局开通为中央在京企业服务的实时在线咨询。

9月4日 国家税务总局法规司副司长李万甫一行到北京市地方税务局燕山分局参加依法行政考核和示范单位创建工作调研会。总经济师卜祥来陪同。

9月4日 北京市地方税务局发布《北京市地方税务局关于加强股权转让所得个人所得税征收管理有关问题的公告》（2012年第6号）。

9月6日 北京市地方税务局党组印发《中共北京市地方税务局党组关于加强和改进新形势下党建和思想政治工作的指导意见》（京地税党〔2012〕68号）。

9月7日 北京市地方税务局党组印发《中共北京市地方税务局党组关于加强基层建设的指导意见》（京地税党〔2012〕69号）。

9月17日 北京市地方税务局党组书记刘江平主持召开第9次局长办公会议，研究《规范税务行政处罚裁量权实施办法（试行）》及执行标准、与北京市国家税务局联合起草注销税务登记清算文件等事项，审议并原则通过贯彻落实全国税务系统纳税服务工作视频会议精神重点工作安排、政务网站工作改进措施和下一步工作建议、《北京志·税务志（地方税收）篇目设计》。

9月17日 北京市地方税务局党组书记刘江平主持召开党组会议，研究对张浩等5名干部进行考察、临近退休的11名干部提任处级非领导职务、推荐先进集体和先进工作者表彰对象、报送2011—2012年度全国青年文明号候选单位等事项。

9月18日 北京市地方税务局开始对市局机关本级基本经费、票证印制经费的预算编制和执行情况以及落实市审计局预算编制和决算草案审计处理意见的整改情况进行审计。

9月18日 北京市财政局对北京市地方税务局2011年度有奖发票兑奖经费项目进行绩效评价，综合考评得分为86.5分，绩效级别评定为“优秀”。

9月19日 北京市地方税务局印发《北京市地方税务局关于印发〈北京市地方税务局安全工作规定〉的通知》（京地税保〔2012〕109号）、《北京市地方税务局关于印发〈北京市地方税务局安全宣传教育培训办法〉的通知》（京地税保〔2012〕113号）。

9月21日 北京市地方税务局召开“营改增”核心征管系统调整测试会。副局长郝硕博，副局长吕兴渭、副巡视员刘宝忠出席会议并讲话。

9月27日 北京市地方税务局召开创先争优活动经验交流会。党组书记刘江平到会并讲话。

9月28日 北京市地方税务局召开“营改增”督导组牵头单位和“营改增”成员单位工作汇报会。副局长吕兴渭、副巡视员刘宝忠到会并提出工作要求。

9月28日 北京市地方税务局核心征管系统车船税征收模块正式上线运行。

9月29日 北京市地方税务局“营改增”核心征管系统调整切换启动仪式在北京市地方税务局三层报告厅举行，副局长吕兴渭、副巡视员刘宝忠到会并讲话。

10月

10月8日 北京市地方税务局TAX861网站首页累计访问量突破1.35亿。

10月10日 北京市国家税务局、北京市地方税务局联合印发《北京市国家税务局、北京市地方税务局关于联合开展北京市2013—2014年度纳税信用A级企业评定工作的通知》（京国税发〔2012〕253号）。

10月16日 北京市地方税务局召开全系统电视电话会议，传达贯彻全市领导干部会议精神，对党的十八大期间安全维稳工作进行再动员、再部署。副巡视员刘宝忠到会并讲话。

10月19日 北京市地方税务局党组书记刘江平、副巡视员王勇生到局帮扶对象房山区赵亩地村调研。

10月19日 北京市地方税务局党组书记刘江平、副巡视员王勇生到燕山分局调研，听取燕山分局思想政治、干部队伍管理、组织收入、安全维稳等有关工作情况的汇报。

10月19日 北京市国家税务局、北京市地方税务局联合印发《北京市国家税务局、北京市地方税务局关于印发〈北京市国家税务局、北京市地方税务局规范税务行政处罚裁量权实施办法（试行）〉和〈北京市国家税务局、北京市地方税务局规范税务行政处罚裁量权执行标准（一）〉的通知》（京国税发〔2012〕268号），在全国范围内首次由国税、地税联合规范税务行政处罚裁量权。

10月23日 北京市委副书记、代市长王安顺在《北京市地方税务局关于2012年1—9月税收完成情况的报告》（京地税收〔2012〕120号）上批示：“地税局全面贯彻依法行政，深入推进组织收入工作，取得了显著成绩，向全局系统干部职工表示感谢。”

10月24日 北京市财政局、北京市地方税务局联合印发《北京市财政局、北京市地方税务局关于北京“7·21”特大自然灾害实施税收优惠政策的通知》（京财税〔2012〕2491号）。

10月26日 北京市地方税务局、北京市财政局、北京市科委、中关村管委会联合发布《北京市地方税务局、北京市财政局、北京市科学技术管理委员会、中关村科技园区管理委员会关于加强科研机构、高等学校科技成果转化有关个人所得税备案管理工作的公告》（2012年第7号）。

10月26日 北京市地方税务局局长王晓明

主持召开第7次局务会议，传达近日北京市委常委会、市政府常务会、全国税务系统收入规划核算工作会议精神和市委副书记、代市长王安顺近日对地税工作的重要批示，通报1—10月组织收入工作情况，部署后2个月重点工作。

10月27日 北京市地方税务局在北京市商务管理学校组织北京市地税系统2012年《财务会计》初级专业程度验收考试。

10月30日 北京市地方税务局召开全系统青年文明号集体创先争优活动总结会。副巡视员王勇生到会并讲话。

10月31日—11月1日 北京市地方税务局举办2012年督察内审业务知识培训会。

11月

11月1日 北京市地方税务局组织召开2012年全系统保密工作培训电视电话会。北京市国家保密局检查处处长杨云平就加强定密管理、涉密人员和载体管理等内容进行了讲解。副巡视员杨文俊到会并讲话。

11月2日 北京市海淀区地方税务局、海淀区国家税务局与微软（中国）有限公司双边预约定价执行协议签字仪式在友谊宾馆举行。国家税务总局国际税务管理司副司长廖体忠、市地税局总经济师卜祥来、市国税局局长吴新联等领导出席签约仪式并讲话。

11月6日 北京市朝阳区地方税务局、朝阳区国家税务局与马士基（中国）航运有限公司双边预约定价安排执行协议续签仪式在亮马河大厦会议中心举行。市地税局总经济师卜祥来、市国税局总经济师郑怀远出席签字仪式。

11月7日—8日 北京市地方税务局会同北京市保监局及市保险协会联合召开2012年车船税法贯彻实施阶段性工作总结会。副局长王京华出席会议。

11月9日 北京市地方税务局召开党的十八大安全督查工作情况汇报会。副巡视员刘宝忠出席会议。

11月11日—25日 国家税务总局财产和行为税司副司长杨遂周率税务总局土地增值税督导检查组，对本市土地增值税的清算及日常征管情况进行督导检查，北京地税局副局长王京华陪同。

11月12日 北京市纪委副书记、监察局局长王海平一行4人来北京市地方税务局调研，北京地税局局长王晓明、党组书记刘江平、纪检组长吴鼎出席会议。

11月13日 北京市地方税务局党组书记刘江平、副巡视员王勇生带领机关党办和工会负责人到离退休干部处参观机关离退休老干部“喜迎党的十八大书法摄影展览”，并与老干部代表座谈。

11月16日 北京市地方税务局发布《北京市地方税务局关于修订部分行政许可程序和相关事项规定的公告》（2012年第9号）。

11月19日 北京市地方税务局发布《北京市地方税务局关于营业税改征增值税试点后印花税、城市维护建设税等问题的公告》（2012年第8号）。

11月20日 北京市地方税务局局长王晓明主持召开第8次局务会议，传达学习党的十八大主要精神和中共中央政治局委员、市委书记郭金龙在北京市学习贯彻党的十八大精神动员大会上的讲话。

11月20日 北京市地方税务局在昌平培训中心组织开展税收业务流程统一考试。

11月21日 北京市地税系统举办深入学习宣传贯彻落实党的十八大精神报告会，邀请市委党的十八大精神宣讲团成员、中央党校李宏伟教授作学习宣传贯彻党的十八大精神专题讲座。党员干部2000余人参加了学习。

11月25日—30日　北京市地方税务局举办两期北京地税基层税务所长“学习党的十八大精神　提升综合能力”培训班。全系统208位基层税务所所长分两批参加培训。

11月26日　北京市地方税务局局长王晓明主持召开第10次局长办公会议，听取办公室关于市局机关及办公室优化完善政务制度流程整体情况的汇报，审议办公室有关政务制度流程。

11月26日　根据国务院军转办和市军转办统一部署，北京市地方税务局经过笔试、专业能力测试、体检和政审等环节，最终接收安置67名军转干部。

11月26日　北京市地方税务局党组印发《中共北京市地方税务局党组关于认真学习宣传贯彻落实党的十八大精神的通知》（京地税党〔2012〕74号）。

11月28日　北京市地方税务局机关党委在市局机关三层报告厅举办市地税系统学习新党章辅导报告视频会议，邀请中央党校教授薛鑫良作“认真学习贯彻党章　切实加强党的先进性建设”辅导报告。

11月29日　北京市财政局、北京市地方税务局联合转发《财政部、国家税务总局农产品批发市场农贸市场房产税城镇土地使用税政策的通知》（京财税〔2012〕2755号）。

11月29日　北京市地方税务局发布《北京市地方税务局关于启用〈北京市地方税务局领购普通发票申请确认表〉等文书的公告》（2012年第10号）。

12月

12月3日　北京市地方税务局局长王晓明主持召开第9次局务会议，深入学习贯彻党的十八大精神，动员部署全系统年底前组织收入工作和2013年工作务虚。

12月4日　北京市地方税务局办公室印发《北京市地方税务局办公室关于做好〈税务志（地方税收）〉编纂工作的通知》（地税办〔2012〕7号）。

12月5日　北京市地方税务局印发《北京市地方税务局转发国家税务总局关于印发〈涉税反补贴调查应对工作规程（试行）〉的通知》（京地税法〔2012〕133号）。

12月5日　北京市地税系统第七届运动会在北京工业大学奥林匹克体育馆成功落下帷幕。本届运动会先后举办了保龄球、羽毛球、台球和乒乓球四项球类比赛。

12月12日—17日　北京市地方税务局召开2012年税源监控平台经验交流暨操作应用培训会，分六批对各区县（分）局税源监控平台应用人员共计204人进行了培训。

12月13日　根据北京市人力资源和社会保障局部署，北京市地方税务局经过笔试、专业能力测试、体检和政审等环节，最终录用34名公务员。

12月17日—28日　在北京行政学院二分院举办“北京市第55期公务员初任培训班”，北京市地方税务局全系统共101人参加培训。

12月19日　全市干部教育培训考核组到北京市地方税务局检查指导工作，对地税系统教育培训工作给予充分肯定。党组书记刘江平出席会议。

12月21日　北京市地方税务局党组书记刘江平主持召开党组会议，传达学习中央经济工作会议及全市领导干部会议精神，中央关于改进工作作风、密切联系群众的中央八项规定及全市处级以上领导干部电视电话会议精神，北京市廉政风险防控管理工作交流推进会议精神。

12月25日 北京市地方税务局党组书记刘江平主持召开第10次局务会议，传达中央经济工作会议精神及市委书记郭金龙在全市领导干部大会上的讲话，中央政治局关于改进工作作风、密切联系群众的中央八项规定及北京市实施意见，全市廉政风险防控管理工作交流推进会议精神。

12月26日 国家税务总局办公厅下发《国家税务总局办公厅关于2012年省级税务机关互联网站评估情况的通报》（国税办发〔2012〕133号）。在全国71家省级税务机关中，北京地税综合排名第10，在全国35家省级地税机关中，北京地税排名第4。

12月26日 北京市地方税务局党组印发《中共北京市地方税务局党组关于印发〈北京市地方税务局工作规则〉的通知》（京地税党〔2012〕99号）。

12月26日—27日 北京市地方税务局召开2012年度企业所得税汇算清缴工作会议。副局长王京华到会并讲话。

12月27日 北京市地方税务局局长王晓明主持召开第13次局长办公会议，听取2013年工作分口务虚情况汇报。

12月28日 北京市地方税务局印发《北京市地方税务局关于印发〈北京市地方税务局内部财务审计办法（试行）〉的通知》（京地税审〔2012〕152号）。

12月28日 北京市地方税务局印发《北京市地方税务局关于印发〈北京市地方税务局配合外部审计监督工作规程（试行）〉的通知》（京地税审〔2012〕153号）。

12月28日 北京市地方税务局召开本市地税系统贯彻落实取消普通发票工本费专题会议，就自2013年1月1日起取消普通发票工本费工作进行部署。副局长吕兴渭到会并讲话。

12月29日 北京市地方税务局将《地方税政策文件汇编》配发各区县（分）局，服务基层税收征管。

12月31日 北京市地方税务局党组印发《中共北京市地方税务局党组关于印发〈北京市地方税务局预算管理办法〉的通知》（京地税党〔2012〕103号）。

12月31日 北京市地方税务局印发《北京市地方税务局关于印发〈北京市地方税务局预决算信息主动公开实施规程（试行）〉的通知》（京地税财〔2012〕154号）。

12月31日 北京市地方税务局印发《北京市地方税务局关于印发〈北京市地方税务局因私出国（境）及证件管理办法〉的通知》（京地税人〔2012〕155号）。

12月31日 北京市地税局实施新修改的个人所得税，全年减税约155亿元，每月惠及680万名中低收入者，工薪收入者月纳税面由73%下降到40%。

12月31日 北京市加强股权转让所得征管措施实施一季度，全市累计受理股权转让所得纳税申报3015份，缴纳个人所得税5721.5万元，实施效果初步显现。

12月31日 北京市地方税务局除为全市纳税人集中发放2011年度个人所得税完税证明591万份外，根据纳税人直接到税务部门提出的申请，为全市纳税人开具个人所得税完税证明48万份，比2011年增加了10万份。

12月31日 按照《关于举办〈践行“北京精神” 提高履职能力〉公共知识培训的通知》（京人社教发〔2012〕110号）和《北京继续教

育协会关于做好〈践行“北京精神”　提高履职能力〉公共知识培训报名工作的通知》（京继教协〔2012〕2号）关于开展2012年公共知识培训工作的要求，组织开展《践行“北京精神”　提高履职能力》公共知识培训。通过制定培训计划，明确职责、培训方式，分级组织培训等一系列措施，提前完成了全员培训和考试任务，考试合格率达100%。

12月31日　各区县局（分）局完成税务档案归档工作，共归档扫描档案19350包，非扫描档案73953卷。市地方税务局按计划接收了全系统税务档案4028箱（盒），共63003卷。税务档案馆藏量已达到300万卷。

12月31日　“政风行风热线”共受理纳税人来信95件，回复办结率达到了100%，信件满意度100%。

12月31日　北京地税官方微博粉丝数量超过136.05万，在全国税务系统官方微博和北京市第三批上线官方微博中均处于领先地位。2012年，北京地税官方微博以税政知识、申报提醒、税收热点问答为主要内容，累计发布微博1777条，接受咨询和反映情况641次。

12月31日　全系统累计完成各项税费收入2865.2亿元，完成地方公共财政预算收入2217.9亿元，完成国家税务总局口径税收收入2703.1亿元，还原“营改增”试点改革影响后，各项税费收入增长10.9%，地方公共财政预算收入增长10.4%，国家税务总局口径税收收入增长9.7%，圆满完成了收入任务。